KICK STARTYOUR DREAM BUSINESS

"《철저한 준비로 꿈의 창업을 시작하라》는 내가 온 마음을 다해 무언가를 창조하면 사람들이 그걸 받아들인다는 확신을 갖게 했다."

— 미술가 칼라 칼레터

"이 책을 읽기 전까지 나는 내 직업에 대한 비전을 가지고 있었지만 그것을 어떻게 실행할 것이냐는 알지 못했는데,《철저한 준비로 꿈의 창업을 시작하라》를 읽고 나니 내 꿈이 허황된 것이 아니라는 점과 그 꿈을 현실로 만들기 위해서는 어떤 노력이 필요한지를 알 수 있게 되었다."

— *GRAHAMCOMM* 커뮤니케이션 전문가 로버트 그레이엄

"로마누스의 책은 독자의 마음을 움직이는 힘이 있다. 당장 이 책을 집어 들고 여러분의 꿈을 현실로 바꾸기 바란다."

— 사업 컨설턴트 대비너 체시드

"《철저한 준비로 꿈의 창업을 시작하라》의 창의적인 프로세스에 대한 교훈이 없었더라면 우리 회사는 이 자리에 오지 못했을 것이다. 로마누스는 사람들의 현재 모습 뿐 아니라 앞으로 어떤 모습이어야 하는지도 보여준다. 그리고 그것을 이루는 방법까지도 알려준다."

— *BUSINESS INSIGHTS, INC.* 창업자 레슬리 찰즈위스, 드니즈 달러드

"《철저한 준비로 꿈의 창업을 시작하라》는 내 삶을 바꿔놓았다. 이 책은 내 사업의 근간인 진실된 영혼을 찾을 수 있게 해주었다."

— *THE EMILIE NOBLE AGENCY* 미술교육자 에밀리 노블

"나는 좋아하는 일을 하면서 돈을 벌고 있다. 이 책이 없었다면 절대 불가능했을 것이다."

— *BRADSTINGER.COM* 애니메이터 트렌트 래드롭

"쉽고 실용적이고 현실적이다.《철저한 준비로 꿈의 창업을 시작하라》는 돈 한 푼도 들이기 전에 우리 제품이 시장에서 성공하리라는 확신을 갖게 했다."

— *THE ADVENTURE SPORTS GUIDE: 50 THINGS TO TRY BEFORE YOU DIE* 저자 마크 버클, 드루 에릭슨

"많은 생각을 하게 하는 자극적인 책이다. 내 사업을 키우면서 이 책에 소개된 과정을 끊임없이 참고하고 있다."

— *TERRYTOURS.COM ART ADVENTURE TOURS* 투어 디렉터 테리 셀리그먼

철저한 준비로
꿈의 창업을 시작하라

Kick Start Your Dream Business

Getting it started and keeping you going

철저한 준비로

꿈의 창업을 시작하라

로마누스 월터 지음 | 이광찬 옮김

KICK START
YOUR DREAM BUSINESS

아이디북

철저한 준비로 꿈의 창업을 시작하라

초판 인쇄 2004년 8월 30일
초판 발행 2004년 9월 10일

지은이 로마누스 월터
옮긴이 이광찬
펴낸이 김철수
편 집 최봉식
디자인 김현민
마케팅 김규형 · 김춘명
관 리 최경석 · 송무영

펴낸곳 아이디북
등 록 1988년 2월 27일 제8-44호
주 소 서울시 마포구 상수동 231번지 호수빌딩 301호
전 화 (02)322-9822~5 | 팩스 (02)322-9826

ISBN 89-90351-10-3 13320

··· 한국어판 발간에 붙여서

먼저 《철저한 준비로 꿈의 창업을 시작하라(Kick Start Your Dream Business)》는 나의 저서를 한국의 독자 여러분에게 소개하게 된 것을 무엇보다도 기쁘게 생각한다.

《철저한 준비로 꿈의 창업을 시작하라》는 기업가 정신을 연료로 공급하여 성공을 향해 당신을 힘차게 날아오를 수 있도록 만들기 위해 쓴 책이다.

"이륙 준비! 트레이 테이블을 안전하게 치우고 안전벨트를 꼭 매십시오. 좌석을 확인하고 똑바로 정면을 향하여 앉아주십시오." 이것은 여러분이 상업적인 정기 여객기를 타고 여행할 때 정확한 시간에 안전하게 당신이 원하는 곳에 도착하기 위하여 비행기에게 확인시켜 주어야 할 당신의 책임과 컨트롤의 모든 것이다. 나머지는 당신이 누군가를 위해 일할 때와 마찬가지로 당신이 만났거나 본 적인 없는 수많은 사람들과 조종사가 책임지는 것이다.

당신의 마음속에 있는 사업적인 정열을 탐구하기 시작했을 때 당신은 이미 자신의 자가용제트기를 구입한 것이다. 철저한 준비로 근본적인 차이를 만들어서 이륙하라! 당신은 모든 도구와 기구들을 재확인하여 자신감을 가져야 한다. 그래야 확실한 기능으로 안전하게 날 수 있다. 당신이 택시로 문을 나설 때 당신이 정말로 조종 속에 있다는 것을 인식하기 시작한다. 고착된 목적지로 많은 사람들이 날아가는 것과는 달리 당신은 자신의 과정을 설정해야 한다. 철저히 준비하면 당신의 비행은 상쾌할 것이다.

이 책은 성공으로 인도하는 검증된 행동단계로 당신을 준비시키고 이륙을 기다리고 있는 기업가 정신의 제트기를 당신에게 줄 것이다. 이 책은 얼마나 시간이 걸리든, 어떤 장애가 닥치든, 당신이 꿈을 성취할 수 있다는 믿음으로 당신이 그 제트기를 조종하는데 도움을 줄 것이다. 이 믿음은 당신의 정신을 자유롭게 날아오르게 하여 다른 사람들이 전혀 생각하지 못했던 오로지 개인적인 성공을 명확히 하는 탐구로 당신을 인도할 것이다.

《철저한 준비로 꿈의 창업을 시작하라》는 당신 앞에 정열과 기회를 만들어줄 것이다. 자신의 규율에 따라 날아올라라. 그리고 당신의 삶을 드라마틱하게 변화시켜라. 당신이 이 책을 읽고나면 "나는 어째서 수년 전에 내 자가용 제트기를 구입할 수 없었을까?" 하고 자신에게 물을지도 모른다.

이 책은 당신이 성공하는 것을 도와줄 진실한 기업정신에 의한 길을 탐구하고 있다. 나의 웹 사이트인 www.kickstartguy.com을 방문해보라. 부가적인 정보와 격려가 준비된 라디오 쇼와 행동단계 기사들을 볼 수 있을 것이다. 어떤 질문이라도 Romanus@kickstartguy.com으로 보내면 나와 자유롭게 접촉할 수 있고, 사인을 하면 무료 뉴스레터를 자유롭게 볼 수 있을 것이다.

2004. 8. 9

로마누스(Romanus)

"더 킥 스타트 가이(The Kick Start Guy)"

··· 차 례

어디서부터 시작할까?

"어디서부터 시작할까?" 이 말은 내가 어떤 직업을 갖고 있는지 말할 때마다 반드시 듣는 소리이다. 사람들이 아이디어를 말로 그치는 것이 아니라 실제로 실행에 옮김으로써 꿈을 실현하도록 돕는 것은 멋진 일이다. 나는 내가 하는 일에 온 마음을 쏟고 있으므로 성공했다고 자부한다. 사람들이 열정을 느끼는 일을 하며 돈을 벌도록 돕는 것이 나는 좋다.

일단 열정에 대한 이야기로 시작하는 것이 좋겠다. 열정에 대해 이야기하다 보면 다른 사람들에게서 도움을 받을 길이 보인다. 대화를 통해 다른 사람들도 창조적인 에너지에 자극을 받아 그들 나름의 아이디어를 실행에 옮길 수도 있다. 코미디 클럽에서 알게 된 팸이라는 친구와 나눈 다음 대화를 한 번 보자.

테이블에 앉은 뒤 팸은 무심코 물었다.

"뭐 하시는 분이세요?"

"사람들이 갖고 있는 꿈을 성공적인 사업으로 바꾸도록 돕는 일을 합니다."

그는 놀란 표정으로 물었다.

"그게 어떻게 하는 건데요?"

"저는 사람들이 꿈의 사업을 시작할 수 있도록 도와주는 실용적이고 단계적인 방법을 개발했습니다.”

그는 잠깐 생각하더니 나를 보며 물었다.

“저도 한 가지 아이디어가 있는데, 어디서부터 시작해야 하죠?”

어디서부터 시작해야 할까? 두려움이 커지고 스스로에 대한 회의를 갖게 하는, 사람들의 발목을 잡는 질문이다. 많은 꿈들, 어쩌면 세상에서 가장 위대한 아이디어들이 바로 이 질문 때문에 사장되고 있다. 이 질문에 대한 내 대답은 팸에게 했던 다음과 같은 말처럼 항상 똑같다.

“시작은 이미 하셨는걸요. 도움을 청하고 답을 구하고 있으니 이미 한 발을 내디딘 거죠. 축하합니다. 이제는 앞을 가로막을 수 있는 건 아무 것도 없습니다. 그 추진력을 계속 유지하려면 세 가지만 명심하시면 됩니다.”

그가 되물었다.

“세 가지요?”

“저는 ‘생활의 법칙’이라고 부르는데, 첫째, 진심으로 이야기해야 합니다. 본인 뿐 아니라 다른 사람에게도 힘을 실어주죠. 다음은 귀 기울여 들어야 합니다. 다른 사람들의 경험과 지식으로부터 도움을 받을 수 있도록. 마지막으로는 아이디어를 종이에 기록합니다. 이렇게 아이디어에 현실성을 부여하면 다른 사람들이 어떤 부분을 도와줄 수 있는지 알 수 있게 되죠.”

팸은 주변의 소음도 잊은 채 내게서 눈길을 떼지 않고 주의 깊게 듣고 있었다. 진심으로 열정을 품고 있는 아이디어가 있음을 알 수 있었다. 나는 냅킨을 내밀었다. "맨 위에 아이디어를 적어보세요. 아이디어에 아직 이름을 붙이지 못했다면 최소한 설명이라도 해 보세요."

그는 어리둥절한 표정이었다.

"아이디어요? 지금요?"

"꿈을 이루는 데 더 나은 시간이 따로 있나요?"

그는 냅킨을 받더니 지갑에서 펜을 찾아 적기 시작했다. 그가 적는 동안 나는 말했다.

"아이디어의 명칭 또는 설명을 적은 다음에 그 아이디어를 아직 실행에 옮기지 못한 이유, 무엇이 장애인지를 다 적어보세요. 예를 들면, 이런 이유가 있겠죠. 시간이 없다든지, 아는 게 충분치 않다든지, 돈이 더 필요하다든지, 사람들이 비웃을 게 두렵다든지…. 잠깐 생각해 보시고 왜 아이디어를 여태 실행에 옮기지 못했는지 적어보는 거예요, 지금 당장."

팸은 열심히 써 내려갔다. 2분쯤 지났을 때 그는 고개를 들더니 냅킨을 내게 내밀었다가 재빨리 도로 가져가더니 다시 무언가를 더 적었다. "다 했어요." 팸은 뿌듯한 표정으로 냅킨을 들어 보였다.

"좋습니다. 이제 냅킨을 반으로 접어서 한 손에 들고 계세요."

팸은 약간 어리둥절해 보였지만 내 말대로 했다. 나는 그의 눈을 보며 말했다.

"냅킨을 조각조각 찢으세요."

그는 당황한 것이 역력했다. 한 손에 자신의 모든 근심, 걱정, 장애물이 적힌 냅킨을 든 채 멍한 표정으로 앉아 있었다. 냅킨을 찢어버리라고 한 내 말이 기가 막힌다는 듯이.

"찢으시라니까요." 나는 되풀이했다. 그는 냅킨을 찢기 시작했다. 냅킨 조각이 바닥에 흩어졌다. 냅킨을 갈기갈기 찢어버린 그가 장난꾸러기 같은 웃음을 지었다.

그가 냅킨에 적은 것은 별로 중요한 것들이 아니었다. 모든 걱정거리는 아이디어를 실행에 옮기는 과정에서 해결책을 발견할 것이기 때문이다. 그가 해야 할 일은 스스로를 믿고, 자기 아이디어를 믿으며, 남의 말을 경청하고, 아이디어를 기록하여 구체화하는 것뿐이다. 여러분도 마찬가지이다.

이 책과 여러분의 친구, 그리고 여러분이 아직 만나지 못한 사람들조차 여러분이 장애물을 극복하고 꿈을 이룰 수 있도록 도울 것이다. 《철저한 준비로 꿈의 창업을 시작하라》는 따라 하기 쉬운 방법을 제시하고 성공에 필요한 정보를 여러분에게 제공한다. 여러분은 도움을 얻기 위해 어떤 질문을 해야 하는지를 배울 수 있을 것이다. 자, 이제 첫발은 내디뎠으니 길을 떠나 보도록 하자.

팸은 아이디어를 실행에 옮기기로 결심했다. 그는 한 걸음씩 진심을 담아 대화를 나누고, 다른 사람들의 의견을 경청하고, 아이디어를 기록하고, 필요한 경우에는 도움을 청했다. 마침내 그는 대단히 성공적으로 회사를 창업했다.

　여담이지만, 그는 나와 처음 만나던 날 찢었던 냅킨 조각 일부를 아직도 가지고 있다. 냅킨 조각을 보면 열과 성을 다해 일을 하고, 진심으로 남의 도움을 구하면 꿈이 이루어진다는 자신이 생겨난다나.

"어린이처럼 꿈꾸고 어른처럼 행동하라"

《철저한 준비로 꿈의 창업을 시작하라》는 꿈을 성공적인 사업으로 바꾸는 단계별 안내서이다. 여러분의 경험, 교육, 소득, 지식수준이 어떻든 간에 이 책은 여러분 스스로가 가지고 있는 열정을 이해하고, 여러분의 아이디어를 실행에 옮기는데 필요한 창의적인 비즈니스 프로세스를 관리하도록 돕기 위해 만들었다. 이 책은 여러분의 사업이 시장에서, 그리고 여러분의 인생에서 행동계획을 개발하는데 도움을 줄 것이다.

이 책의 각 단계에 녹아들어 있는 원칙은 '어린이처럼 꿈꾸고 어른처럼 결단하라.' 는 것이다. 즉 여러분 안에 있는 아이 같은 심성으로는 모든 가능성을 꿈꾸고, 그 다음에는 성인으로서 정보를 분석하고 최선의 선택을 결정하는 것이다.

이 책은 찾아보기 쉽도록 단계별로 별도의 장을 구성했다. 시간과 돈과 노력을 덜 수 있도록 최대한의 노력을 기울여 배열했지만 꿈을 현실로 만드는 것은 여러분의 몫이므로 여러분이 원하는 대로 각 단계를 활용해도 좋다.

이 책에서 "아이템"이라는 용어는 여러분이 현재 매달려 있는 아이디어를 가리키는 데 주로 사용한다. 근본적으로 따지면 모든 사업과 그 사업의 소유주는 상품과 서비스의 판매를 목적으로 한다. 화가는 그림을, 식당은 음식을, 조각가는 조각 작품을, 컨설턴트는 지식을, 영화 제작자는 영화를 판다.《철저한 준비로 꿈의 창업을 시작하라》를 최대한 활용하기 위해서는 다음 사항을 염두에 두는 것이 좋다.

- **처음부터 시작하라.** 책을 한 번 읽으면 각 장에 실린 〈할 일 목록〉에 익숙해질 것이다. 지금 어디를 향해 가고 있는지를 파악하는데 도움이 될 것이다. 그런 다음에는 처음으로 돌아가서 여러분의 꿈을 실행에 옮기기 시작하라.

- **〈할 일 목록〉에서 무언가를 배워라.** 한 단계를 건너뛰는 대신 잠깐 짬을 내서 그것이 사업을 성공으로 이끄는데 어떤 도움을 줄 수 있을지 생각해 본다. 특정한 정보가 여러분의 아이템을 만들어내고 개선하는데 얼마나 큰 도움이 될지 모른다.

- **각자의 페이스에 맞게 각 단계를 밟아라.** 창업은 경주가 아니다. 주어진 시간을 최대한 활용하여 최선의 상품과 서비스를 만들어야 한다. 모든 사람의 삶은 다르므로 여러분의 사업을 여러분 나름의 방식으로 여러분의 삶에 자리 잡게 한다.

- **도움을 구하라.** 친구들은 기꺼이 도움을 베풀 것이다. 전문가들은 꿈을 가진 사람들에게 자기 경험과 아이디어를 나누어 주기 좋아한다. 묻고 싶은 것이 무엇인지 정확히 안다면 분명히 답은 찾을 수 있다. 설령 범죄를 저지르더라도 파트너로 쓸 수 있는 사람을 찾아야 한다. 그러다 보면 도서관 사서가 가장 친한 친구가 될지도 모르는 일이다.

- **남들과 정보를 나눠라.** 정보를 나눈다는 것은 인생에서 가장 강력하고 보람 있는 일에 속한다. 이 책을 읽으면서 여러분은 새로운 정보를 수집하고 완전히 새로운 마케팅 아이디어를 개발할 수 있을 것이다.
- **여러분의 성공담, 발견사항, 아이디어를 저자에게 보내라.** 그러면 저자는 그것을 이 책의 다음 판 및 강연에 반영할 것이다. 이렇게 하면 여러분의 경험을 수백만 명의 사람들과 함께 할 수 있다. 제안 및 아이디어는 romanus@briia.com으로 보내면 된다.

세상의 법칙을 따르다보면 행복을 얻을 수 있다고 배운다. 하지만 불행히도 이 법칙들은 창의력이나 열정을 자극하기보다는 순응을 요구하는 경우가 많다. 여러분은 이제 규칙을 깨뜨리고 즐기면서 마음 가는 대로 따라가며 여러분의 꿈을 현실로 만드는 데 이 책을 활용하면 된다.

여러분만의 사업을 시작한다는 것은 모험이다. 여러분이 정확히 어디로 갈지는 여러분도 모르지만 한 걸음 한 걸음 이뤄가는 것 자체가 경이로운 경험이다. 여러분이 한 걸음을 내디딜 때마다 여러분은 목표에 가까워진다. 이 모험을 재미있게 하기 위해서는 다음과 같은 사항들이 필요하다.

- **자신을 믿는다.** 여러분의 열정을 현실로 바꿀 올바른 결정을 내리는 방법을 알아야 한다. 믿음은 현실을 좌우한다. 자신을 믿고 아이디어를 믿는다면 여러분의 에너지가 성공을 도와줄 사람들을 끌어 모을 것이다.

- **아이디어를 글로 정리한다.** 여러분이 이 책을 읽고 있다는 것은 태어나기를 기다리는 아이디어가 여러분 속 어딘가에 있다는 얘기이다. 여러분은 그 속에서 아침에 눈을 뜨고 잠자리에 들 것이다. 마치 불안한 친구 같다. 가까이 있는 종이, 냅킨, 입장권 등의 여백에 떠오르는 아이디어를 적어야 한다. 여러분의 아이디어는 이제 태어나서 살아 있으며 성공적인 사업으로 성장할 준비가 된 것이다.

- **스스로를 위해 시간을 낸다.** 매주 특정한 시간을 정해서 아이디어만을 생각한다. 이때는 여러분만의 특별한 시간이므로 다른 일에 방해받아서는 안 된다. 일주일에 단 한두 시간이라도 좋다. 이 시간에 전력을 다하면 꿈을 현실로 만들 수 있다.

- **열린 마음을 유지하고 본능을 믿는다.** 지금은 여러분 자신과 다른 사람들을 판단하는 시간이 아니다. 다른 사람의 말에 귀를 기울이고 그들로부터 배워야 할 때이다.

- **할 수 없는 이유' 목록을 만든다.** "필요한 교육을 받지 못했다."거나 "충분한 돈이 없다."는 등, 아이디어를 실행에 옮기는데 방해되는 모든 요소를 목록에 적는다. 그리고 목록을 찢는다. 즐겁게 열심히 노력하고 위험을 감수할 경우 여러분을 가로막을 장애물은 아무 것도 없다는 것을 깨닫는다.《철저한 준비로 꿈의 창업을 시작하라》는 여러분이 만나는 장애물을 헤쳐 나갈 수 있도록 도울 것이다. 확신을 가지고 목록을 아주 작은 조각으로 찢은 다음 행운을 위해 오른쪽 어깨 너머로 던

지면서 이렇게 말하라. "목표를 이루는데 유일한 장애물은 오직 나뿐이다."

- **당장 오늘 밤부터 '할 일' 목록을 작성한다.** <할 일 목록>을 책 안에 끼워 두고 필요할 때면 언제든지 그 동안 이룬 것을 되돌아본다. 누군가에게 연락을 할 일이 있으면 전화번호와 주소를 각각의 '할 일 목록'에 기록하여 나중에 찾아 헤매지 않도록 한다.

- **내일부터 이 목록을 행동에 옮긴다.** 사업에 당장 영향을 미치는 업무에 우선 순위를 부여한다. 이를 좀더 쉽게 해주는 요령이 있다.

  - • 가장 어렵고 귀찮은 일부터 한다. 그렇게 하면 다른 일을 할 수 있는 심리적, 시간적 여유가 생긴다(미리 하지 않으면 늘 여러분의 마음 한 구석을 짓누를 것이다).

  - • 처리한 일은 표시를 한다.

  - • 스스로를 정신적으로 "축하"한다. 이렇게 하는 데는 몇 초 밖에 걸리지 않는다.

  - • 낙담하지 않는다. 꿈을 이룬다는 것은 쉬운 일이 아니며, 한 걸음씩 앞으로 나아가고 있다는 것을 기억한다.

- **약속을 지킨다.** 다른 사람과 자신에게 한 약속을 지킨다. 남에게 어떻게 알려지느냐가 성공 요인이 될 수도 있고 실패 요인이 될 수도 있기 때문이다. 무언가 하겠다고 말했다면 반드시 해야 한다. 할 수 없다면 처음부터 약속을 하지 말아야 한다.

- **작업 공간을 마련한다.** 일을 하면서 시간을 보낼 수 있는 편안한 공간을 만든다. 주방도 좋고 지하실도 좋다. 시간이 지나다 보면 필요한 도구와 정보를 모을 수 있을 것이다. 컴퓨터를 두고도 자리가 넉넉히 남는 책상, 안락한 의자, 수납공간, 이 책을 놓을 자리, 밝은 조명, 전용 전화선, 커다란 휴지통 정도면 된다.

- **미루지 않는다.** 당장 오늘부터 시작해야 한다. 이 책과 여러분의 상상력 말고 필요한 것은 없다. 당장 시작하는 데 컴퓨터나, 전문가나, 많은 돈이 필요한 건 아니다. 이런 것들이 생길 때까지 기다린다면 여러분의 아이디어를 실행에 옮길 날은 요원하다. 이 책이 안내하는 대로 따르다 보면 진정 필요로 하는 자원이 무엇인지 발견할 수 있을 것이다.

KICK START YOUR DREAM BUSINESS

아이디어의 토대 만들기

꿈을 현실로 만드는 일은 여러분의 가슴과 열정으로부터 시작된다.

제1장은 마음속의 동기를 확인하고

여러분의 꿈에 탄탄한 토대를 마련하는 일을 돕기 위한 것이 목적이다.

이 토대란 여러분이 꿈의 사업을 추진하는 동안

단단한 버팀목 역할을 할 의지를 가리킨다.

머리말

　제1단계는 여러분의 아이디어를 구체화하는 단계이다. 여러분 내부의 자아와 꿈에 귀를 기울이는 단계로부터 삶을 변화시키는 단계로 나아갈 수 있다. 프로파일(profile)이란 여러분의 사업 내용과 앞으로 발생할 수 있는 문제점을 설명하는 문서를 말한다. 이 단계를 거치면 여러분이 주변 사람들에게 아이디어를 설명하느라 애쓰면서 느끼는 좌절감을 줄일 수 있다. 아이디어를 일단 문서로 작성하고 나면 그 다음부터 아이디어는 생명을 얻고 나름대로 자란다.

　이 단계는 쉬운 단계가 아니다. 여러분이 아이디어에 초점을 맞추다 보면 더 이상 꿈이 아니라 현실이 되기 때문이다. 꿈이 현실로 되면서 여러분은 마치 꿈의 일부를 잃는 듯한 느낌을 가질 것이다. 아이디어가 작아지고 범위가 제한된 것처럼 보일 수도 있다.

　원하는 대로 아이디어를 바꾸기 위해 일부러 변형하기 전까지는 자연스러운 감정이다. 여러분은 이제 상상력을 절대 100% 표현할 수 없는 '말'이라는 수단으로써 아이디어를 정의했다.

　다행히도 여러분이 아이디어를 기록할 때면 마술 같은 일이 일어난다. 좌절감이 사라지는 것이다. 아이디어를 글로 정리한다는 것은 여러분과 주변 세계를 연결하는 과정이다. 갑자기 세상이 장애물을 높이 세우는 대신

격려의 말

매일 무엇이든 성취한다. 거기서 얻는 추진력 덕분에 여러분이 상상했던 것 이상으로 빨리 나아갈 수 있다.

여러분의 목표를 지원하기 시작한다. 사람들(여러분 자신을 포함)은 여러분이 무엇을 성취하려고 하는지 진심으로 이해하기 시작하며 친구들은 여러분이 앞으로 나아가는 길을 돕는 아이디어를 제공하기 시작한다. 그리고 여러분이 꿈꾸던 사업을 시작하는 일을 도와줄 수 있는 사람들이 어디선가 나타난다.

일단 아이디어를 분명하게 정의하면 다른 사람들이 상상력과 마음을 보태줌으로써 여러분이 기대했던 것 이상으로 아이디어가 확장될 수 있다.

이 단계를 거치면서 초점이 지나치게 좁아지는 것을 걱정할 필요는 없다. 아이디어를 구체적으로 정의할수록 다음 단계에서 여러분이 더 자유로워질 수 있다. 그러므로 이 단계를 활용해 굳건한 토대를 마련해야 환상적인 아이디어로 성장할 수 있다.

인생이란 모험이며, 여러분만의 사업을 시작한다는 것은 그 중에서도 가장 멋진 모험이다. 모든 모험에는 출발점이 있기 마련이다. 그리고 프로파일은 출발점으로써 최적지이다. 여러분이 무엇을 달성하고자 하는지 알지 못한다면 아무도 여러분의 아이디어를 실행에 옮기는 일을 도울 수 없다. 그러나 일단 주변 사람들을 이해시키고 나면 그들이 베풀 수 있는 도움은 끝이 없다.

여러분의 아이디어를 손 안에 꼭 쥔 씨앗이라고 생각해 보자. 모든 사람한테 그것이 무엇인지 말할 수 있다. 장미일 수도 있고, 오렌지 나무일 수도 있고, 이름 모를 야생화일 수도 있다. 그러나 흙과, 태양과, 물과 약간의 보살핌이 없다면 그 씨앗은 절대로 자랄 수 없다. 사람들은 그 씨앗이 앞으로 무엇으로 자라날지 상상할 수 있지만, 여러분이 손을 펼쳐서 그 씨앗을 땅에 심고 자라날 수 있는 환경을 마련해주지 않는다면 아무도 그 아름다움을 누릴 수도 나눌 수도 없다.

진심으로 이야기하고, 남의 말에 귀를 기울이고, 아이디어를 기록할 때 세상은 여러분에게 꿈을 실행에 옮기라고 용기를 줄 것이다.

내 고객 중 한 명인 헤더(Heather)는 시나리오를 발굴해 영화로 만드는 회사를 창업하고 싶어 했다. 헤더는 사람들이 쓴 글을 관객이 놀랄 만한 영화로 만들도록 돕는 일이 좋았다. 부모님과 아주 친밀한 관계였던 헤더는 자신의 열정을 털어놓았다. 그러나 부모님은 펄쩍 뛰었다. 그리고 끊임없이 질문을 해댔다. "돈은 어떻게 벌 건데?" "할리우드 사람들은 남들을 이용해 먹고 내팽개치지 않니?" "네가 이 일에 재능이 있다고 생각하니?"

헤더는 좌절했다. 가장 지원을 필요로 하던 사람들로부터 외면당한 것이다. 헤더는 무엇을 해야 할지 갈피를 잡을 수 없었다.

그러던 어느 날 헤더는 내 워크숍에 참석했다가 나를 찾아와서 자기가 처한 상황을 설명했다. 나는 간단하게 워크숍에서 어떤 점을 배웠는지 물었다. 헤더는 잠시 생각하더니 이렇게 말했다. "부모님께 설명을 할 때 분명하게 하지 못했던 것 같아요. 아이디어를 기록하여 초점을 맞추고 지원을 해달라고 말씀 드려야겠어요." 나는 고개를 끄덕거리고 대답했다. "어찌 됐든 부모님은 헤더를 길러주시고 오늘날까지 있게 하신 분이죠? 그러니 헤더가 내리는 모든 결정에 일부분이 되는 게 당연하죠." 이 말에 헤더는 밝게 웃으며 나를 포옹했다.

헤더는 부모님께 편지를 썼다. 그리고 놀랍게도 헤더는 지금 아버지가 항상 꿈꾸던 시나리오를 영화화하는 작업을 하고 있다. 필요한 것은 바로 이것이다. 사람들에게 여러분의 진정한 의도를 알리고 우려가 아닌 도움을 요청하는 것이다.

이 씨앗과 마찬가지로 여러분의 아이디어 역시 성장하기 위해서는 훌륭한 환경과 다른 사람들의 도움이 필요하다. 그러므로 지금 당장 시간을 내서 아이디어에 대한 구체적인 정의를 내려야 한다. 여러분이 실제로 사업을 개시할 무렵이면 여러분의 조사와, 소비자의 의견과, 친구들의 제안과, 비용 및 기타 일을 진행하는 과정에서 찾아낸 정보들로 여러분의 아이디어는 구체적인 모양을 갖추고 있을 것이다.

우리의 가족, 친구, 교육 체계는 우리가 하는 일에 의미를 부여하기 보다는 최종 결과만을 중요시한다. 사람들은 여러분의 장래, 또는 여러분이 꿈을 이뤄가는 과정에서 겪어야 할 고통에 대한 우려 때문에 여러분의 아이디어에 부정적으로 반응할지도 모른다. 그들은 열정에 긍정적으로 반응하는 법을 배우지 못했기 때문이다. 사회는 꿈의 성취보다는 결과만을 걱정하도록 우리에게 가르치는 것 같다.

사회는 열정을 발굴하고, 검증하고, 실행에 옮기는 방법을 가르쳐 주지 않는다. 이 책은 여러분이 열정에 대해 정의를 내리고, 신뢰하고, 실행에 옮길 수 있도록 도움을 제공한다. 꿈을 현실로 만드는 것을 돕는다.

목표

여러분은 꿈을 설정하고 여러분에게 중요한 사람과 나눠라.

 할 일 목록

1 이 책을 읽는 동안 생겨나는 여러분의 모든 생각, 아이디어, 그림, 작업일지를 기록할 수 있는 아이디어 노트를 마련한다.

성과

여러분이 꿈꾸던 사업을 만들 수 있는 토대를 세운다.

여러분의 아이디어 노트는 초점을 유지하고 정리된 상태를 유지하는데 도움을 준다. 아이디어 노트는 개인 작업실이나 다름없다. 브레인스토밍(brainstorming)을 할 때도 쓰고, 아이디어를 어떻게 포장할 것인지 이야기할 때도 이용하고, 아이디어를 설명할 때도 활용한다.

아이디어 노트의 크기나 색깔은 전혀 상관이 없다. 나는 고객들에게 특정 페이지를 펼치기 쉬운 스프링 노트를 권한다. 노트에 줄이 그어져 있다면 더 깔끔하게 필기를 할 수 있을 것이다. 특히 여러분도 나처럼 글씨체가 엉망이라면.

냅킨 같은 별도의 종이에 노트를 하거나 흥미로운 기사를 발견한 경우에는 나중에 아이디어 노트에 스테이플(staple)로 붙여 놓거나 옮겨 적어도 좋다. 내 고객들 중에는 기사, 사진, 전단, 마케팅 샘플 같은 자료를 보관하기 편하게 구멍 세 개짜리 바인더를 보조 노트로 활용하는 사람도 있다.

아이디어 노트는 늘 가지고 다니면서 그때그때 관찰한 사항이나 떠오르는 아이디어를 기록하는 것이 좋다. 아이디어 노트의 용도는 세 가지이다. 첫째, 여러분의 아이디어, 생각, 조언, 이 책에서 배운 〈할 일〉을 적어두는 장소이다. 둘째, 여러분의 사업 아이디어를 언제 어떻게 개발했는지를 기록한다. 만약 나중에 언젠가 법률소송에 연루될 경우 중요한 문서가 될 수 있다. 셋째, 마음을 편안하게 하여 스트레스를 해소하는데 도움이 된다. 아이디어가 노트에 보관되어 있으므로 그것을 잊을 염려가 없기 때문이다.

아이디어 노트를 다른 용도로 활용할 수도 있다. 키스(Keith)라는 이름의 고객이 있는데 그는 자기 아이디어에 회의적인 사람들에게 답변할 때마다 노트를 활용했다. 잠재적 유통업체, 파트너, 투자자 등을 만날 때 그는 항상 자기 앞의 탁자 위에 아이디어 노트를 두었다. 앞에 앉은 사람이 그의 아이디어의 성공 여부에 의문을 제기할 경우 키스는 노트를 펼쳐놓고 지금까지 그가 수행해온 모든 일을 설명했다.

아이디어 노트를 방패로 활용함으로써 키스는 자기 아이디어를 방어하는데 그치지 않고 자기가 가지고 있는 열정을 전달할 수 있었다. 키스의 열정적인 자세에 잠재적 파트너는 안심할 수 있었다. 아이디어 노트를 가지고 다닐 정도로 열정을 보이는 사람이라면 자기 꿈을 현실로 바꿀 수 있는 길을 분명히 찾아내고 만다는 점을 그들은 파악한 것이다.

2 아이디어를 간략히 적는다.

적절한 단어를 찾기 위해 고민하느라 시간을 보내지 말고 그냥 아

일단 기록한 것은 달성하기가 쉬워진다. 기록하지 않으면 달성도 어렵다.

이디어를 종이에 옮긴다고 생각하면 된다. 아이디어를 분명하게 정의하는 법은 이 책에 나온 대로 따르면 된다. 예를 들면 '토마토를 쉽게 썰어 먹을 수 있는 새로운 식기' 정도의 설명이면 충분하다.

3 여러분의 아이디어로 해결할 수 있는 문제가 무엇인지, 어떻게 그 문제가 해결되는지를 정의한다.

문제를 해결한다는 것은 필요 또는 이점(남들이 여러분의 아이디어를 사야 할 바로 그 이유)을 창출한다는 것이다. 예를 들어, 위에서 언급한 새로운 식기는 사람들이 샐러드용 토마토를 안전하고 빠르게 잘라줌으로써 시간을 절약할 수 있으며, 아니면 이 책처럼 사람들이 꿈을 실현할 수 있도록 돕는 일도 있을 수 있다.

4 뒷쪽의 표를 아이디어 노트에 그린다. 여러분의 아이템에 대한 모든 아이디어를 기록한다.

어떤 아이디어이든지 내용을 감하거나 분석하지 말고 머리 속에 떠오르는 것은 무엇이든 적는다. 그러다 보면 긍정적으로 사고하는 법이 길러지고 창업의 토대를 마련하는 데 도움이 된다.

> **참 고**
>
> 브레인스토밍(brainstorming) : 독창적인 아이디어를 개발하기위하여 각자가 생각나는 대로 서로 토론하는 자유로운 집단 토론으로 기업의 기획 회의 등에서 주로 행해지고 있음.
>
> 브레인스톰(brainstorm) : 갑자기 떠오른 묘안, 인스피레이션, 영감 등을 가리키는 말이지만, 여기서는 그런 묘안들을 모두 기록해두는 '아이디어 창고'라는 뜻으로 사용하고 있다. 저자는 '온갖 잡동사니 꿈을 담아두는 서랍' 이라고 정의한다.

브레인스톰

이 름 : 어떤 이름이 당신의 잠재적인 아이디어에 영향을 줄 것인가?

고 객 : 당신의 아이디어를 사는데 흥미를 가질 사람들이 누구라고 생각하는가?

판 매 : 당신은 이 아이디어를 어디서 팔 것인가?

판매촉진 : 당신의 아이디어를 어떻게 사람들에게 말할 것인가?

5 어떻게 아이디어를 떠올리게 됐는지 설명한다.

사람들에게 어떻게 아이디어를 개발했는지 설명함으로써 그들을 동참시킬 수 있다. 이것은 누군가 여러분의 아이디어를 가로채려할 때 그것을 지키는 데도 도움이 된다. 《워킹걸(Walking Girl)》이라는 영화를 보면 종반부의 엘리베이터 장면에서 어떻게 아이디어를 떠올리게 됐는지를 기록한 것이 얼마나 중요한지를 알 수 있다. 재미있으면서 많은 것을 깨닫게 하는 영화이다). 예를 들면, '채소를 썰다가 계속 손가락을 베어서 손가락을 다칠 염려 없이 채소만을 썰 수 있는 칼이 필요했다.' 이 정도면 된다.

6 이 아이디어를 개발하는 과정에서 여러분 자신, 여러분의 생활, 여러분에게 중요한 사람들과의 관계가 어떻게 바뀔 것인지를 생각한다.

여러분이 지금 어떤 사람이며, 목표를 달성하는 과정에서 어떤 사람이 될 것인지를 설명한다. 일단 여러분의 꿈을 삶 속에서 받아들이고 나면 이를 막을 것은 아무 것도 없다. 꿈이 확장되고 여러분의 삶이 풍성해지면서 여러분의 인생은 변화할 것이다.

7 하루쯤은 일을 옆으로 제쳐둔다.

이 책에 실린 과정들은 상당히 힘이 든다. 머리와 가슴을 계속 열어두어야 한다. 아이디어와 관련한 느낌, 생각, 두려움, 희망, 걱정과 맞닥뜨릴 것이다. 이럴 때는 모든 것을 제쳐두고, 심호흡을 한 번 하고, 뭔가 재미있는 일을 하러 간다. 내 경우는 아이스크림 가게에 가서 다양한 맛의 아이스크림을 구경하고 그것으로 만들 수 있는 무한한 맛의 조화를 상상하며 즐긴다. 상상력을 발휘해서 전에는 먹어보지 못한 맛 두 가지를 주문하고 가장 마음에 드는 편안한 의자에 앉아 그 맛을 즐기는 것이다.

8 기록을 살펴보고 내 것으로 만든다.

여러분의 기록이 마음속에 있는 것을 그대로 반영하고 있는가? 그렇다면 축하할 일이다. 여러분은 자신을 위해 분명한 목표를 세운 것이다. 만약 그렇지 않다면 마음속에 있는 것이 반영되도록 답을 바꿔야 한다. 사회에서 원하는 답이 아닌 여러분의 마음속에 있는 것이 반영되도록 하는 답이 중요하다. 목표를 달성하고자 하는 열정이 있어야 한다. 그 과정은 많은 노력이 필요하고 늦은 밤까지 일을 해야 할지도 모르지만 대단히 재미가 있다.

9 이 책의 목차를 활용해 여러분의 목표별로 날짜를 배정한다.

목차를 살펴보고 여러분이 밟을 과정에 대한 각 장의 설명을 읽어본 다음 각 장 제목 옆에 날짜를 적는다. 날짜를 정하게 되면 계속해서 앞으로 나아갈 수 있도록 하는 목표가 주어진다. 그렇게 하다 보면 목표 달성의 과정에 익숙해져서 사람들의 의문에 대답을 할 수 있게 된다. 예를 들어 누군가 "그 아이디어의 재원은 어떻게 마련할 건가요?"라고 묻는다면 여러분은 이렇게 대답할 수 있다. "재원 마련은 제가 아이디어와 그것을 팔 시장과 생산방식까지 분명히 설정하고 난 다음의 문제입니다." 이 과정은 지금 당장 달성해야 할 과업에 전념할 수 있는 확신을 제공한다. 또한 주변 사람들에게 여러분이 아이디어를 어떻게 성취해 가는지를 보여준다.

10 이전 질문들에 대한 대답을 신뢰할 만한 사람에게 보여주고 앞으로의 지원을 부탁한다.

차분히 앉아서 그 사람에게 편지를 쓰는 것이다. 이메일이 아닌 우표가 붙은 진짜 편지라야 한다. 그에게 이 아이디어를 실행에 옮기는 일이 여러분에게 왜 중요한지를 이야기한다. 그 아이디어를 평가해 달라고 요청하지 말고, 그저 설명할 테니 귀를 기울여 달라고 한다.

여러분이 사업을 진행하면서 이 사람에게 정신적 지주 또는 울림판 (sounding board)이 되어 달라고 부탁해도 좋다. 요새는 친구로부터 우편 편지를 받는다는 것이 매우 드문 일이므로 편지를 보낸다면 그들은 이 사업이 여러분에게 얼마나 중요한지를 깨달을 것이다. 아이디어를 현실로 옮기기 위해 많은 시간과 에너지를 투자해야 할 것이다. 때로는 힘든 상황이 올 수도 있으며, 여러분이 목표를 달성하는 데는 그들의 지원과 에너지와 이해가 필요하다고 말한다. 여러분의 목표를 이해할 때 이들은 주위에서 여러분을 돕는 에너지 자장과 같은 역할을 할 수 있다.

사회는 열정을 환영하는 편이 아니며 그것을 표현할 '멋진' 낱말도 없다. 게다가 많은 사람들은 그 열정을 설명하려는 우리의 어눌한 시도에 귀 기울여 줄 만큼 인내심이 강하지 않다. 이 책은 여러분이 꿈을 좇고 달성하는 일을 도울 것이다. 이 책에 실린 과정들은 여러분이 가지고 있는 열정을 분명히 표현할 수 있도록 도와줄 것이고, 또한 사람들이 그 열정을 이해하고 여러분의 꿈을 존중할 수 있게 해줄 것이다.

 ## 머리말

여러분이 무엇을 달성하려고 하는지 기록한 다음에는 그 아이템을 개발하려는 이유에 초점을 맞추어야 한다. 꿈을 실현하는 추진력은 여러분 개인의 의지이다. 사업을 시작했다가 중도에 접은 사람을 본 적이 있는가? 그들은 잠깐 동안 그 일에 몰두하고 애를 쓰다가 그만한 노력의 가치가 없다고 결론을 내린다. 그들은 빛나는 아이디어를 갖고도 포기해 버리고 만다.

나는 그런 경우를 많이 보았다. 모든 경우에 공통적으로 빠진 한 가지 요소가 있었는데 그것은 바로 열정이다. 그들의 아이디어는 그들의 마음과 연결되지 않았던 것이다. 여러분이 아이템에 열정을 갖는 것, 이것이 성공의 열쇠이다. 어떤 이들은 사업 실패의 원인을 자금이 부족했다거나, 적절한 사업계획이 없었다거나, 사업을 실행에 옮길 시간이 없었다는 탓으로 돌린다. 그러나 이 모든 장애물들은 열정으로 극복할 수 있는 것들이다. 두려울 수도 있다. 하지만 두려움은 문제가 되지 않는다. 두려움이 있다는 것은 여러분이 진정한 열정을 가지고 있다는 뜻이므로 두려움에 사로잡혀 전진을 멈출 필요는 없다.

이 과정에서 여러분의 내부적 의도(아이디어를 실행에 옮김으로써 자신이 어떤 이득을 얻을 것인지)와 외부적 의도(여러분의 아이디어가 다른 사람들에게 어떤 이득을 줄 것인지)를 확인할 수 있다. 의도는 마음과 열정으로부터 나온다. 머리와

격려의 말

한 번에 하나의 아이디어에만 집중한다. 마음속에서 불타오르고 있는 아이디어, 여러분의 삶을 바꿔놓을 아이디어로부터 시작한다.

가슴을 합치면 무언가 새로운 것을 창조하는 데서 오는 기쁨과 환희, 흥분이 여러분을 감쌀 것이다. 의도를 분명하게 밝힌다는 것은 다른 사람들이 여러분의 아이디어를 이해하고 도움을 줄 수 있는 기회를 제공하는 것이다. 여러분이 아이디어를 실행에 옮기려는 바로 그 이유, 즉 그 아이디어가 제공하는 이득을 여러분의 의지에 반영할 수 있으므로 이는 매우 유용한 과정이다. 사람들에게 가져다 줄 이득에 대해서 이야기하다 보면 그들은 여러분과 더욱더 같이 일하려 들 것이다.

내 고객 중 한 사람인 루이사(Louisa)는 새로운 고객에게 이런 말을 했다. "이 단계는 온갖 열정을 갖고 토론해야 합니다. 일단 이 과정을 마치고 나면 자기도 모르게 사업에 뛰어든 것이니까요."

명칭, 포장, 가격, 광고 등등 여러분의 아이템에 관한 세부사항은 시간이 지나면서 바뀔 수 있다. 그러나 여러분이 그 아이템을 만들어 내고자 하는 의도 자체는 쉽게 바뀌는 것이 아니다. 여러분의 의도는 사업을 시작해서 성장시키는 감정적 토대가 된다.

그런데 이게 말처럼 쉽지가 않다. 마음속으로부터 진정으로 이야기하다 보면 상처를 받기 쉽다. 여러분의 아이디어가 공격을 받아 좌절과 고통을 겪을 수 있기 때문이다. 하지만 거기서 좌절하지 않는 것이 중요하다. 남들의 행동을 통제할 수는 없지만 그에 대한 나의 반응은 통제할 수 있기 때문이다. 자신을 믿고 남들이 여러분과 여러분의 꿈에 어떻게 반응할지에 대해서는 걱정하지 말아야 한다.

우리는 새로운 아이디어에 비관적으로 반응하도록 사회로부터 훈련 받았다. 특히 예술적 성향에 대해서는 더욱 그러했다. 대다수 사람들은 여러분의 아이디어의 결점부터 지적하지만 일단 기회가 주어지면 결국은 칭찬으로 돌아서서 개선점을 제안하기도 하는데, 이 점이 중요하다. 이들이 여러분을 비판하거나 "귀중한" 견해를 내놓으려 하는데 입을 막아버린다면

누군가 여러분을 비판할 때는 장래에 취할 과정에 연계시킴으로써 비켜나갈 수 있다. 예를 들어 누군가 아이디어의 경제성을 가지고 공격한다면 "고맙지만 그 문제는 자금을 조달할 때 알아보면 됩니다."

아이디어를 키울 수 있는 기회를 놓치는 것이다.

좌절과 고통을 피하려면 귀 기울이는 법을 배워야 한다. 모든 사람에게 귀 기울이고 이들이 제공하는 유용한 정보를 발견해야 한다. '귀 기울이다(listen)'의 첫 네 글자는 'L-I-S-T' 즉 목록이 된다. 사람들이 제시하는 모든 아이디어와 생각과 비판을 판단하려 들지 말고 그냥 귀 기울이고 목록으로 만들어야 한다. 사람들이 하는 말을 받아 적고 그들의 통찰력에 감사한다. 어떤 아이디어가 도움이 되고 안 될지는 아무도 모르는 일이다. 따라서 이들을 그냥 버리지 말고 아이디어 노트에 기록해 둔다. 여러분의 사업을 책임지는 사람은 바로 자신이다. 다른 사람의 의견을 활용할 것이냐 아니냐는 여러분이 정한다.

남의 말에 귀 기울이는 행위의 가장 좋은 점은 사람들로 하여금 여러분의 꿈의 한 부분을 구성하고 있다는 느낌을 갖게 한다는 것이다. 자기들이 세상에 무언가 공헌하고 있다는 생각, 이보다 더 보람 있는 느낌은 없다. 여러분이 귀 기울인 그 사람들은 여러분 팀의 일원이 되어 언젠가 사업의 재원 조달이나 마케팅에 도움을 줄 수도 있다. 돈 한 푼 안 들이고 마케팅 팀을 손에 넣었으니 얼마나 좋은 일인가!

크리스텐(Kristen)은 샌프란시스코에서 여행사를 시작하겠다는 아이디어를 갖고 내게 찾아왔다. 그녀는 도시의 뒷골목을 여행상품으로 개발하고 싶어 했다. 관광객들은 샌프란시스코 곳곳을 탐험하기 좋아하므로 그녀는 자기 아이디어가 먹혀들 것으로 생각했다.

1단계로 그녀는 많은 경쟁 여행사를 탈피한 여행사를 세우고 싶다고 말했다. 관광객들이 그녀의 고객이 될 것이며 상품을 알리는 방법은 호텔 로비에 비치한 관광안내책자(brochures)를 이용하는 방법을 택하겠다고 했다.

그녀는 자기 아이디어를 이야기하다 샌프란시스코에 이미 여행사가 너무 많다는 점(그녀의 조사에 따르면 30개 이상)이 불안하다고 덧붙였다. 나는 지금은 아이디어를 설정하는 단계이므로 아직은 경쟁에 대해서 걱정하지 말라고 말하고 그녀의 아이디어에는 큰 부분이 빠져 있다고 일러 주었다. 그것은 그녀의 마음이었다. 왜 여행사업을 하려는지, 그녀의 여행상품이 어떤 이점을 제공하는지가 없었던 것이다.

그래서 크리스텐은 2단계로 자기 내부적 의도와 외부적 의도에 초점을 맞추었다. 내부적 의도는 오락, 역사, 탐험에 대한 그녀의 사랑을 한 데 합쳐 사업을 시작하겠다는 것이었다.

외부적 의도에 관해 그녀는 과거 사업상 여행을 많이 하면서, 가장 마음에 안 들었던 부분이 자기가 방문하는 도시의 아름다움과 매력을 경험할 시간이 적었다는 점이라고 했다. 이런 내용을 적고 나자 그녀는 샌프란시스코의 "진짜" 모습을 경험하려고 하는 출장 여행자들을 대상으로 삼기로 결정했다. 나아가 그녀는 신규 채용에 어려움을 겪고 있던 첨단기술 산업을 목표시장으로 설정했다.

바로 그것이었다. 초점을 맞추어 의도를 정하자 자기가 진정 성취하고 싶었던 것, 마음으로부터 나온 사업을 개발할 수 있었다. 그녀가 세운 회사 "베이 에어리어 오어 버스트!(Bay Area or Bust!)"는 처음부터 고객에게 충실하려는데 역점을 두었다. 그녀가 구상한 맞춤형 여행은 예비 직장인들에게 그녀의 고객 회사와 샌프란시스코가 자기들의 개인적, 직업적 생활을 성장시킬 수 있는 곳이라는 확신을 갖게 했다. 그녀는 각 회사가 샌프란시스코 지역사회 발전에 얼마나 공헌했는지, 종업원들의 성공과 번창을 어떻게 도왔는지를 보여줌으로써 경쟁사와 차별화했다.

두 번째 단계에서 이미 그녀는 경쟁업체들과 차별화 하는데 성공했다. 그녀는

여러분은 내부적 의도와 외부적 의도를 설정함으로써 사업 아이디어의 토대를 마련할 수 있다.

개인의 중점사항, 에너지, 열정, 의지.

참고

브레인스토밍은 분석적인 작업이 아니다. 간단히 말해 "온갖 잡동사니 꿈을 담아두는 서랍"을 여러분과 다른 사람들의 아이디어로 채우는 과정이다. 브레인스토밍이 없었다면 귀여운 '공룡 바니(the cutesy dinosaur, Barney)'도 아이디어 단계에서 사라졌을 것이다.

할 일 목록

1 아이디어 노트의 새 페이지를 펼쳐 "내부적 의도"라는 제목을 달고 그 밑에 "이 사업의 핵심"이라고 적은 다음 여러분의 내부적 의도에 관해 브레인스토밍을 한다.

내부적 의도는 왜 이 아이템을 개발하려고 하는지를 설명해준다. 개인적으로 이 노력으로부터 무엇을 얻을 것인지? 여러분의 아이디어를 모두 적는다. 달성하려고 하는 모든 것을 고려해봐야 한다. 예를 들면 다음과 같다.

- 나만의 사업을 갖는다.
- 생활하기에 충분한 돈을 번다.
- 많은 사람을 만난다.
- 사람들이 그림을 감상할 수 있도록 돕는다.
- 전 세계를 여행한다.

여러분이 꿈을 이룸으로써 개인적으로 어떤 영향을 받는지에 초점을 맞춘다. 예를 들어 내부적 의도가 100만 달러를 모으는 것이라고 정할 경우 그 100만 달러가 여러분의 삶에 어떤 이점을 가져올지 설명함으로써 목표를 재천명한다.

2 제1단계 〈할 일 목록〉 10번에서 도움을 받기 위해 초청했던 친구와 의도에 대해 논의한다.

여러분의 의도를 다른 사람에게 알림으로써 여러분만의 사업으로 가는 여정을 왜 시작했는지 일깨워줄 누군가가 생긴 것이다. 이들은 여러분이 제대로 길을 가고 있는지 확인시켜 준다. 어차피 친구들은 여러분을 지원하겠지만 그 사업이 왜 중요한지를 그들이 아는 일도 중요하다. 여러분의 마음을 글로 옮겨야 한다.

3 내부적 의도를 한 두 문장으로 요약한다.

의도가 분명히 드러날수록 그 의도를 달성할 가능성도 커진다. 내부적 의도를 한 두 문장으로 요약할 수 없을 경우 핵심 단어(아이템을 "개발"하여)를 집어내 이를 이용해서 문장 2개를 쓴다. 내 고객이 쓴 것을 예로 들면 다음과 같다.

"세계를 여행하며 멋진 아이템을 찾는다. 예술 및 교육에 관한 열정으로 돈을 번다."

"밖에서 일을 한다. 경험으로 사람들을 배워 글을 쓴다."

글 쓰는 것을 두려워할 필요는 없다. 아이디어를 구체화하다 보면 적절한 단어가 떠오를 것이다. 일단은 머리에 무엇이 떠오르든 기록한다. 창의력을 발휘하여 본인의 느낌을 따른다.

4 아이디어 노트에 "외부적 의도"라는 제목을 달고 그 밑에 "남들에게 어떤 이득을 주는가?"라고 적은 다음 여러분의 외부적 의도에 관해 브레인스토밍을 한다.

외부적 의도는 당신의 아이디어가 다른 사람들에게 어떤 이득을 주는지에 초점을 맞춘다. 표현 방식은 "이 아이디어는 사람이 무엇 무엇을 할 수 있도록 도움". 이 정도로 하면 된다.

여러분의 아이디어가 외부적으로 어떤 영향을 미칠지 결정한다는 것은 어려운 일이다. 그때는 이런 방법을 써보자. 눈을 감고 앞으로의 일을 상상해 보는 것이다, 여러분의 아이디어가 실제로 상품이나 서비스가 되어 사람들이 사용하고 있다고. 사람들이 어떻게 사용하고 있는가? 웃고 있나? 만약 그렇다면 사람들을 웃게 하는 것이 외부적 의도가 되는 것이다. 만약 사람들이 무언가를 배우고 있다면 교육을 외부적 의도로 잡으면 된다. 다음과 같은 질문들이 외부적 의도를 설정하는 데 도움이 될 것이다.

- 내 의도가 정보 제공, 오락, 자극, 교육인가?
- 남들이 돈 버는 것을 돕고자 하는가?
- 사람들을 웃길 것인가?
- 이 아이디어로 사람들의 생활이 편리해질까? 그들에게 시간, 노력, 돈을 덜어줄 수 있는가?

5 외부적 의도를 친구들과 논의하고 브레인스토밍 과정에서 떠오르는 것은 무엇이든 기록한다.

이렇게 하면 여러분의 사업에 친구들이 기쁜 마음으로 참여하도록 할 수 있다. 귀 기울이기 원칙(절대 토를 달지 말고 듣기만 한다.)을 잊어서는 안 된다. 미래의 고객들이 여러분의 아이템을 어떻게 사용할 것인지 들을 수 있는 흥미로운 과정이므로 열린 마음으로 이 과정을 즐긴다.

6 아이디어 노트에 외부적 의도를 한 두 문장으로 적는다.
이를 분명하게 적으면 사람들은 여러분의 사업이 자기들의 목표를 달성하는데 어떤 도움을 줄 수 있을지 알 수 있게 된다. 나아가 그들에게 외부적 의도를 이야기함으로써 여러분의 아이디어에 대한 사람들의 반응을 시험해 볼 수도 있다.

7 내부적 의도와 외부적 의도를 둘 다 보고 스스로에게 질문해 본다. "이 아이디어가 내 정신과 내 삶의 목표의 일부인가?"
여러분은 지금 꿈에 기초한 작은 사업을 개발하고 있다. 그 목표를 달성하려면 여러분의 삶과 밀접해야 한다. 그리고 그 삶을 사랑하기 위해서는 여러분의 의지와 열정 위에 목표를 세워야 한다. 여러분이 꿈에 대해 열정을 가지고 있다면 그 꿈은 달성할 수 있다. 열정이 없어도 성공을 쟁취할 수 있을지 모르지만 그때는 여러분의 아이디어가 즐거움이라기보다는 마지못해 할 일이 되어 버리고, 아이템을 시장에 내놓기도 전에 포기해 버릴지도 모른다. 그러나 열정이 있으면 아무리 어려운 시간도 이겨낼 수 있다.

8 아이디어 노트 한 페이지에 "내가 이 사업을 하려는 이유"라는 제목을 붙이고 아이디어의 이름, 내부적 의도, 외부적 의도를 쓴다.
이 페이지에 적는 내용이야말로 여러분 자신과 다른 사람들을 돕는 창업 목적이 된다. 사업의 핵심인 것이다. 이 점을 강조하기 위해 대다수 내 고객들은 세 가지 항목 정도에 하트 모양을 그리는데, 여러분도 그렇게 하기를 권하고 싶다. 그러다 보면 힘들거나 낙담할 때마다 하트를 보며 여러분의 아이디어가 자신 및 주변 사람들에게 어떤 이점을 가져다줄지를 기억할 수 있게 된다. 한 번 쳐다보는 것만으로도 앞에 놓인 어려움을 이겨낼 수 있는 에너지를 얻을 수 있을 것이다.

— 나와의 계약

 ## 머리말

이 계약은 여러분을 위한 것이다. 이 계약은 여러분이 무엇을, 언제 성취하려고 하는지를 설정하여 스스로에게 한 약속을 일깨우게 하려는 목적이 있다. 목표를 곰곰이 생각하고 기록하다 보면 그 목표에 대해 걱정이 아니라 목표를 달성할 수 있는 마음가짐을 다질 수 있다. 자신과의 계약서에 서명하는 순간 여러분은 정말로 앞으로 나가기 시작한다. 이제는 여러분의 길로 나선 것이다.

많은 사람들이 꿈을 포기하는 이유는 스트레스 때문이다. 스트레스를 관리하는 데는 모든 걱정거리를 종이에 적은 다음 도움을 구하는 것이 가장 좋은 방법이다. 누군가에게 문제점을 이야기하다 보면 걱정거리도 사라져 버리는 경우가 많다. 내 고객 다수는 계약서를 작성할 때 아예 걱정거리를 포함시킨다. 그런 다음에는 앞으로 생길지도 모르는 걱정거리를 기록하기 위해 아이디어 노트의 한 페이지를 비워 둔다. 본인 또는 친구들이 걱정거리에 대한 해결책을 찾았거나 걱정거리가 없어져 버리면 그 위에 큰 X자로 표시한다.

계약서는 여러분에게 영감을 불어넣을 것이다. 기분이 가라앉거나 꿈꾸던 사업을 실행으로 옮기기 어렵다는 생각이 들 때면 계약서를 한 번 훑어보면서 의지를 되살려 본다. 꿈을 좇을 힘이 다시 솟는 것을 느낄 것이다.

목록 작성으로만 끝나서는 안 된다. 할 수 있는 일을 목록화 하고 그것을 달성해야 한다.

1 아이디어 노트에 "나와의 계약"이라는 제목을 달고 아래에는 여러분의 이름과 날짜를 적는다.

나와의 계약서를 만드는 방법은 사람마다 다르다. 내 고객 한 명은 양피지로 계약서를 작성해서 액자에 넣어두기까지 했다. 어떤 방식으로 계약서를 만들든지 사본 한 장은 아이디어 노트에 붙여둔다.

목표에 전념할 수 있도록 자신과의 계약을 체결한다.

2 계약서 첫 단락에 여러분의 아이디어와 그것이 가져다 줄 이점을 간략하게 쓴다.

첫 부분은 아이템에 관한 아이디어를 짧게 설명하고(제1단계에서 했던 설명), 다음으로는 사람들에게 제공하는 이점(제2단계에서 말한 외부적 의도), 마지막으로 어떤 사람이 고객이 될 것인지를 쓴다(제1단계의 브레인스토밍 훈련 참고). 이렇게 글을 쓰다 보면 아이디어를 탄탄하게 다지는 데 도움이 된다. 조사를 진행하는 동안 아이디어를 사람들에게 설명할 때 이 이야기를 활용해도 좋다. 이야기는 사람들의 관심을 끄는데 유용하므로 가능한 한 자주 사용하는 것이 좋다.

3 다음 단락에는 목차 옆에 기록한 날짜를 옮겨 적고 창업날짜를 정한다.

창업일을 못 박음으로써 여러분은 자신을 위한 구체적인 목표를 설정한 것이다. 또한 이는 언제 사업을 개시하려고 하는지를 남들에게 말해주는 것이 된다. 여러분이 꿈을 키워나가면서 이 날짜는 바뀔 수 있다. 단, 글로 적는다는 것은 현실화한다는 뜻이므로 창업일이 정확할수록 토대가 더욱 굳건해진다는 것을 염두에 두어야 한다.

4 다음 단락에는 주변의 도움을 구해 사업을 성장시킬 것이라는 내용을 적는다.

아이디어를 개발하다 보면 도움을 요청해야 할 필요가 생긴다. 대다수 사람들이 마주치는 가장 큰 장애물은 지식 부족이다. 우리는 접근하지 못하는 정보와 자원을 다른 사람들은 갖고 있을 수 있다. 여러분이 모든 것을 다 알 필요는 없지만 정보가 필요할 때 연락할 사람이 있다면 일이 훨씬 쉬워진다. 도움을 구하는 일을 두려워할 필요는 없다. 사람들은 누군가 꿈을 이루는 일을 돕기를 좋아한다.

성과

자신과의 계약에 서명하고 나면 자극이 필요할 때 그것을 얻을 수 있다.

5 다음 단락에는, 이 계약은 지금의 여러분과 미래의 여러분 간에 체결한다고 적는다.

이 조항은 여러분의 목표와 삶을 밀접하게 연결한다. 여러분이 열정을 가지고 사업을 일구다보면 자신과 주변 사람들의 삶을 바꾸는 것이다.

자극의 말

이제 머리 뿐 아니라 가슴으로도 일을 하고 있으며, 도움을 구할 때 도움을 받을 수 있다.

6 계약서 마지막 단락에는 이 계약을 파기할 수 있는 권리는 여러분 자신에게만 있다고 명시한다.

사업의 성패는 전적으로 여러분에게 달려 있다. 사업에 관해 여러분의 친구, 친척, 상사 아니면 신문에서 뭐라고 말하거나 생각하든 간에 그들은 계약을 파기할 수 없다. 오직 여러분에게만 계약을 파기할 권리가 있다.

7 계약서에 서명하고 날짜를 적는다.

서명은 계약서를 현실로 만드는 마지막 단계이다. 서명을 함으로써 여러분과 주변 사람들의 삶에 변화를 가져올 사업을 일구는 일에 자신을 던지는 것이다. 축하한다. 여러분은 꿈을 사업으로 바꾸는 길에 들어섰다.

제 2 장

유용한 정보 수집

"어린 아이처럼 꿈꾸고 어른처럼 결단하라"는 것이 이 장의 주제이다.
여러분의 사업을 현실로 바꾸는 각 과정마다 마치 어린이처럼
모든 가능성을 꿈꾸면서 시장에 이미 존재하는 것을 조사할 것이다.
그런 다음에는 어른이 되어 정보를 분석하고 행동을 취한다.
시장에 이미 존재하는 것을 이해하면 제1장에서 마련한 토대가
더욱 단단해지고 여러분의 아이디어는 경쟁력을 갖출 수 있다.

 ## 머리말

1~3단계는 여러분의 아이디어에 굳건한 토대를 다지는 작업이었다. 이번 단계에서는 여러분이 시장을 이해하고 아이템을 실험하는 일을 돕는다. 열린 마음가짐으로 가능한 한 모든 것을 배우며, 어린 아이와 같이 가능한 모든 것을 생각해 보는 것이 좋다. 여러분은 씨앗을 심었으므로 이제는 물과 햇볕을 제공해서 씨앗이 뿌리를 내리고 자라기 시작할 수 있도록 할 때이다.

브레인스토밍을 가장 잘 표현한 말은 '온갖 잡동사니 꿈을 담아두는 서랍을 채우는 일'이다. 브레인스토밍의 목적은 가능한 한 많은 아이디어를 끄집어내려는 것이다. 이 단계에서 발굴하는 아이디어는 사업 아이템을 개발하는 과정에서 다른 의미와 용도를 가질 수 있으므로 아직은 아이디어를 섣불리 판단해서는 안 된다. 브레인스토밍은 말 그대로 머리에 떠오르는 온갖 잡생각을 쏟아내는 과정이다.

예를 들어, 어떤 노래를 들었는데 마음에 안 들었던 경험이 있을 것이다. 하지만 나중에 다른 분위기에서 그 노래를 다시 들으면(영화나 사랑하는 사람과 함께 있을 때) 전혀 다른 느낌이 들지 않던가? 이 과정에서 여러분이 개발하는 아이디어 역시 마찬가지일 수 있다.

여러분 자신을 활짝 열어야 한다. 여러분의 아이디어에 대해 사람들에게

참고

너무나 많은 것을 달성해야 한다는 생각에 압도되었을지도 모르겠다. 이는 자연스런 감정이다. 불안감을 누그러뜨리려면 아이디어 노트를 항상 지니고 다니면서 해야 할 일을 기록하고 그 일을 한 다음에는 지우는 버릇을 들인다.

44

이야기하고 그것을 개발해 나가는 과정에서 도움을 구해야 한다. 그런 다음에는 마음을 편안히 갖고 그냥 귀 기울이면 된다. 나는 이 일을 하면서 대다수의 사람들은 여러분이 아이디어를 실행에 옮기는 것을 돕고 싶어 하지, 그것을 훔치거나 망치려는 사람은 별로 없다는 것을 배웠다. 주변에 이야기함으로써 누군가 그 아이디어를 도용하거나 얕잡아볼 가능성보다는 도움과 지원을 얻을 가능성이 더 크다.

시간을 내서 이 단계를 완료하는 것이 좋다. 많은 노력이 필요하기는 하지만 그럴 만한 가치가 있는 일이다. 이는 여러분에게 가장 큰 이점을 가져다주는 과정이다. 이 단계를 거침으로써 여러분이 얻을 수 있는 도움은 다음과 같다.

귀에 들어오는 모든 아이디어를 기록한다. 장래 어떤 아이디어가 효과를 발휘할지는 아무도 모르는 일이다.

- 친구들 및 도움을 줄 수 있는 주변 사람들에게 아이템을 설명한다.
- 향후 마케팅 아이디어의 공급원이 될 수 있다.
- 어느 파트너가 이 아이템의 유통을 도와줄 수 있는지 결정한다.
- 귀 기울이는 법을 배운다.
- 여러분의 아이템을 경쟁업체들과 차별화할 수 있는 마케팅 계획을 개발한다.
- 제품 특성 목록을 제공함으로써 제8단계의 정보센터를 설립한다. 정보센터는 여러분이 발굴한 아이디어 및 가치 있는 정보를 빨리 찾을 수 있도록 도와주는 도구이다.

할 일 목록

1 아이디어 노트에 다음 각각의 제목을 별도 페이지에 적는다.
아이템, 고객, 유통, 소매업체, 후원, 마케팅 행사

이 주제들은 여러분 아이템의 마케팅을 위해 개발해야 할 중요한 것들이다. 각 분야에서 개발된 아이디어는 여러분의 아이템이 고객의 손에 전달하는 과정을 돕는다.

여러분의 상상력, 경험, 육감을 활용해 마케팅 아이디어 창출.

2 48~54쪽의 표를 아이디어 노트에 다시 그린다.
〈할 일 목록〉 1번에서 이 책의 안내에 따라 작성한 모든 표를 다시 그려도 좋다. 브레인스토밍 과정 중 추가적으로 생각나는 아이디어를 여기에 기록한다. 언제, 어디서 번쩍하고 아이디어가 떠오를지 모르므로 아이디어 노트는 항상 곁에 지닌다.

3 혼자 앉아서 표에 나온 질문을 해보고 각 질문마다 가지고 있는 아이디어를 가지고 브레인스토밍을 한다.
꿈은 어린이처럼 꿔야 한다. 지금은 즐기는 시간이다. 상상력의 나래를 펴고 머리 속에 떠오르는 대로 무엇이든 기록한다. 이에 대한 분석은 나중에 해도 된다.

가능성 있는 제품, 고객, 유통업체, 소매업체, 후원업체, 마케팅 이벤트 목록.

4 친구들을 한 자리에 불러 모아(셋 정도면 적당) 그들에게 여러분의 아이디어를 설명하고 표에 적힌 질문을 하고 무슨 답이든 나오는 대로 받아 적는다.
지금은 친구들이 여러분을 돕는 시간이므로 잠자코 귀 기울여야 한다는 점을 유념해야 한다. 엉뚱한 아이디어라고 웃어넘길 게 아니라 반드시 기록해 두어야 한다. 인생이라는 것이 처음에는 말도 안 되는 것처럼 보였던 아이디어가 나중에 인기 있는 상품으로 바뀌는 경우가 허다하다. 돌멩이를 애완용으로 판다는 생각을 맨 처음 해낸 사람에게 사람들이 어떤 반응을 보였겠는가? 하지만 펫락(Pet Rock)은 그 아이디어로 수백만 달러를 벌었다.

이 단계에서 얻을 수 있는 것은 세 가지이다. 첫째, 전 같으면 절대 생각치 못했을 추가적인 아이디어를 제공한다. 둘째, 여러분의 꿈에 친구들을 동참시킬 수 있다. 셋째, 여러분이 실습을 하고 도움을 구하는 일에 익숙해질 수 있다. 도움을 요청하는 일에 익숙해지다 보면 나중에는 전혀 모르는 사람한테서도 최고의 아이디어를 얻을 수 있게 된다.

브레인스토밍 과정에 참여한 모든 사람의 이름을 기록한다. 이 사람들은 여러분의 아이디어에 증인이 되어줄 뿐 아니라, 여러분이 무언가를 왜 아이디어 노트에 기록했는지도 기억할 수 있게 해준다. 기억이 나지 않을 때 이들에게 전화를 걸어 "아이디어 노트에 '의상'이라는 낱말을 적으면서 내가 왜 느낌표를 이렇게 많이 찍었더라?" 하고 물어보면 그들은 기억하고 있는 경우가 많다. 이 경우 여러분은 그 친구와 함께 기분 좋게 웃으면서 더 창조적인 아이디어를 개발할 수도 있을 것이다.

이 단계를 즐긴다. 어떤 문제에 답이 없다면 스스로 만들어낸다. 엉뚱할수록 좋다. 브레인스토밍을 계속한다.

5 현 주제에 대한 관심도를 조사한다.

여러분의 사업에 새로운 동향을 파악하고 아이디어를 얻을 수 있도록 가능한 한 많은 자료를 읽는다. 신문을 스크랩하거나 뉴스, 토크쇼, 시사 프로그램을 시청하는 일은 간단하면서도 사업에 큰 변화를 가져올 수 있는 습관이다. 기사 또는 아이디어에 대한 논평을 아이디어 노트나 바인더의 적당한 부분에 보관한다.

처음에는 아무런 답도 머리에 안 떠오를지 모르지만 마음 가는 대로 놔두면 여러분의 상상력이 다다르는 곳이 있다. 놀라움으로 가득 찬 곳이다.

안전하게 살아가는 것이 가장 위험한 방법이다.
당신의 삶은 안전할수록 꿈으로부터 멀어지고 있는 것이다.

PRODUCT | 아이템

아이템 영역	
이 름 : 당신의 아이템이 어떤 이득을 줄까? 사람들이 정확히 무엇을 하는 제품인지 알 수 있도록 이름 짓는다.	
이 득 : 당신의 아이템이 고객들을 이끄는 매력은 무엇일까? 어떻게 사람들이 당신의 제품을 "필요"하게 만들까? 어떤 문제들을 해결해야 할까?	
포 장 : 당신 제품의 포장을 상상하고 그린다. 어떤 색깔을 사용할까? 크기는 어떻게 할까?	
기 술 : 당신의 제품이나 포장에 어떤 특별한 기술을 포함할 것인가?	

내구성 : 당신의 제품은 얼마나 사용할 수 있을까? 사람들은 1년에 한 번 살까? 아니면 더 자주 살까?	
의 장 : 당신의 고객들이 당신의 제품을 사용하는데 어떤 특별한 의장이 필요할까? (예 : 필름 투영기)	
반송정책 : 당신의 고객으로부터 반송되는 것을 허용할 것인가? 왜 받는가? 아니면 왜 받지 않는가?	
계 절 : 당신 제품의 세일즈가 계절이나 다른 사건(예 : 발렌타인데이 등)에 영향을 받는가?	
로고와 슬로건 : 당신의 제품은 어떤 이미지로 대표되는가?(예, 달이나 칼, 그리고 포크 등) 당신의 제품에 대한 슬로건의 브레인스톰. 슬로건은 재미있고, 기발해야 하며 모든 사람이 당신의 제품을 그릴 수 있어야 한다. 당신의 슬로건을 한 음절 단어로 만들어라. 말하거나 기억하기에 쉬워야 한다. (예 : 저스트 두 잇, 위 두 잇 유어웨이)	
부가제품 : 당신의 제품에 부가제품이 파생될 수 있는가?(예 : 기본적인 제품의 확장이나 비슷한 제품으로 만들기)	

고객들

아무 생각도 하지 말고 단순히 가능한 한 모든 정보를 모아라. 미래에 다 사용할 수 있다.

고객 영역	
대 상 : 당신 제품의 대상은 어떤 그룹의 사람들인가? 당신 제품을 사는 사람들을 상상하고 그들을 그려라. 남성이나 여성, 소년들이나 소녀들, 나이든 사람, 인종, 도덕적 배경, 배우자 유무, 수입, 교육, 직업, 그들이 물건을 사는 장소나 상점.	
대상이 아니다 : 대상을 원하지 않는 어떤 사람이 있는가? (예 : 어린이나 어떤 정치적, 종교적 그룹)	
기 관 : 어떤 기관이나 화사가 당신의 제품을 살 수 있는가? (예 : 교회나 정유회사 등)	
언 론 : 당신의 고객들이 어떤 TV쇼나 어떤 잡지, 어떤 신문을 읽고 있는가?	

소매상들

소매상이란 당신의 제품을 직접 고객에게 파는 장소이다.

소매상 영역	
지 역 : 당신의 제품을 어디서 팔 것인가?(예 : 백화점, 슈퍼마켓, 명품점, 대학 서점 등)	
가상의 지역 : 당신의 제품을 텔레비전이나 카탈로그, 인터넷에서 팔 것인가? 또는 고객이 사기 전에 제품을 만지거나 냄새 맡거나 느끼게 할 것인가?	
세일 방법 : 당신의 제품을 팔 수 있는 또 다른 방법이 있는가?(예 : 전화세일, DM, 방문판매 등)	
비전통적인 소매상 : 당신의 제품을 팔 비전통적인 소매 방법을 생각하고 있는가? (예 : 비행기, 바, 밤거리 판매 등)	

유통기구

대리점은 당신의 물건을 팔고, 도매상은 많은 소매상에게 물건을 공급한다. 도매상은 종종 창고보관업도 하고, 당신의 제품을 창고에 가득 채우도록 주문한다. 대리점은 주문만을 한다. 창고의 재고는 당신의 책임이다.

유통기구 영역	
유통기구 : 전통적인 도매상이나 대리점이 당신의 제품에 관심이 있는가?(예 : 책, 명품, 필름 등)	
자가 도매상 : 당신의 제품을 자가 도매상에게 우편으로 보내거나 직접 방문할 수 있는가?	
비영리단체 : 비영리기관이 자기들의 자금조달을 위하여 당신의 아이디어를 자기 회원들에게 팔 수 있는가?	
지 리 : 당신 제품의 지리적 범위는 어디인가?(예 : 자기 지역, 지방, 전국)	

후원자

후원은 당신의 제품과 제휴하여 이득을 가져올 개인이나 기관이다. 이 후원자들은 당신의 제품을 알리는데 도움을 줄 것이다. 그들은 돈이나, 물품 서비스나, 발전적인 의견을 내놓을 수 있다.

후원자 영역

이 특 : 당신의 아이디어를 커다란 그룹의 사람들에게 제공했을 때 그들은 어떤 기회나 이득을 얻는가? 많은 회원을 가진 사람들에게 제공하는 것이 위원회나 그룹, 후원기관에 이득이 되는가?

기 관 : 어떤 특별한 기관이 당신의 제품을 후원해서 이득을 얻을 수 있는가? 만일 당신이 고객으로서 어떤 기관을 기록한다면 지금이 후원자로서 그 제품들을 생각할 때인가?

마케팅 이벤트

마케팅은 당신의 제품에 대해서 사람들에게 당신이 전달해야 할 모든 것이다.

마케팅 영역	
독특한 전략 : 당신의 제품을 위해 생각할 수 있는 어떤 독특한 언론 행사나 전략을 기록하라.(예 : 당신의 자동차에 당신 사업의 이름을 페인트한다. 등)	
개인적으로 직접 접촉 : 고객이나 유통업자와 개인적인 접촉을 할 어떤 아이디어가 있는지 기록하라.(예 : 상점에서 세일 시범 등.)	
판매촉진 : 어떤 회합, 상품 전시회, 또는 당신이 참석하고 싶어 하는 상품 홍보행사들을 기록하라.	

 # 관심을 끌 만한 마케팅 아이디어

1. 특별한 마케팅 행사

- 상품을 몸에 부착한다. 회사 이름이나 로고를 티셔츠, 단추, 모자 등에 새긴다.
- 마스코트를 만든다. 마스코트 복장을 하고 동네 또는 제품 박람회 등에서 전단지를 배포한다. 재미있는 마스코트일수록 눈에 띄기 쉽다.
- 이익의 일부를 자선단체에 기부한다. 이렇게 함으로써 새로운 고객을 확보할 수도 있고 신문을 통해 무료로 홍보효과도 올릴 수 있다.
- TV를 활용한다. 케이블 채널을 통해 여러분만의 프로그램을 제공한다(케이블 회사에 전화하면 정보를 알려줄 것이다). 이 프로그램을 주관하면서 고객을 손님으로 초청한다. 이는 구전 광고, 언론 홍보, 소비자 성실도를 한꺼번에 얻을 수 있는 방법이다.
- 콘테스트를 개최한다. 고객들이 여러분의 아이템을 가장 독창적으로 사용하도록 방법을 공모하여 우승자에게 상을 준다. 독특한 이야기가 채택되면 언론에 실릴 수 있고 고객 저변을 확대할 수 있다.

이 아이디어에 대한 더 자세한 설명은 제7장 세상에 알리기 참조.

2. 기업 이미지

- 명함, 레터헤드(letterhead-편지지나 회사용지 윗부분에 인쇄한 부분)를 포함한 모든 마케팅 자료에 회사 로고를 사용한다. 모든 마케팅 자료에 일관된 로고를 사용하면 고객 인지도가 증가한다.
- 일관된 색상을 사용하면 역시 시장에서 상품 인지도를 높일 수 있다.

3. 직접 접촉

- 여러분의 아이템을 사용한 워크숍을 개최한다.

- 상품박람회에 참가한다.
- 세미나 및 기타 교류 행사에서 발표를 한다.

4. 언론 홍보

- 창업자의 생활에 관해 신문에 글을 기고한다.
- 여러분의 아이템이 사람들에게 어떻게 도움을 주는지 글을 쓴다.
- 어떤 인터넷 사이트(웹진, 유용한 사이트 등)에 글을 게시할 수 있는가?

5. 유료 광고 및 DM

- 매체별 광고
- DM 자료 발송
- 업계 소식지 광고
- 각 가정 우편함에 투입할 수 있는 전단지 개발

머리말

여러분의 아이템은 아직도 개발 과정에 있다. 이번 단계에서는 시장을 개척하고, 유사 아이템이 있는지 확인하고, 아이디어를 더욱 개발하는 질문들을 사용한다. 가장 멋진 일은 이 조사를 통해 궁극적으로 여러분의 아이템을 팔 수 있는 장소를 찾을 수 있다는 점이다.

시장조사는 말 그대로 현장에 나가서 행하는 조사를 말한다. 여러 장소를 방문해서 다른 사람이 이미 많은 시간을 들여 개발하고 마케팅한 기존 상품에 대한 정보를 모으는 과정이다. 아직은 여러분의 아이템에 대해 판단을 내려서는 안 된다. 그저 머리 속에 떠오르는 모든 아이디어를 기록하기만 하면 된다.

이 아이템을 개발한 사람들은 해당 아이템이 소비자에게 먹혀들도록 다듬는데 많은 시간과 비용을 들였다. 따라서 그들이 조사한 바를 여러분의 아이템을 위해 사용하되, 그들의 아이템을 그대로 베껴서는 안 된다. 이 조사의 목적은 브레인스토밍을 샘플로 확대하는 데 있다. 예를 들어, 유사한 제품의 포장을 보고 여러분 같으면 색상, 그래픽, 포장의 문구를 어떻게 정할지 생각해 본다.

이 단계에서 여러분이 모으는 정보는 나중에 정보센터(제8단계)를 만드는 데 도움이 된다. 여러분의 아이템과 비교할 만한 시장의 아이템에 관해

경력의 말

이 단계는 당신에게 반복을 피할 수 있게 하여 시간을 절약해준다. 제품 가격, 마케팅, 디스플레이, 생산 정보 등을 손쉽게 모음으로써 무엇이 좋은지 나쁜지에 대한 경험을 배울 수 있게 해준다.

지적인 대화를 이어나갈 수 있다. 시장에 무엇이 있는지 안다는 것은 여러분의 아이템을 차별화해 잠재 고객들의 신뢰를 얻을 수 있는 방법이다.

시장조사를 실시할 때는 관찰하고, 질문하고, 귀 기울이는 일이 중요하다. 추가 질문은 그 다음에 한다. 사람들은 이야기하고 자신들의 지식을 나눠주기를 좋아하니 이를 최대한 활용한다. 시장조사는 눈이 번쩍 뜨이게 좋은 면도 있지만 실망스런 면도 있다. 좋은 면은 여러분이 관심을 가지고 있는 시장을 조사한다는 점 때문이고 실망스런 면은 여러분이 구상하고 있는 아이템이 이미 시장에 있을 가능성이 크기 때문이다. 그러나 압도될 필요도 없고 낙담할 필요도 없다. 여러분의 아이디어는 여러분의 마음, 즉 열정에서 나온 것이므로 무언가 특별한 것으로 발전시키면 된다. 결국 이 모험의 궁극적 목표는 여러분의 열정을 발견하고 시장에 이미 무엇이 존재하는지를 알아내어 그 모든 것보다 두드러진 아이템을 창조해내는 것이 아니던가?

자라서 무엇이 될까?

내 고객 한 사람은 일반인의 시각에서 바라본 동성연애자의 삶에 관한 책을 쓰겠다는 아이디어를 가지고 있었다. 우리는 이 아이디어를 놓고 이 책에 실린 단계를 밟아 프로파일을 작성하고 의도를 상정하고 자신과의 계약서를 만들고 브레인스토밍을 했다. 시장조사 단계에서 그녀는 서점에 나갔다가 같은 주제로 씌어진 책이 세 권이나 된다는 사실을 알고 낙담에 빠져 거의 아이디어를 포기할 지경에 이르렀다.

그러나 자신의 아이디어 노트를 들여다보던 그녀는 애당초 내부적 의도가 자신의 견해와 유머감각을 남들과 나누겠다는 점이었음을 기억해냈다. 한편 외부적 의도는 동성애자의 삶에 관한 교육적 정보를 전달하겠다는 것이었다. 그 어디에도 책을 내야 한다는 의도는 없었다.

여기서 힘을 얻은 그녀는 서점 주인들에게 자신의 아이디어와 의도를 이야기하면서 시장조사를 계속 했다. 이들은 그런 주제로 된 게임을 찾는 손님들이 있다며 그런 게임이 나오면 팔릴 거라는 말을 했다.

그녀는 이 정보를 가슴에 새겨두었다가 지금은 세계적으로 유통되고 있는 보드게임을 개발했다. 그녀는 사람들에게 적극적으로 귀를 기울인 결과 자신이 축적해온 작업결과를 하나도 잃지 않을 수 있었다.

기억할 것은 낙담이 되거나 가망 없다는 생각이 들 때면 맨 처음 의도로 되돌아가 보라는 것이다. 여러분의 아이디어의 토대는 바로 여러분의 마음이므로 시장을 매료시킬 수 있는 아이템으로 발전될 것이다.

성과

지금 시장의 모습을 보여주는 차트.

✔ 할 일 목록

1 다음에 나오는 표들을 복사해서 아이디어 노트에 붙인다.

이 책의 표들을 복사한 다음 아이디어 노트에 붙이면 된다. 아이디어 별로 표에 질문을 추가해도 좋다. 이 표를 다 채우면 여러분의 아이템과 경쟁 아이템을 비교해볼 수 있는 강력한 도구가 될 것이다.

자극의 말

시장에 이미 비슷한 제품이 있을 수도 있다. 그건 전혀 문제가 안 된다. 어차피 아이디어는 여러분의 머리에서 나온 것이고 자라고 변화하면서 독특한 제품이 될 것이다.

2 유사한 아이템을 판매하는 상점, 사무소 등의 장소를 방문한다. 유사한 아이템을 발견했을 때는 시장조사 표를 작성한다.

유사한 아이템에 관한 모든 것을 알아낸다. 첫째, 해당 제품을 살펴보고 무엇이 마음에 들고 안 드는지를 판단하여 그 평을 표에 기록한다.

항상 현장에 있는 사람들(예 : 판매원, 검표원, 관리자)에게 여러분의 아이템을 이야기한다. 이 사람들은 매일 고객들을 대하기 때문에 그들을 누구보다도 잘 안다. 이들에게 여러분의 아이템을 설명하고 이런 질문을 해본다. "포장이나 가격은 어떻게 하면 좋을까요? 매장 진열에 대한 아이디어나 행사 같은 건 어떨까요? 비슷한 제품은 얼마나 팔리고 있죠? 유통업체 좀 가르쳐주실 수 있나요?" 이런 정보를 가지면 여러분의 아이디어를 더욱 굳건히 할 수 있다.

수줍어할 필요는 없다. 여러분의 것과 유사한 제품을 구입하는 고객을 봤다면 다가가서 신제품 아이디어를 가지고 잠시 이야기를 나눠도 되겠느냐고 묻는다. 그러라고 하면 여러분의 아이디어를 이야기해주고 고객이 해줄 수 있는 조언들을 기록한다. 지금 구입한 제품의 마음에 드는 점과 안 드는 점을 질문해도 좋다.

여러분도 해당 제품을 사서 어떻게 개발되었는지, 사용하기는 편한지, 여러분이 개발할 제품을 개선시킬 여지는 없는지를 살펴본다. 상품이 아닌 서비스를 개발하고 있을 경우에는 유사 서비스의 안내책자를 구해서 같은 질문을 적용하면 된다.

이 점을 강조한다. 소규모 사업자들은 특히 자신의 사업 확장을 도울 수 있는 사람들 앞에서 회사 이야기하기를 좋아한다. 사업은 주는 만큼 받는 것이다. 이 점을 강조하고 여러분을 포함한 모든 사람이 승리할 수 있도록 도움을 베푼다.

3 여러분이 개발하는 제품이 다른 지역에서 팔리고 있을 경우 전화 또는 방문을 통해 소유자 또는 발명자와 대화를 나눈다.

인접지역이 아닌 경우는 여러분을 직접적인 경쟁상대로 보지 않고 정보를 나눠주려 할 것이다. 그리고 소규모 사업자들은 마치 자녀 자랑을 하듯 사업이야기 하기를 좋아한다.

다른 지역의 사업장을 방문할 때는 그들의 사업에 어떤 이점을 줄 수 있는지를 생각한다. 여러분과 손을 잡음으로써 그들이 매출을 늘릴 수 있는지 고려할 것이다. 여러분의 필요가 아니라 상호 이익을 강조할 때 상대는 좀 더 마음을 열 것이다. 어쩌면 자기들 내부의 업무절차라든지 창업 당시의 골칫거리 등도 이야기해줄지 모른다.

그들에게 어떤 것이 효과적이었고 어떤 것이 그렇지 않았는지, 공급업체, 고객, 매장에 대해서도 묻는다. 받아볼 수 있는 자료는 반드시 요청한다(예 : 메뉴, 광고전단, 안내책자). 이는 다른 사업체 소유주를 만났을 때 대화의 근거 자료가 될 수 있다.

4 달력 위에 여러분의 아이템이 속한 상품박람회, 선물 박람회, 세미나의 날짜를 표시해 둔다.

상품박람회의 날짜와 장소는 www.kotra.or.kr이나 www.exconws.com 에서 찾을 수 있다. 여러분의 아이템이 속한 분야의 박람회를 찾아 달력에 표시한다.

신규 채용

내 고객 리처드는 로스앤젤레스에서 인재채용회사를 열 생각으로, 샌프란시스코에 있는 회사에 전화를 해서 인재채용회사를 운영하는 내부 절차에 관해 물어보기로 했다. 그는 전화를 걸기 전에 자신에게 정보를 주는 대가로 상대회사에게 어떤 도움을 줄 수 있는지 생각해 보았다.

브레인스토밍 과정에서 그는 한 가지 추세를 알아냈다. 사업상 그가 아는 많은 사람들이 로스앤젤레스에서 샌프란시스코로 옮길 것을 고려 중이거나 이미 옮겼던 것이다. 그는 이 사람들을 상대 회사에 소개한다면 상대 회사에 도움이 되겠다고 생각했다. 그는 그 회사에 전화를 걸어서 자기 아이디어를 소개하고 로스앤젤레스에서 샌프란시스코로 이주하는 사람들을 소개해 주겠다는 이야기를 했다. 이는 효과가 있었다. 바로 그 주에 리처드는 샌프란시스코까지 차를 몰고 가 회사 사장을 만나서 인재채용회사를 성공적으로 운영하려면 무엇이 필요한지 생생한 현장 정보를 얻을 수 있었다.

참고

이 단계에서 아이디어와 소매매장과 제조업체를 정하기 위해 조바심을 낼 필요는 없다. 아직도 배울 게 많기 때문이다.

상품박람회는 시장조사를 실시하기에 더할 나위 없이 좋은 기회이다. 전에 들어보지도 못한 제품을 구경하고, 바이어를 만나고, 점주들과 대화를 나누며 멋진 시간을 보낼 수 있다. 주최 측에서 나눠주는 프로그램 안내책자를 반드시 챙긴다. 여기에는 박람회에 참가하는 업체의 명단 및 연락처가 다 실려 있다.

상품박람회에 참가하기 전에 질문을 하거나 해당 박람회의 홈페이지를 방문한다. 참여 규모는 어느 정도로 예상하는지, 여러분의 아이템과 관련된 부스는 몇 개나 설치되는지, 관련 출판매체는 무엇인지 등을 물어본다. 무료로 박람회에 참여할 수 있는 방법을 알아본다(예 : 자원 봉사 등). 참가비가 들더라도 여러분이 구상하고 있는 아이템 분야에 관한 정보가 많은 박람회라면 참여할 가치가 있다.

 **다른 소매 부문에 대한 조사를 계속하고 새로 발견한 점들을 아이디어 노트에 기록한다.**

소매 매장 한 군데를 방문하는 것으로는 충분치 않다. 지금 더 많은 정보를 모을수록 더 나은 제품이 탄생한다. 그러니 충분한 여유를 가지고 조사를 수행하여 가능한 한 특별한 상품으로 발전시켜야 한다. 그 제품은 여러분의 열정을 대표하는 것 아닌가?

다른 사람에게 정보를 요청할 때마다 이렇게 자문해본다. "이들의 사업이 성장하도록 내가 도울 수 있는 방법은 없을까?" 여러분의 아이디어를 함께 나누면 훌륭한 관계를 구축할 수 있다.

 | 기존상품

제품 영역	
일반적인 정보 : 이름, 주소, 전화번호는 무엇인가? 이 정보는 언제나 포장에 있다.	
가 격 : 제품이 얼마인가? 그 가격은 알맞은가?	
이 특 : 그 제품이 고객에게 어떤 이득을 주는가? 필요한 것이 다 갖춰져 있는가? 해결할 무슨 문제가 있는가?	
외 관 : 그 제품에 가장 어울리는 것은 무엇인가? 당신이 그것을 사게 하는 힘은 무엇인가?	

<table>
<tr><td>포 장 : 그 제품을 서술하거나 그려라. 색깔, 재질, 디자인은 어떤지? 대표하는 것은? 무엇이 나쁜가? 당신의 눈을 끄는 첫인상은 무엇인가?</td><td></td></tr>
<tr><td>로고와 슬로건 : 포장 위에 무슨 말이 있는가? 로고가 눈에 확 뜨이는가? 그 제품의 로고를 그리거나 서술하라.</td><td></td></tr>
<tr><td>기 술 : 그 제품이나 포장에 함유된 어떤 기술이 있는가?(예 : 전기 모터 등)</td><td></td></tr>
<tr><td>계 절 : 어떤 계절인가? 일년 중 어느 때 그 제품이 잘 팔리는지 판매원에게 물어보라. 그런 때를 기록하라.</td><td></td></tr>
<tr><td>보증서 : 포장에 어떤 보증이 있는가?(품질보증서) 만일 없다면 제품이 보증하는지, 아니면 상점이 보증하는지 판매원에게 물어보라. 그 모두를 기록하라.</td><td></td></tr>
<tr><td>부가제품 : 그 제품에 가까운 부가제품 아이디어를 보았는가? 그 포장에 어떤 언급이 있는가?</td><td></td></tr>
</table>

소비자

소비자 영역

대 상 : 경쟁 상품을 누가 사는가?(예 : 남성, 여성, 소년이나 소녀 등) 나이, 인종이나 민족적 배경, 재료 상태를 시험하라. 만일 당신이 소비자에게 물을 수 있다면 그들의 수입수준, 교육, 직업 등을 물어라. 당신의 소비자에게 말하려고 생각했던 단어들을 사용해보라.

대상이 없다 : 대상이 없는 다른 제품은 어떤 사람에게 팔까?

언 론 : 소비자들이 어떤 TV쇼를 보고 어떤 잡지나 신문을 읽는가?

기 관 : 어떤 기관이나 단체가 그 제품의 후원자이거나, 혹은 사는가?

비영리기관 : 어떤 비영리기관이 그 제품을 사거나 후원하는가?

소매상 영역	
지 역 : 그 제품을 파는 현실적인 지역은 어디인가? 상점 이름, 계약자 이름, 전화나 팩스 번호, 주소를 기록화하라. 단체나 중점 구매지들의 주소나 이름을 점원이나 회계원에게 알 수 있는가? 이들이 당신의 제품을 미래에 팔기 위해 접촉할 사람들이다.	
부가적인 세일 방법 : 그 제품을 팔고 있는 어떤 다른 장소를 알고 있는지 상점보조자나 매니저에게 물어라.(예 : 카탈로그나 인터넷 사이트 등)	
제품 배치 : 그 상점에서 현실적으로 그 제품을 어디에 배치해 놓았는가? 그 장소가 변화한 적이 있는지 일선의 사람에게 물어라. 그리고 왜 변화했는지?	
판 촉 : 특별한 용기나 선반 위에 있는가? 그 상점은 새로운 제품에 대하여 특별한 상점 행사가 있는지? 제품을 이용한 광고나 진열을 기술하라.	

유통기구

유통기구영역	
그 상점은 그 제품을 어떻게 구매하는가? (예 : 대리점, 도매상, 또는 카탈로그 등)	
도매 기관이나 대리점에 대한 정보를 어떻게 얻는가?	
상점은 독립된 제조업체에서 상품을 받는가?(만일 그렇다면 이 상점은 직접 접촉하라.)	
대리점 : 어떤 적합한 세일 대리점을 알고 있는지 판매원이나 매니저에게 물어라. 만일 그렇다면 당신의 제품에 대해 관심을 가질 만한 대리점에 대한 정보를 물어라.	
도매상 : 도매상이나 대리점 이름과 제품 포장에 인쇄된 정보와 접촉하라. 만일 있다면 기록해두어라.	

후원영역	
기 관 : 어떤 특별한 기관이나 단체가 그 제품을 승인하는가? (승인은 그 회사가 제품의 이득을 안다는 뜻이고, 그들이 사지는 않지만 그 제품과 관련이 있다는 뜻이다.)	
자 선 : 어떤 자선기관이 그 제품과 연합되어 있는가? 자선기관은 크고 힘 있는 우편 목록을 갖고 있다.	

마케팅 아이디어

마케팅 영역	
독특한 전략 : 어떤 독특한 언론 행사나 전략이 일선에 개인적으로 언급되었는가? (예 : 상점내 전시 혹은 리베이트)	
개인적인 직접 접촉 : 판매원은 소비자와 직접 접촉하는 어떤 아이디어를 갖고 있는가? (예 : 상점 내 시범 등)	
광 고 : 비슷한 제품에 대하여 판매원은 어떤 광고 전략을 갖고 있는가? 카피를 요청하라.	
홍보 행사 : 판매원이 어떤 특별한 홍보전략을 갖고 있는지 물어라. 그들은 어떤 컨퍼런스나 상품 전시회, 그 제품에 대한 또 다른 홍보 행사를 알고 있는가?	

머리말

이 과정은 여러분이 시간과 노력을 절약할 수 있도록 정보를 찾아내는 것을 돕는 과정이다. 기초조사란 여러분이 사업을 성장시키는 데 도움이 되는 역사적 데이터를 조사하는 일을 말한다. 이것은 현장조사 만큼이나 간단하다.

찾아보면 누군가는 여러분의 아이템과 비슷한 제품에 관해 써놓은 글이 있을 것이다. 소비자는 누구이고, 어디서 팔리고, 비용은 얼마이고 하는 정보까지 담아서. 이 정보는 언론, 제조업체, 유통업체 목록을 작성하고 고객 명단을 늘리는 데 도움이 되며, 소중한 마케팅 아이디어를 제공한다. 지금 하루나 이틀 정도를 투자하면 나중에 조사하고, 오류를 수정하고, 맨땅에서 마케팅 자료를 만들어내느라 몇 주씩 허비하지 않아도 된다.

이 과정을 마무리 짓는 것은 도서관이다. 도서관에서 사용할 수 있는 도구를 최대한 활용하여 많은 양의 정보를 빠른 시간 내에 찾을 수 있다. 컴퓨터, 인터넷, 전자 데이터베이스 같은 새로운 검색 방법을 두려워할 필요가 없다. 모르는 것은 도서관에 근무하는 전문가들에게 물어보면 도와준다.

조사를 많이 할수록 여러분의 아이디어는 탄탄해질 것이다. 그리고 아이디어가 탄탄할수록 제품을 생산하고 마케팅하는 데 드는 시간을 절약할 수 있다. 지금 시간을 투자해야 나중에 제자리를 맴돌거나 제품을 수정하는 일

격려의 말

지금 당장 조사를 실시한다. 지금 토대를 마련하면 장래의 시간과 비용과 좌절감을 덜 수 있다.

을 피할 수 있다. 예를 들면 정확한 제품 가격 책정에 관한 아이디어를 얻을 수도 있고, 경험 많은 제조업체를 발견할 수도 있으며, 여러분의 아이템과 유사한 제품에 대해 소비자들이 원하는 기능이 무엇인지를 다룬 기사를 찾을 수도 있고, 이 정보를 활용하면 지금 제품을 수정함으로써 나중에 제품 판매의 실패를 방지할 수 있다.

도움을 얻을 수 있는 곳은 많으니 최대한 활용한다. 중소기업청(www.smba.go.kr)은 일대일 상담, 교육, 대출 정보 안내를 무료로 혹은 저렴하게 제공함으로써 여러분이 사업에서 성공하도록 돕는다. 또한 벤처넷(www.venturenet.or.kr)과 소상공인지원센터(www.sbdc.or.kr)를 이용해도 좋다.

할 일 목록

1 아이디어 노트 한 페이지에 기초조사라는 제목을 붙이고 이 책 75~85쪽의 표를 복사해서 붙인다.

이 책을 복사하여 아이디어 노트에 붙이면 된다. 표를 아이디어 노트에 붙이는 것이 나중에 필요할 때 쉽게 찾는 방법이다.

2 공공 도서관 또는 대학 도서관에 가서 이 표를 채워 넣기 위해 필요한 정보를 찾아본다.

참고자료, 인터넷, 뉴스 클리핑 서비스 등을 활용해 제5단계 "현장조사"에서 찾아낸 상품에 관한 기사를 구한다. 특별한 정보를 찾는 사람들을 도와주는 것이 도서관 사서의 일(그리고 열정)이다. 필요한 경우에는 사서의 도움을 구한다. 조사에서 활용할 수 있는 방법은 다음과 같다.

- **참고자료** : 도서관 사서에게 여러분의 아이템이나 해당 업종에 관한 책을 골라주거나 도서관 카드 파일 시스템을 통해 찾아달라고 부탁한다. 여러분의 관심 아이템에 관련된 제목을 먼저 찾고 책을 훑어나가면서 유용한 정보가 있으면 아이디어 노트의 표에 기록한다. 경쟁업체 조사 보고서(경쟁업체 조사에 활용)와 업종별 전화번호 안내(제조업체, 법

룰 서비스 등 전문 업체 검색)가 도움이 된다. 각종 생산제품별로 협회가 있으며, 해당 협회로 물어보면 동종 업종에 대한 정보를 상세하게 알 수 있다.

역사적 조사를 통해 판매, 생산, 언론에 관한 정보 입수.

- **뉴스 클리핑 서비스** : 도서관에는 거의 모든 인쇄판 잡지와 신문에 실린 기사를 찾을 수 있는 검색엔진이 구비되어 있다. 관심 아이템과 관련된 키워드를 입력하면 컴퓨터 화면에 해당 키워드가 포함된 기사가 뜬다. 기사를 읽으면서 유용한 정보를 표에 기록한다. 예를 들어, 기사를 작성한 기자의 이름과 연락처를 적어 언론사 목록을 만들 수 있다. 아니면 다양한 기사에서 가격 책정 또는 유통업체에 관한 귀중한 정보를 얻을 수도 있다. 담당자 이름 및 전화번호 같은 더 자세한 정보가 필요한 경우 기사를 쓴 기자에게 전화를 하거나 이메일을 보내 물어봐도 좋다.

- **인터넷** : 지금은 많은 도서관들이 인터넷에 연결되어 있다. 도움을 얻어 인터넷을 뒤지다 보면 좋은 사업 정보나 아이디어를 찾을 수 있다. 다른 검색엔진을 사용하면 더 많은 기사와 업계 정보, 유사 제품에 관한 정보를 얻을 수 있다. 검색엔진은 인터넷에 존재하는 정보를 조사할 수 있도록 돕는다. 전자 서류철 시스템이라고 보면 된다. 검색엔진은 거대한 데이터베이스를 검색해서 여러분이 입력한 키워드와 일치하는 항목을 화면에 표시해 준다. 인터넷을 검색할 때는 검색엔진을 활용해 관련 사이트를 찾는다. 각 검색엔진은 인터넷을 검색하는 방식이 다르며, 검색 결과를 표시하는 형식도 다르다. 인터넷은 거대한 도서관이라고 생각하면 된다. 사람마다 도서관에서 검색하는 방법이 조금씩 다르고 찾아낸 정보를 표현하는 방식도 중요하다고 생각하는 점에 따라 다를 수 있듯 검색엔진도 마찬가지이다.

- **CD롬** : 특별한 종류의 CD롬(전자저장매체)을 활용하면 검색 범위를 더

넓힐 수 있다. 도서관에는 인구통계 자료(목표시장을 조사하는 데 활용) 및 업종별 정보 등 특정 주제를 다루는 CD롬이 구비되어 있다.

3 다른 조직이나 기관을 찾을 경우 연락을 취하거나 방문함으로써 추가 조사를 실시한다.

아이디어 노트를 작성하는 데 도움이 될 만한 정보를 가지고 있는 협회 등의 단체를 분명히 찾을 수 있을 것이다. 이 단체들을 방문하거나 연락을 취해서 경쟁업체와 소비자에 관한 세부 정보를 얻어내면 성공 가능성을 높일 수 있다. 예를 들어 통계청은 소비자에 대해서 많은 것을 알 수 있는 곳이다. 더 자세한 정보는 www.nso.go.kr로 전화를 하거나 방문하면 된다.

성과

생산 및 언론 담당자, 마케팅 아이디어, 동향을 보여주는 차트.

창업에 관련된 인터넷 사이트

- **중소기업청** (www.swba.go.kr)
- **창업넷** (www.changupnet.go.kr/cnet-bin/index.cgi)
  중소기업청에서 운영하는 창업관련 사이트이다.
- **벤처넷** (www.renturenet.or.kr)
  벤처기업협회(www.kora.or.kr)에서 운영하는 벤처창업관련 사이트이다.
- **소상공인지원센터**(www.sbdc.or.kr)
- **중소기업정책자금**(www.fund.re.kr/main.php)
  산업자원부(www.sbc.or.kr)의 산하기관인 중소기업진흥공단 창업도우미에서 운영하는 사이트이다.
- 기술정보에 관한 문의는 '한국과학기술정보연구원(KJSTI)'으로 문의하면 된다.

친구, 친척들에게 알음알음으로 보석을 팔아서 약간의 돈을 버는 디자이너가 있었다. 나와 대화를 나누던 중 그녀는 진정 누군가의 도움이 필요하다고 했다. "근근이 살아가기"에 지쳐서 보석을 사줄 큰 고객을 만나면 자기가 좋아하는 일을 하며 생계도 해결할 수 있을 것이라고 했다.

그녀는 디자인한 보석을 매장에 팔고 카탈로그에 수록하려고 2년 동안 애를 썼다. 다른 지역 또는 다른 도시의 거리를 답사하기도 하고 매장 사장들을 초청하기도 했다. 관심을 모을 수 있을까 하는 바람에 대형 체인점과 카탈로그 회사에 샘플을 보내기도 했다.

이야기를 듣고 난 후 나는 도서관에 가보라고 권했다. 그녀는 어리둥절한 표정으로 물었다. "도서관에서 보석을 팔라고요?" 나는 웃음 지으며 도서관에서 보석을 사지는 않겠지만 보석을 사는 사람들이 어디 있는지 찾는 일은 도와줄 거라고 대답했다. 물건을 파는 일은 결국 살 사람이 어디 있는지를 찾는 게 전부 아닌가?

그녀는 마지못해 도서관으로 갔고 불과 4시간도 안 돼서 도서관의 전자검색엔진과 인터넷을 활용해 가격 정보, 새로운 보석 공급처, 언론사 담당자, 잠재적 투자자에 관한 정보를 얻을 수 있었다.

그녀는 조사를 통해 새로운 판로에 대해서도 알아낼 수 있었다. 그녀는 바니스 뉴욕 백화점(Barney's of New York)이 입점 전략을 변경할 계획이라는 기사를 보았다. 백화점 측은 젊은 여성을 겨냥한 새로운 상품 라인을 원했다. 바로 그녀가 디자인하는 보석이 대상으로 하는 소비층이었다.

그녀는 기사에 실린 바니스 백화점 담당자에게 전화를 걸어 자기가 조사한 결과와 그들의 전략에 자기 제품이 어떤 공헌을 할 수 있는지를 설명했다. 백화점 측은 샘플을 요청했고 두 달 뒤 대규모 물량을 주문했다.

참고

인터넷 사이트를 싣고 있는 책(예 : 인터넷 전화번호부 (The Internet Yellow Pages))를 참고하면 어떤 사이트를 방문해야 하는지 알 수 있다.

자극의 말

찾아낸 정보는 모두 아이디어 노트에 기록해서 잃어버리지 않도록 한다.

기존제품

제품 영역	
발명자 : 제품 발명자에 대하여 어떤 정보를 갖고 있는가? 그들의 이름, 주소, 전화번호, 이 메일 주소 등을 기록하라.	
가 격 : 그 제품의 가격은 얼마인가?	
묘 사 : 그 제품에는 어떤 말이 묘사되고 있는가? 특별한 제품에 기술하는 산업적으로 사용하는 말과 유사한 당신에게 도움이 되는 것은 기록하라. (예 : 당신은 "곡선미"와 "공기역학"이라는 말을 사용할 수 있다.)	
이 득 : 그 제품이 소비자에게 어떻게 이득을 주는가? 무슨 문제를 해결했는가?	

외 관 : 어떤 외관이라고 사람들이 말하는가?	
기 술 : 그 제품이나 포장에 어떤 기술이 함유되어 있는가?	
생산정보 : 생산 가격이나 단위 판매 같은 어떤 다른 생산 정보가 있는가? 이 정보는 당신의 제품에 대한 주문을 결정할 때 도움이 된다.	
계 절 : 그 제품의 판매가 계절과 관련이 있는가? 이것은 다른 제품의 파생품도 포함할 수 있다.	
로고와 슬로건 : 로고와 슬로건이 어떻게 장식되어 있는가? 기사로 언급된 슬로건을 기록하라.	
다른 제품 : 다른 제품은 무엇이 언급되어 있는가?	

소비자

소비자 영역	
대 상 : 그 제품이 대상으로 하는 그 제품을 사는 소비자나 청중에 대하여 어떤 언급이 있는가? 그것을 기록하라.	
크 기 : 대상 마켓의 크기는 어떤가? 얼마나 많은 단위로 파는가, 그리고 얼마나 많은 판매예측이 가능한가?	
대상이 아니다 : 어떤 소비자가 부적합한지 언급되어 있는가?(예 : 미성년자) 그것을 기록하라.	
기 관 : 어떤 단체나 비영리단체, 또는 기관이 사거나 후원하거나 그 제품과 관련이 있는가?	
홍보 행사 : 어떤 특별한 홍보 행사가 있는가?	
기타 정보 : 어떤 다른 흥미 있는 견해가 있는가?	

소매상

소매상 영역	
지역 : 어떤 지역이 언급되어 있는가? 상점 이름, 바이어 이름, 전화나 팩스 번호, 주소를 기록하라.	
비전통적인 지역 : 그 제품을 어떤 비전통적인 장소에서 팔고 있는가?(예 : 건강식품 상점에서의 양초판매 등)	
독특한 지역 : 어떤 인터넷 사이트, 카탈로그, 텔레비전 쇼가 언급되어 있는가?	

유통기구

유통영역	
도매상 : 어떤 도매상이 언급되어 있는가? 도매상과 연합된 가격의 언급도 포함하라.(예 : 도매상 가격이나 소매상 가격)	
대리점 : 어떤 대리점이 언급되어 있는가? 조합 커미션의 언급도 포함하라.(예 : 전 세일가격의 퍼센트)	
자가 도매상 : 자가 도매상에 대한 어떤 정보가 있는가? 제조, 판매, 제품의 보관 등에 대해 언급된 이름도 모두 포함하라.	
지리 : 어떤 지리적 영역이 언급되어 있는가? 국내적, 국제적 시장도 포함하라.	

후원자

후원 영역

기 관 : 어떤 특별한 기관이나 단체가 그 제품을 후원 또는 승인하고 있는가? 그 제품의 대리점에 반대하거나 지원하는 기관을 포함하라. 논쟁은 반드시 나쁘지 않다. 당신의 아이디어를 위해 일반적인 평판은 도움이 된다.

자선기관 :

어떤 특별한 자선 기관이 가능한 파트너로 언급되어 있는가?

 | ## 제조업체

제조 영역

정보 접촉 : 어떤 제조업체가 언급되어 있는가? 이름과 접촉할 정보를 포함하라.

 | ## 외부 전문가

외부 분야는 특별한 작업을 수행하기 위해 채용해야 한다.

외부 전문가 영역

전문가 : 그 제품을 생산하는데 도움이 된 어떤 특별한 분야가 언급되어 있는가? (예 : 법률, 지리, 공공관계) 이 이름들과 접촉 정보는 당신의 주요 문제에 전문성의 부여를 시작하게 할 것이다.

 | 마케팅 아이디어

당신의 제품을 사게 될 소비자들에 대한 홍보 이벤트가 모두 여기에 나타날 것이다.

마케팅 영역	
기사 : 잡지나 신문 기사와 기자의 이름은 무엇인가? 또한 가능하다면 기자와 접촉할 정보를 기록하라. 이 정보는 당신의 언론 목록 발전에 도움이 될 것이다.	
발명자 접촉 : 발명자 접촉 정보에서 무엇을 찾았는가?	
인 용 : 발명자, 소비자, 기자로부터 어떤 인용이 있었는가? 이 인용들은 당신의 언론 포장과 미래 광고의 발전에 도움을 줄 것이다.	
미디어 : 신문, 잡지, 다른 미디어의 어떤 섹션에 기사가 있는가?(예 : 예술, 신상품, 전면 페이지). 이것은 당신의 제품에 맞는 장소에 대한 아이디어로 당신이 준비할 수 있게 만든다.	

독특한 전략 : 어떤 독특한 언론 행사나 전략이 언급되었는가?	
개인적인 직접 접촉 : 그 기사가 소비자와 개인적인 직접 접촉을 하는데 어떤 아이디어를 갖고 있는가? (예 : 워크숍, 회보 등)	
광고 : 당신은 그 제품에 대한 어떤 광고를 찾았는가? 그 페이지가 있는 장소를 포함해서 어디서 찾았는지 목록과 광고를 기록하라.(예 : 첫페이지 오른쪽)	
홍보행사 : 어떤 컨퍼런스, 상품전시, 또 다른 홍보 행사가 언급되어 있는가?	

흐 름(경향)

흐름은 '일반적인 움직임'과 '현재 스타일이나 선호도'에 대한 정의이다. 흐름은 당신의 제품을 파는데 도움을 주는 정보를 제공한다. (예를 들면, 사람들이 서쪽으로 더 움직이고 있다. 부부들이 더 아기를 갖기 바란다. 등) 하지만 경향보고서는 치우칠 수 있다. 당신이 사용하는 재료를 한번 더 인식할 필요가 있다. 다른 사람의 의견에 전적으로 의지하지 마라. 언제나 당신의 지식과 당신의 시장에서 지속되고 있는 결정의 경험을 따라야 한다.

흐름 영역	
대 상 : 당신의 대상 시장에서 어떤 성장을 기대하는가?(예 : 10대의 수가 내년에 10퍼센트 성장하기를 기대하고 있다.)	
경제적 흐름 : 경제적 흐름은 당신의 투자자들에게 안전한 감각을 창조한다. 당신의 프로젝트에서 어떤 흐름을 발견했는가? 일회용품 수입의 증감과 당신 제품 타입에 소비하는 돈을 포함하라. (여분의 돈을 사람들은 레크레이션에 소비한다.)	
기술적 흐름 : 기술면에서 어떤 흐름을 발견했는가?(예 : 2년 안에 사람들은 인터넷으로 영화를 볼 것이라는 예측)	

사회적 흐름 : 당신의 제품에 어떤 사회적 흐름이 지원할 것인가?(예 : 정신적으로 재생의 관심, 향수로 돌아가기, 일하는 가족의 증가, 환경에 높은 관심, 건강관련산업의 유행 등)	
정치적 흐름 : 당신의 제품에 어떤 정치적 흐름이 영향할까?(예 : 중국에서 플라스틱 장난감 수입을 국회의원이 반대하거나 최소 임금의 증가 등)	
국제적 흐름 : 어떤 국제적 흐름이 당신의 제품을 해외에서 파는데 당신의 능력에 영향을 미칠 것인가?(미국에서 만든 옷의 수입 반대를 주장하는 유럽인들의 사고 등)	

– 설문조사

 머리말

설문조사는 사람들이 어떤 생각을 갖고 있는지를 알아내고, 조사과정 중 빠뜨린 부분을 보충하며 여러분의 제품이 관심을 모을 수 있는지를 파악할 수 있는 좋은 방법이다. 또한 아이디어를 실행에 옮기기 전에 테스트해 볼 수 있는 기회이기도 하다. 어떤 것이 효과가 있을지에 대한 실질적인 정보를 제공함으로써 수정 과정에서 많은 시간과 노력을 절약할 수 있다. 성공적인 설문조사를 위해서는 가능한 한 단순하게 작성해서 물건을 살 만한 사람들에게 배포를 하고 설문 결과는 절대 무시하지 말아야 한다. 설문이 단순할수록 사람들이 문항을 작성하기도 쉽고 여러분이 결과를 분석하기도 쉽다.

잠재 고객을 설문대상에 포함하려면 회사를 세우거나 제품을 판매할 장소로 직접 가는 것이 좋다. 커피숍을 내고자 하는 고객과 일을 할 때인데, 그는 자기가 매장을 내려던 공터 앞에서 설문지를 배포했다. 그 앞을 지나는 사람들은 어차피 그의 고객이 될 사람들이었으므로.

설문 결과를 무시하면 안 된다. 여러분의 아이디어를 확정, 변경, 개발하는 데 도움이 되기 때문이다. 설문에 응답한 사람들의 말에 주의를 기울여야 한다. 이들은 여러분이 실수를 함으로써 많은 시간과 비용을 부담하는 일을 피하게 할 수도 있다. 여러분이 취합한 정보는 사업을 설정하는 과정

격려의 말

설문조사 결과에 낙담할 필요는 없다. 결과를 검토하고 이 정보가 여러분의 사업을 어떻게 발전시킬지 판단한다.

을 돕고 예기치 못했던 실수를 피할 수 있게 해준다. 사업을 개선하는 데 설문 결과를 활용해야 한다.

할 일 목록

1 설문조사의 목적을 정한다.

시장조사 결과를 검토하면서 설문조사의 목적을 정한다. 설문조사를 통해 무엇을 얻을 것인가? 관련 정보를 갖고 있지 못한 분야가 있는가? 아니면 정보가 있더라도 추가 정보가 필요한가? 그렇다면 이 분야를 조사 대상에 포함시킨다.

특정 질문에 대한 답을 구할 수도 있다. 예를 들면, 내 아이디어에 사람들이 돈을 지불하려 할까? 한다면 얼마 정도를 기꺼이 낼 것인가?

가격 책정(유사 제품의 가격을 알아냈다든지, 매장 소유주와의 대화를 통해 어느 정도면 여러분의 제품이 팔릴지 파악했다든지) 등 특정 분야에 대해 이미 충분한 정보를 가지고 있을 경우 해당 분야는 건너뛴다. 다시 한 번 말하지만 설문은 간단할수록 좋다. 설문은 여러분이 더 많은 정보를 필요로 하는 분야에만 필요한 것이다.

2 여러분의 조사 목적에 답을 제공할 수 있는 질문을 정한다.

빠진 정보를 채워줄 수 있는 질문을 작성해야 하며 질문은 짧고 간단해야 한다. 단순히 "네" "아니오"로 대답할 수 있는 질문이어서는 안 된다. 다음은 설문 작성 시 힌트가 될 만한 사항을 정리하였다.

- 핵심(여러분의 목적)에서 벗어나지 않는 질문을 한다.
- 설문에 응답하는데 5분을 넘지 않도록 하고 문항 수는 10~15개로 제

구체적이고 실질적인 정보와 아이디어로 여러분의 조사를 강화한다.

여러분의 아이디어에 대한 고객의 반응에 기초한 실천 사항

한한다.

- 서술형 질문, 즉 특정한 답이 나올 수 없는 질문은 피한다. 이런 질문은 사람마다 대답이 제각각이므로 설문 결과를 계량화하기가 어렵다. 예를 들자면, '세상이 필요로 하는 것이 무엇이라고 생각하느냐?'는 질문이 그런 유형에 해당된다. 이럴 때는 대신 이렇게 묻는다. "다음과 같은 신상품 가운데 귀하에게 가장 유용할 것 같은 제품은 무엇입니까?" 여러분의 제품을 포함한 몇 가지 상품을 나열하여 답을 집계하면 된다.
- 비슷한 유형의 질문을 한 데 묶는다. 예를 들어, 포장에 관한 질문을 한 데 묶고 가격 결정에 관한 질문을 따로 묶고 하는 식이다.

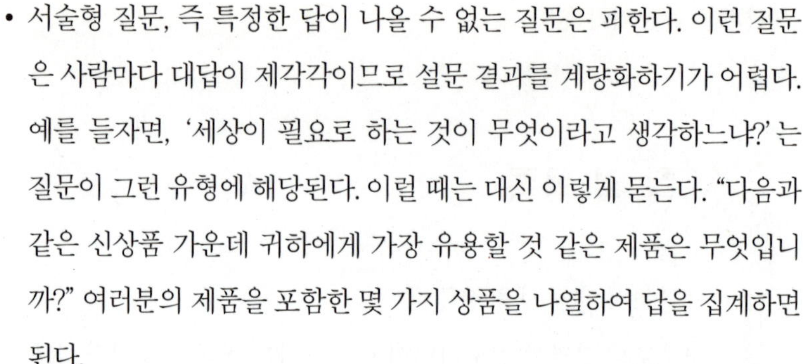

3 설문에 참여시킬 사람들의 명단을 작성한다(예 : 매장 소유주, 이웃, 학급 동료, 전문 직업인 등).

명단에는 여러분의 제품을 직접 사거나 남들에게 사라고 추천할 만한 사람이 포함되어야 한다. 예를 들어, 여러분이 새로운 주방 기구를 팔고자 한다면 요리를 하는 엄마들과 주방용품 매장 주인 뿐 아니라 음식점 주방장들, 종업원들, 남편들까지도 설문 대상에 넣어야 한다.

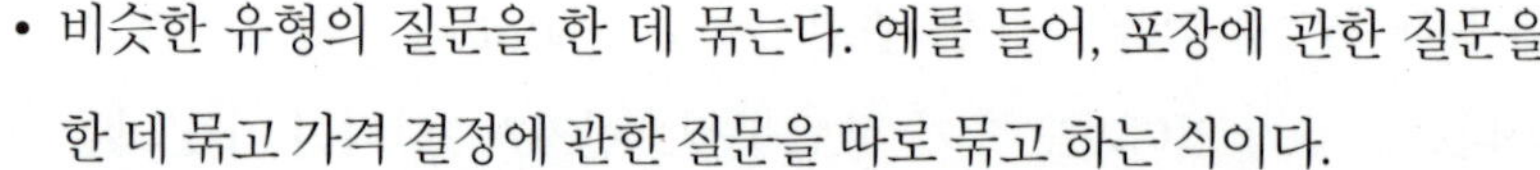

4 설문조사 방식을 정한다.

설문조사는 전화, 인터넷, 우편, 팩스, 직접 대면 등의 방식으로 실시할 수 있다. 이 가운데 말 뿐 아니라 행동까지도 볼 수 있다는 점에서 직접 대면 방식이 최상의 방법이다. 때로는 보디랭귀지가 말로 하는 것보다 더 효과적일 수 있다. 내 고객들은 대부분 잠재 소비자들이 있을 만한 장소에서 직접 대면 설문을 실시한다. 이렇게 함으로써 이들은 목표시장을 제대로 공략할 수 있게 된다.

잠재 고객을 대상으로 설문을 실시한다. 여러분의 제품이 이들의 필요를 충족하는지 확인하는 것이 최선의 방법이다.

5 설문지를 배포하고 응답이 적힌 설문지를 회수한다.

시장 분위기를 제대로 파악하기 위해서는 최소한 100명은 대상으로 설문을 실시해야 한다. 직접 대면으로 설문을 실시하는 경우 잠재 고객이 있을 만한 장소로 가는 것이 좋다(예를 들어, 여러분의 아이템이 새 장난감이라면 장난감 가게 앞에서, 식품이라면 주방장을 대상으로, 또는 식료품점에서 설문을 실시한다). 제5단계 현장조사에서 했던 것처럼 여러분의 아이템과 유사한 제품이 있는 다른 도시로 가서 실제 소비자들을 대상으로 설문을 실시할 수도 있다. 심지어는 매장 주인에게 그 매장 고객들에게 설문조사를 해도 되느냐고 허락을 구해도 된다. 그럴 때는 물론 매장 주인에게 도움이 될 만한 질문을 몇 개쯤 포함해야 한다(예 : 저희 회사에서 물건을 배달해 드린다면 좋겠습니까? 이 매장에서 취급하기를 원하시는 품목 두 가지만 말씀해 주시겠습니까?). 설문지는 반드시 회수해서 응답을 분석한다.

유연성을 발휘해 사람들의 필요에 맞게 설문조사를 한다. 말로 대답하는 것보다 글로 쓰는 것을 선호하는 사람에게는 그렇게 하도록 한다.

성공의 토대

한 고객이 지금까지 이 책에서 논의한 모든 단계를 밟았다. 프로파일 단계에서 그는 이국적인 풍취를 느끼는, 커피를 파는 커피숍으로 아이디어를 잡았다. 그는 사람들이 일반 커피에 식상해 있으므로 자기 매장에 몰려들 것이라고 생각했다. 가게 이름은 "낫 저스트 커피(Not Just Coffee)"로 생각해 두었다.

다음으로 그는 의도를 설정했다. 내부적 의도는 고객들과 교감을 나눌 수 있는 사업을 하는 것으로 정했고 외부적 의도는 사람들이 특별한 음료를 즐길 수 있는 재미있는 공간을 제공한다는 것으로 했다. 그는 시장 브레인스토밍을 마치고 다른 커피숍을 방문해 현장조사를 했으며 도서관에서 가격, 마케팅, 통계자료 등을 찾았다. 그는 창업 준비를 완벽하게 갖추었다. 아니, 적어도 그렇다고 생각했다.

이 단계에 실린 대로 그는 설문지를 만들어 매장을 내고자 하는 장소에서 배포했다. 설문 결과를 보고 그는 실망을 금치 못했다. 사람들은 이국적인 음료를 마시는 재머있는 장소라는 아이디어는 마음에 들어 했지만 이미 인근에 커피숍이 지나치게 많다고 응답했다.

그는 그 자리에서 포기하지도, 그렇다고 당초 계획대로 밀고 나가지도 않았다. 그는 처음으로 되돌아가서 자기 의도를 재검토했다. 그는 설문조사 결과가 자기 의도를 뒷받침한다는 사실에 놀랐다. 사람들은 이국적인 음료를 마실 수 있는 재미있는 장소를 원하지만 커피 시장이 이미 포화상태라고 느끼고 있었다.

그때 마침 여행에서 돌아온 친구 한 명을 만났는데 그 친구가 "더 프루트 쉐이크(The Fruit Shake)"라는 곳을 방문했던 얘기를 했다. 더 프루트 쉐이크는 과일 주스를 맛있게 혼합해 판매하는 재미있는 장소였다.

이 새로운 정보로 무장한 그는 설문지를 다시 작성해 행인들에게 배포했고 이 잠재고객들이 이 아이디어를 마음에 들어 한다는 것을 알았다. 그는 자기 의도에 기반, 지속적으로 아이디어를 개발하여 결국 독특한 건강음료를 판매하는 멋진 매장을 열었다.

6 회수한 설문지를 읽고 분석한다.

여러분이 얻은 제품 및 마케팅 정보를 제6단계 기초조사의 적당한 분야에 넣는다. 아이디어 노트의 표를 다 채우면 포스트잇을 사용한다. 표 위에 포스트잇을 붙이고 추가적인 설문조사 결과를 기록한다. 아니면 빈 표를 더 복사해서 추가 정보를 적당한 공간에 기록해도 좋다.

답을 살펴보면서 가장 자주 나오는 답이 무엇인지, 전반적인 추세는 어떤지를 본다. 사람들이 여러분의 아이템을 독특하다고 말하는가? 물건을 사고 싶어 하는가? 제품의 이름은 여러분의 마음에 드는가? 어떤 추세든 눈에 띄면 아이디어 노트에 기록한다.

7 경쟁업체에 대해 사람들이 뭐라고 하는지 본다.

여러분의 제품을 차별화하기 위해 어떤 점을 발전시키고 어떤 점을 피해야 하는지를 파악한다. 아직은 제품을 생산하는 단계가 아니므로 소비자의 필요에 맞추어 언제든지 변경을 할 수 있다.

8 취합된 정보에 기반하여 결론을 도출하고 적합한 행동방침을 정한다(예 : 제품명을 바꾸거나 필요한 기능을 추가).

차분히 앉아서 설문 결과 및 여러분이 파악한 동향을 검토한다. 예를 들어 설문 응답자 절반 이상이 여러분의 제품을 사지 않겠다고 하거나 어디서 판매하는지를 모를 경우 아이디어를 재검토하면서 어떤 변화가 필요한지를 파악해야 할 때이다. 그러니 잠재 고객들에게 귀를 기울여야 한다.

적합한 행동방침을 정할 수 있도록 친구에게 도움을 요청하는 것이 좋다. 친구에게서 구체적인 대안이 나오지 않더라도 하지 않는 것보다는 낫다. 누군가와 대화를 나눌 때는 조용히 행동방침을 정하는 데만 집중한다. 한 가지 행동방침으로 여러분의 아이디어가 통째로 바뀌지는 않는다는 것을 명심한다. 설문조사 결과 확신이 들 때 이를 선택할 수 있다.

9 필요한 경우 1차 설문조사에서 얻은 새로운 정보를 반영하여 2차 설문조사를 실시할 수도 있다.

여러분이 제대로 된 길을 가고 있는지를 가장 정확히 말해줄 수 있는 사람은 잠재 고객들이다. 일반적으로 새로운 설문을 실시해야 할 경우는 다음 두 가지이다. 첫째, 여러분이 만든 설문에 응답할 자격을 갖춘 사람을 만나지 못했을 때. 둘째, 설문에 응답한 사람들이 새로운 전략을 제안했는데(예 : 새로운 이름, 새로운 기능) 다른 사람들도 새로운 아이디어나 행동방침을 좋아하는지 알고자 할 때.

제 3 장

아이디어에 생명 부여하기

이 장에서는 여러분의 아이디어에 생명을 부여한다.

이제 친구나 가족에게 보여줄 수 있는 샘플을 개발할 것이다.

제품에 대한 장점을 최대한 활용하여 경쟁제품보다 돋보이게 하고

생활의 법칙을 수립할 것이다. 가장 중요한 것은 앞으로 나아가겠다는

의지 및 아이디어를 번창하는 사업으로

연결시키겠다는 의지를 더욱 확고히 하는 것이다.

정보센터

 머리말

지금까지 여러분은 창업의도를 설정하고, 브레인스토밍을 통해 아이디어를 개발하고, 시장 및 경쟁업체에 대한 정보를 얻었다. 이제는 여러분의 아이템에 대해 사람들에게 쉽게 이야기할 수 있도록 참조 가이드를 만들어야 할 때이다.

이 가이드는 정보센터라고 부르며 여러분의 아이디어와 경쟁제품에 대해 취합한 모든 정보가 모여 있다. 정보센터는 여러분이 유기적으로 집중력을 유지하고 확신을 가지고 앞으로 나아갈 수 있도록 돕는 역할을 한다. 이는 여러분이 다른 사람들에게 보여줄 수 있는 "실질적인" 것으로서 여러분의 아이디어를 일관성 있게 설명하고 여러분의 제품이 성공할 가능성이 있다는 것을 알리는 도구이다. 이 단계를 통해서 여러분의 아이디어는 비로소 자생력을 얻게 된다.

격려의 말

제품의 독특한 속성을 분명히 설정하면 시장에서 돋보일 수 있다. 사람들은 이 독특한 속성을 활용해보고 다른 사람에게 이야기하고 그 사람은 또 다른 사람에게 이야기한다.

 할 일 목록

1 100~109쪽의 정보센터 차트를 아이디어 노트에 복사한다.

이 표들은 여러분의 아이템을 경쟁업체의 것과 차별화할 수 있게 해준다. 이 표는 또한 여러분이 파고들어야 할 시장에 관한 자세한 정보를 제공함으로써 여러분에게 확신을 심어준다. 복사기로 이 책의 표를 복사한 뒤 아이디어 노트에 붙이면 된다.

2 각 표의 첫 번째 열은 여러분이 제품에 포함시키고자 하는 기능을 설명하는데 할애한다.

제4단계 시장 브레인스토밍, 제5단계 시장조사, 제6단계 기초조사, 제7단계 설문조사에서 여러분이 찾아낸 모든 아이디어를 검토한 다음 여러분이 알아낸 지식으로 어떤 기능을 제품에 포함시킬 것인지 결정한다. 그러고 나서 정보센터 차트의 첫 번째 열을 제품의 설명 및 여러분의 아이디어 설명에 할애한다.

이는 제품에서 가장 중요하다고 여겨지는 속성을 선택하는 기회이다. 경쟁 제품과 차별화될 수 있으면서 소비자의 필요를 충족하는 특성에 집중해야 한다.

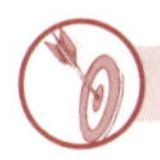

여러분의 아이디어가 얼마나 독특한지 자신감을 가지고 설명할 수 있게 한다.

3 표 A부터 표 F의 두 번째 열은 조사단계(특히 제5, 6, 7단계)에서 찾아낸 정보로 채운다.

이 단계는 여러분이 조사 단계에서 찾은 모든 정보를 한 데 모으는 단계이다. 표의 두 번째 열은 여러분이 경쟁 제품에 관해서 말할 때와 여러분의 아이템이 왜 특별한지를 말할 때 확실한 근거를 가지고 이야기할 수 있도록 해준다. 여기서는 경쟁제품의 독특한 특성을 솔직하게 포함시킨다.

4 표 A부터 F까지 1열과 2열을 비교한다.
여러분의 제품 또는 경쟁 제품을 독특하게 하는 속성들에 동그라미를 친다. 이 속성들을 통해 여러분의 제품과 시장에 이미 나와 있는 제품

사이의 차이를 알 수 있다.

5 표 A부터 F까지 세 번째 열은 여러분의 제품과 기존 제품 사이의 유사성과 차이점을 기입한다.

각 주제별 정보와 질문들은 여러분의 사고 과정을 돕기 위해 존재하는 것이다. 여러분은 세 번째 열에 명시된 각 항목을 활용하여 여러분의 아이디어와 시장에 이미 존재하는 제품을 손쉽게 비교할 수 있다. 여러분이 가지고 있는 아이디어의 독특한 속성은 모두 나중에 시장에서 판매의 강점이 될 수 있다.

6 여러분이 동그라미 친 속성들을 제품에 포함시킬 것인지 정한다. 포함시키기로 결정한 경우 첫 번째 열에 다른 색 또는 다른 글씨체로 적어 넣는다.

이 과정은 남들로부터 배우는 과정이다. 이미 시장에 나와 있는 제품들의 독특한 기능을 살펴보면 그 제품을 발명해 시장에 내놓은 사람은 여러 차례 소비자 조사를 거쳐 어떤 것이 통하고 어떤 것이 통하지 않는지 잘 아는 사람일 가능성이 높다. 여러분의 제품을 개선하는데 이들의 경험을 활용해야 한다. 단지 더 많은 기능을 추가하는 것이 목적이 아니므로 여러분의 제품을 변경하는데 충분한 근거가 있어야 한다(예 : 매장 주인들은 이를 "필수"라고 말한다). 여러분의 아이디어를 평가할 수 있도록 친구와 함께 이 과정을 밟으면 좋다.

모든 일은 계획으로 시작되고, 노력으로 성취되며,
오만으로 망쳐진다.

내 고객 증 한 사람인 키스(Keith)는 이해하기 쉬운 말로 인터넷 사용법을 설명하는 인터넷 교육 비디오를 개발하느라 나와 같이 일하고 있었다. 이번 단계에 이르기까지 그는 컴퓨터를 소유한 모든 사람이 자신의 목표 시장이라고 여기고 있었다. 그리고 그토록 많은 사람을 대상으로 마케팅을 펼칠 생각을 할 때마다 엄두가 나지 않았다.

모든 정보를 정보센터 차트에 기입하던 과정에서 나는 키스에게 목표 시장을 줄일 것을 요구했다. 그는 그런 일은 가능하지 않다고 여기던 중 한 가지 패턴을 발견했다. 자기가 조사한 모든 연령 가운데 노년층만이 인터넷 교육에 관심을 나타냈던 것이다. 그런데 마침 노인들을 대상으로 한 인터넷 교육 비디오는 개발한 사람이 없었다.

노년층 사용자들을 우선 목표로 삼자 그는 좌절감과 두려움을 상당히 덜 수 있었다. 그는 컴퓨터를 다룰 줄 모르는 노인들이 이해할 수 있는 인터넷 교육 비디오를 개발할 경우 비슷한 도구를 필요로 하는 모든 사람(예 : 일하는 엄마, 어린이, 업무용 사용자)에게 도움이 될 것이라는 데까지 생각이 이르렀다.

특정 대상으로 목표 시장을 한정하자 키스는 앞에 놓인 과중한 업무에 압도당하지 않을 수 있게 되었고 특정 부문에 집중하면서 즐거운 마음으로 사업을 추진할 수 있었다. 그가 아이디어를 실행에 옮기자 그의 목표 시장인 노년층 사용자들은 그의 서비스의 홍보대사로 나섰다.

참고

내 고객 가운데 기술지향적인 사람들은 데이터베이스, 스프레드시트 등의 컴퓨터 프로그램을 활용해 정보센터를 만든다. 여러분도 하고 싶으면 그렇게 한다.

7 고객 차트를 검토한 다음 여러분이 목표로 삼고자 하는 세 가지 고객 범주를 선택한다.

목표 고객을 특정 범주로 한정함으로써 여러분은 이들의 관심을 사로잡을 만한 상품 특성을 개발할 수 있게 된다. 그리고 그보다 중요한 것은 특정 집단을 대상으로 정하게 되면, 온 세상 사람들을 대상으로 여러분의 아이디어를 어떻게 팔 것인지 걱정하는 대신 훌륭한 사업을 개발하는데 정신을 집중할 수 있다. 여러분이 개발한 제품이 한 특정 소비자 집단을 사로잡는다면 다른 범주의 소비자들도 관심을 갖게 마련이다.

독특한 제품을 가지고 있다면 새롭게 개선된 버전으로 새로운 소비자 집단을 대상으로 삼을 수 있다.

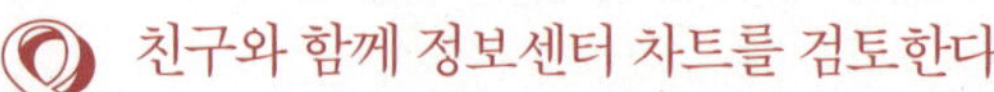

8 친구와 함께 정보센터 차트를 검토한다.

무엇이 여러분의 제품을 독특한 것으로 만드는지 설명하고 이들의 피드백에 귀를 기울여 배운다. 친구와 함께 정보센터 차트를 검토하다 보면 여러분의 아이템에 대해서 이야기를 나누고 어째서 그것이 성공을 거둘 수 있는지를 이야기할 수 있는 안전한 환경이 제공된다. 이 토론을 통해 여러분은 확신을 가질 수 있으며 어떻게 하면 제품을 더욱 개선할 수 있을지 아이디어를 도출해낼 수 있다.

9 정보를 입수하거나 제품을 변경하는 과정에서 정보센터 차트를 업데이트한다.

정보센터 차트를 채울 만한 정보를 가지고 있지 않아도 괜찮다. 나중에 찾거나 만들면 된다.

정보센터 차트는 사람들에게 보여줄 수 있는 구체적인 것이다. 이 차트는 여러분의 아이디어와 시장에 이미 존재하는 제품을 비교하고 여러분 제품의 독특한 속성을 부각시킴으로써 경쟁제품 가운데 두드러지게 할 수 있는 방법을 제시한다. 이 차트는 여러분 자신이나 다른 사람들에게 여러분이 성공하리라는 확신을 심어준다.

이 참조 가이드는 지속적으로 업데이트를 해야 시장에 관해 확실한 근거를 가지고 말할 수 있다. 더욱 중요한 것은 시장의 변화가 여러분의 제품 또는 서비스에 어떻게 영향을 미치는지 알 수 있다는 점이다.

10 극장에 간다거나 맛있는 디저트를 먹는 등 뭔가 재미있는 일을 하면서 자축한다.

지금까지 여러분은 "물질적" 보상도 없이 먼 길을 왔다. 성공하기 위해서는 즐길 줄 알고 생활의 균형을 잡는 것도 중요하다. 밖에 나가서 자축의 시간을 갖는다. 친구를 몇 명 초대해서 그들의 최근 근황을 이야기하며 논다.

PRODUCT

챠트 A : 제품

제품 영역

	당신의 제품	기존제품	비 교
이 름 : 당신의 제품이 더 재미있고, 더 기술적인가?			
가 격 : 다만 기존 제품의 가격을 기록하라.			
이 점 : 당신의 제품은 부가적인 이득을 주는가? 당신은 어떤 차이를 홍보할 수 있는가? 다른 제품이 당신 제품이 갖고 있는 이점을 갖고 있는가?			
외 관 : 각 제품들이 가장 어필하는 외관은 무엇인가?			

	당신의 제품	기존제품	비 교
포 장 : 당신의 제품이 당신 고객들의 눈에 어떻게 비치는가? 경쟁 제품의 포장 크기는 어떤가?			
로고와 슬로건 : 제품의 로고를 그리고 슬로건을 기록하라. 당신 것이 독특한가?			
보증과 반송정책 : 당신과 비슷한가?			
계 절 : 각각 생산 계절이 있는가?			
부가제품 : 당신이 본 부가제품을 기록하라.			
경제적 : 얼마나 많은 단위로 그 제품은 파는가?			
새로운 참가 : 가능한 새로운 경쟁자의 목록을 기록하라.			

챠트 B : 소비자

소비자 영역

	당신의 제품	기존 제품	비 교
대상 시장 : 소비자가 누구인가? 소비자의 전체 가능한 숫자는 무엇인가?			
대상이 아니다 : 어느 소비자가 대상이 아닌가?			
언 론 : 제품을 다루었거나 다룰 수 있는 잡지, 영화, TV쇼, 신문을 기록한다.			
인터넷 : 인터넷에서 경쟁이 가능한가?			
판매촉진 : 경쟁사가 사용한 판매촉진 전시에 어떤 것이 있는지 기술하라. 그리고 당신이 사용할 것은 어떤 것이 있는지?			
기타 판매 : 각 제품마다 승인해주거나 승인이 있는 모든 단체, 기관과 비영리단체를 기록하라.			

차트 C : 소매점

소매점 영역

	당신의 제품	기존제품	비 교
전통적 소매점 : 당신의 리스트는 기존제품을 판매하고 있는 모든 장소를 포함하고 있는가?			
비전통적 소매점 : 당신의 리스트는 기존 제품의 리스트로 확장했는가?			
특별한 소매점 : 당신이 발견한 모든 인터넷 사이트, 카탈로그, DM 등을 기록하라.			
국제시장 : 당신의 제품은 기존 제품의 지역을 카버할 수 있는가?			

차트 D : 유통기구

유통 영역

	당신의 제품	기존제품	비 교
도매상 : 가격을 포함해서 모든 도매상 정보를 기록하라. 당신이 사용하고 있지 않은 경쟁업체의 방법이 있는가?			
대리점 : 당신이 찾은 대리점을 기록하라. 경쟁업체는 당신이 손해 볼 수 있는 어떤 배타적인 거래가 있는가?			
자가 도매상 : 당신이 찾은 모든 자가 도매상을 기록하라.			

차트 : E   후원자

후원자 영역

	당신의 제품	기존제품	비 교
일반 의견 : 당신의 제품에서 받은 모든 의견을 기록하라, 그리고 기존제품에서 찾은 것도 기록하라.			
기 관 : 기존제품을 후원하는 모든 기관, 그룹, 단체, 비영리단체나 당신 제품을 후원할 수 있는 기관들을 기록하라.			

차트 : F 마케팅 아이디어

마케팅 영역

	당신의 제품	기존제품	비 교
기 사 : 신문이나 잡지, 텔레비전 쇼 등 당신 제품의 홍보를 돕거나 믿을 수 있는 곳을 기록하라.			
당신이 찾은 기사를 서술하라. 기사의 제목, 기자 이름, 전화번호, 기사가 난 지면, 신문이나 잡지의 이름 등을 기록하라.			
발명자, 도매상, 또는 기자로부터의 어떤 인용도 기록하라. 인용문, 사람 이름, 제조업체 등을 포함하라.			

	당신의 제품	기존제품	비 교
독특한 전략 : 당신이 발견했거나 일반적인 어떤 독특한 언론행사나 전략을 기록하라.			
마케팅 재료 : 당신이 찾은 모든 마케팅 재료도 기록하라. 그들은 어떤 것이 있나? 당신의 제품에 어떤 아이디어를 사용할 수 있을까?			
개인 직접 접촉 : 소비자에게 직접 개인적으로 접촉하기 위해 당신이 발견했거나 창조한 아이디어를 기록하라.			
홍보 행사 : 당신이 찾았거나 기사에서 언급한 어떤 컨퍼런스, 상품전시회, 다른 홍보행사를 기록하라.			
광 고 : 만일 당신이 어떤 광고를 찾았다면 여기에 기술하고 그 광고를 어디서 발견했는지 기록하라.(예 : 조선일보 경제면 상단 오른쪽)			

차트 G : 기타 접촉 정보

기타 접촉 정보

발명자 : 당신이 찾은 모든 발명자 접촉 정보를 기록하라.

제조업체 : 당신이 찾은 제조업체를 기록하라.

전문기관 : 당신의 제품을 생산하는데 도움이 될 수 있도록 언급된 특별 전문기관을 기록하라.

차트 H : 흐름

흐름 영역

경제적 흐름 : 경제의 흐름(예 : 전체 인구의 노화현상)과 정보의 원천지를 기록하라.	
대상시장 : 당신의 대상 시장에 예측 가능한 성장에 대한 정보를 기록하라.	
기술의 흐름 : 당신이 찾은 기술의 흐름을 기록하라.	
사회적 흐름 : 당신의 제품에 관심이나 판매에 영향을 미칠 사회적 흐름을 기록하라.	
정치적 흐름 : 당신 제품에 관심이나 영향을 미칠 정치적 흐름을 기록하라.	
국제흐름 : 당신의 제품에 관심이나 영향을 미칠 국제적 흐름을 기록하라.	

 머리말

이 단계에서 제8단계의 정보센터, 여러분의 직감, 친구들의 견해를 활용하여 아이템의 성공을 좌우할 수 있는 기회와 위험을 찾아내야 한다. 기회란 일반적으로 경쟁업체들이 아직 발견하거나 마케팅 활동을 하지 않은 분야를 말한다. 한편 위험이란 반드시 나쁜 것만은 아니다. 단지 여러분이 아직 인식하지 못하고 따라서 대비도 안 되어 있으므로 여러분의 사업에 해를 끼칠 가능성이 있는 무언가를 말한다.

위험 요인을 인식하게 되면 끊임없이 불안한 시선으로 뒤를 돌아보는 대신 확신을 가지고 창업을 진행할 수 있게 된다. 무언가 잘못될지도 모른다는 걱정에 시달리는 대신 에너지를 사업에 집중할 수 있는 것이다. 또한 이 과정에서 여러분이나 친구가 찾아낸 위험요인을 극복하기 위한 전략을 개발할 수 있다.

기회는 대개 여러분의 제품의 이점, 특히 경쟁제품이 제공하지 못하는 이점과 밀접한 관련이 있다. 이 이점들은 여러분이 매출을 늘리고, 신규 고객을 확보하고, 기존에 충족하지 못했던 필요를 채울 수 있게 해준다.

기회와 위험 요인의 목록을 작성할 때는 각 상황을 다른 각도에서 바라보고(예 : 고객의 입장, 제조업체의 입장, 미용사의 입장, 호화 요트 소유자의 입장 등) 정직해야 한다. 지금 위험요인을 무시하면 장래에 여러분을 괴롭힐 것이기 때문

격려의 말

기회를 최대한 활용하되 위험요소를 무시해선 안 된다. 다른 사람들의 도움을 얻어 모든 장애물을 극복할 전략을 수립한다.

110

이다. 그리고 지금 기회를 인식하지 못하면 그 기회를 활용할 수 없게 된다.

 할 일 목록

1 아이디어 노트에 여러분의 아이템의 기회 및 위험 요소를 기록
한다.

제8단계에서 작성한 정보센터 차트 A부터 F를 활용하여 기회 및 위험의 가
능성을 찾아낸다. 정보센터 차트 A부터 F의 1열과 2열에서 동그라미 친 속
성에 특히 주의를 기울인다. 제품의 독특한 속성은 제품을 마케팅할 때 활
용할 수 있는 기회가 된다. 반면 경쟁제품에는 있으나 여러분의 제품에 없
는 기능은 성공에 위험요소가 될 수 있다.

2 기회 및 위험요소에 대한 브레인스토밍을 통해 목록을 더욱 확장
한다.

특히 중시해야 할 것이 여러분의 육감이다. 무언가 기회 또는 위험요소
라고 느껴진다면 지체 없이 기록한다. 다른 제품에는 없는 무언가가 여러분
의 제품에 있다는 느낌이 들 경우(기회)나 다른 제품에는 있는 것이 여러분
의 제품에는 없을 때(위험)도 기록한다.

가능한 한 모든 기회 및 위험요소를 찾아내고자 할 경우 아이디어를 짜
내기 위해 조금은 우스꽝스러운 방법을 사용한다. 아이디어 노트에서 프로
파일 부분(제1단계)을 펼쳐 날카로운 물체나 모서리가 없는 공간에 두고 그
위에 물구나무를 선다. 기회나 위험 요소가 생각나면 적는다. 물론 물구나
무 상태가 아닌 제 자리로 돌아와서.

시장에 존재하는 기회를 발
견하고 외부 위험의 영향을
이해한다.

3 친구를 초대해 기회와 위험요소를 찾는데 도와달라고 한다.

때로 우리는 지나치게 가혹해서 자기 아이디어가 잘못될 가능성에만 초점을 맞추는 경우가 있다. 친구들의 말에 귀를 기울이고 상식을 최대한 활용하여 기회와 위험요소를 찾아낸다(예를 들어, 목표 시장의 인구수가 늘어나는 것은 기회인 반면 예상치 못했던 경쟁업체의 등장은 위험요소이다). 기회 및 위험에 관해 친구와 대화를 나누려면 다음과 같은 질문에서 출발한다.

- **이 름** : 제품의 이름이 독특한가? 그렇다면 기회가 될 수 있다.

- **소비자의 관심** : 여러분의 제품에 관심을 보이는 사람들의 특성이 무엇인가? 이 유형의 사람들에 집중하는 것은 큰 기회이다.

- **소매점** : 소매 매장에서 여러분의 제품과 유사한 제품의 취급을 거부한 적이 있는가? 만약 그렇다면 논쟁을 유발함으로써 기회가 되었는가, 아니면 매출에 위험이 되었는가? 소매 매장에서 유사한 제품을 취급한 적이 있는가? 만약 그렇지 않다면 여러분의 유통 계획에 차질을 초래할 수 있다.

- **유 통** : 조사과정을 통해 다른 제품의 유통업체 또는 독점적 관계를 가진 대리점을 발견했다면 여러분의 영업 역량에 제약을 받을 수 있으므로 위험요소가 된다.

- **경 쟁** : 유사한 제품이 시장에 나온 적이 있는가? 과거 유사한 제품이 있었는데 잘 팔리지 않았다면 그 제품과 어떻게 차별화를 해야 사람들이 사고 싶어 할지 생각해봐야 한다.

- **언 론** : 언론에서 기존의 유사한 제품에 대해 부정적인 기사를 내보낸 적이 있는가? 만약 그렇다면 그 부정적 기사를 여러분에게 유리한 방향으로 활용할 수 있는가? 예를 들어 과거 사람들이 싫어했던 기능을 여러분은 개선할 수 있는가?

- **경 향** : 제품의 소개 및 판매에 도움을 주거나 해를 끼칠 수 있는 경향

성과

모든 위험요소에 대응하고 기회를 최대한 활용하기 위한 계획.

자극의 말

주변의 모든 가능성에 여러분의 마음과 영혼을 연다.

견공의 세상

새러(Sarah)는 백악관 애완동물들의 눈으로 본 백악관의 역사에 관한 책을 만드는 일을 하고 있었다. 그녀는 이 책에 실린 각 단계를 즐거운 마음으로 밟아 나가다가 기회와 위험 요소를 조사하는 단계에 이르렀다.

그녀는 서점 주인에게 부시 대통령의 애완견 밀리(Millie)에 관한 책이 많이 팔렸으므로 자기 책도 잘 팔릴 거라고 했다. 서점 주인은 새러를 보며 이렇게 말했다. "밀리에 관한 책은 바버라 부시(Barbara Bush) 여사와 연관이 되어 있으니 잘 팔린 거지만, 당신은 바버라 부시가 아니지 않습니까?"

새러는 낙담해서 책이 잘 팔릴 것인지에 대한 자신을 잃어버렸다. 그래서 그녀가 한 일은 위험요소들을 목록으로 만들어서 친구들에게 대응 전략을 세울 수 있도록 도와달라고 요청한 것이었다. 그런데 그게 효과가 있었다.

친구들은 백악관에서 일을 했거나 방문한 적이 있는 유명인사들로부터 백악관 이야기를 구해보는 것이 어떠냐고 제안했다. 그리고 백악관의 애완동물들의 입을 빌려 그 이야기를 하는 형식을 취하는 것이다. 새러는 한 사람의 이야기가 아닌 백악관에서 일했거나 방문한 적이 있는 유명인사들의 흥미로운 이야기를 수집하고 있다.

새러가 다시 예의 서점 주인을 찾아가 새로운 아이디어에 대해 이야기했을 때 그는 매우 큰 열의를 보였다. 그는 유명인사들의 인지도 덕분에 책이 잘 팔릴 수 있을 거라고 확신했다. 새러는 아이디어를 발전시키는 과정에서 즐거움을 되찾을 수 있었다.

참고

도움을 청한다. 사람들은 위험을 기회로 바꾸도록 기꺼이 도울 것이다.

4 각각의 위험요소와 그 심각성을 검토한다.

각 위험요소를 다음 중 하나로 분류한다.

- **피할 수 있는 위험** : 완벽하게 피할 수 있는 위험요소로서, 그 피할 수 있는 방법을 나열한다.
- **피할 수 없는 위험** : 어찌 되었든 직면해야 하는 위험요소이다.
- **예측할 수 없는 위험** : 어떤 일이 일어날지 전혀 알 수 없다.

이제는 각 위험요소를 분류하여 그냥 감수하면서 살 것인지, 해결책을 내놓을 것인지를 정해야 한다. 위험요소를 분류한다는 것은 그 존재를 인정한다는 뜻이며, 여러분이 발견한 위험요소에 대응전략을 개발할 것이므로 걱정도 줄여줄 수 있다. 이 역시 친구들을 적절히 활용할 수 있는 단계이다.

5 위험을 기회로 바꿀 수는 없는지 친구 및 전문가들과 브레인스토밍을 한다.

사람마다 살아온 다른 경험을 브레인스토밍 과정에서 공유할 수 있다. 아무래도 다른 사람들은 여러분만큼 여러분의 아이디어에 감정적 유대감을 느낄 수 없으므로 위험요소에 대해 더 객관적인 시각을 유지할 수 있다. "피할 수 없는 위험"과 "예측할 수 없는 위험"으로 분류된 위험에 대한 대비책이 없겠느냐고 요청한다.

여러분이 놀랄 정도로 이들은 위험을 기회로 바꿀 만한 전략을 내놓을 것이다. 잠재적 위험요소를 피할 수 있는 멋진 아이디어를 누가 내놓을지는 아무도 모르는 일이므로 이들의 아이디어에 귀를 기울이고 꼼꼼히 기록하며 배우도록 한다. 이들이 내놓는 아이디어는 두통거리와 같은 일의 반복을 덜어줄 수 있는 전략을 수립하는 데 도움이 될 것이다.

자극의 말

사람들은 여러분이 성공하는 것을 보고 싶어 한다. 단지 어떻게 도울 수 있는지를 모를 뿐이다. 이들에게 구체적인 질문을 던짐으로써 여러분은 가능성의 세계를 열 수 있다.

6 '피할 수 없는 위험'으로 분류한 위험요소에 별표를 한다.

별표를 하면 눈에 띄므로 여러분의 사업을 해칠 수 있는 위험요소에 대한 경각심을 불러일으킨다.

각각의 피할 수 없는 위험요소를 살펴보고 스스로에게 이렇게 자문한다. "앞에 저런 위험이 놓여 있다. 그냥 놔두어도 내 제품이 견뎌낼 수 있을까?" 대답이 '그렇다'라면 그대로 진행하면 되고, 대답이 '아니다'라면 위험을 피하기 위해 제품을 변경해야 한다.

사람의 가치관이 그대로 현실이 되는 경우가 많다. 여러분이 위험을 피할 길이 없다고 생각하면 실제로 위험을 피할 수 없게 된다. 성공하려면 끊임없이 불안한 눈길로 뒤를 돌아보며 앉아서 제품이 실패하기를 기다려서는 안 된다. 그대로 둬도 아무 지장이 없다고 말하면서 위험을 무시해버리거나 정면으로 맞설 전략을 개발하거나 둘 중의 하나를 택해야 한다.

7 모든 기회를 잡고 저축한다. 행운을 활용할 수 있는 방법을 적어 본다.

제품의 성공을 도울 만한 모든 기회를 깨닫는 일이 중요하다. 예를 들어 내 고객 한 사람은 보드게임을 개발했는데 한 고등학교에서 그것을 구입했다. 그녀는 재빨리 고등학교 판매 계획을 만들었다. 판매 정보에 "고등학교에서 우리 청소년들을 교육하는 데 활용되는 제품입니다."라는 문구를 추가했다. 이 기회를 활용한 덕분에 매출 확대와 홍보 효과를 톡톡히 거둘 수 있었다.

8 아이디어 노트 한 페이지를 할애해서 "생활의 법칙"이라고 제목을 붙인다.

여기에는 여러분이 좇는 기회와 위험요소에 대한 대응전략을 적는다. 이 페이지는 여러분의 독특한 기회와 전략을 적는 곳이므로 여러분이 자신과 합의한 사항들을 일깨워주는 역할을 한다. 이 생활의 법칙을 주변 사람들에게 보여주고 여러분이 조사에 시간을 들인 결과 어떤 보상을 받고 있는지, 어째서 여러분이 성공을 거둘 것인지를 보여준다. 미래에 대비해 여러분의 시간을 지금 투자한 것을 자축한다.

　여러분이 열정을 유지하는데 도움이 되도록 규칙적으로 생활의 법칙을 참고한다. 새로운 기회와 위험이 나타나면 앞에서 말한 <할 일>을 다시 반복하고 상황에 맞게 생활의 법칙을 변경한다.

머리말

전념(專念). 이 말은 여러분과 다른 사람들이 여러분의 사업을 보는 시각을 바꿔놓을 것이다. 사업에 전념하기 전까지 여러분의 행동에는 항상 주저함이 있었겠지만 일단 전념하게 되면 인생이 변한다. 앞으로 나아갈 수 있게 힘을 주는 일들이 일어나고, 필요로 하는 지식과 영감을 갖춘 사람들이 여러분의 삶에 들어온다. 기적이 일어나는 것이다.

자신만의 사업을 위한 아이디어를 맨 처음 떠올릴 때는 누구나 열의를 갖는다. 아이디어를 맨 처음 누군가에게 이야기할 때의 행복감을 여러분도 기억할 것이다. 그러나 시간을 들여 아이디어를 발전시켜 나가다 보면 마음이 바뀌어 스스로에게 회의가 드는 경우가 생긴다.

우리는 사람이므로 이는 정상적인 과정이다. 맨 처음의 참신함이 사라지는 것이다. 여러분은 꿈을 현실로 만들어가고 있으며 어려운 일은 반드시 신이 나지 않는 법이다. 신이 나는 것과 열의를 혼동해서는 안 된다. 아이템을 개발하는 일에 더 이상 신이 나지 않는다고 해서 꼭 열의를 잃었다고 할 수는 없다. 단지 새로운 현실에 발을 딛고 서 있다는 뜻이며, 아이템의 개발 과정을 진지하게 받아들이고 있다는 증거이다. 처음의 참신함을 유지하려면 모든 과정에서 '아이처럼 꿈꾸고 어른처럼 결단하라' 는 원칙을 기억해야 한다.

아이디어에 대해 자신부터 열정을 가져야 한다. 열정은 성공을 위한 가장 든든한 토대이다.

117

‘실현 가능성’ 단계는 아이디어를 실행에 옮기려는 강한 의지를 확인하는 절차이다. 이 단계는 아이템에 대해 얼마나 신이 나 있느냐를 측정하려는 것이 아니라 단지 열의를 점검하는 기회를 제공한다. 여러분이 무엇에 몰두하고 있는지를 확인함으로써 마음과 생활을 연계시킬 수 있다.

제품에 대해 열의를 가지고 있는지를 확인할 수 있는 사람은 오직 자신뿐이다. 그 누구도 여러분의 머리 속을 들여다보고 “그래, 당신은 열의가 있군.” 이렇게 말할 수는 없다. 전적으로 자기에게 달린 만큼 솔직해야 한다. 아이디어가 아직도 여러분의 마음에 불을 붙이는가? 만약 그렇다면 아이디어 개발을 계속한다. 여러분은 성공할 수 있다. 만약 대답이 ‘그렇지 않다’일 경우 맨 처음의 의도로 돌아가서 제품이 여러분의 열의에 맞는지를 본다.

여러분의 개인 목표에 맞지 않는 아이디어를 포기하는 일을 두려워해서는 안 된다. 아이디어에 매달려 일하는 동안 여러분은 이미 변화했다. 따라서 제1단계에서 개발한 것은 더 이상 여러분에게 맞지 않는다. 특정 제품에 초점을 맞추기보다 여러분의 의도에 초점을 맞추다 보면 방향을 바꿔야 할 경우가 있을 수 있지만 그러다 진정한 열의를 발견하는 것이다.

지금쯤이면 친구나 가족의 도움을 한 번쯤 받았을 것이고 그들을 생각해서라도 계속 앞으로 나아가야 한다는 의무감을 가지고 있을 것이다. 지금 여기서 그만 둔다면 친구와 가족들이 여러분을 게으르다거나 쉽게 포기하는 사람으로 볼 것이 두렵기도 하다. 그러나 그건 기우이다. 꿈을 좇는 것은 사람을 강하게 만들지만 잘못된 길인 줄 깨닫는 것은 사람을 더욱 강하게 만든다. 필요한 경우에는 주변 사람들과 대화를 나눈 뒤 새 길을 모색할 줄도 알아야 한다. 지금까지 여러분이 배운 모든 것은 이 대화에도 적용이 된다. 여러분의 의도에 대해 심사숙고해 보고 적절하게 열의를 실행에 옮기는 것이 옳다.

할리(Holly)는 새로운 커뮤니케이션 모델에 관한 아이디어를 들고 나에게 찾아왔다. 기업들이 전화 주문을 받고 고객 서비스를 잘 하여 더 많은 거래를 체결할 수 있도록 돕는 아이디어였다. 그녀의 내부적 의도는 커뮤니케이션 모델을 사람들에게 설명하려는 것이었고 외부적 의도는 기업들이 전화 판매 효율을 높이도록 하는 것이었다.

그녀는 이 책의 과정을 밟아 나가다가 고객 서비스 워크숍을 제공하는 사업으로까지 아이디어를 확장했다. 그녀의 워크숍에 돈을 낼 수 있다는 관심을 표명한 기업 고객이 세 군데였다.

그녀는 실현 가능성을 점검하는 단계를 완료하고 나서 내게 전화를 걸었다. 볼멘 소리였다. "워크숍 그만 둘래요." 나는 왜 그러냐고 물었고, 그녀는 "부모님이 편찮으셔서 더 이상 출장을 다닐 수가 없어요. 집에서 부모님을 돌봐드려야 해요." 나는 "할리, 당신이 이 아이디어를 추구하는 의도가 뭐였죠?"라고 물었고, 그녀는 주저하지 않고 대답했다. "사람들이 제 모델로부터 뭔가를 배웠으면 하는 마음은 여전해요." 예상했던 대답이었다. "그런데 출장을 안 가고 집에 있으면 어떻게 그 일을 하죠?" 그녀는 잠시 생각하더니 말했다. "모델을 설명하는 비디오나 책을 만들면 어떨까요?"

바로 그것이었다. 할리는 맨 처음의 의도로 되돌아간 결과 여건이 바뀌었는데도 불구하고 자기 아이디어를 추구할 수 있었다. 좌절감이 들거나 어찌할 바를 모를 경우 맨 처음의 의도를 되살려 보면 앞으로 전진하는데 필요한 에너지, 의지, 새로운 아이디어를 얻을 수 있다.

진정한 도전과제는 아이디어를 실행으로 옮기는 과정이므로 열의가 없으면 안 된다. 이는 누구나 여러분에게 요구할 수 있는 것이다. 소규모 사업

주로서 여러분은 제품과 결혼한 것이나 다름없다. 여러분은 끊임없이 주변 사람들에게 아이디어를 이야기하고 소비자의 관심을 끌고 배송과정을 확인하고 수금을 해야 한다. 이는 재미있지만 많은 일을 해야 한다. 여러분이 다음 단계로 나아갈 준비가 되었는지 확실히 해야 한다. 다음 단계는 바로 '행동'이기 때문이다.

아이디어에 대해 곰곰이 생각해보고 여러분의 마음을 따르고 있는지 확인한다.

모두 소유할 것인가?

내 고객 중 한 사람인 제롬(Jerome)은 대단한 열성을 가지고 이 단계까지 밟아 왔다. 그는 자기 아이디어에 대단한 애정을 가지고 있었다. 제롬은 "더 개더링 (The Gathering)"이라는 이름의 회사를 만들고 싶어 했다. 더 개더링은 누구나 자기 꿈을 현실로 옮길 수 있는 장소였다.

더 개더링에는 컴퓨터, 도서관, 영화장비, 출판장비, 심지어 무대를 갖추고 사람들이 꿈을 지속할 수 있도록 해주는 공간이었다. 제롬은 이 아이디어에 매우 신바람을 내며 작은 건물을 매입하려고까지 했다.

제롬은 확신을 가지고 실현 가능성을 점검했다. 열정이 대단해서 아무 것도 그를 막을 수가 없음을 알 수 있었다. 그러나 가장 친한 친구에게 자기 아이디어를 이야기했을 때 이상한 일이 일어났다. 그의 열정의 근간을 뒤흔들어버릴 만한 일이 생긴 것이었다.

그는 친구에게 아이디어를 열심히 이야기한 다음 말을 끊고 친구에게 귀를 기울였다. 친구는 제롬을 똑바로 쳐다보며 물었다. "네가 이 아이디어에 큰 열의를 가지고 있는 건 알겠는데, 진심으로 건물을 사들이고 싶니?"

이런. 제롬이 미처 생각하지 못했던 부분이었다. 그는 다른 사람들을 돕는다는 데만 정신이 팔려 있었지, 담보대출금, 난방비, 직원 채용 등에 대해서는 걱정조차 하지 않았다. 이런 데 신경 쓰다 보면 과연 남들을 도울 시간이나 있을까?

의지, 방향감각, 에너지를 재충전.

제롬은 맨 처음의 의도로 되돌아가본 결과 거기에는 건물을 소유하겠다는 의도가 없었음을 확인했다. 그의 의도는 단지 사람들이 꿈을 이룰 수 있도록 돕는다는 것이었다. 그래 바로 그거야. 사람들이 꿈을 이룰 수 있도록 돕는 것.

이를 깨닫자 제롬은 친구의 도움을 얻어 그런 목적의 컨설팅 서비스를 개발했다. 건물을 소유하는 대신 그는 자기 고객들이 필요로 하는 자원을 갖춘 극장, 인쇄소, 학교 등 다른 기관과 제휴를 맺고 그들이 목표를 달성하도록 도울 수 있었다.

♥ 할 일 목록

1 여러분의 아이템이 열정을 반영한 것인지 판단한다.

제2단계 "의도"에서 취합한 정보를 읽어보고 제8단계에서 만든 정보센터 차트와 비교해 본다. 여러분이 개발하고 있는 아이템이 열정을 진정으로 반영한 것인지 확인이 필요하다.

스스로에게 이렇게 한 번 물어보자. "내가 개발하고 있는 이 아이템이 내 열정에서 나온 것인가? 이 아이디어가 여전히 나의 가슴, 영혼, 마음을 쏟아 부을 만한 것인가? 나는 아직도 내 아이디어가 시장에 변화를 가져올 것이라고 믿고 있는가?"

이 질문에 대한 대답이 "네"라면 잘 된 일이다. 계속 그 일을 가야 한다. 만약 대답이 "아니오"라면 여러분의 열정을 반영할 수 있도록 아이템을 어떻게 바꿀 수 있을지 생각해 봐야 한다. 기억할 것은 소비자들에게 가져다 줄 이점에 초점을 맞추어야 한다는 점이다. 그 목적에 부합하기만 한다면 제품에 변경을 가하는 것은 아무 것도 아니다.

벤처 기업가들을 성공으로 이끄는 것은 열정이다. 대금 회수가 늦어질 때, 마감일이 다가오는데 컴퓨터가 다운되었을 때, 친구들은 영화를 보러 간 토요일 밤 일을 할 때 여러분을 지탱해 주는 것은 열정이다. 열정은 삶의 전부이며 여러분의 사업은 여러분의 삶이다.

2 친구에게 아이디어와 열정에 대해 이야기하고 아이디어가 열정에 들어맞는지 그들의 생각을 물어본다.

친구들에게 도움을 요청한다. 친구들은 훌륭한 조언자들이다. <할 일 목록> 1번에서 완수한 "마음의 여행"의 결과를 함께 나누고 그들에게 귀를 기울이고 나서 다음으로 어떤 단계를 밟을지 결정한다. 친구들은 여러분의 열정이 녹아든 삶을 형성하는데 도움을 줄 것이다.

친구들의 도움을 얻어 여러분이 매달려 있는 아이디어가 진정 열정과 관련된 것임을 확인한다. '그렇다'는 대답이 나오면 가던 길을 계속 가고 '아니다'는 대답이 나오면 계속 가야 할지, 열정에 맞도록 아이템을 변경해야 할지를 친구들과 대화를 통해 정한다. 아이템에 대한 열정이 있다면 성공할 수 있는 가능성은 더욱 높아진다.

지속적으로 아이디어에 매진할 수 있도록 도움을 베풀어준 모든 사람들에게 빚을 졌다는 느낌을 가질 수 있다. 그만큼 중도에 그만 두거나 방향을 바꾸는 일은 어렵다. 그래서 친구들의 도움을 구하는 것이 중요하다. 여러분에게는 지원을 해주고 궤도에서 벗어나지 않도록 도와줄 친구들이 필요하다. 자신과 주변 사람들에게 솔직하다면 그들은 여러분의 노력에 지원을 베풀기 마련이다.

실패하는 사람은 '내일' 시작하고 성공하는 사람은 '지금' 시작한다.

내 고객 엘리자베스(Elizabeth)는 이 책에 실린 단계를 모두 밟아 인터넷 사업을 출범시켰다. 그 과정에서 그녀는 수시로 실현 가능성 단계로 되돌아가 자기 일에 진정으로 열정을 가지고 있는지 확인했다.

회사를 창업한지 6개월 뒤 엘리자베스가 내게 전화를 했다. 그녀는 진심으로부터 우러나오는 이야기를 했다. 인터넷을 사랑하고 자기 사업을 사랑하기는 하지만 벤처기업이 체질은 아니라는 것이다. 그녀는 대기업에서 일할 때의 팀워크와 지지가 그립다고 했다. 그때는 출퇴근 시간도 일정하고 가족끼리 보낼 수 있는 시간도 보장되었다고 했다. 결국 그녀가 원하는 것은 지금 하는 일을 계속하되 사장이 아니라 직원으로 하고 싶다는 것이었다.

그녀가 내게 묻고 싶은 것은 친구와 가족들이 자기를 실패자라고 생각하지 않겠느냐는 것이었다. 나는 그 질문에 대답하는 대신 오히려 이렇게 반문했다. "창업을 하지 않았다면 인터넷에 대한 열정을 발견할 수 있었을까요?" 그녀는 "아뇨."라며 미소 지었다.

엘리자베스는 친구와 가족에게 전화를 걸어 그 소식을 전했다. 여전히 자기 열정을 추구하겠지만 방법을 달리 하겠다고. 어떻게 되었을까? 친구 중 한 명이 그녀를 한 인터넷 회사의 채용 담당자와 연결해 주었다. 엘리자베스의 경험과 열정으로 일자리를 잡을 수 있었다. 그녀는 새로운 생활에 만족하고 있다. 열정에 바탕을 둔 생활에.

3 이제 자축할 시간이다. 이 책에서 가장 중요한 단계 중 하나, 즉 여러분의 열정을 찾아내고 스스로에게 솔직해져야 하는 단계를 통과했다.

이것은 정말 대단한 일이다. 여러분은 이제 진정으로 열정에 전념하는 삶을 살게 된 것이다. 지붕 위에라도 올라가서 이렇게 외쳐 보는 건 어떨까. "내 꿈을 현실로 만들겠다!"고.

　내 고객 일부는 사랑하는 사람과 외식을 하거나, 샴페인 몇 병을 터뜨리거나, 짧은 휴가를 떠나는 것으로 실현 가능성 단계를 통과한 것을 자축한다. 여러분도 축하한다. 작은 장신구를 사거나 샴페인 병의 코르크를 간직하는 것도 여러분의 의지와 열정을 기념하는 방법이 될 것이다.

 머리말

여러분이 이 부분을 읽고 있다는 것은 계속 나아가기로 결심했다는 뜻이므로 축하드린다. 여러분은 인생 최고의 여행길에 나섰다. 마치 롤러코스터에 탄 듯 오르막과 내리막이 심하겠지만 어쨌든 앞으로 나아가고 있을 것이다.

제품설명서(product statement)란 여러분의 목표, 아이템, 그것을 마케팅할 계획을 요약한 문서를 말한다. 즉 여러분의 사업을 간략하게 묘사하고 그것이 성공을 거둘 것이라고 설명하는 것이다. 제품설명서의 목적은 지금까지 개발한 모든 것을 정리함으로써 여러분의 아이디어를 잠재적인 소비자, 투자자, 기자, 파트너와 함께 나누기 위함이다.

아직은 여러분의 아이디어를 실제 생활에 적용한 사례는 없지만 지금 당장 제품을 판매해도 좋을 정도로 정보는 충분히 쌓였다. 여러분의 아이디어에 이름을 붙이고, 고객을 정하고, 아이디어가 가져다줄 이점을 설정하고, 경쟁 제품과 비교하고, 언론과의 접촉점을 찾아내고, 심지어는 향후 닥쳐올지도 모르는 위험요소에 대한 대응전략까지 세워 두었다. 어쩌면 이미 사업에 뛰어든 사람들보다도 더 철저한 준비를 갖추고 있는지도 모른다. 그러나 사람들이 여러분의 제품과 그것이 가져다 줄 이점을 진정으로 이해할 수 있게 하려면 간단하고도 힘 있는 제품설명서가 있어야 한다.

격려의 말

항상 30초 광고를 활용한다. 이는 사업의 굳건한 토대와 소비자 기반을 구축할 수 있는 인간적이고 열정적인 방법이다.

　누군가를 처음 만날 때 약 30초 정도면 평생 가는 인상이 결정된다. 단 30초뿐이다. 따라서 첫 30초 동안 여러분이 확신과 식견을 확실히 보여주면 사람들이 주의를 기울이고 여러분의 말을 믿을 가능성이 높아진다.

　또한 사람이 어떤 메시지를 이해하고 기억하려면 적어도 다섯 번은 반복해서 들어야 하므로, 여러분의 마음에 들면서 고객들에게 깊은 인상을 심어줄 만한 단순한 메시지를 개발할 필요가 있다.

　여러분의 사업을 알리기 위해서는 몇 번이든 반복할 수 있는 간결하고도 강력한 메시지를 개발해야 한다. 나는 이 메시지를 "30초짜리 광고"라고 부른다. 이 광고를 통해 여러분의 사업이 고객에게 전달할 수 있는 이점에 관한 명료하고 일관성 있는 메시지를 전달할 수 있다. 이 광고는 여러분의 마케팅 계획의 근간이 될 수 있으니, 30초짜리 광고를 개발한 다음에는 만나는 모든 사람에게 이야기를 한다. 그들 중 누군가 여러분을 새로운 매장, 새로운 고객, 새로운 투자자에게 소개할지는 아무도 모르는 일이다.

　경고 : 매우 효과적인 30초 광고를 개발하면 사람들은 여러분이 이미 사업을 진행 중이라고 생각할 수도 있다. 어쩌면 여러분도 스스로에게 이렇게 물어볼지도 모른다. "내가 왜 아직 아무것도 안 팔고 있는 거지?"

　이는 정상적인 반응이다. 지금까지 여러분이 이뤄온 모든 것을 되돌아보고, 여러분이 그것을 이룰 수 있도록 도움을 베풀어준 사람들을 떠올려 본다. 여러분의 사업에 튼튼한 기초가 마련된 것은 그들과 여러분의 노력 덕분이므로, 조바심을 내다가 품질이 떨어지는 상품이나 서비스를 섣불리 내놓는 우는 범하지 말아야 한다. "내가 왜 아직도 아무 것도 안 팔고 있는 거지?"라는 여러분의 질문에 대한 답은 간단하다. 아직 때가 안 됐기 때문이다. 한 단계 한 단계 차근차근 밟지 않았다면 여러분은 이 자리까지 올 수 없었다. 그러니 지금까지의 성취감을 즐기는 데서 만족하고, 주변 사람들에게 여러분의 진전사항을 지속적으로 알려주고, 마침내 여러분이 무대에 나섰을 때 경쟁업체들을 날려버릴 수 있는 제품을 개발하는데 매진해야 한다.

💟 할 일 목록

1 아이디어 노트에 여러분 나름의 30초 광고를 작성한다.
　30초 광고는 50단어 내외의 짧은 설명으로 여러분의 아이템, 그것이 제공하는 이점, 대상 고객을 묘사한다. 30초 광고는 간단명료한 메시지로 강한 첫인상을 남길 수 있도록 도우며, 여러분이 특별한 혜택을 제공할 수 있는 사람이라는 것을 알리는 역할을 한다.

　사람들이 여러분을 찾고, 제품을 사도록 하기 위해 사업의 모든 것을 설명할 필요는 없다. 그들은 단지 제품이 제공하는 이점이 무엇인지만 알면 되는 것이다. 30초 광고의 목적은 사람들로 하여금 제품의 이점을 기억하고, "어디 가면 이 제품을 살 수 있지?" 또는 "이건 어떻게 했을까?"라고 묻게끔 하는데 있다. 30초 광고는 아이디어를 모든 사람이 이해할 수 있도록 쉬운 말로 효율적으로 전달해야 한다. 이것은 여러분에게 더 많은 사업기회를 창출할 수 있게 만들어 줄 것이다.

　30초 광고는 긴 시간이 아니므로 어휘 선택에 신중해야 한다. 여러분이 제품에 대해서 더 잘 알게 되고 특정 단어에 대해 사람들이 어떤 반응을 보이는지를 파악하게 되면 30초 광고도 그 만큼 발전할 것이다. 사람들이 여러분의 사업에 관해 물어보면 자기도 모르게 30초 광고로 대답을 할 정도로 곧 30초 광고는 여러분의 습관이 될 것이다.

워크시트 : 30초 광고

A. 여러분의 제품에 관한 이야기를 쓴다. 도입부는 무엇을 하는 제품인지, 중간 부분은 잠재 고객에 대한 설명, 마지막 부분은 제품의 이점(제2단계 "의도"에서 설정한 외부적 의도)에 대해 쓴다. 다음은 예문이다.

필요한 것을 빠른 시간 내에 찾아낼 수 있도록 조사형태를 정한다.

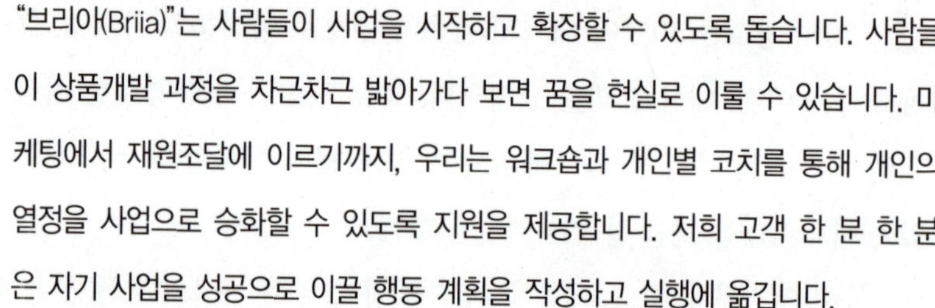

"브리아(Briia)"는 사람들이 사업을 시작하고 확장할 수 있도록 돕습니다. 사람들이 상품개발 과정을 차근차근 밟아가다 보면 꿈을 현실로 이룰 수 있습니다. 마케팅에서 재원조달에 이르기까지, 우리는 워크숍과 개인별 코치를 통해 개인의 열정을 사업으로 승화할 수 있도록 지원을 제공합니다. 저희 고객 한 분 한 분은 자기 사업을 성공으로 이끌 행동 계획을 작성하고 실행에 옮깁니다.

저희의 고객은 사업 아이디어를 가지고 있으면서 그것을 현실로 구체화하고자 하는 분들입니다. 이분들은 삶의 과도기에 있으며 시간이 그리 많지 않습니다. 따라서 이들에게는 집중적이고 유기적으로 전진할 수 있도록 실용적인 단계별 안내가 필요합니다. 이들은 벤처 사업가입니다.

모든 사람에게 여러분의 제품을 이야기해줄 수 있는 30초 광고와 설명.

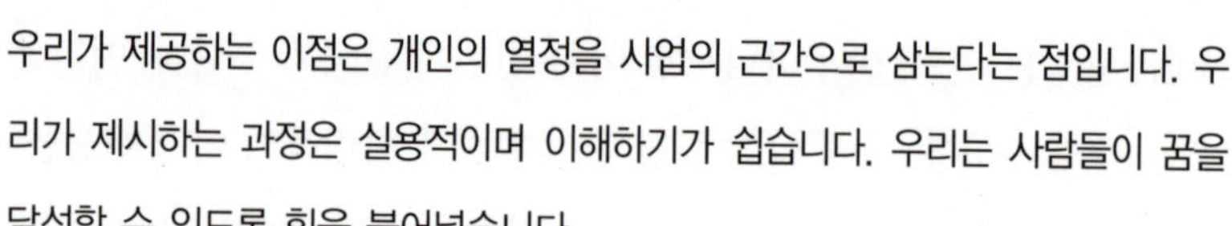

우리가 제공하는 이점은 개인의 열정을 사업의 근간으로 삼는다는 점입니다. 우리가 제시하는 과정은 실용적이며 이해하기가 쉽습니다. 우리는 사람들이 꿈을 달성할 수 있도록 힘을 불어넣습니다.

B. 이야기를 만족스럽게 다 썼으면 다시 한 번 읽어본다. 핵심단어에는 동그라미를 친다. 위의 예문에서 핵심단어는 시작, 확장, 꿈, 현실, 워크숍, 코치, 열정, 벤처 사업가, 사업, 단계별, 전진, 실용적, 행동계획, 성공 등이다.

C. 동그라미 친 핵심단어를 가지고 더 짧고 강력한 메시지를 만든다. 시끄러운 칵테일 파티에서 누군가에게 자신을 소개하듯이 각 문장을 큰 소리로 말한다. 듣는 상대가 여러분 자신과 여러분의 사업과 그 독특한 특성을 충분히 이해했다면, 그들은 여러분의 제품을 구입하거나 여러분의 사업에 대해서 물어볼 가능성이 크다.

"브리아"는 사람들이 자신만의 사업을 시작하고 확장할 수 있도록 힘을 불어넣습니다. 우리의 워크숍과 개인 코치를 통해 꿈을 현실로 바꿉니다. 우리는 벤처 사업가들이 사업의 성공을 위한 행동계획을 작성하면서 전진할 수 있도록 실용적인 단계별 과정을 제공합니다.

D. 위 문장을 재구성해서 30초 광고를 만든다. 즉 50단어 내외에 여러분의 회사, 고객을 설명하고 여러분의 사업을 경쟁업체들로부터 차별화해주는 독특한 이점을 담는다.

"브리아"는 성공을 위한 행동계획을 만들어내는 과정을 통해 벤처 사업가에게 힘을 불어넣고 단계별 안내를 하는 워크숍과 개인 코치를 제공합니다. 브리아는 사람들이 꿈을 창업으로 연결하고 이를 키울 수 있도록 돕습니다.

E. 30초 광고를 만든 다음에는 마지막 문장을 앞으로 끄집어낸다. 여러분이 제공하는 이점을 강조함으로써 잠재 고객들에게 즉각적인 영향력을 행사할 수 있다.

"브리아"는 사람들이 꿈을 창업으로 연결할 수 있도록 돕습니다. 단계별로 우리는 성공을 위한 행동계획을 만들어내는 과정을 통해 벤처 사업가에게 힘을 불

30초 광고는 고객들을 자극한다. 나의 30초 광고에 대한 일반적인 반응은 "그럼 어떻게 시작할까요?"이다. 내 고객들은 내가 자신들을 도울 수 있다는 것을 깨달았으므로 내 마케팅 노력이 훨씬 쉬워진다.

어넣고 단계별 안내를 하는 워크숍과 개인 코치를 제공합니다.

2 **30초 광고에서 정한 목표를 어떻게 달성할 것인지 정한다.**
아이디어 노트를 꺼내서 이번과 다음번의 <할 일 목록>란에 여러분의 사업을 설명하는 문서를 만들기 위해 취합했던 정보를 다시 쓴다. 여러분은 자기 열정, 제품의 속성, 경쟁업체에 대한 많은 식견을 갖게 되었다. 이제는 뒤를 돌아보며 지적 능력을 최대한 발휘하여 학습한 모든 것을 한데 통합해야 한다.

우선 사업에서 어떻게 성공할 것인지를 설정한다. 30초 광고에서 설명하는 여러분의 사업을 어떻게 달성할 것인지 설명하는 간단한 문장이라야 한다. 예를 들어, 다른 단체와 제휴할 것인지, 재능 있는 사람을 채용할 것인지, 아니면 목표 달성에 도움이 되는 기술을 채택할 것인지? 여러분의 사업을 어떻게 성공으로 이끌 것인지 설명하는 과정이다.

"브리아"는 고객들이 꿈꾸던 사업을 창업하고 확장할 수 있도록 전국의 소규모 기업에게 정보를 제공하는 경제개발 단체 및 회사와 제휴를 맺을 것입니다. 우리는 고객들이 정보에 쉽게 접근할 수 있도록 인터넷으로도 서비스를 제공할 계획입니다.

3 **제8단계 동향에 관한 차트 및 제9단계의 기회 및 위험요소에 기재된 정보를 활용하여 핵심 성공요인을 정한다.**
핵심 성공요인이란 여러분의 아이템이 성공을 거두기 위해서 반드시 갖추어야 할 단일 활동 또는 이점을 말한다(예를 들어, 크리스마스 시즌에 대비하려면 8월에는 상품이 출시되어야 하는 것처럼 출시 시기가 중요한 상품인가?).

시장에 영향을 미치는 추이 및 현재 주어진 기회와 그것을 어떻게 유리하게 활용할 것인지를 설명한다. 시류를 타면 사업을 늘릴 수가 있다. 예를 들어 사람들은 더 많은 시간을 일하느라 가족들과 떨어져 있는 시간이 많다. 그래서 가족들과 함께 일할 수 있도록 자신의 사업을 시작하고자 한다. 여기에다 컴퓨터를 통해 새로운 아이디어를 마케팅하기가 쉬워졌다는 점까지 합쳐져 지난 5년 동안 창업 건수가 크게 늘었다.

최면요법으로 사업을 시작한 케이시(Kathy)라는 고객 한 명은 30초 광고를 너무 잘 만들어서 상품을 완전히 개발도 하기 전에 몇몇 고객에게 서비스를 판매했다. 케이시가 하도 분명하고 자신 있게 말을 하다 보니 고객들은 몇 년 동안 존재해온 서비스인가 보다 하고 생각했던 것이다. 이들은 그녀의 에너지에 최면이 걸려 등록을 한 것이었다.

케이시가 도대체 어떻게 했길래? 그녀는 회사의 진행상황을 끊임없이 고객들에게 알려주었고 마침내 준비가 되었을 때 이들을 첫 고객으로 등록시켰다. 단지 사업에 관해 이야기만을 했을 뿐인데도 관심을 끌어 모았다는 사실이 그녀의 자신감과 그녀의 회사에 기적을 가져온 것이다.

4 목표를 설정한다.

여기서 목표란 정확하고 측정 가능한 특정 사업 목표를 말한다. 예를 들어 언제 회사를 열 것인지 날짜를 정하는 일이 여기 해당된다. 이렇게 목표가 세워져 있으면 전진하기가 쉽다.

조사 기간 중 발견한 다른 목표도 기록한다. 예를 들어 조사를 통해 얼마나 많은 제품을 판매할 수 있는지 감이 잡혔다면 그것도 기록한다. 여기서

명심할 것은 현실적이어야 한다는 점이며, 행동보다는 결과에 초점을 맞춤
으로써 목표를 설정해야 한다는 점이다.

"브리아"는 1990년에 소비자를 찾아갈 것입니다. 1차년도에는 150명의 고객을
대상으로 50차례의 만남을 목표로 하고 있습니다.

시장에서 유사한 제품을 찾
지 못한 경우 여러분의 제품
이 소비자의 필요를 어떻게
충족할지 설명한다.

5 여러분의 아이템과 그 환경을 분명하게 설명한다.

제품 이름과 독특한 이점으로부터 시작한다. 제8단계에서 작성한
정보센터 차트를 활용, 여러분의 제품과 경쟁제품을 비교한다. 그리고 이
제품이 어째서 성공할 수밖에 없는지 세 가지 이유로써 마무리를 한다. 문
장에는 다음과 같은 내용이 포함되어야 한다.

- 경쟁업체, 경쟁제품, 그들의 전략을 간략히 짚고 넘어갈 것(예 : 가격, 대
  상 고객, 제품판매방식, 강점 및 약점, 상품의 파급효과).
- 여러분 제품의 강점을 언급할 것. 이미 시장에 존재하는 다른 제품과
  의 차이점을 강조할 것. 경쟁업체에 대한 분석을 통해 고객이 무엇을
  원하는지를 알아낼 수 있었나? 아직 전인미답의 틈새시장은 없는가?
- 지금은 경쟁제품의 가격밖에 알 수 없으므로 그 가격을 이용해 여러
  분 제품의 가격책정 근거를 설명할 것. 실제 가격책정은 제8장 가격책
  정에서 다루게 된다.
- 포장 설명. 경쟁제품 고객의 상상력을 어떻게 사로잡을 것인지 강조.
- 마지막 문단에는 여러분의 제품이 성공을 거둘 수밖에 없는 이유 언급.

6 고객에 대해 설명한다.

제8단계 고객 차트의 정보를 활용해 여러분이 목표로 삼은 시장을
명확히 정의한다. 특히 다음 사항을 확실히 할 필요가 있다.

- 여러분의 제품을 판매할 대상이 어떤지 설명한다. 연령, 소득, 교육, 직업, 사는 곳까지 포함하고 시장 규모를 정한다. 특히 구체적으로 세분하려면 고객 프로파일을 다음과 같이 나눌 수 있다. 누가 사용할 것인가? 누가 구매 결정을 내리는가? 실제로 사는 것은 누구인가? 구매에 영향을 미치는 것은 누구인가?

- 고객이 만족하지 못하는 부분으로서 여러분의 제품이 충족해줄 부분을 설명한다. 될 수 있으면 바람직하게 묘사한다.

- 목표 시장이 새로운 제품에 대한 정보를 어떻게 얻는지 설명한다(예 : 특정 신문, 라디오, TV 프로그램 등).

- 고객으로 부적절한 대상을 목록으로 작성하고 이 특정 집단에 대해 언론 캠페인을 하지 말아야 할 이유를 적시한다. 반대로 제품 판촉에 실제적인 도움을 줄 만한 집단을 정할 수도 있다(예를 들어, 여러분이 논란의 여지가 있는 제품을 개발한 다음 그 제품의 판매금지를 요구할 만한 극단적인 집단에 보낸다면 언론 보도와 구전광고를 통해 제품 인지도를 높일 수 있다). 정도를 벗어난 것으로 비칠 수도 있지만 그 효과는 무시할 수 없다.

- 여러분의 제품을 직접적으로 사용하거나 선물(단체 활동에 참여하거나 후원하는 사람에게 주는)로 활용함으로써 이득을 얻을 수 있는 집단, 비영리 단체, 자선단체의 목록을 작성한다. 예를 들어, 비영리 단체에 5만원 이상을 기부하는 사람에게 여러분의 제품을 선물로 제공할 수 있다.

참고

특정 목표시장에 집중한다. 마케팅 및 유통에 있어 노력을 집중하는데 도움이 될 것이다.

7 제품을 어떻게 마케팅할 것인지 설명한다.

제8단계 제품, 후원, 마케팅 분야에서 얻은 정보를 이용해 마케팅 아이디어를 설명한다. 사람들은 여러분의 모든 아이디어에 관심을 가질 테니 다음 사항에 유의한다.

- 조사를 어떻게 완료했는지 설명한다(예 : 인터넷 활용, 언론매체 조사, 상품

박람회 참가, 매장 방문).

- 제품 진열에 대한 아이디어가 있으면 설명하고 제품이 관심을 끄는데 그러한 진열방식이 어떤 도움이 될지를 설명한다. 경쟁업체가 사용하는 방법과 어떤 차이가 있는지도 주목한다.
- 로고를 설명하거나 직접 그리고 제품을 상징하는 슬로건을 적는다. 로고는 제품이 어떤 일을 하는지를 그림으로 나타낸 것이므로 기억에 남을 만한 상징이 되어야 한다. 로고는 제품 홍보에서 큰 역할을 차지한다.
- 특정 시즌이 제품 판매에 영향을 미친다면 해당 시즌에 어떻게 마케팅 캠페인의 초점을 맞출 것인지 설명한다.
- 여러분이 개발한 특별한 마케팅 행사 또는 전술이 있다면 적는다.
- 목표로 삼는 언론매체의 목록을 적고 각 매체별로 여러분의 제품에 관심을 가질 것이라고 생각하는 이유를 적는다.

로고 및 기타 마케팅 자료를 최종적으로 정할 때는 디자인 전공학생 또는 그래픽 아티스트와 함께 일하는 것이 좋다.

8 여러분의 제품 판매를 담당할 가능성이 있는 소매업자를 적는다.

제8단계 정보센터 중 소매 분야에서 얻은 정보를 활용, 소매 매장 후보지를 설명한다. 다음의 정보를 포함해야 한다.

- 여러분이 접근할 모든 전통적 소매매장
- 여러분이 접근할 모든 비전통적 소매매장
- 여러분이 접근할 모든 특수 소매매장

9 여러분이 제품을 팔기 위해 접근할 유통업체와 대리점이 있으면 언급한다.

제8단계 정보센터 중 유통 분야에서 얻은 정보를 사용해 여러분이 활용할 만한 유통업체와 대리점에 대해 설명한다. 설명에는 다음 사항이 포함되어야 한다.

- 여러분이 같이 일하고자 하는 유통업체. 담당구역, 판매 수수료율, 독점 판매 여부.
- 여러분이 같이 일하고자 하는 대리점. 담당구역, 판매 수수료율, 독점 판매 여부.
- 직접 유통 계획

샘플

 머리말

여러분의 제품과 목표를 글로써 설명하는 단계를 마쳤다. 이제는 아이디어를 샘플로 개발해야 할 시간이다. 이 과정은 지금까지 만들어본 것 가운데 가장 신바람 나는 과정이 될 것이다. 모쪼록 즐거운 마음으로 일하기 바란다.

이 시점에서도 무비용 또는 최저비용으로 제품에 변경을 가할 수 있다. 샘플을 만들면 여러분의 제품이 잘 팔릴지를 예상할 수 있다. 샘플을 사람들에게 보여주고 그들의 의견에 귀를 기울이고 필요한 경우 수정을 가함으로써 아이디어를 시험해 볼 수 있다.

상상력을 발휘하여 아이템을 대표할 만한 것을 개발한다. 개발하고 있는 것이 새로운 제품이라면 샘플을 만드는 것이고, 서비스라면 여러분의 서비스와 그 서비스가 제공하는 이점을 설명하는 안내책자를 제작한다. 새로운 식당을 열 생각이라면 첫 메뉴를 만들고, 웹사이트를 개발 중이라면 각 페이지가 어떤 모습일지 스케치를 해본다. 매장을 열 계획이라면 플로어에 상품을 어떻게 진열할 것인지 그림을 그려본다.

샘플는 마케팅 도구이다. 잠재적 투자자, 매장 주인, 유통업체에게 그것을 보여주고 반응을 측정할 수 있다. 이들은 시장과 고객을 잘 아는 전문가이므로 이들의 말에 잘 귀 기울여야 한다.

격려의 말

사람들의 의견을 물어본다. 모든 사람은 독특한 생각을 가지고 있고, 누구의 아이디어가 여러분의 아이디어를 개선할 수 있을지는 아무도 모른다.

사람들은 여러분의 아이디어를 어떻게 개선할 수 있을지 늘 제안을 한다. 여러분의 제품이 시장에 나온 지 여러 해가 지났다 해도 개선의 여지는 있게 마련이다(조지 루카스는 나온 지 20년 된 영화 "스타워즈"를 고쳐 더 큰 성공을 거두었다).

여러분이 샘플을 개발할 수 있도록 도와달라고 주변에 요청한다. 대학생, 목수, 건축업자 또는 가족으로부터 비싸지 않게 도움을 얻을 수 있다.

아이디어를 가시적인 형태로 바꾼다.

✔ 할 일 목록

1 최선을 다해 제품과 그 구성요소를 직접 또는 친구를 시켜 그린다.
여러분은 그 제품을 발명한 사람이므로 아이디어를 여러분보다 더 잘 설명할 수 있는 사람은 없다. 그러니 최선을 다한다. 결과를 보면 즐거운 놀라움을 느끼지 않을 수 없을 것이다. 크기, 색깔, 재료 정보를 포함하고 설명체를 활용한다.

여러분이 개발하고 있는 것이 서비스라면 여러분의 사업과 제공하는 서비스를 설명하는 마케팅 자료(안내책자 초안)를 제작한다. 예를 들어 회계법인을 창업하려는 경우 30초 광고를 발판으로 삼아 여러분의 회사, 여러분이 제공하는 서비스, 수수료 체계를 설명하는 안내책자를 만드는 것이다. 시각적인 매력을 더할 수 있도록 그래픽이나 의장을 포함해도 좋다.

2 제품의 간단한 샘플을 만든다.
샘플은 여러분의 아이디어를 구체화한다. 눈에 보이는 현실이 되는 것이다. 이는 다른 사람들이 여러분의 제품과 그것이 제공하는 이점을 이해하는데 도움이 되므로 가능한 한 많은 실제 자료를 활용한다.

실제로 제품을 만들 재료로 샘플을 만들 수 없을 때는 잠깐 멈추고 브레인스토밍을 해보자. 친구에게 전화를 하거나 공예품점, 도자기 매장, 제조 공장을 방문해 도움을 요청한다. 창조적인 해결책을 찾을 수 있을 것이다.

포장은 제품 판촉에 있어 핵심적인 부분이다. 포장은 소비자에게 첫인상을 심어주며, 여러분이 없는 자리에서는 여러분을 대신하는 역할을 한다. 따라서 포장만 보고도 제품을 사고 싶은 마음이 들도록 해야 한다.

효과적인 포장을 위해서는 다음 사항에 유념한다.

앞의 단계에서 추출한 아이디어에 기초하여 포장을 개발한다. 때로는 단순함이 최고의 미덕일 경우가 있다. 포장을 통해 여러분의 제품이 제공하는 이점을 사람들에게 어필하도록 한다. 뭐하는 제품인지, 어떤 이점을 제공하는지를 사람들이 모른다면 아무도 물건을 사려 들지 않을 것이다. 30초 광고의 열정과 정신을 포장에도 적용한다.

다른 제품에 사용된 포장을 조사한다. 거기 쓰인 아이디어가 법적 보호를 받는 것이 아니라면(포장은 법적 보호를 받지 않는 경우가 대부분이다.) 마음에 드는 아이디어를 제품 포장에 응용하는 것을 고려해본다. 그 아이디어를 여러분 나름의 것으로 만들어 시장에서 제품이 두드러지도록 만든다.

전문적인 그래픽 아티스트나 상품 디자인 전공자에게 최종 포장 디자인을 맡긴다. 이들이 사람들의 마음을 끌도록 마무리 작업을 해줄 것이다. 제품이 아니라 서비스라면 여러분의 사업이 제공하는 서비스를 설명하는 메뉴라거나 안내책자, 카탈로그 등이 가장 중요한 포장이 된다. 여러분이 직접 실시한 조사결과와 다른 회사의 마케팅 자료를 활용하여 여러분만의 자료를 개발한다. 그런 다음 그래픽 전문가를 고용해 마무리 작업을 한다. 자료에 포함해야 할 중요한 정보로는 여러분의 회사 이름, 슬로건, 30초 광고에 기초한 회사 및 제품에 대한 간략한 설명(제11단계 제품설명서), 여러분의 배경, 여러분의 회사를 좋아하는 사람들의 증언 등이 있다.

내 고객인 크리스(Chris)는 자기가 개발하던 동물 캐릭터의 샘플을 만들고자 했다. 문제는 크리스가 평생 바느질을 해본 적이 없어서 바느질로 동물 한 마리를 만들어내야 한다는 생각에 겁을 잔뜩 먹고 있었다. 그가 찾아낸 해결책은? 쇼핑을 가는 것이었다.

크리스는 옷 가게에 가서 도움을 구했지만 이들의 서비스는 너무 비쌌다. 취미 용품점에서 마스크를 만드는 연장을 발견했지만 정확히 그에게 필요한 것이 아니었다. 답은 공예품점에 있었다. 그가 상상하던 동물의 몸체 도안을 찾을 수 있었던 것이다. 그러나 머리를 어떻게 해야 할지는 전혀 아이디어가 떠오르지 않았다.

그는 거리를 걸어가다가 철물점에 이르렀다. 그가 점원에게 도움을 구하자 점원은 어깨를 으쓱해 보이더니 꽃 가게로 가보라고 제안했다. 크리스는 꽃가게가 무슨 도움이 되겠나 싶었지만 주변사람들의 말에 귀를 기울여야 한다는 원칙을 기억하고 그대로 따르기로 했다.

꽃 가게에서 그는 다시 한 번 도움을 청했다. 점원은 그의 설명을 잠자코 듣더니 주변을 둘러보고는 쇠로 된 화분과 철사로 머리를 만드는 것이 어떻겠냐고 제안을 했다. 그런 다음에는 가짜 털과 눈을 철사에 직접 붙이라는 것이었다. 크리스는 약간의 인내심과 상상력이 넘치는 제안 덕분에 자기 제품의 샘플을 만들 수 있었다. 크리스는 무언가를 창조해야 할 때 주변의 도움을 구하면 성공할 수 있다는 것을 배웠다.

참고

내용물보다 포장이 더 중요한 경우가 많다. 여러분의 제품이 제공하는 장점을 잘 전달하도록 포장한다.

3 샘플을 개발하여 마케팅 도구로 사용한다.

친구나 매장주인을 비롯하여 여러분의 아이디어를 상품화할 수 있도록 도울 수 있는 주변 사람들에게 보여줌으로써 제품을 시험해본다. 이들에게 조언을 구하고 제품을 개선하는 데 도움이 될 만한 아이디어는 적극 채택한다. 사람들의 피드백에 귀 기울인다.

누군가 여러분의 제품을 개선할 수 있는 훌륭한 제안을 내놓고 여러분도 그 제안에 동의할 경우 이 제안을 새로운 샘플에 적용한다. 여러분이 "진짜"에 가깝게 만들수록 성공 가능성은 커진다. 이 과정을 가능한 한 여러 차례 반복한다. 샘플을 많이 시험해 볼수록 품질은 더 좋아진다. 중요한 것은, 아직까지도 많은 금액을 투자하기 전에 제품에 수정을 가할 여지가 충분하다는 점이다.

친구의 범위를 벗어난 낯선 사람에게 샘플을 보여줄 때는 제4장 아이디어 보호를 먼저 읽는 것이 좋다.

아이디어 보호

예상치 못한 결과 때문에 고통 받는 것보다는 미연에 방지하는 것이
훨씬 쉽다. 예방이 치료보다 훨씬 낫다.
이 장에서는 여러분의 제품을 보호하기 위해 취할 수 있는 조치에 대해
알아본다. 나는 이 과정을 안전벨트를 매는 것에 비유한다.
여러분이 제품을 개발하는 과정에서 스트레스를 줄이고
일종의 보험 역할을 할 것이다.

아이디어를 보호할 것

# 머리말

누구나 평생 한 번쯤은 위대한 아이디어를 떠올린다. 지금은 여러분이 바로 그런 사람이다. 이 책의 안내를 따라가면서 창업이라는 놀라운 발견이, "아, 그렇구나!" 하는 감탄사의 연속이라는 것을 벌써 깨달은 독자도 있을지 모르겠다. 창업만큼 예측 못한 일이 많이 일어나는 것도 없다. 한 과정이라도 순조롭게 진행되면 좀 좋을까?

아이디어를 보호하기 위해 취해야 할 행동은 세 가지이다. 이들은 너무나 평범해서 어떤 이들은 따분하다고 할지도 모르겠다. 하지만 지금쯤이면 여러분도 약간의 휴식을 취해도 좋을 때이다. 이 장에서는 아이디어를 보호하기 위한 구체적인 조치들을 설명한다.

어떤 아이디어든 100% 보호하기란 매우 어려운 일이다. 사람들이 여러분의 아이디어를 베끼거나 훔쳐가는 일을 억제할 만한 방법은 있지만 애당초 그런 일이 발생하는 것 자체를 막는 방법은 없다. 아무리 적절한 보호조치를 취한다 해도 결국은 법원으로 가야 하는 경우가 허다하다. 이 단계에서 소개하는 내용은 보험이라고 생각하면 된다. 덕분에 여러분은 게임에서 한 발 앞서 갈 수 있을 것이며, 사법기관을 여러분의 편으로 만들어줄 것이다.

기억할 것은 보험이란 무언가 나쁜 일이 반드시 일어나리라는 뜻은 아니며, 단지 여러분이 필요로 할 때 도움을 준다는 점이다. 이번 장에서는 아이디어를 보호하는 세 가지 주요 방법 즉 제13-A단계 저작권, 제13-B단계 상표권, 제13-C단계 특허권을 소개한다.

이 아이디어 보호 과정은 매우 복잡하게 보일 수 있다. 여러분의 걱정을 덜기 위해, 저작권, 상표권, 특허권에 대한 소개를 하기 전에 먼저 아이디어 보호에 대한 제안을 몇 가지 하기로 한다. 알기 쉬운 말로 돼 있는 질문과 대답을 따라가다 보면 본격적인 공부를 하기 전에 개념을 익힐 수 있을 것이다.

특정 아이템이 나의 독창적인 아이디어이며 나의 독점적 소유라는 것을 입증하기 위해 취해야 할 예방조치는?

- 아이디어 노트를 그때그때 업데이트한다. 참석했던 회의의 날짜, 참석자, 토의사항, 결정사항 등을 기록한다. 아이디어 노트는 필요한 경우 재판에서 증거로 사용될 수 있는 효력이 있다. 아직 그렇게 하지 않았다면 아이디어 노트 표지에 여러분의 이름을 적고 기재하는 정보에 날짜를 적는다.

- 보호가 필요하다고 판단되는 자료(예 : 아이템의 이름 또는 제11단계 제품설명서의 30초 광고)를 개발했을 경우 자료를 큰 봉투에 넣어 봉인에 서명하고 여러분 자신에게 우편으로 보낸다. 우편을 받고 나서는 개봉하지 않는다. 우체국의 소인이 자료를 만든 날을 입증해준다. 이 방법은 특허권(제13-C단계)보다는 저작권(제13-A단계)을 보호 받고자 하는 자료에 적합하다.

- 지금쯤이면 여러분은 주변 사람들에게 여러분이 아는 모든 것을 다 이야기했을 텐데 이는 잘된 일이다. 여러분이 신뢰하는 이들(여러분이 열정만 앞세우고 두서없이 얘기하더라도 몇 번이고 되풀이해서 들어줄 수 있는 사

기분이 가라앉을 때마다 아이디어 노트를 들춰보면서 지금까지 이루어 온 것을 본다. 여러분이 실시한 모든 조사, 창출해낸 아이디어, 사업 아이디어를 개발하는 데 도움을 준 모든 사람들을 본다. 그들은 여전히 여러분에게 도움과 지원을 베풀 준비가 되어 있다.

람들)에게 시시콜콜히 다 얘기하는 것이 좋다. 단, 그 범위를 벗어난 사람들에게 자세한 내용을 이야기할 때는 주의해야 한다. 아이디어를 어떻게 실행에 옮길지 세부사항은 혼자만 알고 있도록 한다. 그럼 사람들에게는 아이디어에 관한 어떤 이야기를 해야 할까? "무슨 제품이고 고객에게 어떤 이점을 줄 것인지" 정도의 기초적인 사항만 이야기한다. 이들에게 알려줄 필요가 있는 것은 제11단계에서 만든 제품설명서에 다 들어 있다. 이 단계에서 제품을 개발하고 제조하고 판매하는 과정까지 알려줄 필요는 없다.

- 샘플이나 계획서를 보낼 때는 반드시 특정 수취인(예 : 투자자, 소매업자, 법률 사무소 등)이 받는지를 확인할 수 있는 등기우편으로 보낸다. 특히 누군가 "아, 그거요? 못 받았는데? 중간에 분실됐나 보죠." 이런 말을 할 때 대비해서 우편물의 위치를 추적하는 데 도움이 된다. 등기우편 영수증은 여러분이 보낸 자료를 상대방이 받았음을 입증하는 증거가 된다.

- 중요하다고 판단되는 모든 자료(제임스 본드 같으면 '포 유어 아이즈 온리 <For Your Eyes Only>' 라고 할 만한 자료들)에는 기밀이라는 내용을 알리는 스탬프를 찍는다. 기밀이라는 딱지가 붙어 있는 자료는 해당 정보가 여러분만의 것이며 다른 사람들과 공유하는 것이 아니라는 점을 알려준다. 다음과 같은 문구를 생각해 볼 수 있으며 각자 여건에 맞게 수정해서 쓴다. "경고 : 이 자료는 기밀이며 [여러분의 회사 이름]의 고유 재산이므로 사전 서면승인 없이는 복제 또는 배포할 수 없습니다."

- 기밀유지계약서를 만들어서 그들에게 여러분의 아이템에 대해 이야기하기 전에 서명을 받는다. 이 계약서는 자신의 아이디어를 보호하겠다는 여러분의 의지를 그들에게 보여주는 한편 나중에 법적 행동이 필요할 경우 증거문서로 활용할 수 있다. 기밀유지계약서 견본은 뒤에

첨부했다. 다른 견본양식들은 인터넷 또는 다른 책에서 구할 수 있을
것이다.

저작권이란?

저작권은 "고정"(즉 문서, 그림, 공연) 형식의 독창적 작업물에 붙는 권리로,
대개 미술, 음악, 문학 작품에 부여된다. 여러분의 머리 속에 있는 아이디어
는 보호 받을 수 없으므로 아이디어를 떠올리면 바로 글로 적는다. 그러면
"고정" 형식이 된 것이다. 일단 여러분의 아이디어를 고정 형식으로 만들면
여러분이 소유할 수 있으며 이 권리는 여러분의 사후 50년 동안 보호를 받
는다.

제13-A단계에서는 저작권을 더 자세히 설명했다. 저작권을 부여 받을
수 있는 항목으로는 소설, 설명서, 원고, 그림, 컴퓨터 프로그램, 음악, 광고,
제도, 사진 등이 있다.

참고

우리나라에서는 저작권, 상
표권, 특허권 등 아이디어
의 보호를 등록주의원칙에
따르고 있다. 하지만 미국
에서는 발생주의 원칙을 따
르고 있다. 따라서 본문의
뉘앙스가 약간 차이가 있음
을 밝혀둔다. 하지만 아이
디어 보호의 중요성만은 변
함이 없다.

상표 또는 직무표장이란?

상표는 단어, 문구, 심벌, 의장 등 여러분의 고객이 여러분의 회사 또는 제
품과 밀접한 관련이 있다고 생각하는 항목을 보호하기 위한 것으로서 상품
이름, 슬로건, 로고 등이 여기 포함된다. 직무표장은 문구, 심벌 등을 가리킨
다는 점에서는 상표와 같으나 상품보다는 서비스를 대표하는 항목을 보호
한다는 점에서 차이가 있다. 여러분이 판매하는 상품 또는 여러분이 제공하
는 서비스에서 최초로 사용함으로써 여러분은 상표 또는 직무표장의 주인
이 될 수 있다. 상표 또는 직무표장에 대한 보호는 여러분이 상품이나 서비
스 판촉을 위해 사용하고 10년에 한 번씩 유지 수수료를 납부함으로써 등
록을 유지하는 한 영구적이다.

제13-B단계에서는 상표권에 대해 더 자세히 설명했다. 상표로 등록할

수 있는 항목은 문자 슬로건, 음악 슬로건, 로고, 제품 이름 등이 있다.

특허란?

특허는 새로운 공정, 새로운 화학공식, 새로운 제조공정의 발명 또는 기존 공정을 개선하는 설계에 부여하는 권리이다. 이 발명은 "독창적"(같은 사업계열에 종사하는 다른 사람이 생각하지 못한)이어야 한다. 아이디어, 제안, 사업방식은 특허 보호대상이 아니다. 특허권은 최장 20년까지 보호 받을 수 있으므로 경쟁을 제한한다.

제13-C단계에는 특허를 자세히 설명했다. 특허를 낼 수 있는 경우는 새로운 마이크로칩 개발방식, 개선된 의료장비, 새로운 컴퓨터 키보드 디자인 등이 있을 수 있다.

특허 변호사 등으로부터 법률적 자문을 얻는 것이 바람직하다. 지역 상공회의소 또는 중소기업개발기관 아니면 다른 중소기업 경영자로부터 추천 특허 변호사 명단을 구할 수 있을 것이다.

NONDISCLOSURE AGREEMENT | ## 기밀유지계약서

당사자 [여러분 이름] 및 [상대방 이름]

이 계약은 [   ] 소재 [여러분 회사 이름](이하 "정보제공자")와 [   ] 소재 [상대 회사 이름] 간에 [   ]년 [ ]월 [ ]일자로 체결한다.

당사자들은 [여러분의 제품]과 관련한 논의 및 분석을 실시한다. 논의를 활성화하기 위한 목적으로 일부 기밀 정보 및 고유 정보가 노출될 수 있다.

이에 당사자들은 다음 사항에 합의한다.

1. "고유정보"라 함은 정보제공자가 소유한 정보로서 일반인에게 알려지지 않은 정보를 말하며, 정보제공자가 무단공개로부터 보호하고자 하는 정보를 말한다. 당사자들은 정보제공자가 고유정보로 명시한 정보만을 고유정보로 간주한다.

2. 이 계약에 의거 정보제공자의 고유정보로서 보호를 받고 [상대 회사]에 제공되는 모든 정보는 제공시점에 서면 또는 기타 실체적인 방식으로 '고유' 또는 '기밀' 등의 문구를 눈에 띄는 곳에 표시해야 한다.

3. 다음과 같은 정보의 경우 고유정보로 지정되었다 해도 이 계약에 의거하여 [상대 회사]에 부과하는 의무를 적용하지 아니한다.

a. [상대 회사]가 이 계약을 위반하지 않았는데도 정보가 일반에 공개된 정보

b. [상대 회사]가 이미 보유하고 있으며 당사자 간의 기존 기밀유지계약서에 적용을 받지 않는 정보

c. 이 계약의 제한을 받거나 이 계약을 위반하지 않는 범위 내에서 제3자로부터 입수한 정보

d. [상대 회사]가 직접 개발한 정보로서 기록으로 입증할 수 있는 정보

e. 법원, 정부기관, 정치적 단체의 적법한 명령에 의해 공개하는 정보

4. 이 계약은 위에 명시한 날짜로부터 효력을 발휘하며 그로부터 24개월 동안 유효하다. 단 그 전이라도 당사자 간의 서면통보로써 계약을 해지할 수 있다.

5. 이 계약은 국내 법률의 적용을 받는다.

[여러분 회사]	[상대 회사]
서 명:	서 명:
성 명:	성 명:
직 위:	직 위:
날 짜:	날 짜:

저작권

 ## 머리말

저작권은 독창적인 저작물을 보호하는 것으로서 시각예술(제도, 회화, 조각), 시청각 저작물(비디오, 영화, TV), 음악, 문서 저작물(광고, 설명서, 소설, 논픽션, 시), 연극, 컴퓨터 프로그램, 안무, 건축 등을 포함한다. 출판 여부를 불문하고 보호 대상이 된다.

저작권은 저작 과정의 산물이다. 이 말은 예술작품의 경우 저작자가 창조하는 순간 소유권이 그 사람에게 귀속된다는 뜻이다. 여러분이 무엇을 쓰든, 그리든, 영화로 만들든, 그건 여러분의 것이다. 저작권을 보유하기 위해 '저작권심의조정위원회' (www.copyright.or.kr)에 등록할 필요가 있다. 단, 다른 누군가가 상업적인 목적으로 여러분의 아이디어를 도용할 경우 독창적인 아이디어라는 것을 입증해야 한다.

저작권은 "맹세코 다른 사람에게 소유권이 있다는 것을 몰랐단 말입니다!" 라는 변명("선의의 권리침해")의 기회를 원천봉쇄한다. 저작권은 저작자인 여러분에게 다음과 같은 행위를 할 독점적 권리를 부여한다.

- 저작권이 부여된 저작물에서 파생된 저작물 창작

  (예 : 소설로부터 영화 제작)

- 저작물의 사본을 일반에 배포하고 판매

- 저작물을 공공장소에서 전시 또는 공연

격려의 말

여러분이 창작한 모든 항목에 적절한 저작권 표시를 한다. 이는 여러분의 저작물을 보호하겠다는 여러분의 의지를 사람들에게 보여주는 것이다.

- 그러한 권리를 팔거나 사용권 허가
- 소유권자로 인정받음으로써 사람들이 여러분에게 연락을 용이하게 함

저작권 등록에는 많은 돈이 들지 않지만 여러분의 독창적인 아이디어를 보호하는 훌륭한 수단이다. 저작권을 등록하면 다음과 같은 이점이 있다.

- 여러분의 저작권 주장에 대해 공적인 기록을 남길 수 있다.
- 여러분이 예술작품의 진정한 소유자라는 사실을 입증한다.

저작권 기간

저작물은 창작 시점으로부터 저작자가 살아 있는 동안 평생 지속되며, 저작자 사후에도 50년 동안 더 지속된다. 2인 이상의 공동저작인 경우 나중에 사망한 저작자의 사후 50년 동안 저작권의 보호를 받는다.

국제 저작권 보호

전 세계에서 저작자의 저작물을 자동적으로 보호해주는 국제 저작권 같은 것은 없다. 일부 국가에서는 저작권을 인정해 주지만 특정 국가에서 무단 사용으로부터 보호는 전적으로 해당 국가의 법률에 달려 있다.

할 일 목록

1 아이디어 노트 한 페이지에 "저작권"이라는 이름을 붙이고 저작권을 부여할 수 있는 모든 자료의 목록을 만든다.

아이디어를 유형의 자료로 만들 때는(예 : 이야기를 쓰거나 광고문안 작성) 출판하지 않더라도 저작권법에 의해 즉시 보호를 받는다. 이 단계는 심리적인

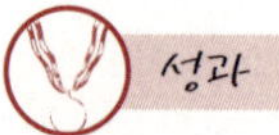
목표

언제 어떻게 저작권을 활용하는지를 이해한다.

성과

여러분 제품의 저작권 보호.

든든함을 제공하는 동시에 저작권으로 공식적인 보호를 받아야 할 품목이 있는지를 결정할 수 있도록 돕는 단계이다. 여기 포함할 수 있는 품목으로는 여러분이 작성한 제품설명서, 광고문안, 사용 설명서 등이 있다.

2. 여러분의 저작물을 보호하는 데 우체국을 활용한다.

앞에서 이야기했듯이 자료의 사본을 만든 다음 사본을 봉투에 넣고 봉인에 서명하고 여러분 자신에게 우편으로 보낸다. 제품설명서 및 기타 여러분에게 비교 우위를 줄 수 있는 자료를 포함한다. 자료가 우편으로 도착하면 개봉하면 안 된다.

우체국에서는 봉투에 소인을 찍는데, 이 소인이 여러분의 아이템이 존재하게 된 날짜를 법률적으로 입증해준다(아이디어 노트에 기록한 날짜까지 있으면 더 확실하다). 누군가 여러분의 아이디어를 베끼는 상황이 발생해 여러분이 소송을 제기하기로 한 경우 제품을 개발한 날짜에 대한 증거로 이 봉투를 법정에 가져가면 된다.

무언가를 "간행"하려면 여러분의 저작물 사본을 일반에 양도하거나 판매해야 한다. 판매, 리스, 렌탈, 소유권 양도 등을 통해 주인이 바뀌어야 한다.

3. 저작권 보호의 대상이 되는 모든 저작물에 저작권 표시를 붙인다.

"저작권"이라는 낱말 및 기호(ⓒ)를 부착할 것을 강력히 권한다. 여러분의 저작물이 저작권의 보호를 받는다는 점과 여러분이 저작권 소유자라는 점, 창작년도 등을 일반에 알릴 수 있기 때문이다. 저작권 표시를 사용하는 것은 저작권 소유자로서 여러분의 책임이며 특허청으로부터 사전승인은 필요 없다.

간행물의 경우 저작권이라는 낱말(또는 기호 ⓒ), 현재연도, 여러분의 이름 또는 회사 이름을 표시한다. 예를 들어 Copyright 2002 John Doe하는 식으로.

비 간행물의 경우에는 저작권 기호 앞에 "비 간행 저작물"이라는 어구를

삽입한다. 예를 들면 Unpublished work, Copyright 2002 John Doe 이렇게
쓴다.

4 공식적으로 저작권 보호가 필요하다고 여겨지는 자료를 등록하
려면 정부가 정한 저작권 등록 절차(예 : 양식, 신청 수수료, 저작물 사
본)에 따른다.

　필요한 양식은 '저작권 심의 위원회'를 방문, 전화 또는 인터넷을 통해
구할 수 있다. 대개는 여러분이나 다른 사람들이 사용함으로써 돈을 벌 수
있는 저작물에 대해 저작권을 설정한다. 이런 저작물에는 영화 대본, 책, 컴
퓨터 코드 등 전매가 가능한 자료가 포함되며, 안내책자나 30초 광고처럼
상품이나 서비스를 판매하기 위해 사용하는 자료는 시간이 지나면서 바뀔
수도 있으므로 공식적으로 등록할 필요는 없다.

— 상표권

 머리말

상표권은 여러분의 제품을 다른 제품과 구분해주며 제품과 여러분의 회사와의 연계성을 나타내는 로고, 이름, 슬로건 등의 항목을 보호한다. 상표권은 다른 사람들이 유사한 제품을 만들어 다른 이름으로 판매하는 행위를 막는 것이 아니다.

상표권은 소비자들이 한 브랜드와 다른 브랜드를 혼동하지 않도록 하는 것이 목적이다. 여러분이 "맥애플파이"를 구입할 경우 당연히 이 제품이 "맥도날드"에서 나온 제품이라고 생각한다. 따라서 맥도날드는 누군가 회사 또는 제품 이름에 "맥"이라는 단어를 사용할 경우 소송을 제기할 수 있다. 그렇다고 해서 항상 이긴다는 것은 아니지만 밀접한 관련성은 있으므로 소송을 제기하는 것이 가능하다.

상표권은 "최초 등록"의 법칙을 따른다. 다시 말하자면 전국적으로 상표권을 인정받기 위해 상표 또는 직무표장을 등록해야 한다는 말이다. 상표를 등록함으로써 여러분은 제3자가 여러분의 상표를 사용할 때 소송을 제기할 권리를 갖게 된다. 반대로 여러분이 다른 사람의 상표권을 침해했다는 주장을 누군가 제기할 경우 여러분의 상표가 등록되어 있다면 법정에서 도움이 된다.

여러분이 상표를 상품 및 서비스를 증명하는 데 사용하고 등록을 갱신하

격려의 말

어떤 경우이든 상표권으로 보호받을 수 있는 항목을 언제 사용하기 시작했는지 기록한다.

참고

조사에 도움이 필요하거나 문의사항이 있을 경우에는 특허청으로 문의하면 된다.

는 한 상표권은 영구적이다. 적절한 상표를 활용함으로써 여러분의 사업을 보호해야 한다.

 할 일 목록

상표권을 언제 어떻게 취득 해야 하는지 이해한다.

1 아이디어 노트 한 페이지에 "상표권"이라는 제목을 달고 상표를 등록해야 할 것으로 판단되는 항목을 적는다.

여러분이 만든 자료들을 보고 상표를 등록할 항목을 정한다. 이 목록을 만들면 여러분의 부모님, 또는 친구들이 "그래, 상표 등록은 했니?"라고 물을 때 대답하기도 좋다. 그러니 지금 당장 상표를 등록한다. 상표 등록의 대상이 되는 항목은 이름, 슬로건, 로고 등이다.

여러분 제품의 슬로건 및 도상기호(아이콘)를 상표권으로 보호.

2 상표를 사용할 수 있는 다양한 방법을 적는다(예 : 레터헤드, 포장, TV 광고 등).

각 항목을 어떻게 활용할 것인지를 적다 보면 여러분의 사업이 일반의 눈에 어떻게 비쳐지는지, 즉 여러분의 정체성을 확인할 수 있다. 여러분은 슬로건이 필요 없다거나 로고를 바꿔야겠다는 결정을 내릴 수 있다. 여러 장소에서 상표를 사용할 경우 일반인들은 그것을 여러분의 상표로 인식하기 시작할 것이고 그때가 되면 상표 등록의 필요성을 느낄 것이다.

민감한 자료는 반송주소를 기입해서 확실히 도착하도록 등기우편으로 보낸다. 기록을 위해 영수증을 보관한다.

3 상표기호(trademark)를 활용함으로써 개발 중인 상표를 보호한다.

상표기호(TM)는 특정 단어, 문구 또는 로고가 여러분의 것임을 사람들에게 보여준다. 즉 경고를 발한다. 기억할 것은 상표를 등록하고 난 뒤라야 여러분의 소유가 된다는 점이다. 상표를 등록하고 난 다음에는 상표 뒤에 등록상표 기호(Ⓡ, reg, TM)를 붙인다.

4 상표등록에 관한 사항은 '특허청'(www.kipo.go.kr)으로 문의하면 자세히 알려준다.

5 상표를 등록할 필요가 있다고 판단되는 항목을 등록한다.
상표 등록은 쉽고 저렴하면서도 큰 가치가 있으므로 해두는 것이 좋다. 여러분이 상표 등록을 고려하고 있는 항목에 대해서는 특허청 심사1국상담원과 상담을 통해 조언을 얻을 수 있다. 상표를 등록하려면 특허청에 연락해 필요한 서류를 알아보고 작성해서 송부한다.

특허청에서는 상표권을 부여할 때 소비자에게 혼동의 여지가 없는지를 판단한다. 이때 주안점을 두는 분야는 여러 마크 간의 유사성 및 해당 마크로 구분하는 제품 및 서비스 간의 관계이다. 이는 동일한 제품 범주 안에서 경쟁하지 않는 기업들은 동일한 이름으로 상표권을 신청할 수 있다는 뜻이다. 예를 들자면 같은 지역에서 "아이디"라는 녹음스튜디오와 "아이디"라는 커피숍이 있을 수 있다.

 ## 머리말

격려의 말

특허를 획득하기로 했으면 제대로 해야 한다. 서류 준비를 완벽히 했는지 확인할 수 있도록 등록된 변리사 또는 변호사와 함께 일한다.

목표

언제 어떻게 특허를 등록할 것인지 이해한다.

특허란 발명자와 정부 간의 법적 계약과도 같다. 발명자는 생활 방식을 개선하기 위한 목적으로 자신의 발명품을 일반에게 공개하고, 이에 대한 대가로서 정부는 특정 기간 동안 해당 발명품을 판매하거나 타인이 사용하게 할 수 있는 독점적 권리를 부여한다. 이 특정 기간 중 발명자는 원하는 만큼의 수수료를 부과할 수 있으므로 개발비용을 회수하는 데 도움이 된다.

특허는 특정 분야에 관련된 사람들이 해당 분야를 바라보는 시각을 바꿀 수 있는 "구체적"(즉 존재하는) 발견만을 보호한다. 따라서 아이디어, 제안, 사업수행방식 등은 특허 대상이 되지 못한다.

특허를 등록하기 위해서는 변호사 또는 변리사를 활용할 것을 적극 권한다. 특허 출원은 매우 복잡한 과정이며 정부에서 특허를 받으려면 해당 분야에서만 쓰는 용어를 알아야 하기 때문이다. 그리고 이왕이면 한 번 만에 성공하기 위해서라도 전문가를 통하는 것이 바람직하다. 특허 출원서만 읽고도 읽는 사람이 쉽게 과정을 재현하거나 발명품을 제작할 수 있도록 매우 자세하게 써야 한다. 특허기간이 만료되면 다른 사람들도 여러분의 아이템을 복제해서 판매할 수 있다(예 : generic forms of drugs : 상표 보호를 받지 않는 약)

특허는 특정 품목을 제조 또는 생산할 수 있는 권리, 해당 품목의 생산, 사용, 판매를 금지할 수 있는 권리를 부여한다. 특허는 실용신안권, 의장권,

156

상표권 이렇게 세 가지로 나뉜다.

실용신안권이란 "기능적" 속성으로서 특허가 부여된 이후 10년간 유효하다. 실용신안특허는 유용한 발명으로서 다음 다섯 가지 분류 가운데 하나에 해당되어야 한다. 공정, 기계, 제조, 물질의 구성, 기존 제품의 개선. 단 여기서 기존 제품은 앞의 분류에 해당해야 한다.

의장은 "외양"을 보호하는 것으로서 특허가 부여된 날로부터 10년 동안 유효하다. 의장권은 기능과 관련이 없지만(즉 기계적인 부분과 무관하지만) 제조 상품의 일부로서 혁신적인 디자인 발명에 부여한다. 예를 들어 날렵한 모양으로 책상 모퉁이에 딱 들어맞는 컴퓨터 모니터를 새로 디자인했다면 (내부 기계적인 부분에는 변화가 없음) 이는 외양에 관련된 것이므로 의장권을 부여 받을 수 있다.

상표권은 앞에서도 설명했듯이 자기 상품과 다른 상품과의 구별을 위하여 사용하는 기호, 문자, 도형 또는 그 결합을 말한다.

🗸 할 일 목록

1 아이디어 노트 한 페이지에 "특허"라는 제목을 붙이고 여러분의 발명품에 대한 설명을 적고 그 작동방법을 기술한다.

특허 변호사와 일을 하기 전에(유상이든 무상이든) 상세한 설명을 준비할수록 여러분은 제품에 대한 자세한 설명을 반복하는 데 드는 시간과 비용을 줄일 수 있다. 따라서 가능한 한 자세하고 기술적으로 써야 한다. 예를 들어, "천식환자들이 호흡을 쉽게 하도록 돕는 의료기구"라고 쓰면 안 되고 "이 새로운 천식환자용 호흡기는 투명 플라스틱 재질로서 길이 14인치, 너비 2인치 크기이며 위에는 1인치짜리 고무 손잡이를 4인치짜리 금속 조임새로

고정한다. 그리고 이 금속 조임새의 구성은…" 이런 식으로 써야 한다.

그런 다음에는 작동 방법을 단계별로 기술한다. 예를 들자면 "1단계 : 플라스틱 부분이 아래로 가게 해서 환자의 목에 댄다. 2단계 : 고무 손잡이가 걸릴 때까지 뒤로 당긴다…" 이렇게 가능한 한 자세히 서술해야 한다.

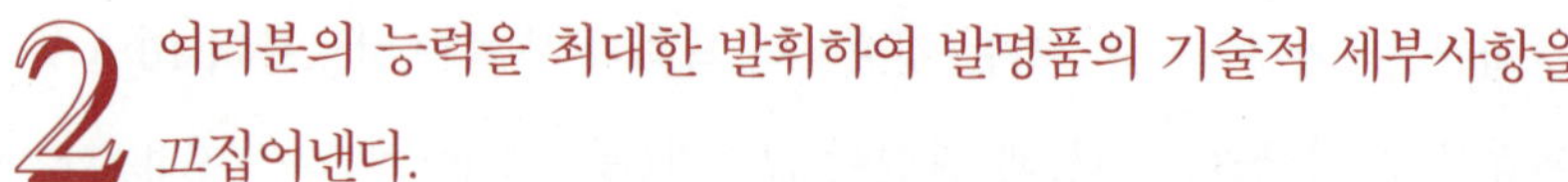

2 여러분의 능력을 최대한 발휘하여 발명품의 기술적 세부사항을 끄집어낸다.

다시 한 번 강조하건대 특허 변호사를 만나기 전 이 단계를 거치는 것이 비용을 아끼는 길이다. 도움이 필요한 경우 디자인을 전공하는 대학생을 아르바이트로 고용한다. 이들은 자신의 포트폴리오에 포함할 수 있으므로 기꺼이 여러분의 발명품의 설계도를 그려줄 것이다.

3 의문이나 자세한 내용은 특허청에 문의하면 자세히 안내해준다.

4 특허에 관한 자료를 조사한다.

특허청 홈페이지에서 온라인 검색을 해도 된다. 검색 용어는 구체적일수록 좋다. 이러한 검색의 결과 여러분의 것과 같은 제품에 대한 특허가 이미 존재하는지를 알 수 있다.

5 여러분의 것과 유사한 제품으로서 이미 특허를 받은 제품이 있다면 제품 개발을 중단하고 재고해볼 필요가 있다.

스스로에게 이렇게 물어본다. "내가 발견한 특허품과 크게 다를 수 있도록 내 제품을 변경할 수 있는가?" 만약 그렇지 않다면 특허는 여러분에게 도움이 되지 않는다. 기존 제품에 대한 특허가 유효한 상황에서 여러분의 제품에 변경을 가해 크게 달리 만들지 않은 채 제조 및 유통에 들어간다면 다른 사람의 특허권을 침해하는 것이다. 이는 법정 소송이라는 결과를 초래할 수 있다.

6 여러분의 제품을 당장 보호하고 싶다면 특허청에 공시문서를 송부한다.

공시문서는 제3자가 여러분의 제품을 도용할 경우에 대비해 보호해줄 수 있는 또 하나의 방법이다. 공시문서는 특허 출원 과정에 영향을 미치지는 않으며, 지금부터 특허출원 시점까지 누군가 여러분의 발명품을 복제할 경우 법적 증거를 제공할 뿐이다. 필요한 절차는 특허청 홈페이지를 방문하면 알 수 있다.

7 적어도 특허 변호사 세 명은 만나보고 같이 일할 사람을 정한다.

이 단계는 이 책에 실린 모든 과정을 끝내고 제품을 확정하는 단계에서 실시해야 한다. 인근 중소기업개발센터에 연락하거나 다른 발명자에게 물어보면 특허 변호사 명단을 얻을 수 있다. 특허 변호사 또는 대리점을 고용할 때는 최초 무료상담을 요청하고 이 기간 중에는 여러분이 지금까지 준비한 모든 자료(제품 설명, 도안, 특허 양식, 특허 검색 결과 등)를 제시한다. 서비스에 대한 대가로 무언가를 줄 수 있다면(즉 특허 변호사의 도움의 대가로 무언가를 제공할 수 있다면) 그렇게 한다.

특허 변호사 또는 변리사에게 여러분의 제품이 특허 대상인지를 물어보고 만약 그렇다면 특허를 취득하는 데 어느 정도의 비용이 들지를 물어본다. 여러분의 제품을 대리할 가장 적합한 사람을 고르려면 특허 변호사 몇 명과 이야기를 나눠보고 결정을 하는 것이 좋다. 평판 좋고 여러분이 편안하게 같이 일할 수 있는 사람을 선택한다면 비용은 그리 비싸게 느껴지지 않을 것이다.

 특허 변호사가 모든 일을 하도록 놔두고 여러분은 도움이 될 방법이 있을 경우 돕는다.

여러분의 대리점은 특허 조사를 실시하고 특허 명세서(제품 설명 및 특정 주장), 도안(가능한 경우), 신청 수수료(비용은 신청하는 특허의 종류에 따라 다름) 및 서약서로 구성되는 특허문서를 준비한다. 선서에는 여러분이 제품의 독창적인 최초의 발명자라는 점을 기재하며 서명 후 공증을 받아야 한다.

9 특허 변호사나 변리사의 도움을 받아 특허를 출원한다.

특허 변호사의 도움 없이는 다른 회사 또는 제조업체와 여러분의 제품에 대한 이야기를 하지 않는 것이 좋다. 여러분의 제품이 특허 대상이라면 기밀유지 계약을 체결하는 방법도 있다.

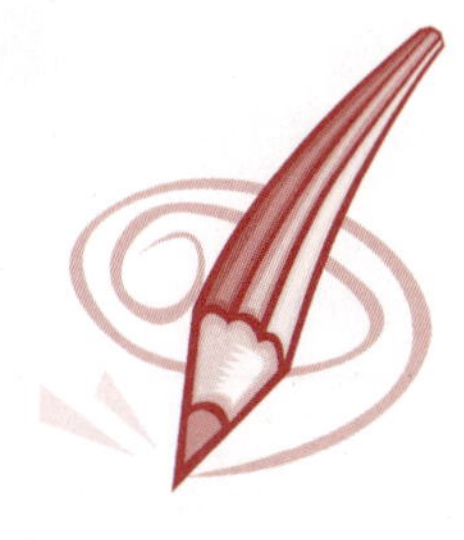

제 5 장

제품 개선

이 장에서는 여러분 주변의 창조적 에너지를 활용함으로써
아이디어를 개선하는 방법을 알아본다.
여러분은 이미 친구와 가족에게 도움을 청해본 경험이 있다.
그러나 이제는 처음으로 이들의 조언을 공식적으로 요청함으로써
여러분의 제품이 폭넓은 사람들에게 다가갈 수 있도록 다듬는다.

머리말

이제 여러분은 제품의 샘플이 있으므로 여러분의 아이디어에 대해 사람들이 뭐라고 이야기하는지를 들어볼 필요가 있다. 이를 확인하는 방법은 포커스 그룹(Focus group)을 대상으로 비공식적인 파티를 여는 것이다.

포커스 그룹이란 여러분의 제품 샘플을 면밀히 관찰하고 솔직한 피드백을 제공하는 사람들을 말한다. 이 과정을 통해 여러분은 새로운 의견을 얻고 비교적 저렴한 비용으로 제품을 변경할 수 있다. 포커스 그룹 참여자들이 하는 말에 귀를 기울이고 이들의 아이디어를 기록하여 제품 개선에 기여할 수 있다고 판단되는 아이디어는 최대한 활용한다.

부끄러워하지 말고 친구 및 동료들에게 포커스 그룹에 참여해 달라고 말한다. 그들의 입장에서도 이는 재미있는 과정이다. 새로운 제품을 만들어내는 과정은 마치 마술과 같아서 사람들은 그 과정에 참여하는 것을 좋아한다. 피드백 기회를 놓치지 말 것. 여러 사람 앞에서 자신의 의견을 제시하기를 수줍어하는 사람이 있다면 포커스 그룹 모임이 끝나고 따로 만나도 좋다.

포커스 그룹은 사업 회의로 간주하고 그렇게 취급해야 한다. 30초 광고(제11단계 제품설명서)를 활용하여 참가자들에게 여러분의 아이디어를 설명하고 샘플을 보여주고 솔직한 피드백을 달라고 요청한다. 여러분의 제품을

포커스 그룹 모임을 재미있고 신나는 경험으로 바꾸면 유용한 피드백을 이끌어내기 쉬운 분위기를 창조할 수 있을 것이다.

162

경쟁제품과 차별화할 수 있는 속성 및 여러분의 제품을 베스트셀러로 만들기 위해 변경을 가할 수 있는 속성에 주목해 달라는 요청도 잊지 않는다.

이들이 내놓는 아이디어는 비록 여러분이 이미 생각했던 것이라 해도 하나도 빠짐없이 기록한다. 아이디어의 흐름이 지속되도록 하기 위해서이다. 사람들이 제시한 아이디어를 분석해서 어느 것을 사용할지는 나중에 정할 수 있다. 누군가 이야기했을 때 말도 안 되는 것 같던 아이디어가 이제는 그럴 듯하게 보일 수도 있다.

샘플 공개 파티.

포커스 그룹 단계에서는 인내심과 열린 마음을 가져야 한다. 사람들이 여러분의 아이디어에 비평을 가할 때 항변 또는 변호하고픈 충동을 억누르기는 쉽지 않다. 그러나 이 과정에 끼어들면 여러분이 더 나은 제품을 개발하는 데 도움을 줄 수 있는 창의력과 피드백에 방해가 될 수 있다.

사람들은 자신들이 눈으로 보고 직접 경험한 것을 신뢰한다. 여러분의 상품개발과정에 참여한 사람들은 여러분에게 도움을 베풀거나 여러분의 상품에 투자할 가능성이 훨씬 높다. 잠재적인 투자자(여러분이 방문하는 치과 의사일 수도 있고 부모님일 수도 있다)를 두 번째나 세 번째 포커스 그룹 회의에 초청하는 것도 좋은 생각이다.

포커스 그룹 파티는 여러분이 제품을 판촉하고 지금까지 작업해온 모든 것을 설명하고 다른 포커스 그룹 모임의 결과를 함께 나눌 수 있는 기회를 제공한다. 여러분의 어머니 또는 다른 잠재적 투자자들로부터 "새 차를 살 돈을 여기에 쓰면 훨씬 유용하겠구만."이라는 말을 듣지 말란 법이 없지 않은가?

우리가 가장 범하기 쉬운 실수는 다른 사람을 선인, 악인, 또는 바보, 천재라고 결정해 버리는 것이다.

♥ 할 일 목록

1 포커스 그룹 파티를 계획한다.

첫 번째 포커스 그룹 모임에서는 친구들로부터 제품에 대한 즉각적인 반응을 이끌어내야 한다. 회의는 1시간을 넘으면 안 되므로 계획이 아주 중요하다. 포커스 그룹에 친구들이 몇 명이나 참여하는가는 전혀 중요하지 않다. 중요한 것은 여러분의 제품에 대한 피드백을 얻는 것이다. 여러분이 해야 할 일은 다음과 같다.

성과

여러분의 제품을 개선할 수 있는 논평 및 아이디어.

- 포커스 그룹 모임 중 사람들의 의견과 반응을 기록해줄 친구를 찾는다. 오디오 또는 비디오테이프로 파티를 녹음 또는 녹화해도 좋다. 이 경우 여러분은 제품 설명에 더욱 주력할 수 있다.
- 포커스 그룹 모임을 개최할 날짜와 시간을 정한다. 참가자들이 시간에 쫓기지 않으며 편한 마음으로 참여할 수 있는 시간을 고른다. 날짜와 시간이 괜찮은지 친구들에게 물어본다.
- 초청장을 만든다. 초청장에는 날짜, 시간, 장소를 명시하고, 재미있게 만든다(예 : 여러분의 발명품 생일잔치라고 부르고 초청장을 보내는 것이다).

게임 준비, 시작!

내 고객 한 사람은 새로운 보드게임을 개발한 이후 처음으로 포커스 그룹을 개최했다. 게임은 잘 진행되었지만 세 시간이 지나도록 우승자가 나오지 않았다. 그는 실망하지 않고 게임의 속도를 높일 수 있는 아이디어가 없겠느냐고 참가자들에게 물었다. 사람들이 아이디어를 내놓는 동안 그는 아무런 평가도 내리지 않고 그저 귀 기울여 듣기만 했다.

이들의 제안을 반영하여 게임의 규칙을 일부 바꾸고 나서 다음 번 포커스 그룹

2 큰 종이로 질문판을 만든다.

포커스 그룹 사람들이 쉽게 읽을 수 있도록 큰 종이에 질문을 적는다. 참석자들은 이 질문을 활용해 여러분에게 피드백을 제공할 것이다. 질문(제품설명서의 설명을 따른다.)에는 다음과 같은 내용이 포함되어야 한다.

- 제품의 기능에 대해 어떻게 생각하는가? 있어야 하는 데 없는 기능이 있는가?
- 이름, 로고, 슬로건은 어떤가? 제안할 아이디어가 있는가?
- 누가 이 제품을 살 것인가?
- 제품을 어디서 팔 것인가?
- 여러분이라면 사겠는가? 이유는? 안 살 경우 그 이유는?
- 산다면 얼마를 주고 사겠는가?
- 마케팅 아이디어가 있는가?
- 투자할 돈이 있다면 이 제품에 투자하겠는가? 이유는? 안 할 경우 그 이유는?

참고

다른 사람들 앞에서 말하기를 부끄러워하는 사람들도 있다는 것을 잊어서는 안 된다. 따라서 여러분의 초청을 그들이 거절한다고 해서 기분 나빠할 필요는 없다. 그냥 포커스 그룹에 참여해서 듣기만 하고 피드백은 나중에 해달라고 요청하는 방법도 있다.

3 참석자들에게 연락해서 초청한다.

참석자들을 초청하여 여러분의 제품을 실제로 만드는 데 그들의 도움이 필요하다고 이야기한다. <할 일 목록> 1번에서 만든 초청장을 보내거나, 개인적으로 만나서 초청하거나, 전화로 초청하거나 상관없다. 활기찬 모습으로, 그들의 도움이 필요하다는 것을 말해준다. 사람들은 누군가를 돕기를 좋아한다.

 **포커스 그룹을 조직해 전문가다우면서도 재미있는 환경을 만들어준다.**

환경은 분위기를 좌우한다. 여러분은 사람들이 포커스 그룹을 진지하게 받아들이면서도 여러분의 사업을 개발하는 데 즐거운 마음으로 도움을 줄 수 있기를 원한다. 계획을 잘 세워 진심에서 우러나오는 태도로 대할 때 이것이 가능하다. 포커스 그룹이 모이는 날에는 다음과 같은 일들을 한다.

- 참석자들의 이름을 의자에 적고 사람들이 자유롭게 의견을 개진할 수 있도록 의자를 원형으로 배치한다.
- 토론의 흐름이 끊기지 않고 필기를 할 수 있도록 의자 위에 노트와 펜을 놓는다.
- 재미있고 눈에 띄는 방식으로 제품을 전시한다.
- 음료와 간식을 준비한다.
- 모든 이를 문간에서 맞이하고 의자로 안내한 다음 격식을 갖추지 않고 제품에 대한 이야기를 나눈다.
- 친절하게 대하되 통제력을 상실해서는 안 된다. 참석자들이 내준 소중한 시간을 최대한 활용한다.

포커스 그룹 모임은 다음과 같이 진행한다.

- 모두에게 와줘서 고맙다는 인사를 하고 서기로서 도움을 줄 친구를 소개한다.
- 그 자리에 모인 모든 사람은 제품에 대한 논평을 하기 위해 모였다는 점을 설명하고 아이디어를 기탄없이 내놓거나 노트에 필기해도 좋다고 이야기한다.

- 제11단계 제품설명서에서 개발한 정보를 활용하여 제품을 설명하고 샘플을 보여준다.
- 최선을 다해 질문에 대답한다. 서기를 맡은 친구는 질문과 대답을 모두 기록한다.
- 참석자들에게 몇 분 동안 생각해보고 추가적인 아이디어를 노트에 적어달라고 요청한다. 노트는 의자 위에 두어도 좋다.
- 마지막으로 모든 사람에게 감사하고 여러분의 제품을 기억할 수 있게끔 파티 기념품을 하나씩 준다. 예를 들어 내 고객 한 사람은 자신의 제품 이름을 손으로 그린 티셔츠를 포커스 그룹 말미에 나눠 주었다. 참석자들은 이 선물을 마음에 들어 했고, 티셔츠들은 걸어 다니는 광고판이 되었다.

대출 담당자

이상한 소리처럼 들릴지 모르지만 내 고객 중 한 사람인 칼라(Carla)는 은행의 대출 담당자를 포커스 그룹에 초청했다. 왜 하필 대출 담당자였을까?

칼라는 아무 생각 없이 그를 초청한 것이 아니라, 내가 전에 제안한 대로 주변사람들이 가져다 줄 이점에 초점을 맞춘 것이다. 칼라가 특별히 초점을 맞춘 것은 "어떻게 하면 대출 일을 쉽게 할까?" 였다.

대출 담당자의 일은 대출을 승인하는 것이다. 칼라는 도서관에서 조사를 하던 과정에서 한 은행의 특별한 대출 프로그램을 자세히 다룬 기사를 발견했다. 그 은행은 "지역 중소기업에 투자"하기 위해 100만 달러를 따로 떼어놓고 있었다. 기사에는 대출 프로그램의 목적과 책임자의 이름이 실려 있었다.

칼라는 그에게 전화를 걸어 대출을 요청하는 대신 은행의 대출 과정을 이해할 수 있게 만나서 설명을 해달라고 했다. 그녀는 그의 일을 쉽게 만들고 프로그램

모든 아이디어를 기록함으로써 아이디어가 자연스럽게 표출되도록 한다. 이렇게 하면 사람들도 자신들의 의견이 존중되고 있다고 느끼고 더 적극적으로 참여한다. 이 가운데 어떤 아이디어가 실행 가능한지는 나중에 분석한다.

5 모든 이들이 떠난 다음 그들의 제안을 검토한다.

유용한 제안은 아이디어 노트 제 11단계 제품설명서에 포함한다. 지금 당장 필요하지 않은 아이디어라도 나중에 필요할 경우에 대비해 바인더에 철한다.

6 원하는 만큼 자주 포커스 그룹 모임을 갖는다.

포커스 그룹 모임을 가질 때마다 여러분의 제품을 어떻게 개선할 것인지에 관한 새로운 아이디어를 얻을 수 있다. 중요한 변화를 가져올 만한 제안이 더 이상 나오지 않을 때는 포커스 그룹 모임을 중단하는 것이 좋다. 그때가 되면 애당초 포커스 그룹의 목적에 부합하는 제품이 개발되었다고 보면 된다.

 머리말

여러분의 아이디어 노트에는 여러분의 제품과 유사한 제품을 만들어낸 다른 창업인, 중소기업 소유주, 발명가(나는 이 놀라운 사람들을 창조자라고 부른 다)들이 있다. 제8단계 정보센터 차트에는 여러분의 제품, 경쟁제품, "소비 자"들의 생각이 실려 있다. 이제 다른 창조자들이 자신들의 제품을 어떻게 시장에 내놓게 됐는지를 알아보는 것이 좋겠다.

창조자들은 마치 훌륭한 자녀를 부모가 자랑하듯이 자신들의 제품에 대해 이야기하기를 좋아한다. 여러분의 부모님이 그러셨던 것처럼 이 창조자 들도 여러분에게 도움이 될 만한 조언을 해줄 것이 있다. 창조자들은 일반 적으로 질문에 대해 매우 긍정적이지만 여러분이 필요한 모든 것을 이들로 부터 배울 생각은 하지 말아야 한다. 어떤 것들은 여러분이 어렵게 배워야 하는 것도 있기 때문이다.

모든 이에게 귀를 기울인다. 이들의 조언에 귀 기울인 다음에는 그것을 분석하고 사용할지 말지를 결정한다. 열린 마음을 유지한다. 아이디어를 약 간 변형하는 것만으로도 제품을 크게 개선할 수 있는 경우가 많다. 주의 깊 게 귀 기울이면 여러분의 꿈을 실현하는 과정에서 겪을 좌절감을 겪지 않아 도 될 것이다.

격려의 말

다른 창조자에게 도움을 청 하고 그들의 조언에 귀를 기 울임으로써 그들의 경험을 최대한 활용한다.

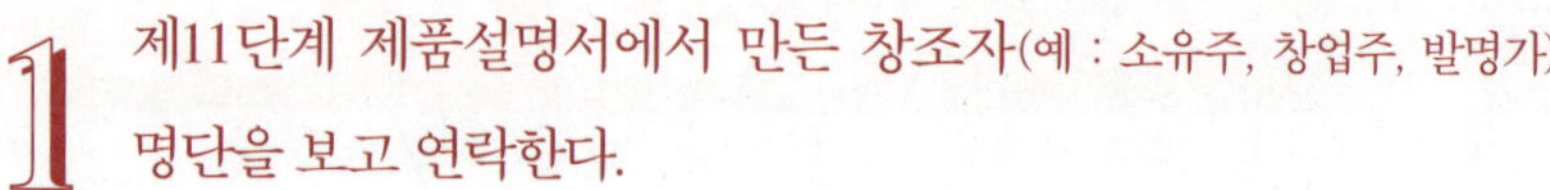

할 일 목록

1 제11단계 제품설명서에서 만든 창조자(예 : 소유주, 창업주, 발명가) 명단을 보고 연락한다.

제5단계 시장조사에서와 마찬가지로 다른 지역에서 여러분과 유사한 사업을 하는 사람을 찾아가 보는 것은 좋은 생각이다(다른 도시에서 커피숍을 운영하는 사람 등). 이들은 여러분을 경쟁업체라기보다는 같은 열정을 실현하고자 하는 또 다른 기업인으로 인식할 것이다. 여러분과 동일한 소비자층을 대상으로 경쟁하지 않는 유사 제품의 창조자를 찾아가는 것도 좋은 방법이다(예 : 여러분의 제품이 성인용 게임이라면 아동용 게임 제작자를 찾아간다).

만약 그 창조자가 여러분과 이야기를 꺼린다면 억지로 하지 말 것. 명단의 첫 번째 창조자가 여러분과 대화를 원치 않을 경우 두 번째 사람을 찾아가면 그만이다.

그 사람도 거절한다면 세 번째를 찾아간다. 지금 도움을 요청하는 것이 나중에 여러분의 사업에 손실을 끼칠 수 있는 실수를 피하는 길이다.

창조자가 여러분의 연락에 응할 때는 다음 단계를 거친다.

- 그들의 제품에 익숙하다고 말하고, 시장에 관해 몇 가지 조언을 구하고 싶다고 이야기한다. 여러분이 충분한 사전조사를 했으며 그 결과를 함께 나누고 싶다는 것을 주지시킨다. 여러분의 제품이 그들의 제품과 어떻게 다른지, 아니면 어떻게 보완할 수 있는지를 설명한다. 이로써 그들의 신뢰를 얻을 수 있을 것이며 그들이 더욱 적극적으로 전문지식을 나눠주려 할 것이다.

- 그들의 제품을 칭찬하거나 그 제품을 다룬 기사를 읽었다면 그것을 언급한다. 이는 상대에 대한 존중을 표시하는 것이며 대화의 공통분모를 찾을 수 있는 방법이다.

목표

비슷한 아이디어를 이미 실행에 옮겨본 경험이 있는 사람으로부터 정보를 얻는다.

참고

창조자들은 대개 아주 좋은 사람들이지만 그들에게는 시간이 매우 중요하므로 도움을 청할 때는 구체적이라야 한다. 이들의 시간을 낭비하지만 않으면 앞으로 추가적으로 문의사항이 있을 때 연락할 수 있는 훌륭한 친구가 될 것이다.

스테파니(Stephanie)는 여성을 위한 여행용 화장품 케이스를 개발하고 있었다. 그녀가 만든 케이스는 여성들이 여행 중에 화장품을 손쉽고 안전하게 보관하고 꺼내 쓸 수 있도록 고안되었다. 그녀는 포커스 그룹 파티를 열었고 친구들은 제품을 아주 마음에 들어 했다.

그녀는 충분한 조사를 했고, 충분한 수의 사람들과 이야기를 했으며 제품을 무수히 시험해 보았으므로 반드시 히트를 칠 거라고 예상했다. 그래서 이번 단계에 이르렀을 때 그녀는 다른 창조자들을 만날 필요가 전혀 없다고 생각했다. 그러나 그녀는 다행히도 이 책의 안내를 따랐다.

스테파니는 자신이 목표로 삼은 시장을 대상으로 한 화장품 제조업체를 찾아가 자신의 제품을 설명하고 자신의 모든 조사결과를 말해주었다. 그 창조자는 끈기 있게 듣고 있었다. 마침내 스테파니가 말을 마치자 그녀는 간단히 물었다. "케이스의 재료가 뭐죠?"

스테파니가 한 공급업체에서 플라스틱 재료를 찾았다고 대답하자 창조자는 그 재료가 열에 매우 약하다는 사실을 아느냐고 물었다. 소비자들이 케이스를 히터 가까이 또는 자동차 안에 두기라도 하면 녹아내려서 쓸모가 없으리라는 것이다. 스테파니는 충격을 받았다. 플라스틱이 녹아버릴 수 있다는 생각은 꿈에도 하지 못했다. 그녀는 창조자에게 고맙다는 말을 하고 재료를 추천해 줄 수 있겠느냐고 부탁했다. 창조자는 스테파니를 도와줄 만한 공급업체 몇 군데의 연락처를 적어주었다. 아무리 제품을 시험해보고 사람들이 마음에 들어 하더라도 이미 같은 과정을 한 번 거친 사람들은 매우 귀중한 정보를 나눠줄 수 있다. 이들을 반드시 접촉한다.

성과

같은 일을 이미 해본 사람으로부터 얻은 연락처, 아이디어, 위험요인에 대한 조언.

- 항상 지금 통화해도 괜찮은지, 나중에 다시 전화를 걸지를 물어본다. 나중에 다시 연락해달라고 할 경우 될 수 있으면 날짜와 시간을 정한다.

통화 중에는 간략하고 구체적으로 이야기해야 한다. 창조자들은 여러분의 제품이 소비자들의 필요를 충족시키는데 도움을 줄 만한 실질적인 정보를 가지고 있다. 다음과 같은 네 가지 질문에는 반드시 답을 얻는다.

- 피해야 할 함정 내지 예기치 못한 문제는 무엇인가?
- 최고의 소비자들은 누구이며 이 소비자들이 찾는 것은 무엇인가?
- 예상치 못한 히트를 친 기능이 있는가? 아무 것도 없는 상태에서 제품을 만들어낸다면 추가하고 싶은 기능은 무엇인가?
- 제가 물건을 판다면 어느 정도 기간에 걸쳐 몇 개를 팔 수 있다고 생각하는가? 당신은 얼마나 팔았나? 제가 판매를 개시한 후 처음 몇 개월 동안 어떨 거라고 생각하는가?

위의 네 가지 질문에 대한 대답을 얻었다면 대화를 잠시 중단하고, 창조자에게 귀한 시간을 많이 빼앗고 있는데 대화를 계속할지 아니면 다음에 다시 전화할지를 한 번 물어본다. 창조자가 이야기를 더하기를 원하면 계속한다. 그 자리에서 또는 나중에 추가적으로 다음과 같은 질문을 한다.

- 현재의 시장 및 업계 정보를 얻을 수 있는 곳으로 어디를 추천하겠는가?
- 추천할 만한 박람회나 상품전시회가 있는가?
- 어떤 유통업체 명단을 확보하고 있는가?

2. 그들이 사업을 확장하는 데 도움이 될 만한 정보를 여러분이 가지고 있다면 대화 말미에 알려 준다.

여러분에게 손실을 끼칠 만한 정보를 알려주라는 것이 아니다. 분명 그들에게 나눠주면 도움이 될 만한 정보가 있을 것이다. 이는 아이디어와 전략을 나눌 수 있는 기반을 조성한다. 예를 들어, 그들의 제품과 여러분의 제품을 둘 다 취급하고자 하는 점포를 발견했는가? 그들과 공유할 만한 언론사 연락처가 있는가?

3. 발명가 협회 등 단체에 연락해서 여러분이 제품을 개발하는 데 도움이 될 만한 정보 혹은 프로그램이 있는지 물어본다.

이들 협회나 단체는 여러분을 다른 창조자들과 직접 연결시켜줄 것이다. 사람들은 직접 만나서 얘기할 때 자기 경험을 더 기꺼이 이야기한다. 나아가, 꿈을 창업으로 잇기 위해 일하는 사람과 이야기를 나누는 것은 늘 재미있는 일이기도 하다.

잠 깐 !

이 느낌은 뭐지?

지금쯤이면 사업을 추진하던 내 고객 다수가 이런 질문을 스스로에게 한다. 이 느낌은 뭐지? 사람들이 왜 나를 이해 못하는 걸까? 내가 변했나? 왜 전처럼 즐겁지 않지? 도대체 뭐 하느라 시간이 이렇게 많이 흐른 거야? 이 일이 나한테 그토록 중요하다는 걸 사람들은 왜 이해하지 못하지?

이 부분을 읽을 때는 잠시 짬을 내서 친구와 이야기를 나눠본다. 여러분은 지금까지 많은 것을 이뤄왔고 새로운 사업을 개발하기 위한 먼 길을 걸어왔다. 창업이 여러분의 생활에서 큰 부분을 차지하게 되었다.

전 같으면 중요해 보였던 일들도 어쩌면 사업 외에는 관심이 멀어질지도 모른다. 그렇다면 기업가의 세계에 들어온 것을 환영한다. 이 세계는 자신만의 사업을 일으키기로 한 용감한 극소수가 모험을 하고, 경험하고, 이해를 하는 장이다. 이 세계는 때로는 에너지와 아이디어로, 때로는 좌절감으로 가득 차 있다.

겁 먹을 필요는 없다. 여러분의 반응은 정상적인 것이다. 바로 그것이다. 정상적이라는 것. 신체적이나 정신적으로 여러분은 변하지 않았다. 다만 여러분 내부와 주변의 에너지가 변했을 뿐이다. 여러분은 더 이상 에너지를 이용하는 것이 아니라 에너지를 창조하고 있다.

여러분이 믿는 것, 여러분의 영혼의 일부를 구성하는 무언가를 추구하고 있으므로 외부의 충격에 상처를 입기가 쉽다. 게다가 에너지를 창조한다는 것은 어렵고 지치는 일이다. 지금쯤이면 아마 사업과 관련해 무슨 일을 해야 하는지 생각하느라 여러분 인생의 모든 순간을 소비하는 것처럼 보일 것이다.

여러분은 둘러싸고 있던 한계를 벗어나 구세계와는 떨어진 곳에 새로운 우주를 창조한 것이다.

여러분은 다른 사람들의 눈에 비친 모습이 아닌 진정한 자아를 탐구하고 발견했다. 귀 기울이는 법, 자신을 믿는 법을 배웠다. 이는 결코 쉬운 과정이 아니다. 아이디어를 꿈의 차원에만 머물게 하던 것들(나중으로 미루기, 아무도 사지 않을 것이라는 생각, 다음에 어떤 조치를 취해야 할지 모른다는 변명)은 이제 사라졌다. 꿈을 현실로 바꾸고 있으며 바로 그것이 중요하다.

이성과 열정 사이에 균형을 잡으면서 여러분의 의사를 정확히 표현하기가 어려울지도 모른다. 꿈꾸던 사업을 남들에게 설명하려면 새로운 어휘를 습득해야 한다. 옛날보다 말을 천천히, 또박또박 해야 하고, 무언가 강력하고 거대한 것을 표현할 수 있는 적당한 단어를 떠올리기 위해 애써야 할지도 모른다.

여러분에게 중요한 것을 편하게, 유창하게 말할 수 있게 되는 데는 시간이 걸린다. 인내를 가져야 한다. 조만간 여러분은 완전한 확신과 솔직함으로 이야기하게 될 것이다. 이 두 가지보다 더 강력한 무기는 없다.

여러분의 에너지는 변했다. 꿈을 현실로 만들 수 있는 방법을 찾아 나섰고 이제 그것을 하나씩 발견하고 있다. 여러분의 삶의 목표를 발견하는 것보다 더 신나는 일은 실제로 그 목표를 달성하기 위해 일한다는 점이다. 여러분의 발걸음은 확신에 차 있고 사람들은 전에 비해 더 큰 관심을 가지고 여러분의 말을 경청한다. 여러분은 목표를 정했고 그 목표를 향해 나아가고 있다.

진정에서 우러나오는 말로써 여러분은 다른 사람들 특히 친구들의 심금을 울릴 수 있다. 여러분은 그들 마음속 숨겨진 곳을 자극할 수 있다. 그곳에 관해서 이야기하거나 그곳에 비축된 에너지에 대해 이야기하는 것은 무서운 일이다. 대부분의 사람들은 삶의 보람(남에게 베푼다거나 사람들의 생활을 개선)보다는 빠른 만족(새 차, 새 옷)을 찾는다. 그러나 여러분은 자신과 주변을 이롭게 한다는 의도에 기초한 삶을 시작하고 있다. 이런 여러분과 여러분을 돕고 있는 사람들에게는 보상이 필요하다. 여러분 자신을 믿고 열심히 일하다 보면 여러분은 주변 사람들에게 긍정적인 영향을 끼치는 에너지를 가슴으로부터 만들어낼 것이다.

때로는 자신이 이기적이라는 생각이 들지도 모른다. 전 만큼 가족 또는 친구와 보내고 있지 않을 수도 있다. 외부적 의도에서 확인했듯이 여러분의 당초 의도는 이타적이라는 점은 역설이다. 아직도 즐거움을 찾을 수 있지만 이 즐거움은 이제 여러분의 꿈의 일부이다. 계속해서 가슴에서 우러나오는 말을 하다 보면, 그리고 사람들의 삶에 변화를 가져오기 시작하게 되면 여러분은 자신이 이기주의자가 아니라 주변을 이롭게 하는 사람이라는 것을 알게 될 것이다. 기업가의 세계에서 살아남으려면 여러분이 현재 처해 있는 상황을 받아들이고 여러분의 아이디어와 마찬가지로 여러분의 삶 역시 바뀔 수 있다는 점을 인정해야 한다. 여러분은 귀 기울이는 법과 여러분에게 중요한 주변 사람들을 함께 데리고 가는 법을 배웠다. 여러분은 이 새로운 세계에서 여러분의 목표를 둘러싼 여러분만의 공간을 창조할 것이다. 이 공간 속에서 여러분은 가슴과 머리를 최대한 활용하여 배우고 성취할 수 있다.

제 6 장

KICK START YOUR DREAM BUSINESS

제품 만들기

이 장에서는 잠재적 제조업체를 효율적으로 발굴하고
이들과 의사소통을 하고 협상하는 법을 배운다.
제조업체에 여러분이 무엇을 창조할 것인지, 어떤 시장을 대상으로 하는지,
목표 가격대는 얼마인지를 이야기하고 이들의 말에 귀를 기울인다.
여러분의 고객들이 요구하는 품질, 가격, 기능을 충족할 수 있는 제품을
생산할 독창적이고 경제적인 방법을 찾을 수 있을 것이다.

제품생산

머리말

제16단계에서는 여러분의 아이템을 제품으로 만들어줄 회사를 찾는 법을 다룬다. 이 제조업체들은 업계 표준과 생산 기법을 설명하고 여러분의 아이템을 제품으로 구체화하는데 필요한 자료를 알려줄 것이다. 수년 동안의 경험을 갖춘 이들의 말에 귀 기울이고 배워야 한다.

이 과정은 서비스 사업을 시작하려는 사람들에게도 적용할 수 있다. 모든 사업에는 "제품"이 아니더라도 제조해야 할 무언가가 존재하기 마련이다. 커피숍 주인의 경우 이 과정을 통해 안내책자, 또는 메뉴 같은 마케팅 자료의 인쇄를 맡아줄 인쇄업체를 찾을 수 있다. 여러분에게 필요할지도 모르는 물품도 잊어서는 안 된다. 예를 들어, 식당을 개업할 경우 오븐, 냉장고, 식기류 등을 주문해야 한다.

특정 제조업체와 긍정적인 경험이 있는 경우 다른 고객에게도 추천한다. 여러분의 사업이 성장하면서 추가 물품을 주문할 경우가 생길 텐데 자신들을 다른 고객에게 추천해준 고객이라면 얼마나 잘해주겠는가. 이들은 특별 할인을 제공하거나 자사의 소비자들에게 여러분을 소개함으로써 감사를 표시할 것이다. 뿐인가, 다른 사람들이 꿈을 실현하도록 돕는 일은 항상 즐겁지 않은가?

격려의 말

맨땅에 헤딩할 필요는 없다. 동종업계에 종사하는 사람에게 생산에 관한 조언을 청해 듣는다. 이들의 지식을 활용하면 여러분은 시간과 돈을 아낄 수 있다.

 ## 할 일 목록

1 제8단계 정보센터로 되돌아가서 여러분이 예전에 찾은 모든 제조업체 연락처 명단을 작성한다.

가능한 한 많은 제조업체들과 이야기하는 것을 목표로 삼는다. 이들은 각자 경험이 다르므로, 여러분이 이들에게 귀를 기울이다 보면 가격, 재료, 주문 수량, 제조 비법 등에 대해 힌트를 얻을 수 있다.

이들에게 솔직해야 한다. 여러분이 제품 기획 단계에서 제조비용을 알아보고 있으며, 사업을 발전시키는 과정에서 질문이 생기면 다시 연락하겠다고 말한다. 과정 끝까지 여러분을 기꺼이 돕고자 하는 제조업체와 함께 일한다.

 목표

제조업체를 조사하여 예상 생산 비용을 구한다.

접시의 추억

식당을 개업하려던 폴(Paul)은 모든 부분에 자기 개성을 반영하고 싶어 했다. 특히 그는 독특한 음식과 식당 분위기에 맞는 별난 접시를 사용하고자 했다. 그는 그 모든 것들이 그의 식당을 경쟁업체들보다 두드러지게 해줄 것이라고 생각했다.

폴은 마음에 드는 접시를 찾아 대형 백화점, 할인점, 주방용품점을 찾아다녔다. 두 달이 지났으나 그는 여전히 자기가 상상했던 물건을 만날 수 없었다.

폴이 그나마 썩 마음에 들지는 않지만 괜찮다 싶은 접시를 사려던 차에 나는 견적의뢰서를 만들어보라고 권했다. 그는 내 말을 언뜻 용납하려 들지 않았으나 내가 견적의뢰서에 그가 원하는 디자인을 명시하면 사람들이 알아봐줄 거라고 설명하자 그는 한 번 시도해 보기로 했다. 우리는 견적의뢰서를 그가 이전 조사 단계에서 찾아낸 매장 및 식당용품 공급업체에 보내기로 했다.

견적의뢰서를 만드는 과정에서 폴은 목표시장 및 식당의 테마를 설명하는 30초 광고를 포함시켰다. 그는 견적의뢰서에 응답하는 사람들이 추가 아이디어를 기록할 수 있도록 공란도 마련했다.

견적의뢰서를 발송한 뒤 어느 날 한 유통업체에서 연락이 왔다. 그 업자는 자신이 개인적 의견을 요청 받은 것은 처음이라며 열정적으로 설명을 했다. 그는 폴이 오직 접시만 찾는지, 아니면 식당의 테마를 살릴 수 있는 다른 아이디어에도 관심이 있는지를 물었다. 폴은 내 조언을 기억하고 "물론 후자죠."라고 대답하고 경청했다.

그 유통업체는 접시, 냅킨홀더, 촛대, 소금 및 후추 세이커 등 테이블 세팅 디자인을 이제 막 시작한 젊은 미술가를 알고 있다고 했다(나중에 알고 보니 그의 아들이었다). 그는 폴의 식당이 그 미술가의 재능을 펼칠 수 있는 완벽한 장소이며, 미술가가 저렴한 가격으로 일을 해줄 것으로 확신한다고 말했다.

폴은 잠시 할 말을 잊었다. 맞춤 제작한 테이블 세팅은 경쟁업체들보다 그의 식당을 돋보이게 할 것이고 그보다 더 중요한 것은 그의 꿈을 창조해낸다는 것이었다. 그는 두말 않고 "좋습니다!"고 대답했다.

폴은 결국 그 젊은 미술가와 일을 하게 됐다(비용은 애당초 그가 그다지 맘에 들지 않았던 접시를 사는데 들어가는 정도였다). 더욱 잘된 것은 사람들이 그의 테이블 세팅을 아주 마음에 들어 해서 돈을 주고 사가는 손님들이 있다는 점이다. 폴과 미술가 모두에게 득이 되는 일이었다.

성과

여러분의 제품을 생산해줄 제조업체 후보 두 군데와 예상 비용.

2 셜록 홈즈 같은 사립탐정이 되어 제조업체 명단을 늘릴 수 있는 방법을 찾는다.

제조업체 명단, 각 업체의 평판, 연락처가 실린 자료는 많지만 그 중에서도 특히 참고할 만한 것을 찾아야 한다. 대한상공회의소(korcham.net)를 검색하면 수많은 기업정보를 알 수 있다.

각종 협회 역시 큰 도움이 된다. 세상에는 온갖 종류의 협회가 다 있다. 도서관이나 서점에 가서 협회백과사전(Encyclopedia of Associations)을 달라고 한다. 여러분의 제품과 가장 가까운 협회에 연락을 취해서 제조업체를 추천해 달라고 요청한다.

3 제품의 구성요소를 설정하고 모두 나열한다.
표를 만들어 부품별로 한 줄씩 할당한다. 표의 구성은 찾아보기 쉽고 반응을 평가하기 좋게 한다.

컴퓨터가 있다면 지금 활용하면 좋다. 스프레드시트나 워드프로세서로 표를 그린 다음 정보를 취합할 때마다 입력한다.

제품 제조 과정에서 가장 중요한 것은 포장이므로 포장을 구성요소에서 빠뜨려서는 안 된다. 보드게임을 예로 들자면 포장 덮개, 포장 받침, 박스, 게임보드 레이블, 게임보드, 카드, 규칙집, 말, 주사위 이렇게 나열한다.

4 최소생산수량을 정하고 구성요소 목록을 활용해 견적의뢰서 (RFQ)를 작성한다. 191~198쪽에 견적의뢰서 견본을 수록했다.

제조업체에 견적의뢰서를 송부하는 것은 생산비용을 알아보기 위해서이다. 말하자면 슈퍼에 갈 때 들고 가는 식료품 목록이라고 보면 된다. 멋진 저녁을 지으려면 좋은 재료가 필요하지만 쓸 수 있는 예산은 한정돼 있다.

이럴 땐 어떻게 하는가? 필요한 물건의 목록(예 : 소금, 쌀, 콩, 닭, 토마토)을 작성한 다음 가장 저렴한 가격을 찾아 쇼핑에 나서지 않는가? 제조업체들이 여러분에게 보내는 견적을 평가하는데 들이는 시간과 비용을 절약하기 위해 견적의뢰서에 기재하는 것으로 충분하도록 넉넉한 공간을 둔다. 미리 해둔 조사 및 제조업체의 경험을 살려 최소생산수량을 정한다. 여러분이 접

대부분의 매장에서는 바코드가 없는 제품은 취급하지 않으므로 여러분의 제품에도 바코드를 부착한다. 많은 돈을 들이지 않고도 여러분의 제품을 전문적으로 보이게 할 수 있는 방법이다. 바코드는 한국유통정보센타(www.eankorea.co.kr)'에서 담당한다.

촉하는 제조업체는 여러분의 제품과 유사한 제품을 생산해본 경험이 있을 것이므로 같은 유형의 최소생산수량은 어느 정도인지를 물어본다. 제조업체에서 제시하는 수량과 여러분이 발명가 또는 매장주인에게 조사 결과 얻은 수량을 비교해 최소생산수량을 결정한다. 일단은 이 최소생산수량에서 시작해 다 팔리고 나면 추가로 생산한다.

근원을 공략하라

셰리(Sherry)는 결혼 등 특별한 행사를 기념하는 맞춤형 선물책을 만들고 있었다. 특별한 기억을 위한 스크랩북 같은 것이었다. 그러나 그녀가 사용하던 표지 재료가 너무 비싸서 이익을 내기가 어려웠다.

나는 제조업체들에 직접 견적의뢰서를 보내면 비용을 아낄 수 있을 것이라고 조언을 했다. 도서관과 인터넷에서 제조업체들에 관한 정보를 찾아보라고 그녀에게 얘기하고 난 뒤 한 가지 아이디어가 떠올랐다.

내 사무실에서 한 블록 떨어진 곳에 큰 서점이 있었다. 나는 그녀에게 그 서점에 가서 그녀가 만들어낸 30초 광고를 활용해 직원들에게 그녀의 제품을 설명하고 표지 재료 제조업체를 찾는다고 이야기하라고 권했고 그녀는 그대로 했다.

한 시간도 안 돼서 한 점원이 그녀에게 표지 재료 제조업체의 목록을 주었다. 견적의뢰서를 만들어 보낸 뒤, 똑같은 재료에 그녀가 지불하던 가격의 절반을 제시한 업체가 나타났다. 결국 그녀는 단지 도움을 요청한 것뿐인데 책 한 권 당 6달러를 절약할 수 있었다.

그러나 셰리는 거기서 멈추지 않았다. 그녀는 서점 점원에게 감사의 표시로 멋진 꽃다발을 보냈고 자기 친구들을 서점에 보내겠다고 했다. 그러고 나서 어떻게 됐을까? 그 점원은 그녀의 마케팅 자료를 서점에 비치하는 것을 제안했다. 새로운 마케팅 채널이 열린 것이다. 베푼 만큼 받는다는 것을 반드시 기억해야 한다.

다음은 견적의뢰서를 작성할 때 도움이 될 만한 사항들이다.

- **가 격** : 각 구성요소의 가격을 따로 견적을 내달라고 명시할 것. 이렇게 해야 서로 다른 견적들끼리 세부적인 비교가 가능하다. 제조업체가 특정 부품을 외주로 줄 경우 이를 명시하도록 한다. 기업들은 대개 외주로 제작하는 부분에 대해서는 처리수수료를 부과하므로 차라리 이 부품은 여러분이 직접 다른 데서 제작해서 제조업체에 납품하라고 하는 편이 낫다.
- **재 료** : 정부 요건에 맞는 재료를 사용해야 한다는 점을 명시한다(예 : 무독성, 내화성, 불연성). 제조업체는 여러분의 제품에 어떤 정부 요건이 충족되어야 하는지 알고 있어야 한다.
- **바코드** : 바코드 번호를 포장의 어디에 어느 정도의 크기로 부착할 것인지를 문의한다.
- **보증서** : 생산 보증서를 작성해 달라고 요청한다. 이는 양질의 제품을 제 시간에 납부하겠다는 서면 약속이다.
- **시제품** : 모든 구성요소는 시제품을 만들어 여러분의 승인을 받도록 한다. 실제 제품의 경우 정확히 여러분의 제품은 아니지만 최종 제품에 가깝다. 시제품을 만들어줄 수 있느냐고 요청하고 안 된다면 왜 안 되는지 묻는다.
- **포 장** : 표준 치수, 모양, 색상을 유지할 경우 비용을 아낄 수 있으므로 표준이 무엇인지를 제조업체에 물어보고 가능하다면 표준을 사용한다.
- **인쇄비용** : 인쇄비용을 낮출 수 있는 방법이 있는지를 제조업체에 물어 본다(예 : 다른 인쇄물을 한 장에 인쇄한다거나 색상을 바꾸는 등).
- **필름비용** : 인쇄를 위해서는 모든 도판을 필름으로 전사(轉寫)해야 하는데 이 과정은 외주로 줄 때가 많다. 만약 외주일 경우 제조업체가 전

사 세부사항 및 필요한 연락처를 알려주면 비용을 아낄 수 있으므로 그렇게 해달라고 요청한다. 그런 다음에는 더 저렴한 비용에 이 일을 해줄 수 있는 업체를 찾는다.

- **창고 및 배송비용** : 제조업체는 창고시설을 갖추고 배송회사와 할인가격으로 거래하고 있을지도 모른다. 보관 및 배송 비용을 제조업체에 요청하고 물류업체(창고 및 배송 설비)의 추천을 부탁한다.
- **배송 포장** : 여러분의 제품을 배송, 보관, 취급이 쉽도록 포장해 달라고 요청한다. 개별 포장 제품과 대량 포장 제품의 정확한 크기와 무게를 알려달라고 한다. 배송회사에서 배송가격을 받으려면 이 정보가 필요할 것이다. 둘 다 정규 포장업체가 취급하는 표준 크기 박스로 해야 한다.
- **결제조건** : 제품 발주자가 생산을 시작할 때 계약금, 생산을 완료했을 때 나머지를 주는 게 업계 표준이다. 아니면 납품일로부터 30일 뒤에 대금을 결제하는 것도 있다. 제조업체의 결제조건을 확인한다.
- **인도시기** : 시제품 완성과 1차 납품 일정을 알려 달라고 한다. 그리고 제품이 히트를 칠 경우에 대비해 추가 주문 시 제작에 소요되는 일정도 알아둔다.
- **배송비용** : 공장에서 창고설비까지 배송하는데 드는 비용은 얼마가 되는지?
- **보 험** : 제품의 배송 및 보관상의 위험을 보장할 수 있는 보험의 종류를 알아본다. 추가적으로 가입해야 할 보험이 또 있는가?
- **재무적 신용도** : 제조업체가 사용하는 공급업체들로부터 신용도를 알아보고 연차 보고서를 요청한다. 이들이 대금결제를 제때 하는지, 업계 평판은 좋은지 판단을 내린다.

<할 일 목록> 4번의 최소생산수량을 활용, 최초 주문 시 각 부품
별로 필요 수량을 정한다.

1차 주문 시에는 <할 일 목록> 4번에서 정한 최소주문수량을 활용한다. 수량이 달라질 때의 가격을 비교할 수 있도록 견적의뢰서에 다른 생산수량별로 견적을 요청한다. 내 고객들은 대개 추천 최소생산수량에 대한 견적뿐 아니라 수량이 그 절반 및 그 2배가 될 때에 대해서도 견적을 요청한다. 예를 들어 최소생산수량이 1,000개라면 견적의뢰서에서 500, 1,000, 2,000개를 넣는 것이다.

대개는 수량이 늘어날수록 단위당 생산비용은 낮아진다. 제조업체의 추산은 여러분이 얼마를 생산해야 할지, 수량별 적용 가격은 얼마인지를 결정하는데 도움이 된다.

필요한 각 구성요소의 정학한 숫자를 주문해야 한다. 예를 들어, 게임 1,000개를 만드는데 한 게임에 주사위 두 개가 필요하다면 박스는 1,000개, 주사위는 2,000개를 주문해야 한다.

견적의뢰서 초안을 작성하면 실험용 견적의뢰서를 보내 제조단
계 포커스 그룹을 소집한다.

실험을 위해 여러분이 작성한 제조업체 명단 가운데 한 업체에 전화를 걸어 영업 담당자에게 견적서를 보내 의견을 구한다. 이를 통해 제조과정을 테스트할 수 있다.

여러분은 제조업체들이 사용하는 특정한 용어를 익혀야 할지도 모른다. 하지만 그 때문에 기죽을 필요는 없다. 첫 제조업체를 만나고 나면 견적의뢰서를 고쳐서 다른 제조업체들을 만날 때 더 전문가답게 보이도록 한다. 제조업체들에게 전문가답게 보일수록 가격협상에서 유리하다.

사업상의 관계에서 초보자인 듯한 느낌이 들지 않게 하기 위해 대다수

진심으로 이야기한다. 여러분의 열정을 보고 제조업체에서 아주 좋은 가격을 제시할지도 모른다.

내 고객들은 사업을 같이 할 가능성이 없는 제조업체(예 : 너무 멀다거나 평판
이 나빠서)를 대상으로 실험을 한다. 이렇게 하면 정작 같이 일할 제조업체와
사업을 진행할 때 자신을 가질 수 있다.

전화상으로 영업 담당자에게 제품에 대해 자세히 설명하고 견적의뢰서
를 어떻게 작성했다고 간단히 이야기한다. 이들은 여러분에게 질문을 하고
여러분이 전혀 생각지 못했던 정보("항상 수성용지를 사용할 것" 등)를 제공할
것이다. 만일 그 담당자가 해당 제품은 자신들의 전문분야가 아니라고 하면
다른 연락처를 받아서 연락한다.

손쉬운 평가가 가능하도록
견적의뢰서 견본을 보관한
다.

 **7** 제조업체에서 받은 새로운 정보(특히 용어)로 견적의뢰서를 갱신
한다.

이제 여러분은 제품에 필요한 모든 구성요소에 대해 좋은 아이디어도 있
고 업계에서 쓰는 용어에도 익숙해졌다. 이제는 "내부자"로서 여러분의 지
식을 활용해 견적의뢰서를 업데이트한다.

8 다른 제조업체 담당자들에게 연락을 취해 제품을 설명하고 견적
의뢰서 내용을 이야기해준다.

제조업체들과 직접 대화를 하는 것은 관계를 구축하는 데 많은 도움이
된다. 첫 통화 이후에 관심을 보이는 모든 담당자에게 견적의뢰서를 팩스로
보낸다. 일반적으로 48시간 내에 견적이 들어올 것이다. 각각의 견적을 검
토하는 시간을 줄이기 위해서는 견적의뢰서와 똑같은 양식으로 응답해 달
라고 요청한다. 응답 양식을 정해주지 않으면 제조업체에서는 가격만 제시
하고 여러분이 필요한 요건을 이들이 충족할 수 있는지 알 수 없게 될 수도
있다.

9 우선 "필수항목"을 만들고 견적서를 평가한다.

"필수항목"이란 여러분의 사업의 성공을 위해 제조업체들이 반드시 해주어야 할 일들이다. 가장 일반적인 "필수항목"에는 다음과 같은 것들이 있다.

- 가격은 개당 X원을 넘을 수 없다.
- 제조업체는 모든 부품을 조립한 완제품을 포장 상태로 납품해야 한다.
- 제조업체는 시제품을 만들어 승인을 받아야 한다.
- 제조업체는 재무구조가 튼튼해야 한다.
- 여러분의 것과 유사한 제품을 제조해본 경험이 있어야 한다. 경험 없는 제조업체의 실험대상이 되어서는 안 되므로 유사한 제품을 만들어본 제조업체를 찾는다.

비용을 낮출 수 있는 방법에 대해 늘 제조업체에 물어본다. 이들이 어떤 좋은 아이디어를 내놓을지 모른다.

10 "필수항목"을 충족하는 제조업체가 보낸 견적서와 그렇지 않은 것으로 분류한다.

기본적 요건을 충족하는 업체에 주의를 집중함으로써 시간을 절약할 수 있다.

열린 마음을 유지한다. 세상에는 유용한 힌트가 널려 있다. 어떤 매장의 영업 담당자와 친하거나 어떤 제조업체가 여러분의 집 근처에 자리 잡고 있다고 해서 반드시 그들이 여러분에게 최고 회사라는 보장은 없다. 편견을 버리고 객관적으로 많은 정보를 검토한다.

11 견적의뢰서와 같은 양식으로 평가 차트를 만들어 각 제품 구성요소 및 제조업체들로부터 받은 가격을 기록한다.

"필수항목"을 충족하는 업체에 대해서만 평가를 실시한다. 대다수 내 고객들은 필수항목을 충족하는 제조업체에 대해 견적의뢰서에 칼럼을 추가한다. 이렇게 하면 업체간 비교를 용이하게 할 수 있다. 여러분도 나름대로 편한 방법을 개발하면 된다.

12 팀을 활용해 견적서를 평가한다.

적어도 한 사람(친구 또는 잠재적 소매업자)은 여러분 옆에서 같이 평가작업을 돕도록 한다. 이렇게 평가팀을 구성하면 공정하고 객관적인 평가를 내릴 수 있다.

여러분이 마음에 두고 있는 업체가 항목을 빠뜨렸다면 질문을 놓친 경우도 있고 다른 항목에 포함되었을 가능성도 있으니, 연락해서 채워달라고 한다.

13 평판, 규모(여러분의 사업과 같이 성장하면 좋다), 품질, 가격을 감안해 최종적으로 두 개 업체를 고른다.

가장 중요한 것은 여러분이 신뢰하는 업체, 여러분의 제품을 최고로 만들어줄 수 있을 거라는 확신이 드는 업체를 골라야 한다. 소형 제조업체는 훌륭한 파트너가 될 수 있다. 이들은 창업의 고통을 이미 겪어봤으므로 여러분을 동료로 볼 것이다. 이들은 여러분도 성공하기를 원하기 때문에 일부러라도 도움을 베풀려고 할 것이다. 여러분의 조사결과 및 직감을 활용해 결정을 내린다.

14 신용평가기관 한국신용정보(주)(www.online2.nice.co.kr) 등의 홈페이지나 거래 은행에 문의해 마지막으로 남은 두 업체의 재무 건전성을 본다.

15 마지막으로 남은 두 제조업체와 협상한다. 여러분이 가격을 낮춰달라거나 납기를 당겨달라고 말하지 않으면 절대로 알아서 해주는 데는 없다.

어떻게 하면 제조비용을 낮출 수 있느냐고 물어본다. 단 비용을 위해 제품의 품질을 낮춰서는 안 된다. 이런 문의를 하는 것은 표준 관행이다. 여러분은 제조업체에게 도움을 요청하고 있을 뿐이다. 제조업체는 다른 재료, 색상, 생산수량, 조립공정을 권할 수도 있고 부품 일부는 외주를 줄 수도 있다. 이들의 권고사항은 모두 기록하고 제품의 가격과 품질에 미치는 영향을 분석한 다음 마음에 들면 이를 채택한다. 견적의뢰서에 변동이 생긴다면 제조업체의 서면 동의를 받는다.

이 과정은 모든 사람에게 적용된다. 우리가 15달러나 주고 사는 CD를 2,000장 제작하는 데 개당 1.34달러 밖에 안 든다는 것을 알면 여러분은 놀랄 것이다. 전화 한 통으로 개당 제작단가를 1.1달러로 낮출 수 있는 방법을 찾는다면 480달러나 절약할 수 있다.

주위를 둘러보고, 참고자료를 검토하고 사람들의 말을 경청한다. 많은 것을 배울 수 있을 것이다.

결제능력

샘(Sam)이 나를 찾아왔을 때는 해결책이 절실할 때였다. 그는 달력을 개발하고 있었는데, 모든 사전조치를 다 취한 다음 인쇄업체 하나를 선택했다. 평판을 조사하고 그 업체가 인쇄한 다른 달력을 평가하고 공장까지 방문했다. 그러나 회사의 재정상황까지는 점검하지 않았다.

알고 보니 그 업체는 대금결제를 제때 해본 적이 없는 회사였다. 그리고 샘의 달력이 막 인쇄에 들어갈 무렵 인쇄업체는 문을 닫아야 했다. 공급업체에서 더 이상 종이 공급을 거절했기 때문이다.

그때는 9월이었으므로 샘이 신년이 오기 전에 달력을 납품하지 않으면 소비자들에게 팔 길이 없었다. 제조에 소요되는 시간이 그의 사업 성공에는 아주 중요한 요소였다. 우리는 재빨리 견적의뢰서를 만들어서 다른 인쇄업체에 보냈다. 불행히도 샘의 계획을 감당할 역량을 갖춘 인쇄업체는 없었다. 샘은 1년을 더 기다린 다음에야 달력을 만들어 팔 수 있었다.

16 제작단가를 정한다.

두 가지 견적가격 중 높은 가격을 생산수량으로 나눠서 제작단가를 구한다(일단 생산수량은 〈할 일 목록〉 4번의 추천 최소생산수량을 사용한다).

제작단가를 추산하는데 더 높은 견적가격을 이용하는 까닭은 가격이 언제나 변하기 때문이다. 더 높은 견적가격을 이용해야 합리적이며, 제품 가격을 정할 때도 약간의 여지를 둘 수 있다.

협상에 있어 가장 중요한 부분은 상대방의 목표를 이해하는 것이다. 사람들은 자신의 목표를 상대에게 전달하는 것을 어려워하는 경우가 많으므로, 신중하게 귀 기울이고 이들의 목표를 이해하고자 애쓰고 상호 합의가 가능한 해결책을 도출한다.

BOARD GAME RFQ | 보드게임 견적의뢰서

이 견적의뢰서 견본은 보드게임 제작수량을 달리 할 때 가격을 결정하기 위해 작성했다.
여러분의 견적의뢰서를 만들 때 이 양식을 적절히 변형해서 사용하면 될 것이다.

제조업체 귀하,

전화로 말씀 드렸다시피 새로운 보드게임을 제작하기 위한 견적의뢰서를 아래와 같이 첨부합니다. [여러분의 30초 광고를 여기 넣는다. 예를 들어, "이 게임은 어린이들에게 다른 문화와 관습을 가르쳐서 전 세계 어린이들과 친구가 될 수 있습니다." 이런 식이다.]

견적의뢰서는 사업 계약서가 아니며, 단지 가격을 알아보고자 할 뿐이니, 게임 구성요소별로 견적의뢰서 양식에 맞추어 견적을 내주시면 감사하겠습니다. 참고로 다른 업체에 외주 제작할 품목이 있는 경우 표시해 주시기 바랍니다.

추가 정보는 견적의뢰서 양식의 빈칸에 기록하시거나 부록으로 첨부해 주시면 됩니다. 문의사항이 있으시면 02-322-9822로 연락 바랍니다.

안녕히 계십시오.

홍 길 동
(게임제작자)

게임 보드

내 역	가 격	의 견
프린트 특성 : • 4칼라 프로세스 • 필름을 위한 소프트웨어		
보드 크기 : • 9″x12″ 에서 18″x24″ 까지 • 80포인트 칩보드 • 파란 그물배경		
게임보드 라벨 : • 120g아트지 라벨 • 수성코팅을 한 4칼라 인쇄 • 제품을 위한 필름		
수 량 : • 5,000 • 10,000 • 20,000		

본체 박스

내 역	가 격	의 견
크기와 재질 : • 약 12 5/16″ x 9 5/16″ x 3 5/16″ • 배송을 위해 정확하게 맞춰야 한다. • 40포인트 흰색 두꺼운 마분지		
톱 라벨 : • 120g 아트지 라벨 • 수성코팅한 4칼라 인쇄 • 제품을 위한 필름		
바닥 라벨 : • 120g 아트지 라벨 • 수성코팅한 1도(먹) 인쇄 • 제품을 위한 필름		
수 량 : • 5,000 • 10,000 • 20,000		

카 드

내 역	가 격	의 견
카드 철 : • 약 4 1/2″x3 5/8″ x2 1/4″ • 인쇄 안함 • 겉장 없음 • 32포인트 흰 선 두꺼운 마분지		
카드 덱 : • 전면에 1도 상징그림을 그린 각각의 카드 뒤에 다른 인쇄		
카드 : • 크기 : 2 1/4″x3 1/2″ • 10포인트 아트지 • 1면(상징그림 쪽) 펑크색 인쇄 • 2면(글자) 검정색 인쇄 • 사방모서리 : 약간 표시 • 모든 카드를 카드철에 넣는다. • 인쇄를 위한 마지막 필름 −인쇄용지는 28″ *40″		
수 량 : • 각 덱 당 5,000 • 각 덱 당 10,000 • 각 덱 당 20,000		

박스 안을 위한 단

내 역	가 격	의 견
크 기: • 3 1/4 " U 주머니를 가진 약 12x9x2 1/4 • 40포인트 흰 라인의 두터운 마분지 • 코너를 남기지 않음		
수 량: • 5,000　　• 10,000　　• 20,000		

부분 트레이

내 역	가 격	의 견
크 기: • 4 1/2x3 5/8x2 1/4 • 32포인트 흰 선 두터운 마분지		
수 량: • 5,000　　• 10,000　　• 20,000		

카드보드 배송 본체

내 역	가 격	의 견
• 박스 위에 회사 이름 주소 인쇄 • 박스 위나 옆에 아이템수량 인쇄 • 박스 두 개 크기 : 게임 6개 용 하나, 게임 12개용 하나. • 표준 박스 크기를 사용하라.		

부품들

내 역	가 격	의 견
• 8표준 조각, 각각 다른 색깔 • 1폴리백 안에 부품 위에 시출		
수량 : • 30,000　• 80,000　• 160,000		

다이스

내 역	가 격	의 견
• 표준 2개, 정방형, 6면 다이스		

규격 쉬트

내 역	가 격	의 견
• 8 1/2x11 접어서 8 1/2x5 1/2		
• 50#흰색 옵셋인쇄(게임당 하나)		
• 양옆에 검정 인쇄		
• 인쇄 필름 준비		

포장용

내 역	가 격	의 견
• 각 게임 당 모아서 수축포장		
• 케이스 당 6개 단위로 포장		
• 200# 주름진 마분지		
• 1도 칼라인쇄, 판넬, 보통 카피		
• 표준 1 1/2-1 블록형 3선		

배 송

내 역	가 격	의 견
만일 당신이 완전히 준비했다면 다음 요금들에 대한 정보를 준비하라. • 필요한 서류작업 • 짐 꾸리기(첫 케이스와 부가 케이스) • 보관 요금과 필요물품 • 송장(서류작업 대행사무실) • 짐 목록 • 각 상자에 대한 배송 라벨 • 배송비		
직접 배송 정보를 준비하라. • 당신의 공장으로부터 미국 캘리포니아 오렌지 주까지 게임 배송하기 • 보관 추천 기관과 대행회사		
그밖에 부가적인 견해나 장려할 점은 여기에 기록		

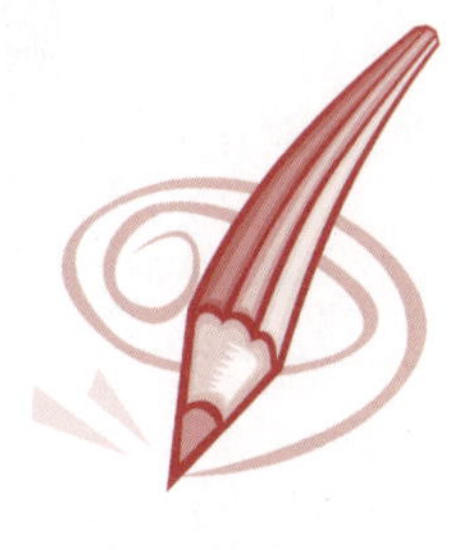

제7장

KICK START YOUR DREAM BUSINESS

세상에 알리기

이 장에서는 여러분이 개발한 마케팅 이벤트, 배송방법과 전략을
올바른 때에 올바른 사람들에게 여러분의 제품을 소개함으로써
그들이 제품을 구매하고 싶다는 생각이 들게끔 하려는 것이 목적이다.
즐겁게 참여하되 마케팅과 구전효과의 힘을 과소평가하지 말기 바란다.

머리말

마케팅. 이 낱말은 사람들에게 두려움을 주기도 하고 힘이 솟게 하기도 하는 말이다. 내 고객 몇 명은 개발한 제품이 자신들에게 너무 중요해서 누군가 그 제품의 아이디어를 싫어하거나 비웃을지도 모른다는 걱정을 너무 많이 한 나머지 마케팅 얘기만 나오면 몸서리를 칠 정도이다. 이들은 사람들 앞에서 말을 잘 못하면 어떡하나, 중요한 순간에 30초 광고를 잊어버리면 어떡하나 하는 것을 걱정한다.

하지만 겁먹을 이유가 없다. 아이디어에 대한 여러분의 열정은 숨기려 해도 드러날 수밖에 없으며, 그것이 진정으로 강렬한 것이다. 사실 여러분은 마케팅이 처음도 아니다. 처음부터 친구와 가족들에게 해온 일들이 다 마케팅에 속한다. 그런데 이미 많은 사람들이 여러분에게 좋은 아이디어라고 말하지 않았던가? 어떤 사람들은 이미 여러분이 제품을 파는 것을 돕겠다거나, 실제로 생산되면 사겠다고 말하는 사람도 있었을 것이다.

'마케팅'이라는 단어를 들으면 그 말을 '기회'라는 말로 바꿔보면 어떨까? 여러분이 할 일은 여러분의 아이디어로 혜택을 볼 더 많은 사람들의 집단을 향해 메시지를 확장하는 것뿐이다. 메시지를 퍼뜨리기 시작해보라. 얼마나 큰 재미와 특별한 기회가 여러분을 기다리고 있을지 누가 아는가?

머지않아 하루라도 빨리 마케팅 아이디어를 실행에 옮기고 싶어서 안달

최선을 다해 고객을 대한다. 고객의 추천은 소규모 기업이 발전할 수 있는 가장 강력한 도구이다.

이 날 정도로 마케팅 아이디어는 재미있는 일이 될 것이다. "손으로 끄적인 것("고양이를 찾습니다"처럼) 같은 전단지를 붙여 제품을 홍보한다"거나 "가까운 버스 정류장에서 친구 몇 명과 함께 사람들에게 우리 커피숍에 와서 공짜로 카페라떼를 마실 수 있는 쿠폰을 나눠준다."

거리로 나가서 진정에서 우러나오는 말을 하다 보면 여러분에게 도움이 될 만한 관계를 구축할 수 있을 것이다. 여러분에 대한 믿음에서 생겨나는 에너지는 여러분이 만드는 제품으로 구체화되고 주변 사람들에게 돕고 싶다는 마음을 불러일으킬 것이다.

다른 사람 입장에서 여러분을 돕기 위해 필요한 것은 무엇일까? 여러분의 아이디어를 마케팅하기 위해서는 다음 세 가지가 필요하다. 첫째, 여러분의 제품이 어디에 쓰이는지, 어떤 사람들이 소비자인지, 어떤 이점을 제공하는지(제2단계 외부적 의도)를 설명하는 간결한 마케팅 메시지를 들려주어야 한다. 제11단계 제품설명서에서 개발한 30초 광고를 들려주면 적당하다.

둘째, 여러분의 메시지를 전파해야겠다는 생각이 그들에게 들도록 여러분이 이 노력을 시작하는 까닭(제2단계 내부적 의도)을 이해시켜야 한다. 여러분의 의도를 이해시키면 여러분의 사업을 마치 자신의 일처럼 여기고 다른 사람들에게 나눠줄 이야기가 생기게 된다. 사람들은 남에게 이야기하기를 좋아한다. 그 이야기 대상이 여러분이 되게 하는 것이다.

셋째, 꼭 돈이 아니더라도 보상을 해줘야 한다. 여러분을 도와준 사람들에게는 저녁식사에 초대한다거나, 감사장을 보낸다거나, 여러분의 마케팅 자료에서 그들을 언급한다거나 하는 식으로 감사의 뜻을 표시한다.

뒤에 가는 사람은 앞서 간 사람의 경험을 이용하여
똑같은 실패를 되풀이 해서는 안 된다.

레이번(Laverne)은 사람들이 네 가지 간단한 단계를 따라함으로써 재무적 목표를 달성하는 것을 돕는 세미나와 책을 개발했다. 그녀는 마케팅이라는 개념은 싫었지만 사람들이 진취적인 삶을 살게끔 돕는 것이 좋았다.

그녀는 강렬한 30초 광고를 만들었다. 그래서 나는 사람들이 직업을 물어볼 때마다 그녀의 30초 광고를 이야기하면 손쉬운 마케팅이 되지 않겠느냐고 제안했다. 레이번은 이 아이디어를 마음 편하게 받아들였고 그날 밤 참석하기로 했던 파티에서 시험해보기로 했다.

파티에서의 경험은 마케팅에 대한 레이번의 인식을 바꿔놓았다. 레이번이 새러(Sarah)라는 여자에게 30초 광고를 이야기했을 때 새러는 그녀의 팔을 잡으며 이렇게 말했다. "제가 필요한 게 딱 그거에요. 제 친구 샘(Sam)이라고 있는데 그 사람도 필요하다고 했어요. 샘을 찾으러 가요."

바로 샘과 새러는 파티에 참석한 모든 사람에게, 여러분이 재무적으로 성공할 수 있도록 돕는 사람이라고 레이번을 소개했다. 레이번은 뛸 듯이 기뻤다. 진심으로 사람들에게 이야기하고 남들에게 이로움을 제공하면 가만히 있어도 사람들이 자기 사업을 키워주고자 한다는 것을 그녀는 깨달았다. 그녀는 이제 레터헤드 맨 위에 30초 광고를 인쇄해 두고 만나는 모든 사람에게 자신의 사업에 관해 이야기하기를 즐긴다.

마케팅 전략

KICK START YOUR DREAM BUSINESS

 ## 머리말

기회로 가득 찬 놀라운 야생의 땅, 마케팅의 세계에 들어온 것을 환영한다. 이번 단계에서는 다음번에 무엇을 해야 할지 걱정하는 대신 어떻게 하면 제품 판매와 판촉에 더 많은 시간을 투자할 수 있는지를 배운다.

이를 달성하기 위해서는 시기적절한 효율적 마케팅 전략을 개발해야 한다. 전략이란 목표를 이루는 데 도움이 되는 계획을 말한다. 마케팅 계획은 잠재 고객들에게 제품의 이점을 알려주고, 교육하고, 즐거움을 제공한다. 지속적으로 쓸 수 있는 전략을 만들려면 끊임없이 다양한 매체를 통해 아이디어를 테스트하고 실제 효과가 있는 것을 찾아야 한다.

효율적인 마케팅 전략을 개발하는데 사용하는 한 가지 도구가 있는데 '한 쪽짜리 마케팅'이라는 이름의 간단한 기법이다. 나는 이것을 '원 페이저(One Pager)'라고 부르는데 여기에는 여러분의 월간 마케팅 이벤트를 계획하고, 행동조치를 설정하고, 관련 비용을 계산하고, 성과를 기록함으로써 여러분의 마케팅 활동을 효과적으로 평가한다. 마케팅 이벤트란 여러분의 사업 판촉을 위해 하는 모든 일을 말한다. 이벤트는 세미나 발표처럼 실제 활동일 수도 있고 회사 로고를 지속적으로 사용하는 것처럼 실제 활동이 아닐 수도 있다. 이 기회들을 "이벤트"라고 부르는 것은 각 단계를 개발해 실행에 옮기기 쉽게 하기 위함이다.

격려의 말

몇 번이고 되풀이해서 잠재 고객들에게 정보를 제공하고 교육하고 즐거움을 제공할 수 있는 마케팅 이벤트를 계획한다.

마케팅 컨설팅 회사를 소유하고 있던 브루스(Bruce)는 시내 중심가 재개발 위원회의 멤버로 초청 받았다. 지역사회에 공헌할 수 있는 좋은 기회라는 생각에 그는 위원회에 참여했다.

위원회는 중소기업과 예술가들을 재개발 지역으로 유치하기 위한 몇 가지 아이디어를 개발했다. 위원회는 이들이 새로운 활력과 돈, 기회를 가져올 것으로 예상했다. 그러나 기존 주민들이 어떻게 받아들일지는 확신이 서지 않았다. 그래서 위원회는 아이디어를 실행에 옮기기 전에 주민회의를 갖기로 결정했다.

주민회의라는 아이디어에 지역사회 유지들, 주민들, 심지어 시장까지 환호했다. 가능한 한 효율적인 주민회의를 위해 위원회는 회의를 다섯 개의 소모임으로 나눠 사람들이 아이디어를 내놓고 토론할 수 있도록 하기로 했다. 그러고 나서 저녁 때 일정이 끝나면 위원장이 모든 제안사항을 발표하기로 했다. 이 행사 때문에 시 전체가 몇 주 동안 떠들썩했다.

그런데 행사 당일 위원장이 그만 덜컥 병에 걸렸다. 시장 및 다른 공직자들을 비롯한 250명의 사람들이 행사를 위해 모여 있는 상황이었다. 위원회 측은 일정이 끝난 다음 제안사항을 읽어줄 사람이 있느냐고 물었다. 브루스는 그 일에 자원해서 나섰다. 브루스는 떨리는 마음으로 무대 위에 올라가 군중들을 둘러보는 순간 한 가지 아이디어가 떠올렸다. 저 많은 사람들이 그의 잠재 고객이며 게다가 언론에서도 취재를 나와 있지 않은가? 많은 사람에게 마케팅 메시지를 전달할 수 있는 절호의 기회였다.

회의에서 나온 제안사항들을 낭독한 다음 브루스는 자기 회사가 그 아이디어를 효율적으로 실행하도록 도울 수 있다고 말했다. 그는 성심성의껏 이야기했고 사람들은 그의 말을 열심히 경청했다. 그가 발표를 마치자마자 주민들과 시 공직자들이 그에게 다가와 인사를 했고 지역 신문에도 그에 관한 기사가 실렸다. 계

효과적인 마케팅 이벤트를 개발하고 전달하고 효과를 확인할 수 있는 방법을 찾는다.

제19—A단계부터 E단계까지는 마케팅 이벤트로, 여러분의 친구와 여러분 자신의 조사를 통해 원 페이저에 실을 훌륭한 마케팅 이벤트를 만들어내는 단계이다. 여러분의 꿈을 담는 주머니는 넘쳐서 닫히지 않을 것이다.

전략에서는 제품의 이점을 강조해야 한다. 여러분의 제품이 대기업에서 만들어진 것이라는 인상을 소비자에게 심어주려고 할 필요는 없다. 규모가 작더라도 남들과 달라지려고 애쓰는 기업에 애정을 갖는 소비자들도 있다. 집에서 만든 제품처럼 보이려고 돈을 들이는 기업도 많은데 여러분의 제품은 실제로 그렇지 않은가?

실제로 전략을 짜는 일은 쉽다. 우선 멋진 판촉자료를 만들고 여러분이 하고 싶은 이벤트를 계획한다. 무언가 하기를 좋아한다는 것은 주변 사람들을 여러분과 여러분의 제품으로 이끄는 에너지를 만들어내는 것과 같다.

둘째, 항상 제품의 이점에 초점을 맞추고, 고객 저변을 확대하고, 사람들의 기억에 남도록 해야 한다. 여러분의 사업을 지속적으로 판촉하되 가능한 한 창조적으로 해야 한다. 여러분의 제품이 사람들의 입에 오르내린다면 여러분은 화제를 불러일으키는 데 성공한 것이다.

셋째, 이것이 가장 중요한데, 효과적인 것으로 판명된 마케팅 이벤트를 반복한다. 끊임없이 새로운 것을 개발할 필요는 없다. 성공적이었던 것을 재활용하면 시간과 비용이 절약된다. 여러분은 이미 실수로부터 많은 것을 배웠고 앞으로 무엇을 달성해야 할지를 알고 있으므로 이를 활용해 멋진 마케팅 전략을 세운다.

인생은 어차피 놀라움의 연속이므로 여러분이 세운 계획에만 의존할 생

성과

월별 마케팅 이벤트, 비용, 날짜, 성과를 기록한 원 페이저.

각은 금물이다. 난데없이 불쑥 튀어나오는 기회를 최대한 활용할 줄 알아야 한다. 모든 일을 계획할 수는 없는 법이다.

 할 일 목록

1 과거 조사결과와 직관력을 활용해 제품 출시일을 결정한다.

제품 출시일은 여러분이 사업의 문을 여는 날이다. 언제 제품을 내 놓을 준비가 완료될 것인가? 큰 탁상 달력을 꺼내 그 날짜 위에 "창업일"이 라고 크고 굵은 글씨로 쓴다.

제품 출시일을 지금 정해 두면 마케팅 이벤트를 효율적으로 계획하는데 좋다. 이 날짜에 대해서 지나친 걱정을 할 필요는 없지만 많은 생각 끝에 신 중하게 정해야 한다. 앞에서도 이야기한 적 있지만 가장 멋진 일은 무언가 를 문서로 기록해 두면 그것이 나름대로의 생명력을 지닌다는 것이다. 출시 일을 적어둠으로써 달성하기 위해 노력해야 할 목표 하나를 세운 것이다.

제품 개발을 계속하면서 출시일은 얼마든지 조정할 수 있다. 날짜가 변 한다 해도 지금까지 이룩해온 것이 없어지지는 않는다. 그에 맞게 마케팅 이벤트의 날짜만 조정해주면 그만이다.

2 출시일로부터 거꾸로 마케팅 노력에 영향을 줄 만한 날짜들을 표 시한다.

특별한 날짜는 큰 글씨로 표시해 둔다. 그런 날짜로는 주요 공휴일, 주요 판매일(개학준비세일 등), 개인적으로 특별한 날(결혼식, 생일 등)이 있다. 이 날 짜들을 표시해 두는 까닭은 여러분 자신이나 고객들이 참석할 수 없는 날은 마케팅 행사에서 제외하기 위해서이다.

마케팅 이벤트 날짜에는 제19-A부터 E단계 마케팅 이벤트에서 개발한 마케팅 활동들을 기록한다. 지금 특별한 날짜들을 정해두면 사업을 개발하면서 탄탄한 마케팅 전략을 수립하는데 도움이 된다.

3. 211~212쪽의 원 페이저 견본을 참고한다.

매월 만드는 원 페이저의 개념에 익숙해진 다음, 앞으로 마케팅 이벤트를 개발하면서 진척도를 점검한다. 제7장에 제시된 단계를 차례로 거치면서 원 페이저를 만들어 본다.

구전 광고는 매우 효과적이다. 누구 한 사람이 여러분의 제품에 대해 직장 동료에게 이야기하면 그들이 그것을 구입하고 또 다른 사람들에게 이야기하는 식으로 전파된다.

4. 원 페이저 맨 위에 30초 광고를 삽입한다.

30초 광고는 여러분의 사업과 마케팅 캠페인의 핵심이다. 원 페이저 맨 위에 적어 두고 항상 쉽게 참고할 수 있도록 한다.

예를 들어, 여러분이 새로운 계약을 두고 한창 협상 중인데 언론사에서 전화가 오면 어떻게 할 것인가? 간단하다. 30초 광고를 읽어줌으로써 그들의 주목을 끈 다음 지금 고객과 상담 중이니 나중에 전화를 드려도 되겠느냐고 묻는다. 대개는 언제쯤이 좋다고 말해줄 것이다.

5. 제19-A단계부터 E단계까지 따라가면서 최초의 원 페이저에 둘 이상의 이벤트를 기록한다.

제19-A단계부터 E단계를 읽으면서 서로 다른 유형의 마케팅 이벤트에 익숙해지도록 한다. 최초의 원 페이저를 개발하는데 이 시기를 활용한다. 이 단계들을 거치고 나서 여러분의 제품을 시장에서 돋보이게 하도록 보완해줄 마케팅 이벤트 한두 가지 정도를 추가한다.

이제 여러분의 주된 마케팅 이벤트는 30초 광고이다. 제대로 된 것을 만들고 여러분의 혀끝에서 술술 흘러나올 때까지 지속적으로 바꿔 본다. 여러분의 사업이 어느 단계에 있느냐에 따라 첫 달에는 30초 광고를 다듬는 것 만으로도 마케팅 이벤트의 전부일 가능성이 있다.

나머지 마케팅 전략은 제품 개발 단계에 따라 좌우된다. 예를 들어, 출시 일이 가까워질 때면 제품을 알릴 수 있는 제품출시 파티를 계획한다. 더 많 은 정보를 얻고 과거 활동을 분석하고 새롭고도 특별한 마케팅 기회를 발견 하면서 활동들을 원 페이저에 추가한다.

자극의 말

불안할 때는 그냥 밀고 나가 는 것이 좋다. 더 많은 활동 을 계획하고 실행할수록 더 쉽고 더 재미있어진다. 그 러다 보면 사람들이 전화를 걸어 다음번 이벤트는 언제 냐고 물을지도 모른다.

6 마케팅 이벤트가 사업에 어떤 효과를 가져올 것인지 예측한다.

이 부분에서 많은 고객들은 묻는다. "어떤 효과가 있을지를 어떻게 미리 알 수 있나요?" 그게 바로 관건이다. 특정 마케팅 이벤트가 어떤 효과 를 미칠지 정확히 알 수는 없다. 단지 어느 정도 결과가 나오겠다는 것을 직 관과 느낌으로 아는 것이다.

기대되는 이벤트의 효과 및 실제 결과를 기록하지 않으면 절대로 경험으 로부터 얻는 것이 없다. 직관과 지식을 활용해 각 이벤트의 기대효과를 설 정한다. 경험이 쌓이다 보면 다양한 마케팅 이벤트의 결과를 쉽게 예측할 수 있는 능력이 생긴다.

결과의 예측(예 : 제품 360개를 팔았을 때의 결과, 고객 명단에 24명을 추가했을 때 의 결과)은 여러분의 제품에 가장 효과적인 마케팅 이벤트가 무엇인지를 결 정하는 데 도움이 된다.

최선을 다해 마케팅 이벤트가 제품에 미칠 효과를 예상해 보면 머지않아 다른 벤처 사업가들에게 결과를 예측하고 사업을 효율적으로 마케팅하는 법을 가르쳐주는 경지까지 도달할 것이다.

7 각 이벤트를 실행하는데 소요되는 절차, 시간, 비용을 정한다.

계획된 각각의 마케팅 이벤트와 관련한 시간 및 비용을 단계별로 정리한다. 각 이벤트를 단계별로 나누는 것은 계획을 구체화하는 데 도움이 된다. 각 단계별로 소요되는 시간 및 비용을 계산하다 보면 어떤 활동을 실행에 옮겨야 할지를 더 잘 알 수 있게 된다.

이벤트의 효과를 측정할 때와 마찬가지로 여러분의 직관을 활용해 절차를 정하고 각각의 마케팅 활동에 관련된 시간을 계산한다. 마케팅 이벤트를 성공으로 이끌기 위해 수행해야 할 활동에 대해 생각해 보고 절차를 적는다. 활동을 실행에 옮기면서 끊임없이 배우겠지만 지금 적는 절차가 마케팅 이벤트를 계획하는 든든한 토대를 구성하는 데 도움이 된다.

비용과 활동을 기록하다 보면 여러분이 어디에 돈을 지출하는지를 정확히 알 수 있다. 마케팅 비용을 눈앞에 펼쳐 놓음으로써 질문에 대답할 때나 보고서를 작성할 때 시간과 짜증을 덜 수 있다.

실질적인 비용을 계산해야 마케팅 프로그램의 효과를 측정하기가 쉽다. 여기에는 약간의 조사가 필요하다. 여러 공급업체에 연락해 보고, 다른 사업주에게도 물어보고, 인터넷도 뒤져보고, 도서관에도 가보고, 친구나 친척과 이야기도 나눠본다. 그러다 보면 조사에 그렇게 많은 시간을 투입하지 않고도 비용을 간단히 추산할 수 있게 될 것이다.

이벤트별로 비용을 산출하는 일은 여러분이 정확히 어디에 어떻게 돈을 쓰고 있는지 파악하는데 도움이 된다. 예를 들어, 여러분이 안내책자를 만든다고 치자. 소요비용을 계산한 뒤 여러분은 흑백으로 할지, 단일 색상으로 할지, 컬러로 할지를 정할 수 있다.

어떤 마케팅 이벤트가 가장 효과적일지를 결정하는 동안 마케팅 비용을 최저한으로 유지하도록 계획을 세운다. 창의력을 발휘해 비용을 절감한다. 물물교환 형식으로 서비스를 대신 제공하거나 학생을 고용하거나 다른 중소기업주와 공동으로 효율적인 저비용 마케팅 이벤트를 하는 것 등이 비용을 줄일 수 있는 방법이다.

일단 시도해 보는 것이 중요하다. 사람들이 미래를 예측할 수 있다면 모든 사람이 부자가 됐을 것이다.

공짜로 얻을 수 있는 것은 공짜로 얻는다. 예를 들어, 이제 막 일을 시작한 그래픽 디자이너에게 여러분의 제품을 그냥 줄 테니 여러분의 제품 포장을 디자인해 줄 수 있느냐고 제안한다. 여러분이 글재주가 있다면 사진작가를 안내하는 책자의 글을 써주는 대가로 멋진 제품 사진을 부탁한다.

화려한 안내책자나 광고를 만들 필요는 없다. 그냥 여러분이 한 것처럼 보이기만 하면 된다. 경쟁업체들이 마케팅 자료에 많은 돈을 썼을 거라고 가정해서는 안 된다(직접 확인된 정보가 아니라면, 단지 비싸 보인다고 해서 반드시 많은 돈이 들어가는 것은 아니다). 사치를 부리고 싶은 유혹이나 근거 없는 가정은 떨쳐버리고 예정대로 밀고 나간다. 눈에 띄면서도 돈을 대느라 허리가 휘지는 않는 그런 마케팅 자료를 만드는 법을 찾을 수 있을 것이다.

8 마케팅 이벤트, 일정, 비용을 다른 사업주, 중소기업 컨설턴트, 중소기업개발기관의 상담사와 검토한다.

각각의 제품은 독특한 특성이 있다. 여러분이 원 페이저를 개발한 다음에는 마케팅 경력이 있는 사람과 검토해 본다. 그리고 이벤트에 제품이 충분히 반영되었는지, 고객들을 끌어 모을 수 있는 이벤트인지를 본다.

이런 질문을 스스로에게 해야 한다. "이 이벤트를 제대로 치를 만큼 시간이 충분한가? 중요한 이벤트를 빠뜨린 건 아닐까? 적절한 미디어를 대상으로 삼고 있는가?"

9 모든 마케팅 이벤트의 결과를 측정한다.

결과 측정은 지난 노력을 분석함으로써 어떤 이벤트가 효과적이고 어떤 이벤트가 효과적이지 않았는지를 결정하는 과정이다. 전략은 간단하다. 효과가 있는 마케팅 이벤트를 많이 하는 것이다.

성공적인 전략을 위해서는 효과가 좋은 세 가지 마케팅 이벤트에 집중한다(예 : 세미나, 기사 쓰기, 언론 접촉). 가장 쉽게 할 수 있는 활동보다는 제품 판매에 가장 도움이 되는 이벤트 세 가지(제19-A부터 E단계 가운데)라야 한다. 한 가지 이벤트를 반복하다 보면 일상적인 마케팅 활동의 일부가 되면서 자신감도 쌓이고 실행에 소요되는 시간을 줄일 수 있다. 소문이 퍼져 나가도록 하는 혁신적인 방법을 사용하면 마케팅 비용이 얼마 못가 바닥나는 것을 막을 수 있다.

효과가 있는 마케팅 이벤트를 표시할 특별한 코드를 개발한다. 내 고객들은 재미있게 운영했거나, 매출을 늘리는데 도움이 되었거나, 고객 명단을 크게 늘리는데 기여했거나, 원했던 효과를 거둘 수 있었던 마케팅 이벤트에 별표를 치거나, 형광펜으로 표시를 해 둔다.

마케팅에 어느 정도의 시간을 할애해야 한다는 식의 규칙은 없다. 일상의 일부가 되어야 하기 때문이다. 원 페이저에 기록한 대로 하되, 사업에 도움이 되는 것은 반복한다.

축적된 지식을 활용해 다음 달 원 페이저를 만든다. 여러분의 목표에 이르거나 초과달성한 이벤트가 효과적인 이벤트이다. 그 이벤트는 계속 실시하고 한 달에 한 가지 이벤트를 더한다.

마케팅에 들이는 노력의 성과가 바로 나타나지 않을 수도 있다. 그러나 낙담할 필요는 없다. 사업을 운영하는 데는 엄청난 노력이 필요하다. 사람들이 여러분의 제품을 인식하는 데는 많은 시간이 소요되므로 적어도 4~6개월 정도는 마케팅 이벤트를 지속적으로 실시해야 한다. 그 정도 시간이 지나면 성과를 제대로 측정할 수 있게 될 것이다. 30초 광고를 사용한 지속적 마케팅을 잊어서는 안 된다.

비용은 지역마다, 제조업체마다 다르므로 열심히 발품을 팔아야 한다. 예를 들어 포장비용은 서울보다 부산이 더 쌀 수 있다.

여러분이 진심으로 이야기할 때 사람들은 여러분이 꿈을 달성하도록 돕고 싶다는 마음이 생긴다.

 | ## 마케팅 원 페이저

원 페이저 상단에 판매 목표를 적는다.

[년   월] 마케팅 이벤트

연간 매출 목표 : _______   월간 매출 목표: _______

마케팅 프로그램의 기본인 30초 광고를 넣는다. 30초 광고는 여러분의 마음을 반영한 것이고 제품의 이점을 설명하고 있으므로 이야기를 할 때마다 활용한다.

30초 광고

"브리아(Briia)"는 사람들이 꿈을 창업으로 연결할 수 있도록 돕습니다. 단계별로 우리는 성공을 위한 행동계획을 만들어내는 과정을 통해 벤처 사업가에게 힘을 불어넣고 단계별 안내를 하는 워크숍과 개인 코치를 제공합니다.

모든 월간 활동을 기록한다. 이를 기록하게 되면 무엇을 해야 할지 걱정하는 대신 바로 행동으로 뛰어들 수 있다.

마케팅 이벤트

3월 27일 매장 내 시범(30초 광고를 잊지 말 것).

3월 16일까지 언론 접촉. 4월 4일까지 탄탄한 이야기 구성.

마케팅 이벤트가 제품에 어떤 효과를 가져올 것으로 기대하는지 설명한다. 직관 및 지금까지 쌓은 지식을 활용해 효과를 예측한다. 성과를 예상하고 사업을 발전시키는 데 도움이 될 만한 활동을 선택한다.

제품에 미치는 효과

매장 내 시범 · 소비자 접촉 · 제품 판매 20만원

언론 · 제품 인지도 상승 · 문의 44건 · 제품 판매 40만원

각 이벤트를 치르는 데 필요한 절차, 시간, 비용을 기록한다. 이렇게 기록하는 이유는 학습을 함으로써 이벤트가 있을 때마다 불필요한 반복을 피하기 위해서이다.

지역 신문

성공적 이벤트	날 짜	시 간	비 용
인터넷에서 기자 검색	3/14	1 시간	
디자인 배포	3/15	1 시간	
카피 배포(15부)	3/15	30분	1,500 원
언론사 담당자 연락	3/15	1 시간	7,000 원
보도자료 배포	3/16	30 분	27,000 원
1주일 뒤 후속연락	3/20	30 분	7,000 원
인터뷰	4/2	1 시간	
계		5.5 시간	42,500 원

성공적인 판촉이 진행 중인지를 파악하려면 성과 측정이 반드시 필요하다. 이 활동을 통해 여러분이 기대했던 효과가 나타났는가?

월별 성과

3월 16일 지방 신문에 기사   이틀 동안 문의전화 55건

전화로 제품 60개 판매, 4명은 매장으로 안내

 ## 머리말

여러분의 사업을 판촉하는 핵심은 제품의 장점을 가능한 한 많은 사람들에게 이야기하는 것이다. 제품이나 서비스를 구매함으로써 실제로 이득을 얻을 수 있는 사람들을 집중적으로 공략한다. 이 사람들은 여러분의 소비자일 수도 있고, 아니면 여러분의 소비자에게 물건을 파는 사람, 즉 매장 주인일 수도 있다.

이번 단계에서는 여러분의 제품을 다른 기업, 조직, 자선단체 등과 제휴시키는 방법을 알아본다. 이들과 제휴관계를 구축하게 되면 여러분이 목표로 삼고 있는 시장에 이미 파고 들어가 있는 조직을 통해서 일을 하게 되므로 고객 저변을 확대할 수 있다. 그리고 여러분이 돕는 기관이 든든한 후원자가 되거나 언론의 관심을 받는 부수적인 이점도 있다.

이 기관들은 마케팅 이벤트를 실행으로 옮기는데 훌륭한 파트너가 된다. 이들이 갖고 있는 메일링 리스트, 주소, 뉴스레터 등을 활용하면 여러분의 제품에 관한 소문을 퍼뜨리는 데 도움이 된다. 마케팅 이벤트를 개발하면서 다른 조직들을 이 단계에 참여시킬 수 있는 방법을 생각해 본다.

늘 이로운 점에 포커스를 맞춘다. 조직이 존재하는 것은 그 구성원의 필요를 충족하기 위해서이다. 따라서 그런 목적에 여러분이 도움을 준다면 그들은 기꺼이 제휴관계를 맺는다. 어린이처럼 꿈꾸어야 한다는 점을 잊지 마

 ### 격려의 말

여러분이 목표로 삼고 있는 고객을 이미 확보한 조직 및 기업과 제휴하여 다른 사람들이 여러분을 위해 마케팅을 대신하도록 한다.

라. 기금 모금을 위한 경매에 제품을 기증한다거나, 시간을 들여 모금행사를 기획한다거나 이벤트는 무궁무진하다.

제휴관계는 이성과의 데이트에 비교할 만하다. 잠재적인 파트너에게 여러분이 가지고 있는 가장 좋은 것을 보여줌으로써 관심을 끌고, 긴밀한 관계를 구축하고, 그들이 무엇을 필요로 하는지 알아내고, 이점을 제공함으로써 상대를 놀라게 한다. 예를 들어, 자선단체를 찾아가 이들의 목적이 무엇인지를 알아본다. 그런 다음 운영에 필요한 자금을 모을 수 있도록 모금행사를 기획한다. 자선단체는 좋은 일에 쓸 수 있는 돈을 얻고 여러분은 홍보(및 매출 확대)의 기회를 얻는다.

제휴관계 구축은 다른 비경쟁 회사들과도 가능하다. 여러분의 제품과 보완재 관계에 있는 제품을 찾는다. 각자의 양질의 고객을 서로에게 소개함으로써 상부상조할 수 있다. 예를 들어, 여러분이 마케팅 전략을 개발하는 컨설턴트라면 안내책자를 제작하는 그래픽 아티스트와 제휴관계를 구축할 수 있다.

어떤 조직이든 저지를 수 있는 최악의 대응은 "안돼!"라고 말하는 것이다. 여러분이 요청하지 않으면 절대 긍정적인 반응을 이끌어낼 수 없다. 적극적으로 요청할 것.

새로운 종류의 게임

톰(Tom)은 초등학생들이 철자법을 배울 수 있는 재미있고 혁신적인 게임을 개발했다. 이 게임은 온 가족이 참여해야 하므로 어린이가 부모님으로부터 전적인 지지를 받는다는 느낌을 갖도록 설계되었다.

톰은 학교가 이 게임의 훌륭한 판로가 될 것으로 예상했지만 어떻게 학교에 소개해야 할지가 막막했다. 그에게 제휴관계 구축에 대해 이야기하자 그의 눈은 빛이 났다. 당장 무엇을 해야 할지 아는 눈치였다.

그의 게임은 학생들의 교육을 위한 것이므로 초등학교에서 모금행사를 벌인다면 괜찮을 거라는 생각을 했다. 그는 이 행사에 "가족 게임의 밤"이라는 이름을 붙

기관 및 회사와 판촉 제휴
또는 제휴관계 구축하기.

였다. 가족들이 1인당 5달러씩 내고 학교 체육관에서 게임을 하게 한다는 아이디어였다. 그렇게 해서 모금한 돈은 학교의 미술 또는 컴퓨터 교육 프로그램에 기부하는 것이다.

톰은 한 학교에 연락을 취했고 학교 측에서는 그 아이디어를 반겼다. 학교는 행사에 대해 보도자료를 배포하고 학생 가정에 초청장을 보내고 모금행사를 진행할 자원봉사자를 모집하기도 했다. 결과는 대단했다. 지역 신문과 TV에서 행사를 다뤘고 학교 측은 수천 달러를 모금하는데 성공했으며 톰은 홍보 효과와 매출 확대를 누렸다.

톰은 거기서 멈추지 않고, 가족 게임의 밤을 기획하는 단계별 안내서를 작성해 다른 학교에 배포했다. 학교마다 이 아이디어를 마음에 들어 하면서 행사 개최를 위해 그의 게임을 사들였다(할인된 가격에). 이로써 매출은 더욱 확대되고 추가적인 언론 홍보 효과를 얻을 수 있었다.

♥ 할 일 목록

1 제휴관계 구축에 관해 친구와 브레인스토밍을 하고 아이디어 노트에 명단을 기록한다.

열정이 필요하다. 제품의 판촉과 판매를 위해 개발할 수 있는 모든 제휴관계를 생각해봐야 한다. 다음과 같은 질문으로 창의력을 자극한다.

내 제품으로 이득을 얻을 수 있는 자선단체나 다른 기관은 어딜까? 이 기관들과 기획할 수 있는 판촉 이벤트는 어떤 것이 있을까?

내 제품과 나란히 판촉의 대상이 될 수 있는 제품이나 서비스는 없을까? 그렇다면 해당 회사의 명단을 적는다. 서로를 추천하는 마케팅 제휴관계를 형성하여 동반성장을 도모할 수 있다.

이벤트 후원사가 광고를 해주는 대가로 여러분의 제품을 제공하거나 시간을 제공하는 물물교환 방식의 가능성을 나열한다. 예를 들어, 축제에서 티켓 또는 음식 판매를 자원함으로써 부스를 무료로 사용하거나 무료로 광고할 수 있는 권리를 따낼 수 있다.

제품을 영화나 TV에 제공할 수 있는가? 가능하다면 제작자에게 제품을 설명하고 그 제품이 해당 프로그램에 어떤 도움이 될지를 설명하는 편지를 보낸다.

잠재적 파트너 명단

렌트 관광

크리스텐(Kristen)은 예비 직장인들에게 샌프란시스코의 구석구석을 안내하는 회사를 창업하면서 나와 함께 일을 했다. 그녀의 차는 문 두 개짜리 소형차였으므로 투어가 있을 때마다 대형차량을 자주 렌트했다.

어느 날 크리스텐은 렌트차량을 반납하다가 주인에게 자신의 투어에 대한 설명을 담은 전단지를 비치해도 되겠느냐고 물었다. 주인은 이렇게 대답했다. "이렇게 합시다. 당신이 전단지에 우리 회사 이름과 전화번호를 실어준다면 난 당신네 이름, 전화번호, 투어에 대한 설명을 우리 자동차 대여계약서에 넣어 드리겠습니다." 크리스텐은 조금도 주저하지 않고 그와 악수했다. "그렇게 하시죠!"

단순한 아이디어가 멋진 제휴관계로 발전한 것이다. 크리스텐과 렌트카 회사는 둘 다 다른 방법으로는 절대 접촉할 수 없었을 고객을 다수 확보할 수 있었다. 이런 것이 풀뿌리 마케팅의 정수이다.

2 한 걸음 더 나아가 특별한 날 및 그날의 스폰서를 이벤트 목록에 추가한다.

달력에 국경일(예 : 할로윈, 어머니날)과 지역사회 행사(예 : 거리축제, 스포츠 이벤트)를 표시한다. 그런 다음 어떤 회사 또는 자선단체(예 : 홀마크, 버드와이저)가 각 행사와 관련이 있는지를 조사한다.

여러분의 제품이 제공하는 이점을 검토하고 이 이점을 달력에 표시한 특별한 날과 연계시킨다. 자신에게 이렇게 질문해 본다. "이 날짜와 관련된 기관이나 회사들이 자기네 판촉에 우리 제품을 사용할 수 있을까?" 기회는 무궁무진하다. 특별한 명절에 매장들과 제휴를 맺어 자선단체를 위한 모금행사를 벌여도 좋다. 경품 추첨행사에서 여러분의 제품을 활용하고 수익금을 자선단체에 보낼 수도 있는 것이다.

여러분의 제품이 다른 기업에 어떤 도움을 줄지를 항상 생각한다.

사랑의 추억

내 고객 셰리(Sherry)는 사람들이 특별한 날(예 : 결혼, 생일, 기념일)을 축하하고 기억할 수 있도록 개인의 경험담과 사진으로 맞춤형 책을 만드는 일을 했다. 달력 위에 그녀는 발렌타인 데이, 홀마크 카드(Hallmark cards)라고 적었다.

이제 그녀는 홀마크 사에 보낼 콘테스트 제안서를 작성하고 있다. 콘테스트의 이름은 "여러분의 사랑 이야기를 축하하세요". 콘테스트 기간 중 사람들은 실제 경험에 바탕을 둔 새로운 발렌타인 카드를 위한 아이디어를 제출한다. 우승자는 상금과 함께 사랑을 기념하기 위한 맞춤형 책을 무료로 받는다.

홀마크 사의 입장에서는 이 콘테스트에 참여함으로써 고객 저변을 확대하고 신문, 매장, 인터넷에서 무료 홍보를 할 수 있다. 한편 셰리 입장에서는 홀마크가 광고를 대신해 주고 전국에 퍼져 있는 홀마크 매장에서 자신의 책을 팔 수 있다는 이점이 있다.

3 여러분의 제품을 판촉수단으로 활용할 수 있는 기관이나 회사에 여러분의 제품과 제안서를 보낸다.

간단한 제안서를 작성해 잠재적 후원사에 보내고 세부사항은 회의를 통해 결정한다. 기대할 수 있는 최악의 반응이라야 "죄송합니다. 저희는 관심이 없습니다." 정도이다. 한 군데서 거부하면 명단의 다음 기관에 접촉하면 그만이다.

제품을 출시하기 전후해서 제품을 기관들에 보낸다. 제품 출시 전에 여러분에게 있어 수많은 잠재 고객 사이에서 이미 입지를 확보하고 있는 파트너와 만나보는 것이 좋다. 그들에게 샘플을 보여주고 그들이 그 제품을 후원하기 위해서 제품에 어떤 변경을 가할 필요가 있는지 알아본다. 해당 기관에서 제품에 변경을 가할 것을 요청하는데 비용이 많이 들지 않고 개선을 가져오는 것이라면 변경을 고려해 본다.

예를 들어, 여러분이 55세를 넘은 사람들에게 이점을 주는 제품을 개발했다면 퇴직자협회(AARP)와 파트너를 맺을 수 있다. 이들을 만나서 제품의 장점을 설명하고(30초 광고를 활용) 함께 일하는데 관심이 있느냐고 물어본다(예 : 회원들에게 여러분의 제품을 직접 판매하는 등).

AARP는 고령층 인구의 필요를 수용하기 위해 제품에 약간의 변경을 가하는 조건을 내세울 수 있다. 이들 만큼 자기 단체의 회원들에 대해 잘 아는 사람들은 없으므로 이들이 요청하는 변경사항은 여러분의 제품을 개선하여 매출 확대에 도움이 될 것이다.

제품 출시 후에는 다른 기관들에도 연락해 특별한 모금행사를 기획해본다. 기관들이 목적을 달성하고 회원의 복지를 증진하는데 도움이 되기만 하면 이들은 기꺼이 여러분과 제휴관계를 맺으려 할 것이다.

 머리말

여러분의 제품을 판촉할 기회는 사방에 널려 있다. 레터헤드에 30초 광고를 삽입하고 옷이나 지갑에 회사 로고를 인쇄하거나 아니면 자동차에 회사 이름을 인쇄한다. 이러한 모든 기회가 다름 아닌 마케팅 이벤트이다. 마케팅 이벤트는 정체성을 구축하고 경쟁업체들 사이에서 돋보이게 하며 제품의 인지도를 높이고 고객에게 다가가게 한다. 여러분만의 마케팅 이벤트를 창조해 실행에 옮기는 과정을 즐긴다.

사업을 시작해서 키워 나가는 것만으로도 벅찬데 제품을 마케팅할 시간이나 금전적 여력이 없다는 생각을 할 수도 있다. 아니면 새로운 아이디어를 창조해 내는 것은 좋지만 그걸 누군가에게 파는 것은 매우 싫을 수도 있다. 이럴 때 제2단계 의도의 가치를 확인할 수 있다. 여러분의 마음에서 우러난 제품의 이점에 초점을 맞춤으로써 여러분이 마케팅에 기울이는 노력은 여러분의 열정의 표현이 된다. 이 열정을 활용해 여러분 자신과 주변 사람들에게 힘을 북돋운다. 여러분과 다른 사람들이 이미 개발한 모든 아이디어를 최대한 활용한다. 제4단계 브레인스토밍에서 여러분은 친구들과 함께 훌륭한 마케팅 아이디어를 개발했다. 그리고 제5단계 시장조사와 제6단계 기초조사에서는 기자들의 이름과 그들이 작성한 기사를 찾아냈다. 이제는 이 정보를 활용할 때이다.

자극의 말

기억에 남을 만한 마케팅 이벤트를 기획한다. 항상 사람들의 감정에 호소한다. 여러분의 제품으로 인해 감명을 받은 사람들은 반드시 그것을 기억한다.

시간과 노력과 비용을 아끼기 위해 "문어발효과"가 있는 활동을 실행에 옮긴다. 문어발효과란 여러분의 고객 다수에게 영향력이 있는 사람들이나 단체를 목표로 삼는 것을 말한다.

문어의 머리에 자극을 가하면 문어는 다리를 사방으로 최대한 펼친다. 여러분의 메시지와 여러분이 제공하는 이점으로 한 조직에 자극을 가하면 모든 구성원에게 메시지가 퍼진다. 문어발효과가 퍼져서 잘하면 사람들이 신뢰하는 큰 단체(예 : AARP, Good Housekeeping)로부터 인정을 받을 수도 있다.

여러분의 잠재 고객 사이에서 이미 확고한 입지를 구축한 회사 및 단체(자선단체 등)는 훌륭한 문어발 파트너이다. 예를 들어, 지역 자선단체의 인지도를 높이고 모금에 도움이 될 만한 콘테스트를 떠올렸다면 이 아이디어를 문서로 작성해서 해당 단체에 보낸다. 그 단체에서 마음에 들어 하면 콘테스트 이름과 여러분의 회사 이름을 뉴스레터와 언론 보도자료에 넣어줌으로써 여러분의 사업을 무료로 홍보해 줄 것이다.

《게릴라 마케팅》이라는 책의 저자 제이 콘래드 레빈슨(J. Conrad Levinson)은 "마케팅이란 아이디어 구상 단계에서부터 소비자가 제품이나 서비스를 구매하는 순간까지 사업의 판촉을 위해 하는 모든 활동"이라고 말했다. 나는 이 말을 약간 변형해서 "마케팅이란 여러분의 아이디어를 눈에 띄게 해서 팔고자 하는 목적으로 여러분과 주변 사람들이 하는 모든 활동"이라고 말하고 싶다. 마케팅은 그 만큼 단순하다.

마케팅 이벤트는 일회성 행사가 아니다. 사람들이 여러분의 메시지를 제대로 활용하려면 세 번에서 일곱 번은 반복해서 들어야 한다는 사실을 기억해야 한다. 30초 광고는 마케팅 캠페인의 기초가 된다. 안내책자에도 넣고, 마케팅 자료에도 삽입하고, 만나는 모든 사람에게 이야기하는 등 모든 곳에 활용한다. 전화를 할 때도 쓰고, 칵테일 파티에서도 쓰고, 모든 서신에서도 활용한다. 지금부터 당장 시작한다.

스테판(Stephan)은 인라인스케이트 강습과 단체 야유회를 제공하는 회사를 시작했으나 고객을 유치하는데 어려움을 겪고 있었다. 나는 그에게 문어발 효과에 대해 말해주었다.

스테판은 지역 환경단체와 제휴하여 "인라인을 배우는 날"을 만들었다. 자동차를 대신해 인라인을 타고 출퇴근하면 환경보전에 도움이 되리라는 아이디어였다. 강습비는 10달러였고 수익금은 전액 환경단체로 보내기로 했다.

환경단체는 4,500명의 회원을 거느리고 있었는데 회원들에게 인라인을 안전하게 타는 법을 강습하면서 자신들의 대의명분을 위해 모금도 할 수 있다는 아이디어를 마음에 들어 했다. 이들은 행사 개요와 스테판의 회사에 관한 안내문을 만들어 회원과 지역 언론에 발송했다. 스테판은 돈을 들이지 않고도 고객을 늘릴 수 있었으며 신문에는 네 번이나 그에 관한 기사가 실렸다.

특별한 마케팅 이벤트

KICK START YOUR DREAM BUSINESS

마케팅 캠페인을 시작하는 좋은 방법은 브레인스토밍을 통해 특별한 마케팅 이벤트를 실시하는 것이다. 이 이벤트는 여러분의 제품을 돋보이게 하고 마케팅 메시지를 시험하며 여러분의 마케팅 인력으로 활용할 사람들을 구할 수 있는 기회를 제공한다. 가능한 한 여러 사람 앞에 여러분의 이름을 반복해서 내놓을 수 있는 저비용의 문어발 효과 이벤트를 기획하는 것이 관건이다.

브레인스토밍을 할 때는 열정적으로 한다. 사람들이 내놓는 모든 아이디어에 귀를 기울이고 그 가능성을 고려해 본다. 한 사람이 보기에는 별나고 엉뚱한 것 같은 아이디어가 다른 사람 눈에는 매력적이고 흥미진진해 보일 수도 있다. 특별한 이벤트일수록 사람들의 눈에 띄기 쉽고 많은 참석을 유도할 수 있다.

격려의 말

문어발 효과를 활용해 목표 시장을 향하여 제품의 장점을 몇 번이고 되풀이해서 전달한다.

자극의 말

어떤 아이디어가 효과를 발휘할지는 아무도 모르므로 사람들이 제시하는 아이디어는 모두 기록해 둔다.

할 일 목록

1 아이디어 노트 한 면에 "특별한 마케팅 이벤트"라는 제목을 단다. 사람들이 제안하거나 여러분이 조사과정에서 발견한 특별한 이벤트를 기록한다. 제8단계 정보센터 및 제11단계 제품설명서에서 나온 마케팅 및 후원자에 관한 아이디어를 이곳에 옮긴다. 이는 이전에 눈여겨봤던

이벤트를 점검하고 창의력을 발휘할 수 있는 좋은 기회이다.

여러분이 나열한 이벤트에 대해 걱정할 필요는 없다. 분석은 나중에 해도 된다. 시기적절한 때에 어떤 이벤트를 진짜로 실행에 옮기기로 한 경우 원 페이저(제17단계 마케팅 전략)에 추가해서 진척도와 성과를 점검할 수 있도록 한다. 여러분의 시장이 확대되면서 여러분은 효과가 있는 이벤트와 그렇지 않은 이벤트를 구분하고 효과가 있는 이벤트를 더 많이 실행에 옮길 수 있다.

특별한 마케팅 이벤트의 목록 작성.

2 명함, 로고, 슬로건, 레터헤드의 진척사항을 원 페이저에 기록한다. 제품을 알리는 데는 여러분의 이미지를 개발하는 것이 아주 중요하다. 이미지는 사람들이 여러분을 알아보고 기억하며 여러분 제품의 장점을 이해하고 여러분의 회사를 실제로 만드는 것을 돕는다. 원 페이저에 추가해야 할 두 번째 마케팅 이벤트이다(첫째는 30초 광고).

많은 회사에서는 이를 "브랜딩(branding)"이라 부르며 여기에 수백만 달러를 지출한다. 여러분의 이미지는 사람들의 상상력에 불을 당기며 제품에 대한 신뢰를 구축하는 데 도움이 된다. 기업 아이덴티티(CI)는 사업을 마케팅하는 데 도움이 되므로 일관성 있는 모양과 메시지를 전달해야 한다. 브랜딩은 여러분이 그 자리에 없을 때 여러분을 대신해 메시지를 전달하는 역할을 한다.

이런 아이템을 이미 개발했다면 검토해 보고 이 아이템을 특별하게 만들어 시장에서 돋보이게 할 수 있는 방법은 없는지 스스로에게 물어본다. 특별한 색상을 사용할 수 있는가? 사람들의 감정을 자극할 만한 이미지를 포함시킬 수 있는가?

스포츠 장비를 취급하는 매장 주인이 특별한 방법으로 자신의 사업을 홍보하고 싶어 했다. 브레인스토밍 과정에서 한 친구가 야구장에 광고판을 세우는 게 어떠냐는 제안을 했다. 사장은 야구장에 광고판을 세울 정도의 비용을 감당할 수 없다는 걸 알았지만 어쨌든 그 아이디어를 기록했다.

다음날 사장은 특별한 마케팅 이벤트를 위한 아이디어 목록을 검토했다. 노트를 읽어내려 가던 그에게 마스코트를 개발해서 그걸 입고 돌아다니는 스포츠 이벤트에 관한 아이디어가 눈에 띄었다. 그는 한 가지 아이디어를 떠올렸다.

그는 거대한 야구공 모양의 의상과 큰 고무 자석을 만들어 매장 이름, 30초 광고, 연락처를 새겼다. 자석을 자신이 몰고 다니는 밴 옆에 붙이고 야구장 주차장에 세워 두었다.

그리고 그는 야구공 의상을 입고 밴 옆에 서서 명함(매장을 처음 찾는 고객에게는 10% 할인혜택을 준다는 내용이 적혀 있는)을 지나는 모든 사람에게 나눠주었다. 그는 이 특별한 마케팅 이벤트를 통해 아주 적은 비용으로 대규모 목표시장을 공략할 수 있었다. 그의 입장에서도 재미가 있었고 사람들은 그를 기억했으며 사업은 번창했다.

성과

특별한 문어발 효과 마케팅 이벤트 목록.

3 **친구들과의 브레인스토밍을 통해 특별한 마케팅 목록을 늘린다.** 브레인스토밍 과정에서 30초 광고를 읽어주고 사람들의 반응에 귀를 기울인다. 몇 가지 새로운 아이디어를 얻은 다음에는 문어발 효과를 설명하고 여러분이 "히트"를 칠 수 있는 단체나 회사를 추천해 달라고 한다.

그 어떤 이벤트도 어리석은 것은 없다. 내 고객의 친구 한 사람은 새 립스틱을 개발했는데 제품을 옷에 활용한다는 아이디어를 내놓았다. 내 고객은 티셔츠를 몇 벌 만들어서 "키스하고 싶은 입술, 그 비결은?"이라는 문구를

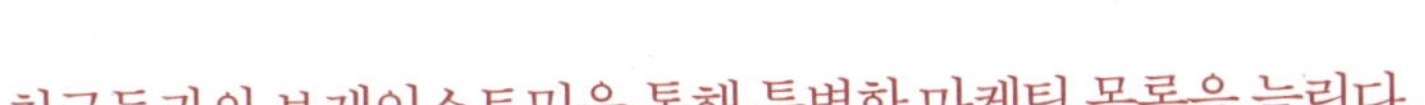

립스틱으로 썼다. 그녀는 이 티셔츠를 늘상 입고 다녔고 립스틱 마마라는
별명을 얻었다.

4 여러분이 참여할 수 있는 인적 교류 행사에 대해 브레인스토밍을 하고 이들을 목록에 포함한다.

여러분이 참여하거나 발표를 할 수 있는 장소를 생각해 본다. 발표는 문어발 효과를 활용하기에 아주 좋은 기회이다. 여러 사람 앞에서 발표는 100명 이상의 사람들에게 여러분의 메시지를 전파할 수 있으며 이들은 여러분을 개인적으로 만날 가능성이 크다. 발표를 할 때는 단추 등 여러분의 제품을 홍보하는 물건에 부착하는 것을 잊으면 안 된다.

세미나, 컨퍼런스 및 기타 여러분의 제품과 관련이 있는 행사에서 발표하는 것을 고려한다. 청중들은 여러분의 잠재적인 고객이며 여러분은 귀중한 시간을 현명하게 사용하는 것이다. 기억해 둘 것은 여러분이 진정으로 이야기하면 사람들은 귀를 기울인다는 점이다. 대학에서 분과토의에 참여할 수 있겠는가? 지역 상공회의소에서 주관하는 교류행사에 참석하는 것은 어떨까?

마케팅 아이템을 개발하는 데 드는 비용을 줄이는 방법이 있다. 물물교환을 하거나 미대 재학생에게 도움을 구한다. 학생들은 자신들의 작업이 실제 제품으로 탄생하는 것을 아주 좋아한다 (그리고 그들의 이력서에도 쓰기가 좋다).

5 인터넷을 활용한 마케팅 방법에 관해 브레인스토밍을 한다.

인터넷을 여러분의 마케팅 노력의 연장선상에서 생각한다. 고객들과 연락하기 위한 이메일 계정을 하나 얻는 정도라도 인터넷을 여러분의 마케팅 노력에 포함시키도록 한다.

인터넷에 대해 걱정할 것은 없다. 이메일 계정은 사람들이 전자적으로 여러분에게 연락을 취할 수 있는 손쉬운 수단이다. 또한 인쇄 및 우편비용을 들이지 않고도 잠재 고객과 언론에 정보를 발송할 수 있으므로 비용을 절감할 수 있다. 웹사이트는 전자 안내책자라고 보면 된다. 웹사이트는 인

터넷에 접속할 수 있는 이용자가 여러분의 제품 정보를 쉽게 접할 수 있는
수단이다.

로리(Laurie)는 개를 좋아했다. 그녀는 개에 관한 지식이 워낙 풍부해서 카드를
비롯한 개와 관련된 용품을 만드는 일을 직업으로 삼고 싶어 했다. 누군가 문어
발 효과와 발표의 영향력을 염두에 두고 TV 토크쇼를 한 번 생각해 보라고 제
안했다. TV에 나가라니 말도 안 되는 소리처럼 들리는가? 그렇지 않다.

알아본 결과 지역 케이블 방송국에 전화해서 "TV에 출연하고 싶은데요."라고 말
만 하면 그만이었다. 모든 케이블 방송국은 일반인들이 프로그램을 개발해서 방
송을 탈 수 있도록 제작설비를 제공한다. 로리의 프로그램 "개의 모든 것"은 지
금 버지니아 케이블 채널에서 방송 중이며, 그녀는 개에 모든 것을 바친 사람으
로 유명해졌다.

또 다른 고객 한 사람은 회계사였는데 "사업 확장을 위한 도움말"이라는 프로그
램을 시작했다. 그는 자기 고객들을 게스트로 프로그램에 초청한다. "저를 위해
해주신 모든 일에 감사드립니다. TV에 출연해주실 것을 부탁 드려도 될까요?
우리 모두에게 이득이 될 겁니다." 고객들에게 이렇게 말할 수 있다면 정말 멋진
일이 아닐까?

전자와 관련되지 않은 사업은 없다. 여러분은 이미 전화나 컴퓨터쯤은
사용하고 있을 텐데 이들은 모두 전자기기이다. 인터넷은 여러분의 마케팅
노력에 추가적인 가능성을 제공할 따름이다. 맨 처음에는 이메일 계정을 만
드는 것부터 시작해서 사업이 성장함에 따라 웹사이트를 구축해도 된다.

인터넷은 항상 변하고 있으며 온라인 비즈니스를 다룬 책들이 많이 나와

있다. 전자 상거래 회사를 열 것인지 말 것인지를 결정하라는 것이 아니라 인터넷을 활용하는 것이 여러분의 비즈니스 마케팅에 어떤 이점을 가져올 것인지 브레인스토밍을 한다. 마케팅에 인터넷을 활용할 수 있는 방법에는 다음과 같은 것들이 있다.

30초 광고는 모든 마케팅 활동의 기본이므로 모든 대화에 반드시 포함시킨다.

- 여러분이 만나는 모든 사람들의 이메일 주소를 얻는다. 대개는 명함에 적혀 있다.

- 30초 광고를 여러분의 이메일 말미에 서명처럼 사용한다. 이는 여러분의 사업이 제공하는 이점을 끊임없이 사람들에게 상기시키는 효과가 있다.

- 고객들이 연락을 취할 수 있는 이메일 계정을 따로 만든다. 사업이 성장하게 되면 소비자, 언론, 여러분의 제품을 취급하는 매장의 이메일 명단을 확보해서 제품에 관한 기사, 새로운 동향, 제품의 새로운 용도 (과거에는 베이킹파우더를 요리에만 썼으나 지금은 탈취제 및 청정제로도 사용한다) 등을 이메일로 보낸다. 인쇄, 복사, 우편 비용을 들이지 않고 주문 정보를 보낼 수도 있다.

인터넷을 활용하거나 웹사이트를 구축하는 일은 거대한 프로젝트 같이 보일지도 모르지만 알고 보면 별것도 아니다. 여러분의 자녀 혹은 이웃에 사는 젊은이, 디자인 전공학생에게 도움을 청한다. 이들은 인터넷에 아주 익숙하다.

- 혁신적인 제품 활용법에 대한 정보를 제공하고 특별 판촉행사를 알려주는 이메일 뉴스레터를 개발한다. 고객들에게 무료로 뉴스레터를 받아보라고 권한다. 이는 여러분 사업의 진척사항에 관한 최신 정보를 전달하는 좋은 방법이다.

- 인터넷에 여러분의 웹사이트를 개설한다. 웹사이트는 여러분이 맞춤형으로 제작할 수 있는 인터넷상의 여러분만의 개인 공간이다. 사람들은 이 사이트에 접속해서 여러분의 사업과 제품에 관한 정보를 얻는다. 여러분은 사이트를 통해 제품 사진을 보여주고 장점을 설명하고 주문 및 연락처 정보를 제공할 수 있다. 웹사이트는 전 세계 어디에나 누구에게나 줄 수 있는 멀티미디어 안내책자라고 보면 된다.

각종 언론기관

언론매체(TV, 잡지, 인터넷, 신문 등)는 항상 독특한 이야기에 목말라 있다. 여러분의 제품이 어떻게 문제를 해결하고, 특별한 방식으로 사회에 가치를 부여하고, 시대 흐름의 일부가 되는지에 초점을 맞추다 보면 언론매체를 위한 훌륭한 기사거리가 된다.

여러분의 이야기가 보도 가치가 없다는 생각이 들지라도 언론과 접촉해야 한다. 이번 단계를 거치다 보면 적어도 여러분의 이야기는 독특한 것이 될 것이다. 또 아는가, 기자의 아버지가 여러분의 것과 비슷한 제품을 취급하는 매장을 운영했다거나 여러분이 개발하고 있는 것과 비슷한 게임을 옛날에 좋아해서 여러분이 보낸 편지를 받고 향수에 젖게 될지.

운이 좋으면 마침 시기적절하게도 기자가 작성하고 있던 기사에 살을 붙여줄 수 있는 소재를 여러분이 제공할 수도 있다. 예를 들어, 한 기자가 시장 동향에 관한 기사를 작성하기 위해 취재 중이었는데, 여러분의 제품이 좋은 사례로 등장할 수도 있다. 아니면 그 주에 취재거리가 없어서 기사에 목말라 하고 있었던 참인지도 모른다. 어떻게 될지는 아무도 모르므로 언론과 접촉해서 여러분의 이름을 올리도록 한다.

기자들도 사람이다. 기자들과 접촉하기 전에 그들에 대해서 더 많은 것을 알고 가면 그들과 같이 일할 수 있게 될 가능성이 높아진다. 특정 기자가 기사를 작성했거나 관심을 표명하는 주제에 대해 조사를 미리 해둔다. 그리고 여러분의 제품이 그들의 목표 달성에 어떤 이점을 가져올지 생각해 본다.

격려의 말

조사를 게을리 해선 안 된다. 사전준비를 철저히 하고 기자들이 기사를 작성하기 좋게 이야기를 만든다.

누군가 여러분의 일과 여러분의 열정에 관심을 표시한다는 것은 인생이 즐거워지는 일이다. 기자들에게도 같은 원칙을 적용하면 그들은 여러분의 제품을 널리 퍼뜨리는 일을 도와줄 것이다.

언론 접근 전략 개발

할 일 목록

1 아이디어 노트 한 면에 "언론 접촉"이라는 제목을 붙인다.

여기에는 과거 조사기간에 찾은 기자 이름과 앞으로 알게 될 이름을 적는다. 사람들과 이야기하다 보면 더 많은 이름을 얻을 수 있을 것이다.

내 고객 일부는 기자들의 이름을 수첩이나 팜파일럿(Palm Pilot) 같은 **PDA**에 기록하기를 선호한다. 이것도 좋은 방법이지만 적어도 기자들의 이름만이라도 아이디어 노트에 정리해야 한다. 정보를 백업해둘 수 있는 좋은 방법이다.

보도자료, 언론사 담당자 연락처, 기사거리에 관한 아이디어

2 제품 및 장점을 설명한 보도자료(미디어 릴리스)를 작성한다.

보도자료는 신문기사체로 여러분의 제품의 독특한 면을 알리는 한 쪽 정도 되는 설명이다. 어떤 이들은 이 자료를 프레스 릴리스라고 부르는데 나는 미디어 릴리스라는 말을 더 좋아한다. "미디어"라는 단어는 TV, 라디오, 인쇄매체를 모두 망라하지만 "프레스"라는 단어는 인쇄매체만을 의미하기 때문이다.

뉴스레터, 웹진, 신문, 라디오, TV는 끊임없이 뉴스거리를 찾는다. 이들 매체는 모두 보도자료를 기사작성의 실마리로 삼는다. 소규모 매체에서는 여러분이 보낸 보도자료를 고치지 않고 그대로 싣는 경우가 있으므로 잘 작성해야 한다.

200페이지의 보도자료 견본을 활용해 제품의 특성을 서술한다. 장래에는 여러분의 제품이 고객에게 어떤 도움을 주었는지, 어떤 새로운 조류의 일부가 됐는지 등이 보도자료에서 다루어질 수 있다. 뭐라고 쓰든지 간에 항상 단순하고도 재미있는 이야기를 통해 제품의 특징과 장점을 전달해야 한다.

훌륭한 보도자료를 작성하기 위해 다음과 같은 몇 가지가 도움이 될 것이다.

기분이 가라앉을 때마다 아이디어 노트를 펼쳐 여러분이 지금까지 이룩한 것을 검토한다.

- 특별한 기사를 작성하는 기자가 되었다고 생각한다. 제6단계 기초조사에서 수집한 이야기를 검토해 본다. 기자가 예전 기사에서 제시한 테마를 활용하거나 질문에 대답하는 것을 기초로 삼아 보도자료를 작성한다. 기자가 선호하는 단어를 사용하거나 튀는 유행어를 쓰거나 기자의 스타일을 모방하는 방법도 생각해 볼 수 있다.

- 보도자료에 쓸 이야기가 마땅치 않으면 여러분의 사업에 관해 사람들이 늘상 던지는 질문을 활용해도 된다. 그들이 질문할 게 있다면 독자들 역시 같은 것을 궁금해 할 것이다. 이 질문을 보도자료의 제목으로 활용해도 괜찮다.

- 특정 동향에 초점을 맞추거나(예 : 사람들이 요리할 시간이 없다는 등), 이미 유행하고 있는 잘 알려지거나 주목할 만한 제품을 나열함으로써 가능한 한 폭넓은 독자를 대상으로 이야기를 쓴다.

- 사실을 활용한다. 보도자료는 허풍이 아니라 사실에 근거해야 한다. 보도자료는 여러분 제품의 광고가 아니므로 화려한 수사는 피한다. "…(무슨) 기능을 갖춘 최초의 제품" 또는 "고광택 은 제품" 등 서술적이면서 객관적인 수식어를 사용해야 한다.

- 독자들이 쉽게 연상할 수 있도록 제품을 직접 사용해본 소비자의 사례를 제시한다. 만족한 소비자의 평을 인용함으로써 독자들이 직접 제

품을 사용하는 모습을 그려볼 수도 있다.

결혼식 앨범

셰리(Sherry)는 직접 만드는 결혼식 앨범을 개발했다. 이 앨범은 신랑과 신부가 자신들의 추억을 영원히 간직할 수 있도록 함께 만들게 설계되어 있었다. 앨범 묶음은 특별히 제작된 표지, 장식이 되어 있는 속지, 금으로 된 바인딩으로 구성되어 있었다.

셰리는 제품에 관한 보도자료를 내보냈으나 그다지 운이 좋지는 않았다. 아무도 그녀의 제품에 관한 기사를 쓰는 데 관심을 기울이지 않았던 것이다. 셰리는 전략을 바꿔 조사를 새로 하기로 했다. 그녀는 도서관으로 가 결혼 관련 잡지를 읽고 인터넷에서도 다른 잡지를 찾아보았다.

그녀는 추억에 남을 결혼식에 관한 기사가 실린 전국적 규모의 잡지를 발견했다. 그녀는 그 주제야 말로 그녀의 앨범에 안성맞춤이라고 생각했다. 그녀는 담당 기자에게 전화를 하고 이야기를 나눈 끝에 자기소개서와 보도자료, 제품 사진을 보냈다. 그녀는 그 잡지사에서 자신의 제품에 관한 기사를 내보낼 것이라고 확신했다.

그러나 놀랍게도 그 기자는 그녀의 기사를 작성하지 않기로 했다. 대신 그는 잡지사에 이야기해 "이달의 상품" 코너에서 셰리의 DIY 앨범(올 컬러 사진과 함께)을 다루었다. 셰리는 전국적 규모의 잡지에서 무료로 광고를 한 것이다. 어떤 일이 있을지 모르니 사전 준비를 철저히 하는 것이 중요하다.

인터넷과 도서관을 활용해 기자 연락처를 업데이트하고 여러분의 것과 유사한 제품에 대한 기사를 작성한 기자들을 추가로 찾아내야 한다.

3 필요한 경우 여러분이 찾아낸 언론사와 접촉한다.

기자들과 접촉하기로 결정한 경우 그들의 이름을 원 페이저에 적고 진전사항을 기록한다. 그달 접촉할 기자에게 전화를 해서 자신을 소개하고 30초 광고로 제품을 소개한다.

기자와의 대화는 이 정도로 시작해보면 어떨까. "…(무엇)한 새 제품이 나왔는데 보도자료를 기자님에게 보내면 되나요?" 그리고 대화 말미에는 이렇게 묻는다. "지금 나눈 이야기로 제 제품에 대한 기사를 써주실 수 있습니까?" 그들이 안 된다고 하면 이유를 물어보고 관심을 가질 만한 다른 기자를 추천해줄 수 있느냐고 묻는다. 주저 말고 요청하는 게 좋다. 추천을 통해 훨씬 좋은 기회를 만날 수도 있다.

여러분의 이야기가 기사화되는 데는 언론과의 직접 접촉이 가장 확실하다. 그러나 직접 언론과 접촉할 시간이 없다면 미디어 배포 서비스를 이용할 수도 있다. 이 서비스는 여러분이 작성한 보도자료를 정해진 가격에 수많은 언론매체에 배포한다. 이 서비스를 이용하면 많은 시간을 절약할 수 있지만 사람의 손길을 박탈당하는 느낌이 든다. 시간이 충분한지 모자라는지는 본인이 가장 잘 알 테니, 미디어 배포 서비스를 이용하는 데 드는 비용이 그럴 만한 가치가 있는지는 본인이 판단한다.

가능하다면 보도자료를 보내기 전에 기자와 전화통화를 하거나 직접 만나 얘기하는 것이 좋다. 그러나 일부 내 고객들은 기자의 이름 없이 내보내는 "블라인드" 보도자료를 보낸 경우도 있다. 블라인드 보도자료를 보내려면 여러분의 팩스번호나 이메일을 적어서 특정부서에 보내거나 해당 부서의 편집장에게 편지를 쓴다(예 : 신제품 담당자 귀하).

다음은 여러분의 사업을 돋보이게 하는 몇 가지 도움말을 정리했다.

담당자가 관심 없다고 하더라도 프레스아이템(제20단계에서 개발 또는 취합)을 보낸다. 프레스아이템은 보도자료, 자기소개서, 팩스로 보낼 수 있는 마케팅 자료, 제품 사진(흑백, 5"×7" 또는 8"×10" 사이즈에 디지털 사진이면 더 좋다.), 예전에 씌어진 언론기사가 있다면 그 사본 등을 포함한다.

제품이 그렇게 비싼 것이 아니라면 샘플을 동봉한다. 기자가 관심을 갖

기자들과 이야기할 때는 제품의 장점에 초점을 맞춘다. 여러분이 30초 광고에 익숙해졌다면 그것만큼 완벽한 도구는 없다.

233

는지 여부를 파악하기 위해 내 고객 대부분은 "무료 샘플을 보내 주십시오."라고 적혀 있는 반송용 엽서(앞에는 고객 주소, 뒤에는 기자의 주소가 적혀 있다)를 보낸다.

접촉한 기자, 접수 담당자, 편집장에게 감사를 표시한다. 간단한 감사장이나 이메일만으로도 효과는 크다.

4 사업이 커지면 보도자료를 업데이트한다.

보도자료에는 최신 정보를 담아야 한다. 제품의 새로운 용도를 발견했다거나 큰 단체와 제휴관계를 형성했다거나 훌륭한 고객 사용기를 입수한 경우 보도자료를 수정한다. 적당한 기자를 찾아내면 보도자료를 지속적으로 보낸다.

사업에 큰 변화가 있는 경우(예 : 특정 집단의 사람들에게 도움이 되는 새로운 제품용도를 발견) 이전에 접촉했던 기자에게 새로운 보도자료를 보낸다. 기자들은 바쁜 사람들이므로 여러분이 처음에 보낸 보도자료를 그냥 지나쳤을지도 모르고 전에는 아니었지만 지금 그들이 취재하고 있는 기사에 여러분의 이야기가 맞을 수도 있다.

5 모험심 많은 벤처 기업가로서 여러분이 사전준비를 더 철저히 한다면 무료 홍보효과를 누릴 수 있다.

사전준비를 더 철저히 한다는 말은 일을 더 한다는 뜻이다. 여러분은 특정(전국적 규모면 더 좋다) 출판매체에서 관심을 가질 만한 제품에 관한 글을 쓸 수도 있다.

전국적 규모의 출판매체에서 제품이 다루어지기란 매우 어려운 일이다. 그러니 준비해야 한다. 독자들에게 유용한 정보를 제공하는 글을 써서 검토해 보라고 보내는 전략을 시도해볼 만하다.

조사를 하고 글을 써서 출판매체에 보내는 데는 다음과 같은 단계를 거친다.

a. 글의 주제를 고른다. 30초 광고에서 내세우는 장점 또는 자주 묻는 질문(예 : 고객들이 가장 많이 물어보는 질문)을 주제로 삼는다. 예를 들어 여러분의 제품이 천연 화장품이라면 천연소재 화장품은 동물실험을 거치지 않아도 된다는 내용의 글을 쓸 수 있다. 아니면 다음과 같은 질문에 답변 형식을 띄어도 된다. "화장품의 안전성을 실험하기 위해 동물 살해를 중단할 수 있는 방법은 없는가?"

b. 여러분의 제품과 같은 종류의 제품에 대해 보도하는 전국적 규모의 출판매체를 고른다. 여러분의 제품이 제공하는 이점에 가장 부합하는 것으로 여겨지는 매체를 선택한다.

c. 지난해 유사한 제품에 관해 씌어진 기사가 있는지 알아본다. 제6단계 기초조사에서 취합한 기사를 검토하거나 도서관에 가서 여러분이 고른 출판매체의 기사를 검색한다. 해당 출판매체의 인터넷 사이트에도 들어가 본다. 그 출판매체가 인터넷에서 지난기사를 검색할 수 있도록 해놨다면 이전 기사들을 쉽게 읽어볼 수 있다. 새로운 기사를 찾으면 나중에 분석할 수 있도록 인쇄해 둔다.

d. 각 기사의 뒷면에 출판매체의 이름과 발행일, 기사가 실린 섹션(예 : 연예), 기자 이름, 기사 주제를 적어둔다. 일부 짧은 기사의 경우 기자 이름을 싣지 않는 경우가 있으므로 그때는 편집장 또는 편집주간의 이름을 적는다.

접촉대상 출판매체에 웹진을 포함하는 것을 잊지 말 것.

모든 출판매체는 그해 다룰 주제의 목록을 담고 있는 편집 캘린더가 있다. 여러분이 기사를 보내고자 하는 출판매체에 전화를 하거나 웹사이트를 방문해 이 캘린더를 얻도록 한다.

e. 기자가 해당 잡지의 전속 기자인지 아니면 프리랜서 기자인지 알아본다.
대부분의 잡지사는 프리랜서 기자들을 거의 독점적으로 활용하고 있다.
편집자들은 기자들에게 기사를 할당하거나 기자가 편집자에게 제출한
아이디어에 근거해서 기사 전체를 할당하기도 한다. 따라서 가능하다면
기자와 편집자 모두에게 접촉하는 것도 좋다.
잡지 앞부분에는 직원 정보가 실려 있다. 기자의 이름이 스태프 기자로
실려 있으면 그 잡지사에 속해 있는 것이고, 이름이 없거나 "기고자"로
실려 있다면 프리랜서 기자로부터 외부에서 기사를 받은 것이다.

f. 해당 잡지사의 공통된 주제에 주목한다. 여러분의 제품이 이 주제의 일
부를 구성할 수 있는가? 지난 기사에서 제기한 의문에 대답을 제공할 수
있는가? 그렇다면 그 특정 주제 또는 질문을 적고 여러분의 제품이 그것
을 어떻게 해결할 것인지 상술한다. 예를 들어, 여러분이 모은 기사에서
우리가 생각하는 것보다 동물들이 똑똑하며 보호 받아야 한다는 내용이
있었다고 치자. 여러분의 제품이 이런 주제에 관련이 있다면 잡지사에서
는 여러분의 이야기를 싣는데 더 많은 관심을 기울일 것이다.

g. 여러분이 발견한 주제 또는 질문과 함께 제품의 장점을 알리는 기사를
쓴다. 기사를 작성하는 가장 쉬운 방법은 여러분이 목표로 하는 잡지에
이미 실린 기사의 스타일을 그대로 따르는 것이다. 기존 기사가 화려한
수사를 사용하거나 제목을 굵은 글씨로 처리했다면 그 예를 따라 한다.
기사에서 여러분의 제품이 주된 화제가 되어서는 안 된다. 오히려 여러
분이 발견한 추세의 일부를 구성하고 있는 다른 상품 및 서비스를 포함
해야 한다. 그래야 더 폭넓은 소비자들에게 여러분의 제품이 호소력을
지닐 수 있다.

h. 잡지사에 연락한다. 기사를 작성한 기자가 해당 잡지사에 근무한다면 가장 먼저 연락하면 되고, 프리랜서 기자라면 해당 부서 편집장에게 연락한다.

기자 또는 편집장에게 연락할 때는 여러분이 조사한 바를 설명한다. 지난번 그들이 제시한 주제에 대해 여러분이 잘 알고 있으며, 해당 주제에 대해 한두 가지 정도 더 조사를 해서 독자들에게 재미있고 유용한 정보를 제공할 수 있는 기사를 여러분이 썼다고 이야기한다.

기자 또는 편집장에게 여러분이 작성한 기사를 보낼 테니 검토해 줄 수 있겠느냐고 물어본다. 기사를 작성한 방식은 마음에 들지 않지만 주제는 마음에 든다고 할 경우 여러분과 상의를 통해 기사를 실을 방법을 알아볼 것이다. 어차피 그들의 일은 기사를 작성하는 것이므로 여러분은 그들이 들여야 할 많은 시간과 노력을 덜어준 것이다.

아니면 프리랜서 기자와 직접 접촉할 수도 있다. 이들은 편집장과 연결되어 있으며 잡지사에서 어떤 기사거리를 찾는지를 잘 안다. 이들이 여러분의 기사를 마음에 들어 한다면 많은 출판매체에 기사를 보낼 것이다. 출판매체들은 항상 독자의 흥미를 끌 만한 이야기에 목말라 있다.

i. 항상 기자 및 편집장과 후속 과정을 상의한다. 기사 또는 편지를 하나 보내놓고 수수방관해서는 안 된다. 기사가 마음에 드는지, 다른 아이디어도 있는데 한 번 들어보겠는지, 늘 확인해야 한다.

j. 한 잡지사에만 접촉하고 그만 두면 안 된다. 비슷한 주제를 다루는 온라인 매체를 비롯한 여타 출판매체에 연락을 취한다. 일단 기사를 작성한 다음이라면 다른 형태의 매체에 활용할 수 있도록 수정을 가하는 것은 쉽다.

끊임없이 30초 광고를 활용한다. 근처에 서 있던 기자가 우연히 여러분의 말을 듣고 여러분의 제품이 제공하는 독특한 장점을 기사화할 수도 있다.

k. 이 모든 과정을 즐긴다. 여러분의 30초 광고와 마찬가지로 여러분의 기
사는 나름대로의 생명력을 얻었다. 여러분은 자신 및 여러분의 제품에
관한 새로운 점들을 발견할 것이다. 누가 아는가, 여러분 자신이 프리랜
서 중소기업 전문 기자가 될지.

보도자료 견본

다음은 보도자료에 포함해야 할 10가지 기본적 요소를 설명했다.

[1] P.O.Box 108, Jupiter, Florida 33458

보 도 자 료

[2] 2005년 1월 31일 즉시배포   [3] 연락처 : 롤랜드 샘플 : 561-555-2342

[4] 단 몇 분 만에 건강식 조리하기

[5] 맞벌이 부부의 요리 시간을 줄여주는 수퍼두퍼커터

[6] 플로리다 주피터 – 손가락을 베일 염려 없이 과일과 채소를 썰 수 있는 새로운 제품 덕에 완벽한 월도프 샐러드를 빠르고 안전하게 만들 수 있게 되었다. 미국조리사협회의 조사에 따르면 수퍼두퍼커터를 사용할 때 조리시간을 절반으로 줄일 수 있는 것으로 나타났다.

[7] "수퍼두퍼커터는 가정에서 요리하는 데 드는 시간을 줄임으로써 오늘날과 같이 빠른 속도의 사회에서 저녁 시간을 최대한 활용할 수 있도록 한다"고 이 제품을 발명한 롤랜드 샘플 씨는 말한다. 샘플 씨는 할머니와 부인이 토마토나 양파, 무를 썰고 다듬다가 손가락을 베는 것을 보고 이 커터를 만들었다고 한다.

[8] "예전에는 싱싱하지 않은 샐러드를 참고 먹었는데 이제는 수퍼두퍼커터 덕분에 신선한 채소를 조리할 수 있게 됐습니다." 아이오와주 드뷰크의 소비자 마 브라운의 말이다. 수퍼두퍼커터는 신축성 있는 부드러운 플라스틱으로 칼날을 감싸고 있어서 칼날이 피부에 접촉할 경우 저절로 움츠러드는 구조이다. 12달러 95센트인 이 제품은 선물용으로도 아주 좋다.

[9] 수퍼두퍼커터 및 판매처에 관한 더 자세한 정보는 www.thesuperdupercutter.com을 방문하거나 561-555-2342 롤랜드 샘플에게 문의할 것.

[10] ###

1. 항상 회사 레터헤드 용지에 보도자료를 인쇄한다. 아직 레터헤드가 없다면 소프트웨어 프로그램을 사용해 만들면 된다.

2. 정보를 일반에 배포하고자 하는 날짜이다.

3. 연락을 못 받는 일이 없도록 보도자료에 기재한 연락처는 자동응답기 또는 자동응답서비스를 연결해 둔다.

4. 헤드라인은 보도자료의 주제를 나타내는 부분으로, 대개는 제품의 장점 또는 많은 소비자들이 물어보는 질문에 초점을 맞춘다.

5. 부제는 제품의 독특한 장점을 추가적으로 설명한다. 헤드라인과는 달리 문장 형태이다.

6. 첫 문단은 여러분의 제품이 특정한 문제에 해결책을 제공한다는 점을 중점적으로 다룸으로써 독자들의 관심을 끈다. 여러분의 제품이 팔리도록 해야 하므로 30초 광고를 활용해 제품의 특장점이 부각될 수 있도록 한다. 읽기 쉽도록 항상 더블스페이스를 사용한다.

7. 다음 문단은 쉽고 재미있고 감정에 호소하는 단어를 사용해 여러분의 사업을 설명한다. 기자들이 관심을 갖는 것은 '사실' 이지 '과장' 이 아니다. 예를 들어, "수퍼두퍼커터는 요리에 소요되는 시간을 줄여줌으로써 온 가족이 저녁 식탁에 모여 마음에서 우러나는 이야기를 나눌 수 있게 해 준다." 이렇게 쓰기보다는 "수퍼두퍼커터는 가정에서 요리하는데 드는 시간을 한 시간 이상 줄임으로써 오늘날과 같이 빠른 속도의 사회에서 저녁 시간을 최대한 활용할 수 있도록 한다."고 쓰는 것이 좋다.

8. 다음 문단에서는 이야기를 더욱 확장한다. 여러분의 제품이 특정한 문제 해결에 어떤 도움을 주는지, 소비자들에게 어떤 영향을 미치는지를 설명한다. 시장 동향을 이야기하고 이 동향이 광범위한 소비자에게 어떤 영향을 미치는지도 이야기한다. 실제로 제품을 사용해본 소비자의 말을 인용하는 것은 항상 좋은 전략이다. 예를 들어 "예전에는 싱싱하지 않은 샐러드를 참고 먹었는데 이제는 수퍼두퍼커터 덕분에 신선한 채소를 조리할 수 있게 됐습니다. – 아이오와주 드뷰크 시, 마 브라운" 이런 식이다.

9. 마지막 문단에는 연락처와 매장 정보를 기재한다.

10. 이 마크는 보도자료의 끝이라는 표시이다.

상품 박람회

KICK START YOUR DREAM BUSINESS

상품박람회는 신제품과 그 제품을 개발한 사람들을 발표하는 행사이다. 거의 모든 제품에 대해 상품박람회가 열리며 박람회에서는 제조공정, 배송 절차, 판촉방법까지 모든 것을 공개한다. 예를 들어, 여러분이 식당을 하나 소유하고자 할 경우 식당 소유주 상품박람회, 주방용품 박람회, 식자재 박람회, 판촉 상품박람회 등에 참여할 수 있다.

이번 단계에서는 여러분의 사업상 필요에 적합한 상품박람회 전략을 짜도록 돕는다. 여러분의 사업 발전 단계에서 지금은 어떤 상품박람회에 참여할 것인지를 고민해야 한다. 상품박람회는 전국 각지에서 열리므로 집에서 가장 가까운 곳으로 선택한다.

상품박람회는 시장 정보를 손쉽게 얻을 수 있는 훌륭한 수단이다. 제대로 된 박람회에 참여할 경우 멋진 아이디어를 얻고 여러분의 제품을 팔아줄 유통업체, 대리점, 점주 등을 소개 받을 수 있는 기회가 된다.

점주, 유통업체, 대리점들은 팔 만한 새 제품이 있는지를 논의하기 위해 박람회에 참석한다. 제품을 아직 생산하지 않은 단계라 해도 유통업체 및 점주들과 이야기를 나누고 시제품을 보여주고 30초 광고를 시험해보고 제품에 대한 전문가적인 피드백을 받을 수 있다.

또한 아직 출시되지 않은 다른 제품과 여러분의 제품을 비교해볼 수도 있다. 이 새 제품을 조사함으로써 여러분의 제품을 더욱 개선하고 새로운 파트너를 개발하고 포장을 개선할 수 있는 방법을 찾을 수 있다.

상품박람회에 참여할 때는 여러분이 필요로 하는 정보에만 관심을 둘 것이 아니라 여러분의 제품이 다른 사람의 사업을 키우는데 어떤 도움을 줄 수 있을지 생각해 본다.

박람회에 제품을 전시하는데 드는 비용은 매우 비싸고 많은 시간이 든다. 따라서 지금의 사업 단계에서는 박람회에 참가하는 선에서 그치는 것이 좋다. 돌아가는 분위기를 보고 사람들과 이야기를 나눠보고 실제로 박람회에 제품을 전시할 만한 가치가 있는지를 결정한다.

제품을 개발하고 마케팅하는데 도움이 될 만한 상품박람회를 찾는다.

할 일 목록

1 아이디어 노트 한 페이지에 "상품박람회"라는 제목을 붙인다.

전시 아이디어, 가능성 있는 상품박람회 파트너 명단 등 여러분이 찾아낸 상품박람회 아이디어를 기록한다.

무엇을 하기로 결정하든 간에, 여러분의 제품이 속한 업종의 상품박람회 명단은 반드시 작성해야 한다. 여러분이 사업을 키워나가면서 훌륭한 참고 자료가 될 것이다. 여러분이 유통업체, 소매업자, 다른 발명가들을 만나면서 그들에게 이 명단을 제공하여 도움을 주면 이들은 각 박람회에 대한 피드백을 여러분에게 제공할 것이다. 엑스코뉴스(www.exconews.com)를 방문하면 각 박람회에 대한 정보를 얻을 수 있다.

2 여러분의 사업에 적합해 보이는 각 박람회의 안내책자를 구한다.

여러분의 필요에 맞지 않는 박람회에 참석하는 것은 시간 낭비이다. 행사에 참가하기 전에 사무국에 전화를 걸어 참여사 및 주최 측에서 만든 안내책자를 요청한다.

상품박람회 안내책자는 박람회의 목적, 참가자 분류(점주, 유통업체 등 전시자와 참가자 유형), 해당연도 전시자 명단, 전년도 총 참가자 수, 전시 관련 비용, (가능한 경우) 이전 박람회에서 창출된 수익 등을 수록하고 있다. 대부분의 상품박람회는 인터넷으로도 이 정보를 제공한다. 웹사이트를 방문하면 쉽게 조사를 시행할 수 있을 것이다.

여러분이 꼭 참석해야 할 상품박람회 목록

샅샅이 뒤지기

내 고객 한 사람은 자신의 것과 비슷한 제품을 만든 사람이 있는지 알아보겠다는 생각으로 박람회에 참여했다. 유사한 제품은 없었지만 취지가 비슷한 제품 세 개를 발견했다. 그래서 그 고객이 상심한 채 그 자리를 빠져나왔을까? 천만에. 그녀는 자신의 제품이 독특하다는데 주목하고 추가조사를 하기로 했다.

그녀는 각 제품의 발명자들을 찾아가 30초 광고를 활용했고 포커스 그룹에서 배운 것을 공유한 다음 도움을 청했다.

놀랍게도 발명가들은 그녀의 아이디어를 마음에 들어했고 자신들이 발명한 제품은 그녀의 것과 상당히 다르다고 말했다. 그들은 빠지기 쉬운 함정을 가르쳐주고, 괜찮은 제조업체를 추천해주고 마케팅에 대해 조언도 해주었다. 한 사람은 곧 있을 상품박람회에서 부스를 같이 쓰지 않겠느냐는 제안까지 했다. 진심으로 이야기하고 도움을 청하면 기적이 일어난다는 것을 늘 기억할 것.

3 여러분에게 안내책자를 보낸 상품박람회에 참가할 것인지 여부를 결정한다.

상품박람회는 워낙 많이 개최되기 때문에 선택의 범위를 좁혀야 한다. 그렇지 않으면 제품 개발에 시간을 들이기보다는 상품박람회에 참가하다가 날이 새고 만다. 안내책자를 받아들면 스스로에게 이렇게 물어본다.

"내 제품이 속한 업종에 해당되는 박람회인가?" 그렇지 않다면 참가할 필요가 없다.

"이 박람회가 내 제품 구매자들에게 영향력이 있는가?" 그렇다면 잠재 고객들을 직접 대면할 수 있는 기회이므로 참가할 가치가 있다.

"전시자가 몇 명인가? 지난 번 박람회 전시자가 다시 참여하는 비율이 높은가?" 다시 참여하는 회사가 많다는 것은 지난 번 박람회를 통해 효과를 봤다는 애기이다.

"내 것과 비슷한 제품을 가지고 참여하는 사람은 없는가?" 그럴 경우 다른 발명가로부터 무언가를 배우거나 잠재 구매자를 만날 기회가 된다.

"내 집이나 친구의 집에서 가까운가?" 가까운 데서 열리는 박람회에 참석함으로써 숙식비를 절약한다.

4 참가를 고려하고 있는 상품박람회에 관한 표를 아이디어 노트에 만든다.

<할 일 목록> 3번의 질문에 대한 대답이 "네"인 경우 해당 상품박람회를 표에 추가한다. 올해는 참가하지 않아도 내년에는 참가할 수도 있는 일이다. 박람회에 참가하지 않기로 결정한 경우 안내책자는 폐기하거나 도움이 될 만한 다른 사업가에게 전달한다.

5 표에 적은 중소기업 가운데 박람회에서 제품을 전해본 적이 있는 기업에 전화를 하거나 이메일을 보내 조사한다.

중소기업 소유주에게 연락할 때는 상품박람회에 참가한 경험에 대해 묻고 싶은 게 있어서 전화했다고 먼저 밝힌다. 통화를 해도 괜찮은 시간이냐고 늘 묻는다. 곤란하다고 하면 괜찮다는 시간으로 정한다.

여러분의 제품에 대한 이야기로 대화를 시작하고, 상품박람회의 경험은 그 다음에 물어본다. 이들이 제공하는 정보를 활용해 특정 박람회에 참가할 것인지 말 것인지를 결정한다.

이들에게 물어볼 만한 질문으로는 다음과 같은 것들이 있다. "박람회는 어땠는가?” “괜찮은 거래처를 뚫거나 새로운 정보를 얻은 것이 있는가?”
“상품을 전시했는가? 그렇다면 박람회에서 팔리거나 체결한 계약으로 박
람회 참가비용을 충당할 수 있었는가?” “상품 전시를 하지 않고 박람회에
참가만 하는 것으로도 같은 효과를 낼 수 있다고 생각하는가?”

6 박람회 참가 여부를 결정한다.
참가 여부를 결정할 때는 취합한 정보를 활용하는 동시에 본능에
도 의존해야 한다. 여러분 자신에 대한 믿음이 필요하다. 결정에 도움이 된
다면 친구나 다른 기업가를 결정 과정에 참여시켜도 좋다.

참여하기로 결정한 경우 무료로 박람회에 참여할 수 있는 길을 알아본
다. 입수한 안내책자를 꼼꼼히 살펴 발명가나 유통업체는 무료 참여의 기회
를 주는지 확인한다. 만약 그런 기회가 있다면 명함을 들고 박람회에 찾아
가서 등록을 하면 무료 출입증을 발급할 것이다. 자원봉사를 신청해도 무료
출입증을 받을 수 있다. 자원봉사를 하면 배우는 게 참 많다. 도움이 될 만한
거래처를 많이 확보하고 있는 유수한 참가 기업들과 접촉할 수 있는 기회가
있다.

전시 비용을 충당할 정도로 박람회에서 매출을 올릴 수 있다거나 큰 반
향을 불러일으킬 수 있다는 확신이 들 때만 상품을 전시한다. 목표 고객들
이 박람회에 참가하거나 유사한 제품을 가지고 참여했던 업체가 성공을 거
두었다는 이야기를 들으면 매출을 올릴 가능성이 높아진다.

어떤 일도 갑자기 이루어지지 않는다.
한 알의 과일, 한 송이의 꽃도 시간이 경과해야 결과를 얻는 법이다.

상품박람회 정보

세부사항 : 상품박람회의 명칭, 장소, 날짜를 적는다.

관람객 : 어떤 사람들이 참가하는가? 점주? 유통업체? 제조업체? 발명가? 아니면 두 가지 이상을 겸하고 있는 사람? 여러분의 사업에 도움이 될 만한 사람들에 동그라미를 친다.

전시자 : 지난해와 올해의 전시자 명단을 입수한다. 이 기업들은 어떤 범주에 속하는가(예: 구매자, 점주, 제조업체)? 범주를 빈칸에 기록한다.

연락처 : 박람회 참가에 관한 정보를 구하기 위해 연락을 취할 만한 사람들을 적는다.

기타 정보 : 참가비 및 부스 임대료, 박람회에 대한 사람들의 평가, 여러분의 참가 희망여부 등을 적고, 방문할 계획인 부스(또는 고객)의 목록을 작성한다.

7 **일단 참여하면 최대한 사람들의 기억에 남도록 한다.**

참여하기로 결정한 상품박람회에서는 행사 기간 내내 30초 광고를 활용해 만나는 사람들의 뇌리에 강한 인상을 심어 여러분과 여러분의 사업을 기억하도록 만들어야 한다.

모든 것은 네트워크이다. 명함과 마케팅 자료를 충분히 가지고 다니면서 잠재 고객, 유통업체, 점주들에게 나눠준다. 샘플을 항상 가지고 다니면 성실한 사람이라는 인상을 줄 수 있다.

진심에서 우러나오는 이야기를 하고 그들의 말에 귀 기울인다. 누가, 왜 박람회에 참가하는지 알아낸다. 여러분의 것과 유사한 제품을 팔고자 하는 사람들이 있다면 박람회에 대해서 어떻게 생각하는지, 부스를 설치할 만한 가치가 있는지를 물어본다. 이런 대화를 나누다 보면 향후 상품박람회에서 상품을 전시할 것인지를 결정하는데 도움이 된다.

군중 속에서 튀려면 걸어 다니는 부스를 만드는 방법도 있다. 여러분의 제품을 상징하는 의상(예를 들면, 거대한 립스틱 등)을 친구에게 입혀서 박람회장을 돌아다니도록 한다. 아니면 여러분의 제품을 연상하게 하는 물건(예 : 여러분의 사인이 들어간 캔디바 또는 여러분의 열정을 나타내는 하트 모양의 자석)을 사람들에게 나눠줘도 괜찮다. 부스를 임대, 설치, 운영하는 비용을 들이지 않고도 간단한 기념품만으로 여러분의 제품을 알릴 수 있다. 사람들이 입가에 미소를 띠게 할 수 있는 방법이기도 하다.

단지 감사장을 보내는 것만으로도 얼마나 많이 사업에 도움이 되고 많은 사람들을 소개받을 수 있는지 모른다.

8 **박람회에서 연락처를 입수했으면 반드시 후속 조치를 취한다.**

사람들은 누군가 자신을 기억해주면 아주 좋아한다. 여러분이 그들을 기억해 준다면 다음번에 여러분이 그들에게 연락을 할 때 그들도 여러분과 여러분의 제품을 기억해 줄 것이다. 내 고객 한 사람은 항상 다른 사람의 사업을 도와줄 방법을 생각해 두었다가 그 아이디어를 개인 카드에 기록한다. 아이디어란 그들의 제품을 사줄 새로운 매장과 같은 단순한 것들이다.

어떤 고객들은 박람회에서 알게 된 사람들에게 자신의 제품 사진이 실린 우편엽서를 제작해서 보낸다. 우편엽서를 제작하는 데는 대개 많은 비용이 들어가지 않으므로, 복사점 같은 곳에 가서 알아보도록 한다. 기억할 것은 간단한 감사장 정도라도 큰 효과를 가져올 수 있다는 점이다.

– 유료광고

광고는 특정 매체를 통해 여러분의 제품을 판촉하는 행위를 말한다. 여기서 매체란 잡지, 신문, TV, 뉴스레터, 상품박람회 카탈로그, 심지어 교회 게시판도 있을 수 있다. 인터넷도 빠뜨리면 안 된다. 광고를 실을 수 있는 사이트가 무수히 많다.

여러분의 사업을 무료로 혹은 저렴하게 광고하는 법에 관해 친구, 가족 및 기타 지인들이 무수한 아이디어를 내놓고 있을지도 모른다. 무료 또는 돈이 거의 들지 않는 마케팅 이벤트는 광고보다 더 독특하며 여러분과 여러분의 제품을 돋보이게 한다. 이런 이벤트를 통해 여러분의 마케팅 메시지를 확고히 정립하고 여러분의 제품이 갖는 장점을 다른 제품과 차별화할 수 있다.

유료 광고는 여러분의 마케팅 계획을 확장한 것으로, 그것만으로는 기적을 만들어낼 수 없다. 유료 광고를 사용한 내 고객 대부분은 운이 좋을 경우 손익분기점에 도달하는데 그쳤다. 하지만 제품이 소비자들의 마음속에 파고들게 하는 데는 좋은 방법이다. 소비자들이 광고를 몇 번 보고 주문 방법을 알려주는 우편엽서를 받으면 그들은 그 제품을 잘 안다는 생각에 당장이라도 주문을 할 준비가 돼 있다.

사람들은 제품 광고를 몇 번은 봐야 그에 대해 반응하므로 유료 광고는 일회성 활동이 아니라 반복성 이벤트이다. 유료 광고의 목표는 단순하다. 여러분의 제품과 그것이 주는 장점을 가능한 한 자주 사람들 앞에 내놓는 것이다.

격려의 말

경쟁이 치열한 시장에서 튀는 광고를 만들려면 항상 꿈은 어린이처럼 꾸고 결정은 어른처럼 내려야 한다. 최대한 창의력을 발휘한다. 여러분의 제품만큼이나 광고도 독창적으로 만들면 사람들이 관심을 기울일 것이다.

사람들은 늘 광고의 홍수에 시달리고 있어서 어느덧 그것을 무시하는 법까지 터득하게 되었다. 유료 광고를 활용하기로 결정한 경우에는 잠재 고객에게 혼동을 초래하지 않도록 디자인과 내용에 일관성을 기해야 한다. 일관성이 있어야 사람들이 여러분의 제품에 익숙해짐으로써 그것을 기억했다가 다른 잠재 고객에게 이야기할 수 있게 된다.

효과적인 광고를 만들어 내
보내는 방법을 터득

할 일 목록

1 유료광고를 할 것인지 스스로에게 물어본다.

사업을 처음 시작할 때는 제품을 파는 1차 수단으로 유료광고를 사용해서는 안 된다. 광고는 비용이 많이 드는 데다 여러 차례 광고를 내보내야 원하는 결과를 얻을 수 있다. 처음에는 무료 마케팅 이벤트 또는 광고 공간을 얻는 대가로 물물교환(예 : 지역사회 행사 후원 찬조)을 통해 시장을 시험해 보는 편이 좋다.

광고를 통해 제품을 효율적으로 설명할 수 있을지 자문해 본다. 소비자들이 인쇄, 비디오, 라디오 등 서로 다른 매체에서 여러분 제품의 장점을 이해할 것인가? 지금으로서는 여러분의 제품을 성공적으로 판촉해주지 못할 매체는 논외로 하는 것이 좋다.

2 아이디어 노트의 한 면에 "유료광고 매체"라는 제목을 붙인다.

여러분의 제품을 위해 개발한 모든 광고 관련 아이디어는 여기 저장한다. 아이디어 노트를 검토해 보고 이전 조사에서 발견한 매체를 적는다.

지금 당장 광고를 하지 않기로 결정했다 해도 이 매체들의 목록을 만든다. 필요할 때에 대비해 정보 접근을 쉽게 만들고 다른 사람들과 함께 나눌 수도 있다.

3 친구 또는 잠재 고객들과 브레인스토밍을 함으로써 매체 목록을 늘린다.

30초 광고를 활용해 그룹에 제품을 설명하고 그들의 아이디어에 귀를 기울인다. 잡지, 신문, 업계 소식지, 인터넷, 특별 행사 등 모든 종류의 매체를 논의 대상으로 삼는다. 260페이지에는 활용 가능한 매체를 수록했다.

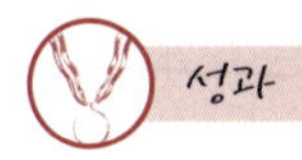

광고 매체에 관한 정보 획득

4 상위 세 개 광고 매체를 선택하고 아이디어 노트에 유료 광고 차트를 만든다.

광고를 하기로 결정했다면 광고를 하기로 했다는 결정과 광고 매체를 원페이저에 마케팅 이벤트로 기록한다. 상위 세 개 광고매체는 다음과 같은 질문에 근거해 결정한다.

- 여러분이 고려하고 있는 매체가 제11단계 제품 설명서에서 명시한 목표시장에 파고 들 수 있는가? 목표 시장에 파급력이 가장 큰 매체를 선택해야 한다. 특정 기간 내 해당 매체에 노출되는 사람 또는 가구 수는 얼마인가? 예를 들어, 많은 매체에서 간접독자들을 구독자 수에 포함하는데, 간접독자는 해당 매체에 가입하지 않고 간접적으로 접하는 독자를 말한다. 매체들은 다른 제품에 대한 광고가 어떻게 만들어지는지, 어떤 결과를 예상할 수 있는지, 광고를 내보내기에 가장 좋은 날짜 또는 요일이 언제인지를 고객에 대한 정보와 함께 여러분에게 제공해야 한다. 여러분이 대상으로 하는 고객에게 파고들지 못하거나 상기 정보를 제공하지 못하는 매체에는 광고를 해서는 안 된다.
- 동일한 매체에 반복적인 광고를 감당할 수 있는 여력이 있는가? 광고

는 일회성이 아니라 지속적이어야 한다. 사람들은 같은 광고를 몇 번 보고 나서야 반응한다. 잠재 고객들이 관심을 기울이도록 하기 위해서는 같은 매체에 세 번에서 일곱 번은 광고를 내보내야 한다.

- 여러분의 제품과 비슷한 제품이 해당 매체에 광고를 낸 적이 있는가? 그렇지 않다면 이유를 알아본다. 유사한 제품이 자주 광고를 했다면 이전 광고가 성공적이었다는 뜻이다. 그렇다고 해서 여러분의 제품 역시 그 매체에 광고를 해야 한다는 뜻은 아닐지 몰라도 여러분이 제대로 된 길을 가고 있다는 안도감을 줄 수는 있다.

- 해당 매체가 여러분에게 좋은 자리를 배정할 것인가? 잡지 또는 신문에서는 우측 상단이 가장 좋은 자리이다(독자들의 눈길이 가장 많이 머문다). 아니면 사설 또는 사람들의 관심이 많이 가는 기사 옆에 광고를 배치해야 한다. 예를 들어 오락 관련 제품을 개발한 경우 TV 편성표 옆에 배치한다. 사람들은 TV에서 뭘 하나 보다가 자연스럽게 여러분의 광고에 눈길이 가게 돼 있다.

여러분의 사업이 경쟁업체에 비해 돋보이도록 진심에서 우러나오는 이야기를 한다.

5 아이디어 노트의 유료광고 매체 목록을 지속적으로 늘린다.

사업이 커지면서 리스트를 지속적으로 업데이트한다. 다른 중소기업 기업가들이 추천하는 광고 매체에 많은 관심을 기울인다. 리스트를 수시로 업데이트할 경우 광고를 결정할 때 연락처를 알아내고 적절한 매체를 찾으면서 들일 시간과 좌절감을 덜 수 있다. 이렇게 작성한 리스트는 다른 중소기업 기업가들과 공유할 수 있다.

유료 광고

광고 매체 : 여러분이 광고를 내고자 하는 섹션을 명시한다(예 : 맛집탐방, 연예섹션).	
연락처 : 각 매체별로 광고부서 담당자 이름과 전화번호	
독자 및 발행부수 : 해당 매체가 대상으로 삼고 있는 시장이 여러분의 목표 시장과 일치하는지 확인한다.	
원인과 결과 : 추가 광고를 어디에 해야 할지 결정하는 데 도움이 된다.	
논 평 : 추가적으로 기재할 사항이 있으면 여기 기록한다. 특별 행사가 있는 날짜 또는 광고 매체에서 계획 중인 삽입 광고 등이 추가 기재 사항이 될 수 있다.	

6 능력껏 제품을 팔 수 있는 광고를 작성한다.

광고에 돈을 들이지 않을지라도 광고문안을 작성해 둔다. 이렇게 작성한 광고는 무료 행사에서 활용하거나 광고 공간을 물물교환으로 얻었을 때 활용할 수 있다. 일단 여러분이 광고를 만드는 목적에서부터 시작한다. 광고 문안을 작성하는 과정에서 이 광고가 목적을 달성할 수 있는지 끊임없이 자문한다.

광고를 내보냄으로써 달성하고자 하는 바가 무엇인가? 사람들의 전화를 받고자 하는 것인가, 여러분의 제품을 파는 매장을 방문하도록 유도하는 것인가(아니면 둘 다인가)? 브랜드 이미지를 개선하고자 하는가? 아니면 특별 행사인가?

260쪽에는 광고 견본이 수록되어 있다. 광고를 살펴보고 익숙해지되 아직은 광고의 형식을 걱정할 필요는 없다. 광고의 형식은 여러분이 전달하고자 하는 메시지에 달려 있다. 광고 문안 작성은 종이에 적든 워드프로세서를 활용하든 여러분이 편한 쪽으로 택하면 된다.

7 광고의 헤드라인을 작성한다.

제품의 장점을 헤드라인에서 표현한다. 제품이 어떤 문제점을 해결할 수 있는지 설명하면 신뢰가 더 간다. 30초 광고를 검토해보고 다음과 같은 질문에 답한다. "이 제품의 가장 큰 장점은 무엇인가?" 일곱 단어 이하로 간단히 대답한다.

이 과정을 즐겨야 한다. 가능한 한 독자들의 관심을 사로잡고 기억하기 쉽도록 한 마디로 작성한다(예 : 고객 여러분의 길이 되어 드리겠습니다).

여러분의 제품이 제공하는 장점별로 다른 광고문구를 작성할 수도 있다. 그리고 그 가운데 가장 마음에 들고 해당 광고매체에 가장 적합한 광고를 사용하면 된다. 헤드라인을 질문 형식으로 작성하는 방법도 있다. 예를 들어 "난방비용을 1,000달러 절약하고 싶지 않으십니까?" 이런 식이다. 여러분의 제품이 더 오래 가고, 더 빠르고 사용하기 편리한가? 질문은 고객들로 하여금 생활을 되돌아보고 여러분의 광고와 관련짓게 만든다.

8 여러분이 판촉의 대상으로 선택한 장점을 추가적으로 설명하는 두 번째 헤드라인을 만든다.

제품을 기억하기 쉽게 하려면 한 가지 장점만을 부각시켜 광고 내내 그 점을 반복한다. 두 번째 헤드라인은 그 메시지를 더욱 강화하는 것이다.

9 광고 카피의 나머지 부분을 작성한다(광고의 본문).

광고 카피는 헤드라인을 뒷받침하면서 여러분이 헤드라인에서 제시한 문제에 대해 해결책을 제시한다. 본문은 여러분이 대단한 제품을 내놓았다는 확신을 소비자들에게 심어주어야 한다. 본문에 사용되는 언어는 광고의 목적을 반영한 것이라야 한다.

10 여러분의 제품이 효과가 있다는 것을 입증하는 실제 인물들의 증언을 통해 광고를 믿을 만한 것으로 만든다.

증언은 강력한 힘이 있다. 소비자들이 여러분의 제품을 경험했을 때의 진정한 느낌을 재창조하기란 불가능하므로 실제 소비자들의 증언을 활용한다. 소비자의 증언을 여러분이 헤드라인에서 언급한 제품의 장점을 뒷받침하는 몇 마디 핵심적인 말로 응축한다.

11 독자들이 취해야 할 행동을 명시한다.

소비자들이 제품 구매에 나설 수 있도록 여러분에게 수신자 부담 전화를 걸거나 매장을 방문하도록 유도한다. 특정 시간 내에 행동을

참고

복사점에 가면 사진을 스캔해서 더 멋있게 보이도록 만들 수 있다.

취하도록 제한함으로써 긴박감을 줄 수도 있다. "수량이 한정되어 있으니 오늘 당장 서둘러 저희 매장을 방문해 주시기 바랍니다."

12 사진 또는 그래픽을 넣는다.

천 마디 말보다 사진 한 장이 확실하다. 사진과 그래픽은 독자들의 시선을 끌고 제품의 장점을 부각시킬 수 있다. 사용 중인 제품을 보여주는 것이 좋은 방법이다. 디지털 사진을 디스크에 담아 제출하면 사진의 화질을 보장할 수 있다.

시험 광고에 대한 모든 이들의 반응에 경청한다. 광고를 낼 만한 새로운 매체에 대한 아이디어가 나올 수도 있다.

13 사진 또는 그래픽에 재미있는 설명을 첨부한다.

사진 밑의 설명은 광고에서 가장 많이 읽히는 부분이다. 사람들은 사진으로 상상력을 자극 받으면 거기서 나아가 더 많은 것을 알고 싶어 한다. 사진 설명을 통해 제품의 장점을 이야기하거나 경쟁제품과의 차별성을 부각시킨다.

14 광고를 디자인한다.

소비자들은 여러분이 이야기하고 보여주는 것만 받아들이므로 그들에게 가장 좋은 것을 이야기하고 보여주어야 한다는 점을 명심해야 한다. 그래서 제품의 장점을 한 마디로 꼬집어 표현하기가 어려운 것이다. 광고 작성에는 그래픽 아티스트 또는 미술 전공자와 함께 일한다. 그래픽 아티스트들은 사람들이 광고의 특정 부문에 어떻게 반응하는지를 알고 있어서 여러분이 매출을 늘리는 데 도움을 줄 수 있다. 다음은 그래픽 아티스트를 채용하는데 대한 몇 가지 조언이다.

- 그래픽 아티스트 몇 사람을 직접 만나서 그들의 작품 몇 점을 본다. 질문을 몇 가지 해보고 반응을 평가해 함께 일하기 가장 좋을 만한 사람

으로 결정한다. 개인적으로 맞는 사람인지를 자문해 본다. 저 사람과 같이 일하고 싶은지 생각해 보고 그렇지 않다면 같이 일하면 안 된다. 첫 만남에서 불편하면 끝까지 불편한 관계가 되기 십상이다.

- 아티스트의 말을 경청하면서 그가 여러분의 제품과 그 제품이 소비자에게 전해주는 이점을 얼마나 잘 이해하고 있는지를 본다. 제품의 장점을 파악하지 못하면 소비자들의 시선을 사로잡을 만한 광고를 만들어낼 수 없다.

- 채용을 결정하기 전에 급여와 디자인 과정을 논의한다. 액수와 작업 과정을 정확히 결정해야 나중에 골치 아픈 일을 막을 수 있다. 시간당으로 급여를 계산하는지 아니면 정액제로 계산하는지를 물어보고, 시간당으로 계산한다면 프로젝트를 완성하는데 몇 시간 정도 걸릴 것으로 예상하는지, 몇 차례나 수정을 해줄 수 있는지, 추가적인 수정을 가할 때 비용은 얼마나 들 것인지도 물어본다.

- 여러분의 광고를 위해 새로운 그래픽을 만들 것인지 기존 데이터베이스에 있는 것을 활용할 것인지 묻는다. 기존에 있던 그래픽을 활용한다면 이미 그 그래픽을 사용한 것이 누구이며, 여러분의 광고의 독창성에는 영향을 미치지 않겠는지 상의한다. 여러분 광고가 남의 것과 똑같이 보인다면 소비자들은 혼란을 느끼거나 흥미를 잃어버릴 수 있다. 이왕 돈을 들여 광고를 하는 거라면 경쟁제품보다 돋보여야 한다.

- 개인적으로 맞는다는 느낌이 오면 그 사람의 과거 디자인, 가격, 평판 등을 고려해 최종 결정을 내린다.

15 제14단계 포커스 그룹의 〈할 일 목록〉에 나온 대로 광고를 테스트해보고 포커스 그룹 파티를 연다.

몇 가지 광고를 작성해서 각각에 대해 평을 듣는다. 이들의 반응을 경청하고 다음과 같은 질문을 한다.

- 광고에 즉각적으로 시선이 끌렸는가?
- 광고를 보고 제품을 구입해야겠다는 생각이 드는가?(아니면 다른 목표를 달성했는가?)
- 어떤 제품인지 광고를 보고 이해가 가는가?
- 광고를 더욱 효과적으로 만들 방안이 있는가?
- 어떤 광고가 가장 마음에 들었으며, 그 이유는?

16 광고를 개선할 만한 변화가 있으면 무엇이든 수용한다.

광고를 개선할 수 있는 아이디어인지를 자문해 본다. 개선할 만하다면 그에 따라 광고를 바꾸고 그렇지 않다면 바꾸지 않는다. 어차피 책임은 여러분이 지는 것이다.

광고를 크게 바꾼 경우에는 포커스 그룹을 한 번 더 열어 광고를 다시 테스트한다. 디자이너와 몇 번 같이 일을 한 다음에는 광고가 실제로 얼마나 효과적인지 객관적인 시각을 잃어버릴 수 있다. 유료광고를 하기로 결정했으면 많은 돈을 들이는 것이므로 최대한의 성과를 이끌어내야 한다.

17 광고를 시험해보고 소비자들의 반응을 평가한다.

광고 본문에 코드 번호를 부여함으로써 특정 광고를 구매와 연결할 수 있다. 예를 들면 "지금 전화하십시오. 코드를 말씀해 주시면 10% 할인혜택을 드립니다." 아니면 광고에 코드를 넣고 "이 광고를 가져오시면 10% 할인혜택을 드립니다."라는 문구를 삽입한다. 성과를 측정할 수 있도록 원 페이저(제17단계)에 광고매체를 추가할 때 코드 목록을 작성한다.

광고를 테스트하는 좋은 방법은 구체적으로 여러분의 시장을 대상으로 하는 무료 또는 저비용 매체(업계 소식지 등)에 몇 주 동안 광고를 내보는 것이다. 결과가 만족스러울 경우 광고를 계속 하고 그렇지 않을 경우에는 전략을 다시 생각해보고 주변에 도움을 청한다. 헤드라인 등 일부 요소의 변경이 필요할지도 모른다.

18 선택한 매체에 광고를 내고 제품 판매에 들어간다.

여건 변화에 따라 광고를 업데이트한다. 잘 알려진 단체(지역 신문 같은)에서 누군가가 여러분의 제품에 관한 기사를 쓴 경우 언론 정보를 업데이트하고 광고에 "오레거니언(Oregonian) 지에서도 극찬한" 정도의 문구를 추가한다.

참고

어떤 매체든 광고를 내기 전에 잠재 고객에게 광고를 보여줌으로써 시험해 본다.

가능성 있는 광고 매체

- 특정업종에서 발간하는 잡지, 업종별 신문, 업계 소식지. 이들 매체는 전국적 규모의 매체에 비해 일반적으로 비용이 낮고 특정 소비자 집단을 대상으로 하고 있다는 점에서 훌륭한 광고 매체이다.

- 신문, 생활정보지, 공연물 프로그램(기타 목표 소비자들이 참석할 만한 특별행사), 광고 게시판, 버스, 택시, 전화번호부. 이 매체들을 통하면 더 많은 소비자들에게 다가갈 수 있다.

- 여러분의 소비자를 대상으로 사이트를 비롯한 인터넷. 사람들은 어떤 사이트를 방문할지를 스스로 정하므로 인터넷은 광고 매체로 성장하고 있다. 사람들은 특정 사이트가 제공하는 특정 정보에 관심을 가지고 해당 사이트를 방문한다.

- 라디오 광고는 그리 비싸지 않으면서도 매우 큰 효과를 발휘한다. 방송국에서는 정해진 여러 개의 시간대를 판매하므로 고객들은 여러분의 광고를 한 번 이상 듣게 된다.

디렉트 메일

디렉트 메일(DM)은 소비자에게 직접 우편 또는 인터넷으로 광고하는 것을 말한다. DM 자료는 소비자에게 여러분의 제품을 알리는 특별한 아이템(예 : 쿠폰 또는 엽서)이다. DM 자료는 개인화할수록, 간결하게 만들수록 좋다.

신규 창업의 경우 대규모 DM은 비용이 너무 많이 들 수 있다. 그러나 여러분의 제품에 관심을 보인 소비자에게 사후관리를 취하기는 아주 좋은 광고수단이 DM이다. 기억할 것은 제품의 장점을 몇 번이고 되풀이해야 소비자들이 행동에 들어간다는 점이다. 누군가 여러분의 제품 구매에 관심이 있다는 것을 알았다면 엽서 한 장만 보내도 그 고객은 당장 구입에 들어간다.

어떤 이유에서 DM 자료를 발송하든 간에 소비자들의 행동을 유도할 수 있는 독창적인 제안을 포함해야 한다(지금 전화하면 정상가의 10% 할인혜택을 주겠다는 등). 서로 다른 DM 자료별로 다른 제안을 함으로써 효과가 가장 좋은 것을 찾아낸다.

격려의 말

DM 자료는 제품을 대표하는 것이므로 특별하게 만들어야 한다.

할 일 목록

1 대규모 DM 캠페인을 벌일 정도로 시간과 참을성이 있는지 자문해 본다.

DM은 많은 시간이 소요된다. 대다수 창업인들은 첫 DM 캠페인은 자신이 직접 나서야 한다. 즉 여러분 자신이나 도움을 청하는 친구들이 직접 육체노동을 감당해야 한다는 뜻이다.

마케팅 자료의 페이지 순서를 맞추고 반으로 접는 일도 해야 하고 봉투를 봉하고 주소를 적고 스탬프를 찍는 일도 해야 할지 모른다. 광고에 대한 반응을 추적하고 제품에 관한 소비자들의 질문에 대응하는 일 역시 만만찮은 시간이 들어간다. 뿐만 아니라 소비자에게 DM을 발송한 후 전화를 걸어 주문을 유도해야 할 수도 있다.

인터넷을 통해 DM을 발송하는 경우에도 어쨌든 자료는 만들어야 하며 좋은 이메일 리스트를 확보해야 한다. 우편요금 및 종이 값이 포함되지 않으므로 비용은 상대적으로 적게 들지만 제대로 하려면 엄청난 시간을 잡아먹는다.

DM 캠페인을 통해 당장 제품에 이득을 보려면 자기 회원들에게 DM을 발송하는 단체와 제휴를 맺는 방법이 있다. 여러분의 고객 다수에게 영향력을 미치는 특정한 문어발 조직을 대상으로 삼아야 한다.

DM이 마케팅 노력에 어떤 이점을 가져올 수 있는지 이해한다.

DM 계획

2 아이디어 노트 한 면에 "DM"이라는 제목을 붙인다.
멋진 DM 아이디어를 이 페이지에 적는다. 아이디어를 여기에 정리해두면 언제든 DM 발송을 결정했을 때 편리하게 이용할 수 있다.

친구 및 동료들과 브레인스토밍 활동기간을 갖고 가능성 있는 DM 아이디어 목록을 작성한다. 이 활동기간과 광고 브레인스토밍 활동기간을 한꺼번에 가지면 시간을 아낄 수 있다. 즐거운 마음으로 경청하는 것을 잊으면 안 된다.

3 메일링리스트 회사로부터 추가로 명단을 구입할 필요가 있는지 결정한다.

DM 발송을 결정했으면 DM을 보낼 이름이 필요하다. 잠재 고객의 데이터베이스를 축적하는 데는 많은 시간이 드는데, 메일링리스트 회사들은 특정 목표시장의 고객 명단을 확보하는 일에 특화된 업체들이므로 여러분의 DM 자료의 효율성을 높이는 데 도움을 줄 수 있다.

여러분은 이제 막 시작한 단계이므로 메일링리스트 회사로부터 고객 명단을 돈을 주고 사야 할 것이다. 메일링리스트를 구입할 때 고려해야 할 사항에는 다음과 같은 것들이 있다.

- **고객 명단** : 명단에 실린 고객의 특성이 여러분의 목표 시장 요건에 일치해야 한다. DM업체들은 고객의 인구 통계적 특성 및 다른 DM 캠페인의 결과 등을 여러분에게 제공해야 한다. DM 업체가 이런 정보를 가지고 있지 않다면 그 업체의 고객 명단을 구입하지 않는 것이 좋다.
- **정확성** : 얼마나 최신에 만들어지거나 업데이트된 자료인지 확인한다. 사람들은 자주 이사를 다니므로 고객 명단은 적어도 6개월에 한 번은 업데이트를 해줘야 한다. 정확하지 않은 명단은 여러분의 노력과 돈을 낭비할 뿐이다.
- **구매빈도** : 명단에 실린 고객들이 얼마나 자주 DM을 통해 물건을 구입하는가? DM 업체는 메일링리스트에 실린 고객들의 구매형태에 관한 통계정보를 여러분에게 서면으로 제공해야 한다.
- **환 불** : DM 업체들은 반송률이 어느 정도(10~15%가 일반적)를 넘으면 환불을 해주도록 되어 있다.

4 여러분에게 도움을 줄 DM 업체를 발굴해 DM 발송절차를 단순화한다.

DM 업체들은 여러분의 DM 자료를 받을 고객 명단과 이메일 주소 데이터베이스를 만들고, 봉투에 이름을 인쇄하고, 봉투에 스탬프를 찍고, 우편으로 발송하는 일까지 대행해줌으로써 여러분의 DM 발송절차를 단순화해 준다. 그러므로 여력이 된다면 사용하는 것이 좋다.

DM 업체를 찾으려면 다른 창업인에게 문의하든지, 인터넷을 검색하든지, 업종 전화번호부를 뒤적이든지, 도서관에서 조사를 하면 된다. 주변에 물어보면 저렴한 비용으로 여러분에게 도움을 줄 DM 업체를 찾을 수 있을 것이다. DM 업체를 선정할 때는 제공하는 서비스, 비용, 평판 등을 고려한다.

5 DM 캠페인을 시행할 때 관련 비용을 계산한다.

지금 이 비용을 계산해야 여러분에게 도움이 되는 마케팅 캠페인을 개발할 수 있다. DM 캠페인의 실제 소요되는 비용을 정해 두면 실행에 옮길 만한 가치가 있는지 결정하는데 도움이 된다. 비용을 계산하지 않을 경우 막연하게 너무 비쌀 거라는 생각에 실행을 주저할 수 있다. 비용에는 다음과 같은 내용이 포함된다.

- **메일링리스트 구입비용** : 명단에 실린 고객의 수와 여러분의 목표 시장에 해당 고객이 어느 정도 들어맞느냐에 따라 가격 차이가 심하다.
- **문구 및 발송 비용** : 우편엽서, 종이, 봉투, 회신용 엽서 등의 비용이 여기 포함된다. 봉투마다 우표를 붙여야 한다는 점도 잊으면 안 된다.
- **전화비용** : 메일링리스트에 실린 고객들에게 DM을 발송한 뒤 후속 전화 및 구매 유도 전화에 들어가는 비용이다. 이메일을 사용하더라도 전화는 해야 효과가 있을 것이다.

6 DM 캠페인으로 어느 정도의 매출이 발생할 것인지 예측한다.

여러분 또는 DM 업체가 대상 고객을 얼마나 효율적으로 잡았느냐에 따라 응답률은 1.5~3% 사이이다.

예상 매출을 계산할 때는 2% 정도의 평균 응답률을 적용한다. 여러분이 발송하고자 하는 DM 자료 수에 2%를 곱한 다음 거기에 최소주문수량과 제품 단가를 곱한다.

예를 들어, 내 고객 한 사람은 최소주문단위가 여섯 개이고 도매 단가가 5천원인 제품을 팔았는데 1,000건의 DM 자료를 발송하고자 했다. 이 경우 DM 비용이 60만원 미만이라야 손익 분기점에 도달할 수 있다. 계산방법은 다음과 같다.

DM 자료 1,000건×2% = 20.

20×6개(최소주문수량)×5천원(단가) = 60만원(DM 발송으로 발생한 매출)

7 대량 DM 캠페인이 비용 효율적인지 결정한다.

예상 매출액에서 예상 비용을 차감하여 시간과 비용을 충당하고도 남을 거라는 생각이 들면 DM을 마케팅 이벤트로 활용할 것을 고려한다. 시간을 이 계산에서 빠뜨리면 안 된다. DM 발송 및 사후관리에 시간을 들이느라 다른 활동에 시간을 투자하지 못했다는 점을 감안해야 하는 것이다.

8 DM 캠페인을 하기로 결정했다면 DM 자료를 개발한다.

지금 당장 대규모 DM 캠페인을 벌이지 말라는 얘기는 앞에서 했다. 일이 너무 커지기 때문이다. 그러나 제품마다 특성이 있으므로 제19-E단계를 마치고 나서 DM이 여러분의 제품을 광고하는 최상의 방법이라는 확신이 들면 실행에 옮겨본다.

DM 자료는 광고 자료이다. 기본적으로 말해 여러분은 특정한 사람들에게 우편 또는 이메일로 보낼 광고를 만드는 것이다. 그러니 제19-D단계 '유료 광고'에서 제공한 힌트를 참고해 여러분의 DM 자료를 가능한 한 효과적으로 만든다. 사람들을 자극해 제품을 구입하도록 만들어야 한다.

봉투에 그래픽이나 광고 헤드라인 같은 것을 넣어서 사람들이 봉투를 열어보게끔 한다. 효과적이고도 비용 면에서 저렴한 방법은 엽서를 보내는 것이다. 아니면 엽서처럼 디자인된 이메일을 보낼 수도 있다.

우편엽서는 훌륭한 DM 자료이다. 값싸고 재미있는 디자인이 가능할 뿐 아니라 우편엽서에 실리는 정보의 분량이 실제 소비자들이 읽는 정보의 양이다. 우편엽서는 내용물을 읽기 위해 봉투를 뜯을 필요도 없다. 뒤집기만 하면 정보가 있는 것이다.

그 밖에 여러분의 DM 자료를 시장에서 돋보이도록 할 수 있는 정보에는 다음과 같은 것들이 있다.

- 과거 여러분의 조사결과를 검토한다. 마음에 드는 DM 자료가 있었는가? 있었다면 그 아이디어를 여러분의 DM 자료에 응용한다.
- 여러분의 제품이 효과가 있다는 것을 입증하는 증거로 소비자들의 증언을 활용한다.
- 읽는 사람의 행동을 촉발할 수 있는 독특한 인센티브를 제공한다. 특정한 날짜까지 회신할 경우 특별할인 혜택이나 선물을 제공할 수 있는가?
- 여러분의 DM 메시지를 전달할 독창적인 방법을 모색한다. 편지를 보낼 경우 특수한 봉투에 담거나 CD에 인쇄하거나 거울 같이 쓸 수 있는 엽서에 써서 보낼 수 있는가(화장품을 개발한 고객이 이 방법을 사용했다)? 아니면 여러분의 제품과 그 제품의 장점을 보여주는 홀로그램은 어떨까? 이메일 엽서를 보낸다면 음악을 첨부하거나 쌍방향성을 추가할 수 있는가?

9 추신으로써 DM을 마무리 짓는다.

사람들은 장황한 광고를 읽을 시간이 없다. DM 말미에 추신 형태로 제품의 장점을 다시 강조하고 소비자들이 취해야 할 행동을 명시한다. 사람들은 다른 부분보다 추신에 더 눈이 가게 마련이다. 그리고 추신에서 먼저 사람들의 시선을 끄는데 성공한다면 DM 자료의 나머지 부분도 읽혀

질 가능성이 크다. DM 자료를 효과적으로 만드는데 추신을 잘 활용한다.

10 DM 자료를 시험해 본다.

친구 또는 잠재 고객에게 DM 자료를 시험적으로 발송하여 반응을 본다. 제품을 주문할 가능성이 가장 높아 보이는 150명에게 DM을 우편 또는 이메일로 발송하고 추이를 지켜본다. 사후관리로서 이 실험집단에 전화를 걸어 그들이 내놓을 만한 제안이 있는지 알아본다. 이들의 말을 잘 경청하고 나서 적용할 만한 제안이 있는지 결정한다.

일부 내 고객들은 시험용으로 쓸 분량보다 더 많은 DM을 인쇄하는데(특히 엽서), 이는 수량이 달라진다고 해서 비용에 큰 차이가 없기 때문이다. 발송하고자 하는 분량보다 더 많은 DM을 인쇄할 경우 나중에 필요할 때 사용할 수 있다. 예를 들어 어차피 엽서에는 여러분에 관한 모든 정보가 실려 있으므로 엽서를 독특한 명함처럼 나눠줘도 좋다.

모자란 듯한 것이 더 나은 경우가 많다. 멋진 그래픽에 간결하지만 엄선된 강력한 메시지를 넣으면 소비자들의 반응을 유도할 수 있다.

11 실험용 DM이 효과가 있으면 수정된 DM을 실제로 발송한다.

DM이 효과가 있다는 확신이 들 때 수정된 DM을 명단의 나머지 고객들에게 발송한다. 마케팅 원 페이저(제17단계 '마케팅 전략')를 활용하여 발송을 결정한 DM 자료의 성과를 추적한다. DM을 마케팅 이벤트로 기재하고 그 성과를 기록해 나가는 것이다. 이렇게 하면 어떤 방법이 효과가 있고 어떤 방법은 효과가 없는지를 알 수 있다.

DM 캠페인으로 발생하는 문의사항 및 주문을 처리할 준비를 갖춘다. 고객 서비스를 형편없이 했다가는 고객을 잃기 십상이다.

세일즈 키트

 ## 머리말

여러분의 마케팅 자료와 도구를 보관하는 장소인 세일즈키트(Sales Kits)를 개발하는 단계이다(키트란 연장통이라는 뜻이다.). 세일즈키트에는 보도자료, 가격정보, 주문절차, 언론기사 등을 담는다. 제품을 홍보하는데 사용하는 DM 자료나 전단지도 넣는다.

세일즈키트는 여러분의 모든 판매 및 마케팅 정보를 한데 모아 쉽게 참조할 수 있도록 한 것이다. 기자가 전화를 하면 최신 보도자료를 빠른 시간에 보내줄 수 있고, 후원사 한 군데서 자기네 소식지에 여러분의 제품에 대한 설명을 싣고자 할 경우 바로 그 자리에서 읽어줄 수 있다. 지금까지의 판촉 노력을 평가하고자 할 경우 최신 마케팅 전략 원 페이저를 꺼내 보면 된다.

세일즈키트에 포함한 판촉물(예 : 보도자료 및 광고)들은 여러분이 직접 제품을 설명할 수 없는 상황에서 여러분을 대신해 제품을 소개하는 역할을 한다. 기억해야 할 것은 여러분이 쓰는 모든 문장에서 제품의 장점을 부각해야 경쟁제품들 가운데 돋보일 수가 있다는 점이다.

많은 수의 내 고객들이 제품 판매가 지나치게 개인적이라며 어려워한다. 누군가 제품에 대해 부정적인 이야기를 하면 상처를 입는다는 것이다. 그래서는 안 되는 줄 알면서도 어쩔 수 없이 상처가 된다고 했다.

이런 상황에서 친구로서 해주고 싶은 조언이 있다. 때로는 제품 판매를

격려의 말

긍정적인 평만큼이나 부정적인 평에도 신경을 쓴다. 이들에게 귀를 잘 기울이고 제품을 개선할 수 있는 방법을 찾는다.

아예 그만 두고 싶을 정도로 상처가 심할 수 있다는 것을 안다. 여러분은 이렇게 자문할지도 모른다. "이 정도면 됐다. 더 이상은 못해 먹겠다." 아니면 "사람들이 왜 저렇게 못됐지?"

하지만 여기서 그만 둘 수는 없다. 내 고객들은 이 상황에서 자신들이 해야 할 일은 바로 '경청하는 일'이라는 점을 깨달았다. 누군가로부터 부정적인 평가를 들을 경우 이렇게 생각한다. "이 사람은 어떤 방식으로든 내게 도움을 주려는 거야. 그 방식을 이해하는 것은 나한테 달려 있어." 마음을 편히 가지고 열린 마음으로 그 사람들이 자신의 입장을 설명하도록 내버려둔다. 그들의 아이디어에 귀 기울인 다음 질문을 한다. 그러다 보면 놀랄 만한 좋은 아이디어를 건질 수도 있다.

다른 사람에게 귀 기울인다는 것은 여러분의 사업뿐만 아니라 여러분의 온 인생에 적용할 수 있다. 남의 말을 경청하는 습관을 들인다면 기회가 전혀 없을 것처럼 보이는 부분에서도 기회가 생긴다. 이 기회들은 여러분이 역경을 이겨내고 해결이 불가능해 보이는 문제에 해결책을 제공할 수 있다.

세일즈 키트에 넣을 물품을 디자인하거나 수집한다.

할 일 목록

1 삼공 바인더를 사서 [여러분의 제품 이름] 세일즈 키트라는 제목을 붙인다.

여기에는 여러분의 바인더에 넣기 위해 개발하거나 수집해야 할 항목들을 정리했다. 바인더를 사용하면 새로운 정보를 업데이트하거나 추가하기가 쉽다. 마케팅 자료를 보관하는 데 파일폴더를 쓰든, 브리프케이스를 쓰든 접근이 용이하면 된다.

세일즈 키트는 여러분의 판촉 자료와 도구를 집적해둔 곳이다. 내 고객

여러분의 마케팅 자료와 도구를 보관할 수 있고 접근이 용이한 장소.

들은 누군가 제품에 대한 설명을 보내달라고 요청할 때 정보를 찾아 헤매는 데 들이는 시간과 좌절감을 크게 덜 수 있었다.

이 단계에서는 글쓰기를 많이 해야 하므로 글쓰기 요령을 아래와 같이 요약해 보았다.

- 개발하는 항목마다 제품의 이점에 초점을 맞춘다.
- 고객에게 직접 이야기하듯 쓴다.
- 늘 감동을 주기 위해서가 아니라 정보를 전달하기 위해 쓴다. 대다수의 사람들이 지나치게 들뜬 광고를 던져놓고 만다.
- 중간에서 막히면 끝에서부터 시작한다. 새로운 아이디어를 얻을 수 있는 방법이다.
- 모든 사람이 이해할 수 있는 쉽고 간단하며 짧은 어휘를 사용한다.
- 무언가 빠뜨렸을지 모르므로 항상 꼼꼼히 교정을 본다.

2 세일즈 키트 한 부분에 "커버레터"라는 이름을 붙인다.

여기에 커버레터 견본을 만들어 넣는다. 커버레터(Cover letter)는 간단한 이야기로, 여러분이 누구이며, 무엇을 하고, 어떤 고객을 대상으로 하고 있으며, 여러분이 어떤 문제를 해결할 수 있는지를 설명한다. 커버레터는 제품을 홍보하는 수단으로, 세일즈 키트 맨 앞에 놓여야 한다. 누군가 전화를 걸어 여러분의 제품에 대해 물어볼 경우 여러분은 세일즈 키트를 펼쳐 맨 위에 놓인 커버레터를 그대로 읽어주면 된다.

지금 만드는 커버레터는 단지 견본일 뿐이다. 제품에 대한 정보를 내보낼 때마다 각 레터를 받는 사람에게 맞추어 수정해야 한다(수신인 이름, 레터의 목적 등). 제19-B단계 '언론'에서 개발한 보도자료의 일부를 커버레터에 활용해도 좋다. 훌륭한 커버레터에는 다음과 같은 항목이 포함되어야 한다.

- 커버레터의 어조를 결정하는 도입부. 독자들의 관심을 모아 끝까지

읽고 싶은 마음이 들게 한다.

- 한 두 문장으로 요약한 제품 및 그 장점에 대한 설명. 30초 광고를 여기 사용하면 완벽하다.

- 커버레터를 읽는 고객이 여러분의 제품으로부터 얻을 수 있는 이익을 설명하는 문단. 이 부분에서는 여러분이 조사를 진행하는 과정에서 발견한 공통적인 필요성을 활용한다. 기자, 유통업체, 점주에게 직접 이야기하듯 글쓰기를 시작하면 도움이 될 것이다.

- 마무리 문단에서는 제품에 관해 논의할 수 있도록 만남을 갖거나 전화 통화를 제안한다.

판촉품은 사람들의 눈길을 끄는 것이라야 한다. 소비자들을 자극하여 행동에 들어가게 하고 여러분의 제품에 열광하도록 만든다.

아홉 개의 목숨

애비(Abbey)라는 고객이 이제 막 샌프란시스코에 이사를 왔다. 두 번째 만나던 자리에서 그녀는 갑자기 울음을 터뜨렸다. 내가 무슨 일이냐고 묻자 그녀는 자기 어머니가 고양이들을 안락사 시키고자 한다고 말했다. 내 입에서는 나도 모르게 "뭐라고요?" 라는 말이 나왔다.

애비가 샌프란시스코로 이사하기로 결정하자 그녀의 어머니(고양이 알레르기가 심하다)가 한 달 동안 그녀의 고양이 두 마리를 돌봐주기로 했다. 불행히도 샌프란시스코의 주택임대 시장은 경쟁이 하도 치열해서 건물주들이 애완동물을 키우는 입주자는 받아들이지 않았다. 두 달 동안 신문을 탐독하고 인터넷을 뒤지고 온 동네를 돌아다녀봤지만 고양이와 함께 살 집을 찾을 수가 없었다.

한편 애비의 어머니도 고양이들을 받아줄 가정을 찾아 헤맸으나 효과가 없었다.

마침내 애비는 절박한 심정에, 애완동물을 허용하지 않는 아파트를 얻고 말았다.

우리가 만나던 날 아침 그녀의 어머니가 전화를 해서 고양이들을 안락사 시키는 것 말고 선택의 여지가 없다는 말을 했다. 애비는 제 정신이 아니었다.

우리는 찾을 수 있는 대안을 생각해 보았다. 고양이를 홍보해서 사람들이 입양하도록 할 방법은 없는가? 우리는 애비의 고양이들이 얼마나 상냥하고 사랑스러운지를 설명하는 전단지를 만들어 동네 곳곳에 붙이기로 했다.

애비가 전단지를 붙인지 한 시간 만에 전화벨이 울렸다. 전화를 건 사람은 그녀에게 다짜고짜 고함을 질렀다. 고양이를 포기하다니 정말 못된 사람이라는 거였다.

애비는 전화를 끊어버리고 싶었지만 경청해야 한다는 말을 기억하고 그대로 따랐다. 마침내 전화 건 사람이 소리 지르기를 멈췄을 때 그녀가 물었다. "시내에서 마지막으로 아파트를 임대해 보신 게 언제죠?" 그 여자가 "12년 전"이라고 대답했다. 애비는 "상황이 그때하고는 달라졌단 말이에요!" 라고 대답했다.

애비는 자신이 아파트를 찾느라 얼마나 애를 썼는지, 고양이들을 떠나보내기로 하고 얼마나 가슴이 아팠는지, 얼마나 절박한 심정으로 고양이들이 살 집을 찾아 헤맸는지를 전심전력을 다해 이야기했다.

이번에는 전화 건 여성이 귀를 기울이고 있었다. 항상 모든 일에는 사정이 있는 법이다. 애비의 이야기가 끝나자 그녀는 감동을 받아 고양이 두 마리를 입양하기로 했다. 애비의 고양이들은 그녀의 집 바로 길 건너편에 살고 있으며, 그녀는 아무 때고 보고 싶을 때 가서 볼 수가 있다.

어떤 이들은 애비가 매우 운이 좋았을 뿐이라고 할지도 모른다. 하지만 나는 그녀가 자신의 운을 스스로 창조했다고 말하고 싶다. 먼저 남의 말에 귀를 기울임으로써 그녀는 자신의 목표 달성을 도울 수 있는 사람을 찾았던 것이다. 애비는 그 전화 말고 다른 전화는 받지 못했다. 첫 번째 전화를 그냥 끊어버렸다면 그녀는 고양이들을 잃어버릴 수도 있었던 것이다.

커버레터 견본

여러분은 제품 자체뿐 아니라 그 제품이 제공하는 장점을 파는 것이다.

2005년 1월 21일

(우)10036   뉴욕주 뉴욕시 월터 스트리트 999번지 퓨노 서비스
킴드라이어 씨 귀하

안녕하십니까.

브리아에 관해 좋은 대화를 나눌 수 있었던 점, 감사드립니다. 중소기업의 성장을 돕는 데서 보람을 찾는 분이 또 계시다는 것을 알고 얼마나 기뻤는지 모릅니다. 우리가 함께 일하면 퓨노 서비스와 그 고객들도 같이 성장할 수 있다는 확신이 듭니다.

브리아는 사람들이 꿈을 창업으로 연결할 수 있도록 돕습니다. 단계별로 우리는 성공을 위한 행동계획을 만들어내는 과정을 통해 벤처 사업가에게 힘을 불어넣고 단계별 안내를 하는 워크숍과 개인 코치를 제공합니다. 퓨노는 창업인들이 아이디어를 실행에 옮기는 과정에서 시간과 비용을 절약할 수 있도록 뛰어난 컴퓨터를 제공하는 것을 목표로 삼고 있습니다. 브리아의 프로그램과 서비스 역시 퓨노와 같은 소비자 집단을 대상으로 하고 있습니다. 브리아와 제휴관계를 맺음으로써 퓨노는 교육 받은 고객을 획득하고 고객 충성도를 구축하며 매출을 확장할 수 있을 것입니다.

브리아의 워크숍, 몇몇 인사들의 추천사, 제가 쓴 책 "나의 꿈을 창업으로" 한 부를 첨부합니다. (415) 555-1234로 전화를 주시거나 romanus@briia.com으로 이메일 주셔서, 워크숍을 후원하거나 제 책을 선물로 제공함으로써 신규 고객을 유치하는 방안을 논의했으면 좋겠습니다. 긍정적인 방향으로 기대하고 있겠습니다.

안녕히 계십시오.

브리아 창업자 **로마누스 월터** 배상

3 세일즈 키트 한 부분에 "제품 설명"이라는 제목을 붙인다.

제품에 대한 설명을 적어 이 부분에 끼워 넣는다. 제품 설명에는 제품이 제공하는 장점에 초점을 맞추어 제품에 대한 설명을 제공한다. 여러분이 한 가지 제품을 개발할 경우 제품 이름과 30초 광고만 적으면 된다. 한 가지 이상의 제품을 개발하는 경우에는 각 제품을 나열하고 해당 30초 광고를 적는다.

제품 설명 페이지에 여러분의 제품을 사용해본 고객의 말을 인용한다. 고객의 사용기는 제품의 장점을 재확인하거나 제품을 다른 사람에게 추천하는 역할을 한다.

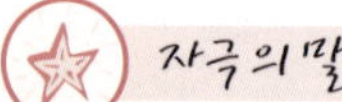

항상 고객의 이익을 생각한다. 그러다 보면 놀라운 방법으로 사업에 득이 될 것이다.

4 세일즈 키트 한 부분에 "실제 사례"라는 제목을 붙인다.

여러분의 제품으로 이익을 얻은 고객의 실제 사례를 적어도 두 가지 정도 기록한다. 이는 소비자들이 여러분의 제품을 사용해 어떤 문제를 해결했는지를 보여주는 성공담이다.

실제로 사용되고 있는 제품을 눈에 그려보면 그 제품이 제공하는 이점을 기억하기가 쉽다. 실제 사례를 통해 투자자, 고객, 기자들이 여러분의 제품을 실제 상황에 관련지어 생각할 수 있게 된다. 이야기가 너무 길어지면 소비자들은 읽지 않는 경향이 있으므로 길어도 한 페이지를 넘기지 않는다.

5 세일즈 키트 한 부분에 "가격 및 배송"이라는 제목을 붙인다.

가격 및 배송 부분에서는 주문정보, 가격결정, 권장소비자가격, 결제방법, 배송정보 등을 자세히 설명한다. 이전에 예비로 책정한 가격이 있으니 여기서 활용한다.

제8장 "가격 결정"에서 논의하겠지만 수백 개를 구입하는 유통업체와 단 몇 개를 사가는 점주에 대해서는 가격을 달리 해야 한다. 상황별로 다른 가

격을 한 면에 수록하지 말고 별도의 페이지에 기록한다. 이렇게 함으로써
제품에 대한 적절한 정보를 빨리 내보낼 수 있다.

6 "팩스 마케팅 정보"를 손쉽게 보낼 수 있도록 팩스 표지 양식을
만들어 둔다.

커버레터, 제품설명, 실제사례, 가격 및 배송 이렇게 네 가지 항목은 여러
분이 잠재 고객, 유통업체, 대리점, 점주에게 제품을 팔기 위해 필요한 것들
로써 모두 "팩스 마케팅 정보"이다.

이 네 페이지의 정보는 여러분의 제품, 그 장점, 주문하는 법을 간단히 설
명하는 안내책자 역할을 한다. 따라서 이 정보를 접한 사람들이 여러분의
제품에 열광하면서 당장 전화기를 들고 주문을 내도록 만들어야 한다.

사람들이 요청할 때 바로 이 정보를 보낼 수 있도록 팩스 표지 양식을 만
들어 둔다. 팩스 표지는 작성이 용이하도록 간단하게 만들되 여러분 회사의
로고, 주소, 전화번호, 받는 사람의 이름, 회사, 여러분의 이름 및 연락처, 표
지 포함 페이지 수, 팩스 내용의 간단한 요약 등으로 구성한다.

제품이 알려지게 되면 팩스 마케팅 정보에 보도자료 또는 여러분의 사업
에 관한 기사 사본을 첨부해도 좋다. 여러분의 제품에 관해 씌어진 기사는
제품이 제공하는 이점에 공신력을 더해 준다.

여러분의 제품은 끊임없이
진보하고 있으므로 마케팅
정보를 지속적으로 업데이
트할 필요가 있다.

7 팩스 마케팅 정보를 검토하여 읽기 쉽고 제품이 제공하는 이점을
제대로 반영하고 있는지 확인한다.

모든 마케팅 자료는 읽기 쉬워야 한다. 신문과 광고는 초등학교 6학년짜
리가 읽어도 이해할 수 있도록 작성한다. 여러분의 글을 읽는 사람은 누구
나 교육 정도에 상관없이 그 내용을 이해할 수 있어야 한다. 커버레터, 제품
설명, 실제사례, 가격 및 배송 정보를 검토해보고 스스로에게 이렇게 물어

본다. "열세살짜리가 내 글을 읽고 이해할 수 있을까?"

　더 좋은 방법은 친구의 자녀에게 여러분의 팩스 마케팅 정보를 읽고 평을 해달라고 부탁하는 것이다. 필요한 경우 모든 이들이 여러분의 제품과 그 제품이 제공하는 이점을 연결시킬 수 있도록 더 단순한 어휘를 사용해서 자료를 다시 써야 한다.

8 팩스 마케팅 정보를 하루쯤 놔뒀다가 새로운 마음으로 읽어본다.
자료의 교정을 보고 여러분의 글이 읽는 사람의 관심을 끌 수 있을지 알아보는 단계이다. 가능한 한 간단하고 재미있게 써야 한다. 이야기가 긴 감이 있다면 여러분의 제품이 제공하는 이점을 설명하는 실제 소비자의 증언으로 대체해도 좋다.

9 팩스 마케팅 정보를 친구에게 팩스로 보낸다.
친구에게 팩스를 송부하고 피드백을 요청한다. 정보 제공 방식은 마음에 드는지, 그것을 읽고 전화를 걸어 주문을 하고 싶은 생각이 드는지, 빠진 정보는 없는지, 아니면 정보가 지나치게 많은지, 글씨가 또렷하게 들어오는지, 팩스로 보내도 쉽게 읽을 수 있는 정도인지를 물어본다.

　친구의 말에 귀를 기울이고 팩스 마케팅 정보를 개선할 수 있다는 생각이 들면 수정을 가해 가능한 한 최고로 만든다.

10 세일즈 키트 한 부분에 "마케팅 도구"라는 제목을 붙인다.
마케팅 도구는 여러분의 제품을 팔 수 있도록 돕는 역할을 한다. 세일즈키트에 마케팅 도구를 부가하면 여러분의 마케팅 노력을 평가하고 업데이트하는 과정이 쉬워진다.

　마케팅 도구를 활용해 여러분의 제품을 고객들이 원하는 제품으로 포지

셔닝(positioning) 한다. 포지셔닝이란 잠재 구매자들에게 여러분의 제품이
가져다주는 이점을 그려볼 수 있도록 이미지를 창조하는 것을 말한다. 여러
분의 제품을 기억에 남고 경쟁제품 사이에서 돋보이도록 포지셔닝할 수 있
는 마케팅 도구는 많다.

팩스 마케팅 정보를 업데이트할 때마다 잊지 않고 수정하고 도구들을 분
실하지 않도록 바인더에 보관한다. 이 부분은 새로운 마케팅 도구를 개발하
기로 결정할 경우 훌륭한 참고자료 노릇을 한다. 훑어 지나가면서 가장 마
음에 드는 문구, 색상, 그래픽을 고른 다음 새로운 마케팅 도구를 만드는 데
활용한다.

마케팅 도구에는 다음과 같은 것들이 포함된다.

- **광 고** : 제19-D 단계에서 만든 광고를 이 부분에 넣는다. 광고를 아직
  만들지 않았다면 30초 광고를 활용하고 여러분의 연락처를 넣는다.
  여러분이 광고를 만들 때까지 대체 역할을 할 것이다.
- **디스플레이** : 매장 내 제품 진열 위치, 디스플레이 아이디어(예 : 포스터
  또는 디스플레이홀더)를 묘사한다. 포스터 초안이나 효과적인 매장 내 진
  열에 대한 도안을 포함할 수 있다.
- **D M** : DM 자료(제19-E 단계)를 만들기로 한 경우 사본 하나를 여기
  보관한다.
- **전단지** : 이벤트에서 사람들에게 나눠줄 전단지를 디자인했다면 이 부
  분에 넣어 둔다.
- **추가 마케팅 도구** : 여러분이 개발한 추가 마케팅 도구(예 : 쿠폰 또는 행사
  안내)의 샘플을 보관해 두고 향후 필요할 때 참고자료로 쓴다.

11 세일즈 키트 한 부분에 "제품 판매"라는 제목을 붙인다.

제품을 팔 수 있는 방법(예 : 매장, 대리점 또는 유통업체를 통해)을

목록으로 만든다. 사람들이 제품을 판매할 수 있는 새로운 장소를 제안할 경우 여기 기록한다. 아이디어 노트에서 만든 판매지역 페이지(제8단계 정보센터)를 복사해서 세일즈 키트에 붙여도 좋다.

12 세일즈 키트 한 부분에 "후원자 구축"이라는 제목을 붙인다. 잠재적 후원사와 이벤트(제18단계 후원자 구축)를 이 부분에 기록하고 아이디어가 떠오를 때마다 기록한다. 여기서도 아이디어 노트에서 개발한 후원자 구축 페이지의 사본을 복사해 세일즈키트에 붙여도 된다.

13 세일즈 키트 한 부분에 "마케팅 전략"이라는 제목을 붙인다. 매월 작성하는 원 페이저(제17단계 마케팅 전략)를 이 부분에 삽입한다. 이 페이지들을 판촉 자료 가까이 두면 지금까지 달성한 내용과 어떤 전략이 효과를 발휘했는지 파악하기가 쉽다. 원 페이저를 넘기면서 여러분의 진전사항을 파악하는 것은 재미있는 일이다.

14 세일즈 키트 한 부분에 "언론 인지도"라는 제목을 붙인다. 여러분의 사업에 관한 언론 기사를 모두 붙인다. 누군가 언론에 나온 적이 있냐고 묻거나 다른 사람들은 여러분의 제품을 어떻게 생각하느냐고 물을 경우 손쉽게 기사를 하나 복사해서 보내주면 그만이다. 부모님이나 친구들이 방문했을 때도 세일즈 키트의 이 부분을 자랑하는 것을 잊지 말 것. 모두 여러분이 이룩한 것에 대해 자랑스러워할 것이다.

KICK START YOUR DREAM BUSINESS

제품 가격 책정

이 장은 여러분이 가격 책정을 제대로 하도록
도움을 주려는 것이 목적이다.
소비자들이 금전적으로 감당할 수 있는 제품을 제공하는 동시에
이익을 내야 사업에서 성공할 수 있다.
지금까지 여러분이 조사한 것과 배운 것 및
육감에 기초하여 가격을 책정한다.

가격 추정

 머리말

여러분의 제품에 가격을 결정하는 단계이다. 가격 책정을 처음부터 제대로 하는 것이 중요한데 이는 출시한 다음, 가격을 변경하려면 소비자들에게 납득시키기가 어렵기 때문이다. 사람들의 말을 경청하고 그들의 제안 및 여러분의 조사, 계산, 느낌 등에 기초하여 최선의 가격으로 결정을 내린다.

인정하든 그렇지 않든 모든 사람은 소비자이다. 그들이 검소한 소비자이든, 사치스런 소비자이든, 회의적인 소비자이든, 충동적인 소비자이든. 여러분의 제품이 시장에 나올 때까지 기다릴 수 없다고 말하는 사람들과 이야기를 나누고 다른 창업자들에게 여러분의 제품에 어떤 가격이 적정한 가격이냐고 물어본다.

소비자를 직접 대하므로 고객들이 얼마를 기꺼이 지불하고자 하는지를 알고 있는 점주들과 이야기를 나눈다. 모든 사람은 각자 다른 지식과 경험을 가지고 있으니 그들 모두에게 귀 기울이고, 배우고, 그것을 가격 책정에 적용한다.

여러분의 과거 조사결과 및 새로운 정보를 적용할 수 있는 시스템을 고안함으로써 제품 가격을 책정하는 법을 습득한다. 지금까지 완료한 조사결과를 검토하고 경쟁업체들이 자사 제품에 얼마의 가격을 부과하는지 본다. 경쟁업체가 제공하지 못하는 이점이 여러분의 제품에 있는 경우가 있다. 이

가격책정은 마치 경기와도 같다. 공정한 자세로 임해야 하고 경쟁업체들을 주시해야 하며 차별화된 전략을 세워야 이길 수 있다.

런 독특한 장점으로 인해 여러분의 제품 또는 서비스의 인지적 가치는 더 높을 수 있으므로 그때는 경쟁업체보다 더 높은 가격을 책정해도 좋다. 반대로 본질적으로 제공하는 이점은 같아도 부가기능이 적다면 가격을 낮게 책정한다.

다른 누구보다도 여러분의 제품에 대해 잘 아는 사람은 자신이므로 직관에 귀를 기울인다. 내놓을 수 있는 제품이 많을 경우 첫 제품은 낮은 가격을 책정하여 사람들의 관심을 끌고 명성과 경험이 쌓이면서 이후 출시되는 제품에는 더 높은 가격을 부과하는 방법도 있다.

무료 샘플을 제공하여 고객들의 사용을 유도하는 방법도 있다. 예를 들어 소프트웨어 게임업체들은 견본 게임을 배포하여 사람들의 관심을 끈다. 이를 풀뿌리 구전홍보라고 부른다.

목표

여러분의 제품에 대한 예상 판매가격 책정.

할 일 목록

1 아이디어 노트 한 면에 "가격 책정"이라는 제목을 붙인다.

가격 책정에 관한 모든 정보를 이 면에 기재하고 가격 책정을 위한 계산에 활용한다. 나중에 이 부분을 다시 펼쳐보고 어떻게 가격을 정했는지 되돌아보는 것은 재미있는 경험이 될 것이다.

성과

예상 판매가격.

2 생산하고자 하는 제품의 수를 최종 확정하여 아이디어 노트에 적는다.

최초로 여러분이 생산하는 제품의 수량은 최초 재고라고 부른다. 팔리지 않고 남은 제품은 어디든 보관해야 하는데, 이렇게 안 팔리고 남은 제품은 잔여 재고라고 한다.

최초 재고를 어느 선으로 결정해야 하는지는 복잡한 과학이므로 이 자리에서 논하기에 적절하지 않다. 제품, 비용, 사전 주문, 예상 매출, 여러분이 동원할 수 있는 자금 등을 감안해야 한다.

그러나 가격 책정과 재고는 둘 다 과학뿐 아니라 여러분의 육감에도 의존을 해야 한다. 지금쯤이면 여러분은 시장에 대해 많은 지식을 쌓았으므로 예상 최초 재고를 어느 정도로 해야 할지 육감에 물어본다. 제조업체, 점주, 유통업체, 다른 발명가들이 추천하는 수치 및 제16단계 '제품생산'의 <할 일 목록> 4번에서 정한 최소생산수량을 검토해 본다. 전문가들은 수년 간의 경험을 통해 소비자들의 구매 습관을 누구보다도 잘 알기에 이들의 추천은 매우 정확하다. 자신을 믿고 밀고 나가는 것이 중요하다.

나중에 생산, 보관, 주문이행 비용을 계산하는데 이 최초 재고를 활용하게 된다. 물론 최선의 시나리오는 정확히 팔릴 만큼만 생산하는 것이다.

내 고객 테일러(Taylor)는 웹디자인 시장에 뛰어들고 싶었으나 자신의 서비스에 정확히 얼마의 가격을 매겨야 할지 고민 중이었다. 고객들은 그와 일을 시작하기 전에 가격부터 알고 싶어 했으나 테일러는 경험이 없어서 그들에게 얼마를 청구해야 할지 감을 못 잡고 있었다.

테일러는 다양한 서비스(게다가 그의 고객들은 매일 새로운 사항을 요구했다)의 가격을 어떻게 책정해야 할지 확신이 서지 않았다. 예를 들어 어떤 고객은 그래픽 없는 한 페이지짜리 웹사이트를 원하는가 하면 어떤 고객은 그래픽이 들어가고 사람들의 채팅 공간도 있고 온라인 결제도 가능한 열두 페이지짜리를 원했다.

테일러는 자신의 생계비용을 충당하고 약간의 이익도 남길 수 있는 정도의 요금을 부과하고자 했다. 그에게 있어 가장 큰 비용은 시간이었다. 경비는 그다지 들어갈 것이 없었으므로 경쟁업체들보다 낮은 요금을 부과할 여력은 있었다.

나는 테일러에게 두 가지 간단한 일을 주문했다. 하나는 일단 낮은 가격(들인 시간을 충당하고 생계를 해결할 수 있는 약간의 이익을 낼 정도)으로 시장에 진입해서 입소문을 낸다. 둘, 역사적 가격표를 만든다.

역사적 가격표에 테일러는 자신이 한 일을 기록했다. 자신이 새로 만들어낸 요소들과 그 요소별로 부과한 가격을 모두 기록했다. 그는 이 표를 컴퓨터 가까이 두고 각 항목에 소요되는 시간도 기록했다. 이렇게 기록한 정보들은 앞으로 그가 제공하는 서비스의 가격을 결정하는 데 도움이 될 터였다.

예를 들어 한 고객이 그래픽이 들어간 한 페이지짜리 웹사이트를 요청할 경우 테일러는 전체 패키지가 아닌 각 요소별로 가격을 추정했다. 그런 다음 가격 차트에 이 정보를 기록했다. 테일러는 과거에 했던 작업을 통해 빠른 시간 안에 많은 것을 배울 수 있었다. 각 요소별 평균 소요 시간(자연히 부과해야 할 가격도)을 파악하자 이후 고객에게는 그에 따라 적정 요금을 청구할 수 있었다.

시장 진입에 성공하고 명성을 쌓고 멋진 샘플 사이트까지 갖춘 다음 테일러는 시장 요금으로 가격을 올렸다. 경험이 축적되면서 그는 고객의 웹사이트에 어떤 요소가 필요하다고 조언까지 하게 되었다. 성과를 기록하고 성공요소를 낱낱이 추적하다 보면 사업을 적절하게 발전시킬 수 있다.

3 여러분 제품의 운영 판매가격(working sales price)을 정한다.

운영 판매가격은 경쟁업체들과 비슷한 수준이라야 한다. 지금까지 찾아낸 가격 정보를 활용하여 가격을 정한다(실제 제품의 가격 또는 점주가 제시하는 가격을 사용한다).

여러분의 제품과 유사한 제품을 판매하는 사람들은 가격을 책정해 본 경험이 많으므로 이들의 경험(실수를 포함한)을 활용한다. 과거 이들은 제품 가격을 지나치게 높게 또는 지나치게 낮게 책정한 결과 매출에 타격을 입은 경험이 있을 것이다. 이들은 가격을 조정함으로써 소비자들이 어느 정도의 비용을 기꺼이 지불하려 하는지 파악했을 것이므로 이들의 가격은 여러분이 가격을 책정하는데 훌륭한 지표로 삼을 만하다.

여러분이 찾아낸 가격 가운데 하나를 그대로 채택하거나 찾아낸 모든 가격을 활용해도 좋다. 이렇게 해서 정한 운영 판매가격은 이번 단계 이후 〈할 일 목록〉에서 기준가격으로 활용된다.

가격 결정은 중요한 일이므로 항상 전략과 목표 시장을 염두에 둔다.

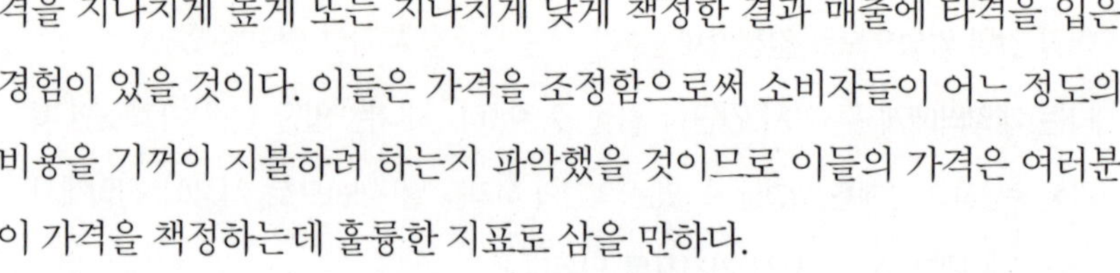

4 포커스 그룹 회의에서 수집한 정보를 검토하고 사람들이 여러분의 제품에 대해 좋아하는 속성들을 목록화한다.

운영 판매가격 밑에 시장에서 여러분의 제품을 돋보이게 하는 속성이라고 포커스 그룹에서 이야기해준 내용을 적는다. 여러분의 제품에는 있으나 경쟁제품에는 없는 특별한 속성을 별도로 기입한다. 이 단계를 완료하려면 제8단계에서 만든 정보센터를 활용할 수 있다.

여러분이 제품에 부과하는 가격은 경쟁제품보다 비쌀 수도 있고 쌀 수도 있다. 그건 괜찮다. 고객들에게 여러분 제품의 특성을 설명함으로써 이 가격 차이를 납득시킬 수 있기 때문이다. 사업이 성장하면서 이 목록을 보고 가격 차이를 소비자에게 납득시키거나 아니면 가격을 낮출 수 있다.

가격 책정에는 소비자의 인식이 큰 역할을 한다. 예를 들어, 미리 녹음된 노래만 연주하는 것이 아니라 목소리를 녹음해서 재생할 수도 있는 축하카드가 있다면 소비자들은 후자를 더 높이 평가하는 게 당연하다. 두 가지 카드를 생산하는데 드는 비용이 똑같다고 해도 제작자는 특별한 속성에 대한 더 높은 가격을 부과할 수 있다. 그 이유를 설명하자면 복잡하지만 결국은, 즉 소비자가 제품을 어떻게 생각하고 제품에 대해 어떤 느낌을 갖느냐 하는 소비자 인식으로 귀착된다. 소비자들은 자신들이 원하는 이점을 제공한다

가격은 개인적 목표, 경쟁업체, 비용, 수요, 제품이 제공하는 이점 등을 고려하여 책정한다.

고 여겨지는 제품에 더 많은 가격을 기꺼이 지불한다.

5 **제품의 도매가격 책정에는 단순한 계산식을 사용한다.**
점주들에게는 제품을 도매가격으로 판매한다. 그러면 점주들은 비용을 충당하고 이익을 남길 수 있도록 이 도매가격에 마진을 덧붙여 판매한다.

대다수 소매점주들은 최소한 100%의 마진을 붙인다. 여러분이 개당 1천원에 제품을 매장에 공급하면 그들은 소비자들에게 2천원에 판매하는 것이다.

제품의 도매가를 책정하는 데는 간단한 계산식이 있다. 운영 판매가격을 절반으로 나누면 그게 바로 도매가격이다.

6 **제품의 운전자본비율을 계산하는 간단한 계산식을 활용한다.**
여기서는 여러분이 직접 매장을 개설하지 않고 대부분의 매출이 도매로 이루어진다고 가정하자. 운전자본비율이란 여러분의 소득 가운데 이익을 충당하고 제조비용을 제외한 모든 비용을 충당하는데 들어가는 비율을 말한다. 간단히 말해 여러분이 먹고 살기에 충분한 만큼의 가격을 부과하고 있는지 알아보는 방법이다.

도매가격에서 단위당 제조원가(제16단계 제품생산)를 뺀다. 이것이 매출총이익인데, 매출총이익을 가지고 여타 비용을 충당한다.

매출총이익을 도매가격으로 나누어 구한 수치가 운전자본비율이다. 여러분 사업을 구성하는 모든 항목의 원가계산을 할 때만큼 정확하지는 않겠

참고

이익이란 물건을 팔고 받은 돈에서 모든 비용을 제하고 남은 것을 말한다.

지만 여러분이 부과해야 할 대략의 가격은 구할 수 있다. 대개 운전자본비율이 도매가격의 55~65% 정도 돼야 제반 비용을 충당하고도 이익을 남길 수 있다. 예를 들면 다음과 같다.

$$1만원(운영 판매가격)/2 = 5천원(도매가격)$$

$$5천원(도매가격) - 2천원(단위당 제조원가) = 3천원(매출총이익)$$

3천원/5천원 = 60%. 이것이 운전자본비율인데, 여러분이 소득의 60%를 비용(제조원가 제외)에 충당하고 이익을 남기는데 사용할 수 있다는 뜻이다.

7 계산 판매가격(calculated sales price)을 정한다.

계산 판매가격은 최종 소비자에게 판매하는 가격을 어느 정도 부과할 것인지 결정하는 데 도움을 준다. 필요한 경우 운전자본비율을 용인할 만한 수준으로 확장하도록 도매가격을 변경한다. 운전자본비율은 55%가 최저이며 이보다 높으면 좋다.

새로운 도매가격에 2를 곱한다. 이것이 여러분의 계산 판매가격이다. 이 계산 판매가격을 〈할 일 목록〉 3번에서 구한 운영 판매가격과 비교해 본다.

계산 판매가격은 잠재적인 우려의 영역을 지적해낼 수 있다. 예를 들어, 계산 판매가격이 운영 판매가격(경쟁제품 가격)보다 높으면 여러분의 제품은 돈을 더 낼 가치가 있다는 확신을 고객들에게 심어주어야 한다. 아니면 여러분의 제조원가가 지나치게 높은 경우일 수도 있다. 이럴 때는 제조에 관한 조사를 더해서 제품 생산에 드는 최적의 비용을 찾아야 한다.

 비교 판매가격(comparison sales price)을 구할 수 있는 대안을 활용
한다.

서로 다른 계산식 몇 가지를 활용해 여러분의 가격을 비교해 보는 것도
좋은 생각이다. 그러다 보면 비용을 충당하고도 이익을 남기고 있다는 확신
을 가질 수 있다. 게다가 여러분의 제품에 부과하는 가격의 범위를 조절할
수 있다는 것은 신나는 일이다.

제품 판매가격을 정하는 한 가지 대안은 생산하고자 하는 제품 수를 모
든 추정 비용, 제조원가, 적정 이윤으로 나누는 것이다. 이 방법은 여러분의
모든 비즈니스 프로세스가 수립되고 비용 추정이 끝났을 때 사용할 수 있
다. 이 방법에 대해서는 나중에 한 번 더 설명이 나온다.

적정비용을 정하려면 제16단계 제품생산, 제17단계 마케팅 전략, 제30
단계 재무분석(간접비 부문)을 참고한다. 비교 판매가격을 구하는 공식은 다
음과 같다.

판매 가격 = {(연간 제품 생산 개수 × 제품 단위당 인건비 및 재료비)

+ 연간 추정 경비 + 연간 적정 이윤}/연간 제품 생산 개수

 비교 판매가격<할 일 목록> 8번과 계산 판매가격<할 일 목록> 7번을
비교한다.

가격이 비슷한가? 만약 비슷하지 않다면 이유를 찾아본다. 비교 판매가
격에서 사용한 비용이 실제 수치인가 아니면 일부가 가공의 수치인가? 가
능한 한 가장 정확한 정보를 사용해야 한다. 이 두 가격 사이의 차이의 원인
이 무엇인지를 알아야 여러분이 제 비용을 충당하고 생계를 유지할 정도의
가격을 책정했는지를 알 수 있다.

일단 제품을 출시한 다음에
는 가격을 인상하기가 어려
우므로 충분한 시간을 할애
해 판매가격을 책정한다.

10 앞에서 구한 가격 가운데 하나를 실제 판매가격으로 정한다. 아이디어 노트에서 이 실제 판매가격을 눈에 띄게 표시한다.

여러분이 개발한 논리와 육감으로 가장 적정한 실제 판매가격을 선택한다. 실제 판매가격은 여러분의 고객에게 직접 판매하는 가격이다.

이 책에서는 앞으로 실제 판매가격을 사용한다. 아이디어 노트에서 실제 판매가격을 눈에 띄게 표시해 둔다. 내 고객 몇 명은 찾기 쉽도록 실제 판매가격 주변에 큰 달러 표시를 해두기도 한다. 실제 판매가격은 시가 또는 제품가격 포인트라고도 한다.

눈에 띄게 표시한 실제 판매가격 아래 그 가격을 어떻게 계산했는지 설명을 단다. 앞에서 이야기한 계산식을 활용했는지 경쟁업체의 가격을 모방했는지를 명시한다. 예를 들자면, 다음과 같이 기록할 수 있다. "정확한 비용을 산출하기가 불확실해서 경쟁업체의 가격을 적용했음." 이 설명은 잠재 투자자 또는 구매자에게 가격 책정 전략을 이해시키는 데 도움이 된다.

실제 판매가격이 경쟁업체의 가격보다 높거나 낮을 때는 그 이유를 설명한다. 여러분의 가격 책정 과정을 이야기하는데 도움이 된다. "경쟁업체에서 어느 정도 가격을 부과하는지 알고 있지만 다음과 같은 속성 때문에 그보다 더 높은(또는 더 낮은) 가격을 매겼음." 여기서도 실제 판매가격이 운영 판매가격보다 높으면 독특한 장점으로 높은 가격을 유지할 수 있도록 한다.

11 서비스를 제공하는 경우에는 초기 시간당 요율을 정한다. 서비스 가격책정은 제품가격 책정과 다르다. 과거 조사결과를 활용하고 다른 전문가들은 얼마를 부과하는지도 알아보고 연간 급여조사(인터넷, 동업자 조합, 도서관 등에서 확인 가능)를 통해 여러분이 제공하는 것과 유사한 서비스를 제공하는 사람의 연간 급여를 알아본다.

희망 연 급여를 정했으면 다음 계산식을 통해 시간당 임금을 구한다.

$$\{희망\ 연급여/(52주 - X[X는\ 연간\ 휴가\ 주간])\}/40(주당\ 근로시간)$$
$$= 시간당\ 임금$$

다음으로는 시간당 임금에 3을 곱해 시간당 요율을 정한다. 시간당 요율은 간접적인 비용과 이윤을 충당하는 것이 목적이다. 대부분의 독립업자들은 20%의 이윤을 원한다. 시간당 요율을 구하는 산식은 다음과 같다.

$$시간당\ 임금 \times 3 = 시간당\ 요율$$

시간당 요율에는 추가비용이 포함되어 있지 않으므로 모든 직접비용(예 : 전화, 복사, 여행 등)은 고객에게 부과해야 한다.

고객이 프로젝트별로 총 비용을 알고자 하면 시간당 요율에 근거하여 첫째 프로젝트에 소요되는 시간을 추산하고 시간당 요율에 그 시간을 곱한다.

여러분의 요금을 동종 업계 다른 회사의 요금과 비교한다. 처음에는 경쟁업체보다 낮게 시작했다가 명성이 쌓이면 높이는 방법이 있다.

12 가격 책정을 효과적으로 해야 한다.

가격책정 전략은 효과적이어야 한다. 앞에서 설명한 단계가 가격책정의 탄탄한 토대를 마련해주기는 하지만 여러분이 개발하는 마케팅 전략에 따라 가격을 수정할 필요가 있다. 예를 들어, 제품이 하나 이상인데 소비자들의 관심을 끌기 위해 첫 제품을 낮은 가격으로 출시하기로 정했다면 그렇게 한다.

초창기에는 제품가격을 경쟁업체 수준에 맞추되, 다른 가격책정 전략에 대한 조사를 멈추지 않는다. 제품 출시일이 다가오면 가장 효과적인 실제 판매가격을 정한다.

13 제품가격 할인 일정을 정한다.

소매업자, 유통업체, 대리점(이밖에 누구든 여러분의 제품판매를 돕는 사람)은 여러분이 판매가격에서 할인을 해주기를 바란다. 여러분의 제품판매를 돕는 사람은 창출된 이익(예 : 대리점의 경우 15%)으로 자신들의 비용을 지불하고 여러분의 제품을 광고한다.

아이디어 노트에 다음과 같은 정보를 이용해 제품 할인 목록을 만든다.

- **도매 할인** : 매장에서 여러분에게 직접 주문할 때 표준 할인율은 실제 판매가격의 50%이다. 주문 수량이 더 많아지면 더 큰 폭의 할인율을 적용할 수도 있다. 대개 제품은 반품이 불가능하다. 단 서점으로 팔려간 책은 예외로, 서점에서는 팔리지 않은 책을 반품할 수 있다.

- **인터넷 할인** : 인터넷 쇼핑몰은 실제 판매가격보다 22~40% 정도의 할인율을 적용 받는다.

- **대리점 할인** : 이들은 대개 판매하는 모든 제품에 대해 도매가격에서 15%의 할인율을 적용 받는다(매장은 도매가격 적용). 대리점은 할인율이 낮기는 하지만 매출이 크다. 대리점에 납품하는 것은 여러분이므로 반품 여부는 여러분의 정책에 달려 있다.

- **카탈로그 및 유통업체 할인** : 카탈로그 업체 및 기타 유통업체는 배송 및 추가 마케팅 비용을 충당하도록 실제 판매가격에서 55~60% 할인을 받는다. 이들은 제품이 팔렸을 때만 여러분에게 대금을 지급하며 팔리지 않은 제품은 자신들의 비용 부담으로 반품할 수 있다.

14 결제계획(매장과 유통업체들이 언제 제품 대금을 결제할 것인지)을 세운다.

결제계획은 종류가 많으니 여러분과 여러분의 고객에게 효과적인 것으로 고른다. 여러분이 속해 있는 산업에서는 이미 결제 가이드라인을 가지고 있을 수도 있으니 가능하다면 그것을 사용한다. 항상 제품을 납품하기 전에 여러분의 가격과 결제계획을 서면으로 보낸다.

결제방법에는 물품 인도와 동시에 매장에서 현금을 지불하는 상환급(COD), 물품 인도 30일 후에 대금을 지불하는 30일 후결제가 있다. 처음 거래하는 매장이라면 COD, 재 주문을 하는 매장이라면 30일 후결제로 하는 것이 표준 관행이다.

15 수개월에 한 번씩 가격책정 전략을 점검한다.

수개월 한 번씩 또는 여러분의 사업에 큰 변화가 있을 때마다 가격 전략을 재검토하는 것이 좋다. 예를 들어 매출이 급신장할 경우 가격을 더 올릴 수 있고, 매출이 침체되어 있거나 더 저렴한 생산방식을 찾아낸 경우에는 가격을 낮출 수 있다. 가격을 변경할 때는 마법의 공식 같은 것은 없다. 시장과 경쟁업체와 소비자들에게 달려 있을 뿐이다. 여러분의 제품을 파는 사람들(및 다른 전문가들)과 이야기를 나누고 직관력을 발휘해 제품 가격을 지속적으로 모니터한다.

맨 처음에는 제품 포장에 영구적인 가격표를 붙이지 않는 것이 좋다. 시장 테스트를 거친 다음 쉽게 변경할 수 있도록 스티커로 가격을 붙인다.

제 9 장

제품 납품하기

중소기업을 성공적으로 운영하는 관건은
거래하는 모든 사람에게 탁월한 맞춤형 고객 지원을 제공하는 것이다.
이 장에서는 여러분의 제품 또는 서비스의 효과적인 전달에
도움이 되는 절차를 개발한다. 여러분의 사업이 경쟁업체들 사이에서
돋보이고 새로운 고객을 유치하고 사업기회를 재창출할 수 있도록
각종 조언과 기법이 제공되어 있다.

 머리말

고객 지원이란 접촉 단계부터 제품 판매, 후속 조치에 이르기까지 모든 것을 가리킨다. 여러분과 거래를 튼 사람들이 가장 먼저 기억하는 것이 고객 지원이다. 고객 지원 계획은 다음과 같은 세 가지 목적을 달성하려고 세운다. 첫째, 시장에서 여러분의 사업을 차별화하고, 둘째, 고객 충실도를 높이고, 셋째, 입소문을 통해 사업을 확장하는 것이다. 경쟁업체보다 돋보이려면 특별한 고객 지원을 제공해야 한다.

마케팅을 하는 목표는 가능한 한 많은 사람들에게 여러분의 메시지를 전달하려는 것이다. 일단 이 사람들과 접촉을 하고 나면 이들과의 관계를 어떻게 발전시켜 나가느냐가 성공의 관건이다. 한 번 만족한 고객은 다음에 또 오게 되어 있고 여러분의 제품에 대한 입소문을 퍼뜨린다. 고객 지원은 고객과의 관계를 구축하고 향후에도 고객들을 여러분의 제품으로 끌어당기는 것이 핵심적인 부분이다.

예를 들어, 내가 아는 한 커피숍 점주는 고객에게 훌륭한 커피를 마시며 편안한 소파에서 인터넷을 무료로 사용할 수 있게 할 뿐 아니라 무료로 리필을 해주고, 좋은 인터넷 사이트를 적극적으로 추천해 주며 커피를 맛있게 끓이는 법을 가르쳐 주고, 심지어는 데이트 상대까지 소개해 준다. 관계 구축이란 바로 이런 것을 말한다. 그 매장은 인근에서 가장 인기 있는 커피숍

격려의 말

돋보이려면 예상치 못한 고객지원을 제공하는 것도 한 방법이다. 놀라운 서비스를 받은 사람은 주변에 그것을 이야기한다.

이 되었다.

고객들은 절대 빠뜨릴 수 없는 훌륭한 아이디어의 보고이다. 가장 가까운 고객이 마음속에 품고 말하지 않는 것, 또는 아주 불합리한 것처럼 보이는 고객의 불평이 여러분의 사업에 도움이 되는 뛰어난 아이디어이다. 이들의 말에 귀를 기울이고 이들이 제시하는 멋진 아이디어를 실행에 옮긴다. 여러분은 이들의 필요를 충족하기 위해 제품 및 서비스를 더욱 훌륭하게 다듬을 것이다.

일상 업무에 파묻혀 당초의 외부적 의도를 잊어버리기가 쉽다. 여러분이 사업을 시작한 것은 고객들에게 이익을 주기 위해서이다. 공급업자에게 대금을 결제하고, 유통업체에게 마케팅 자료를 보내고, 골치 아픈 회계업무도 해야 하고, 제품을 납품하고, 밥 챙겨 먹고, 잠 잘 시간도 있어야 한다. 그나마 운이 좋은 경우이겠지만. 고객 지원은 고객의 이익이 항상 여러분의 <할 일 목록> 맨 꼭대기에 있어야 한다는 점을 일깨워 준다.

고객이 만족하지 않는다면 여러분의 사업도 없다는 것을 기억해야 한다. 고객 지원은 마치 근육과 같아서 운동을 하지 않으면 퇴화하여 몸을 지탱하지 못한다.

여러분과의 거래를 좋은 기억으로 남길 수 있는 계획을 만든다.

할 일 목록

1 아이디어 노트 한 면에 "나의 고객 지원 계획"이라는 제목을 붙인다.

이번 단계에서 찾아내는 아이디어를 여기에 적는다. 나중에라도 새롭고 훌륭한 고객 지원 아이디어가 있으면 추가한다.

2 친구들과 함께 모든 고객을 위한 계획에 없던 고객(최종 사용자뿐 아니라 점주, 유통업체도 포함) 지원 프로그램에 관해 브레인스토밍을 한다.

30초 광고를 활용하여 사람들에게 묻는다. "어떻게 하면 저와 거래하는 걸 쉽고 재미있게 만들 수 있을까요?" 과거 그들이 받았던 훌륭한 고객 지원 서비스가 있으면 알려 달라고 청한다.

예를 들면, 대량 주문을 낸 고객에게 감사장이나 작은 선물을 보낼 수 있다. 여기서 더 나아가는 경우도 있다. 우리 동네 드라이클리닝 전문점에서는 고객에게 가는 등기 우편물을 대신 받아주는 일을 시작했다. 그 가게의 고객들은 편할 때 가게에 들러 우편물을 받아 가면 되는 것이다(물론 가는 길에 세탁물을 맡기고). 또 어떤 사업자는 고객이 주문을 내면 이메일을 보내 언제 물건을 받고 싶은지를 물어본다. 이런 간단한 서비스가 고객 충실도를 구축하고 입소문을 낸다. 그러니 친구들과 잠재 고객의 말에 귀를 기울여야 한다.

고객지원 계획으로 여러분의 제품이 시장에서 돋보일 수 있다.

3 고객에게 질문을 하고, 그들의 대답을 경청하고, 그들이 내놓는 실현 가능한 아이디어를 실행에 옮길 수 있는 절차를 만든다.

좋은 아이디어를 내놓는 고객에게 보상하는 일을 잊어서는 안 된다. 소비자 의견조사를 위해 내 고객들이 쓰는 방법에는 건의함 설치, 엽서 설문조사, 이메일로 하는 소비자 만족도 조사, 매장 내 설문조사 등이 있다.

아니면 "최고의 제안" 콘테스트를 개최해 우승자에게 상을 주거나 사진을 벽에 걸어놓는 방법도 있다. 여러분이 고객에게 물어볼 수 있는 최고의 질문은 다음과 같은 것이다. "제 사업을 개선할 수 있는 아이디어를 내주실 수 있습니까?" 이 질문은 여러분이 적극적으로 외부 제안을 받아들이는 사람이라는 것을 주변에 알린다. 도움을 청해야 도움을 받는다는 것을 명심해야 한다.

4 여러분의 사업에 관한 정보를 요청하는 고객에게 마케팅 자료를 제공하고 사후관리를 취하는 과정을 단계별로 설명하는 가이드를 만든다.

이는 모든 고객을 동등하게 대하기 위한 정보를 제공하는 과정이다. 일단 절차를 만들어 두면 업데이트가 뒤따라야 한다.

여기에는 다음과 같은 과정을 포함한다. 전화 응답 및 자주 묻는 질문에 대한 대답(누구나 사용할 수 있는 여러분의 사업에 대한 설명), 고객 데이터 입력, 우편물 발송, 사후관리. 사람들은 빠르고 정확한 정보를 원한다. 여러분이 그것을 달성할 수 있다면 여러분은 경기에서 남들보다 한참 앞서나갈 수 있다.

항상 고객을 여러분이 가진 최고의 마케팅 자원으로 대한다. 실제로 이들은 여러분이 가진 최고의 마케팅 자원이다.

와인 한 잔

우리 동네에 음식 맛 훌륭하고, 서비스 좋고, 가격 저렴한 식당이 문을 열었다. 입소문이 퍼지면서 많은 사람들이 몰려들었다. 주인은 노다지를 캤다고 생각했으나 일주일 만에 손님들이 불평을 제기하기 시작했다.

불평은 음식이 맛있다는 소식보다 더 빨리 퍼졌다. "줄이 너무 길다." "들어가려면 한 시간은 기다려야 한다." "다른 데로 가자." 주인은 걱정이 되었지만 어쩔 도리가 없었다. 내 고객 한 사람이, 손님들에게 도움을 청하고 그들의 아이디어를 경청해 보는 게 어떠냐고 제안했다.

일주일 동안 여행을 떠났던 나는 그 식당이 어떻게 하고 있는지 가서 보기로 했다. 그날은 월요일이었는데 식당 앞에 줄이 길게 늘어서 있었다. 그런데 놀랍게도 기다리는 사람이 모두 기분이 좋아 보였다.

나는 주인에게 다가가 어떻게 된 거냐고 물었다. 그는 웃으며 고객들의 의견에

5 개인, 온라인 및 오프라인 매장, 유통업체, 카탈로그 업체를 위한 간편한 제품 주문 및 결제시스템을 개발한다.

이 시스템을 단계별 절차로 만들어 고객들이 항상 주문 상황을 파악할 수 있도록 한다. 그리고 절차를 문서화해 누구나 쉽게 참고할 수 있도록 만든다. 다음은 몇 가지 참고할 만한 아이디어이다.

- **전화 주문** : 수신자부담전화번호를 하나 만들고 자동응답기에 연결한다. 수신자부담전화는 시내 및 시외 지역에 따라 요금이 다르다. KT(한국통신)의 경우 시내는 180초 마다 85원, 시외 지역은 180초 마다 270원이며 이동전화와의 통화는 90초마다 263원이 든다. 잘 알아보고 사용하는 것이 좋다.

- **팩스 주문** : 팩스기를 갖다 놓고 사람들이 팩스로 주문을 내도록 하는 것이다. 팩스, 전화, 자동응답기 겸용 기계를 구입하거나 팩스/자동응답 소프트웨어가 내장된 컴퓨터를 마련하는 방법도 있다.

- **인터넷 주문** : 인터넷을 활용하기로 했다면 거기 맞는 고객지원 절차를 개발한다. 인터넷 주문은 사람들이 특정 이메일 주소(전자 우편함)로 주문을 내면 판매 담당자가 확인전화를 하는 간단한 방법도 있고, 인터넷으로 신용카드 결제까지 되는 복잡한 방법도 있다. 교육과정에 참가하거나 인터넷 서비스 공급업체(업종별 전화번호부 "인터넷"에서 찾을 수 있

다)에 문의해 최선의 방법을 찾는다. 고객의 개인 정보와 결제 정보를 안전하게 보호할 수 있는 주문 절차를 확실히 이해해야 한다.

- **신용카드 주문**: 신용카드 회사 여러 군데에서 중소기업에 대한 수수료 할인이 있는지 알아본다. 소규모 사업자가 신용카드 기계를 쓰기는 쉽지 않다. 대다수 은행에 전자적인 방식으로 연결되어야 하는데 그 비용이 비싸기 때문이다. 그 대안으로 대다수 내 고객들은 은행과 이미 신용카드 승인 시스템이 갖춰져 있는 조합에 가입한다. 이렇게 대규모 조합에 가입하면 비용을 아낄 수 있고 은행으로부터 더 나은 서비스를 받을 수 있다. 은행들은 대개 신용카드 주문을 처리해 주는 대가로 매출의 일정 비율을 수수료로 뗀다. 수수료율은 주문 한 건당 판매가격의 1.45~3% 정도이다.

6 고객 정보를 업데이트할 수 있는 절차를 구축한다.

고객과 지속적인 연락을 취할 수 있는 방법을 찾는다. 고객들은 신제품이나 가격 인하 같은 정보를 알려주면 좋아한다. 이메일 뉴스레터는 고객과 지속적인 접촉을 할 수 있는 훌륭한 도구이다. 예를 들어, 여러분의 제품 또는 서비스의 새로운 용도를 찾은 경우 이 정보를 점주에게 전달하거나 (그들의 사업과 여러분의 사업에 동시에 도움이 된다) 정보수신에 동의한 고객에게 신제품 정보를 이메일로 보내는 것이다.

7 독특한 고객 불만처리 정책을 개발한다.

고객 불만처리 정책은 고객과의 거래를 어떻게 할 것인지를 정하는 것이다. 이는 마치 여러분이 정해놓고 지키려고 하는 좌우명과도 같다. 소비자의 합리적인 요구라면 무엇이든 충족하려 애써야 한다. 여기서 "합리적" 요구라 함은 여러분의 사업에 부당한 금전적, 시간적 부담을 주지 않는 정당한 요구를 말한다. 훌륭한 정책을 만드는 관건은 고객에게 솔직, 정직하고 그들에게도 같은 것을 기대하는 것이다.

일단 반품 정책을 분명히 명시한다. 소규모 사업자로서 여러분은 직접 판매한 고객으로부터의 반품이라도 받아들이지 말 것을 권한다. 여러분의 생활은 안 그래도 지금보다 복잡해진다. 단지 고객의 마음이 바뀌었다는 이유만으로 돈을 환불해줄 일까지 걱정할 여력이 없다. 단, 제품에 결함이 있다면 다른 제품으로 교환해줘야 한다.

고객 불만처리 정책에는 하자 있는 제품 또는 파손된 제품의 교환 의무를 명시한다. 하자품(瑕疵品) 또는 파손품을 무료로 새 제품으로 교환해주는 것은 당연한 고객 서비스이다. 단, 대개 교환기간은 구입일로부터 30일 이내이다. 비싼 제품일 경우 그냥 환불해 주는 것보다 새로운 제품으로 교환해주는 것이 바람직하다.

반품을 받지 않기로 결정했다면 항상 고객들에게 미리 이 점을 주지시켜야 한다. 영수증에 "반품 불가"라는 문구를 명시해도 좋다. 팔리지 않는다는 이유로 매장에서 반품을 원할 경우 미리 반품을 받겠다는 합의가 이뤄진 경우를 제외하고 반품을 받아주는 것은 비합리적이다.

8 필요한 경우 수리절차를 마련한다.

어떤 제품이냐에 따라 수리 서비스를 제공하지 않거나, 현장 수리를 해주거나, 결함 있는 제품을 교환해주는 등의 방안이 있다. 고객과 여러분의 제품에 필요를 충족할 수 있는 수리절차를 마련해 둔다.

제조 및 배송 파트너를 수리절차에 참여시킨다. 제품이 손상을 입었다면 대개는 제조 및 배송 과정에서 일어나는 일이다. 한 공장에서 여러분의 제품을 모두 생산한다면 결함 있는 제품의 수선(또는 무료 교환) 문제를 그들과 협상할 수 있다. 해당 제조업체가 여러분의 고객에 대한 배송까지 책임지고 있다면 더더욱 그리해야 한다.

결함 있는 제품의 교환을 외부 업체에 맡기기로 한 경우 제품의 품질을 높은 수준으로 유지할 수 있도록 얼마나 많은 제품이 수리 또는 교체되었는지 보고를 받는다. 경쟁업체 조사도 빠뜨릴 수 없다. 손상된 제품을 무료로 교환(구입일로부터 30일 이내)해주는 서비스는 시장에서 다른 제품과 차별화 요소가 될 수 있다.

물 류

 머리말

물류란 개발한 제품의 보관, 추적, 배송까지의 단계를 말한다. 추적이란 최초 재고 상태에서 최종적으로 고객의 손에 들어갈 때까지 제품이 어디 있는지를 파악하는 것이다. 보관, 추적, 배송 이 세 가지는 물류에서 모두 중요하다. 제품을 싸게 보관할 수 있는 장소는 찾았는데 배송을 할 수 있는 방법이 없다면 아무 것도 팔 수 없게 된다.

물류는 여러분이 신경을 쓰고 있다는 것을 고객에게 보여줄 수 있는(동시에 제품을 돋보이게 할 수 있는) 좋은 기회를 제공한다. 주문을 효율적으로 이행하고 주문 상황을 수시로 고객에게 알려준다면 여러분의 사업에 대한 그들의 평가는 높아질 것이다.

물류과정에서 판촉정보(두 번째 주문 시 10% 할인 등)를 끼워 넣거나 다른 업체로부터 돈을 받고 그들의 전단지를 삽입(신문에 끼워져 오는 광고전단처럼)할 수도 있다. 고객들에게 기존에 산 제품을 보완할 수 있는 제품 정보를 제공한다면 고객이 좋아할 것이다.

늘 도움을 청할 것. 효과적인 물류 계획을 세워두면 시간과 돈을 아낄 수 있으며 골머리를 썩일 필요가 없다. 예를 들어, 다른 사람들에게 아이디어를 청함으로써 창고 비용을 아낄 수도 있다. 여러분의 친구 또는 사업자에게 여러분이 일시적으로 사용할 수 있는 빈 사무실 또는 공간이 있을 수 있

물류과정은 쉽게 만들어야 한다. 가격이 적정하다면 보관, 배송, 제품 추적까지 담당할 수 있는 업체를 찾는다.

다. 여러분이 필요한 것을 주변에 알리고 그 효과를 한 번 보라.

재고를 관리하고 보관하는 데는 돈이 아주 많이 든다. 제16단계 제품생산에서 알아보았듯이 시장을 테스트할 때는 최소 수량만을 생산해야 한다. 그러나 이렇게 재고를 통제할 때는, 제품이 히트를 쳤을 경우에 대비해 추가 생산에 드는 시간과 비용을 정확히 알고 있어야 한다.

여러분이 개발한 제품을 보관하고 배송할 장소를 찾는다.

☑ 할 일 목록

1 아이디어 노트 한 면에 "물류계획"이라는 제목을 붙인다.

다음에 소개하는 단계는 여러분이 보관, 주문, 배송, 추적과정을 단계별로 정리함으로써 효과적인 물류정책을 세우는 데 도움이 되도록 하는 것이 목적이다. 이 정보들을 아이디어 노트 한 페이지에 정리하면 쉽게 찾아볼 수 있는 참고자료의 역할을 할 것이다.

2 제21단계 '가격 추정'의 〈할 일 목록〉 2번에서 계산한 최초 재고를 활용하여 제조업체(제16단계 제품생산)에게 제품 보관에 어느 정도의 공간이 필요한지를 물어본다.

여러분에게 배송되는 제품을 보관하는데 어느 정도의 공간이 소요되는지 파악할 수 있을 것이다. 여러분의 제품을 보관하는데 특별한 요건(예 : 에어컨, 화물 운반대)이 필요한지도 물어본다. 필요하다면 그에 대한 대책도 세운다.

3 여러분의 제품을 보관할 만한 여러 장소를 두고 브레인스토밍을 한다.

제품의 전부 또는 일부를 보관할 만한 장소를 찾아 여러분의 차고나 지하실, 이웃집 지하실, 친구네 집의 빈 침실, 다락방, 심지어 개집까지 살펴본다. 이 가운데 활용할 만한 공간이 있다면 최대한 활용하여 비용을 절약한다. 사적인 공간을 장기적으로 활용하기로 결정한 경우(예 : 여러분의 집 또는 친구의 집) 가족들 및 그 공간에 드나들던 사람들의 허락을 받는다.

택배 서비스 업체들은 여러분의 집을 소규모 기업처럼 취급하며 집으로 와서 물건을 받아간다. 재고를 자신이 보관하기로 결정한 경우, 배송 관련 서류작업은 늘어나지만 보관료로 들어갈 돈은 아낄 수 있다.

제품 보관 및 배송과 관련한 장소, 방법, 비용

모든 재고를 집 안에 보관하기로 정한 경우
〈할 일 목록〉 7번으로 넘어가도 좋다.

4 아이디어 노트에 보관설비 및 물류대행업체의 명단을 기록한다.

이 명단은 제품을 보관하고 주문을 이행하기 위한 최적지를 찾아내는데 쓰인다. 명단을 만들 때는 다음 순서를 따른다.

주별 또는 월별로 집에 재고를 보관하면 소규모 재고관리에 들이는 시간을 절약할 수 있다.

- 제16단계 제품생산에서 찾은 시설
- 업종별 전화번호부에서 찾은 집 또는 사무실 근처의 시설
- 수신자부담전화번호부(도서관 또는 인터넷에서 구할 수 있음)
- 인터넷. 키워드(예 : 창고, 배송, 물류)와 여러 검색엔진을 활용해 가능성 있는 장소 검색
- 도서관의 기업 자료. 사서에게 부탁하면 시간을 많이 아낄 수 있음.

5 명단에 있는 업체에 전화를 걸어 서비스(예 : 보관 또는 배송)와 요금을 확인한다.

전화를 하면서 시간을 아낄 수 있도록 인터뷰를 진행한다. 각 업체에 대

한 본능적인 느낌에 신뢰, 우호, 존중을 더한다. 함께 일할 사람을 결정하는데는 이것이 가장 중요한 요소이다. 여러분이 함께 일할 것을 고려하고 있는 업체에 관한 다음과 같은 질문의 대답을 아이디어 노트에 적는다.

- 최초 재고를 보관하는데 매월 들어가는 비용은? 제품이 많이 팔리면 재고가 차지하는 공간이 적어지므로 보관비용도 내려가야 한다. 물품 보관대는 제품이 바닥에 닿지 않도록 올려두는 역할을 한다.

- 주문 한 건을 이행(서류작업, 배송, 주문 추적)하는데 드는 비용은? 최초 배송 시에는 예를 들면, 한진택배의 경우 경량품(중량 1kg이하, 규격 60cm이하)이면서 동일권역은 5천원, 타권역은 6천원이 든다.

- 박스를 개봉하는 데 드는 비용을 얼마로 할 것인가? 대개는 제품 몇 개가 한 박스에 든 채로 보관되는 경우가 많다. 따라서 소량 주문이 들어올 경우에는 박스를 개봉해야 하므로, 박스 채 주문하지 않는 고객에 대해서는 추가 비용을 부과할 수 있도록 박스 개봉 비용이 얼마인지를 미리 계산해둘 필요가 있다.

- 전국에 배송하는 데 드는 비용이 지역별로 어떻게 다른가? 협회를 통할 경우 특별할인 같은 것이 있는가?

- 여러분으로부터 주문을 받은 후 회사에서 배송하는 데 어느 정도의 시간이 걸리는가? 전국 지역별로 배송기간에 얼마나 차이가 나는가?

- 신용정보 또는 신용보고서를 통해 회사의 재정이 탄탄한지 알아본다.

- 회사가 어떤 종류의 보험에 가입해 있는가? 화재 등의 사고로 여러분의 제품이 훼손될 경우 어떻게 할 것인가? 배송 시 파손이 발생하면 어떻게 할 것인가?

- 기존 고객의 이름을 요청한다. 이 고객에게 연락하여 해당 물류업체의 서비스에 대해 문의한다.

참고

제조업체가 보관설비를 보유한 사람을 알고 있거나 아니면 직접 보유하고 있을 수 있으므로 도움을 청한다.

물리치료사였던 애너(Anna)는 새로운 여성용 배낭을 디자인하는 과정에서 나와 함께 일을 했다. 제품을 시험하고 개발한 다음 그녀는 자신의 제품을 세상에 내놓고자 상품박람회에 참가했다. 박람회가 끝난 다음 그녀는 여러 개의 소량 주문을 받았다. 그녀는 처음에는 신바람이 났지만 나중에는 낙담했다.

애너는 직장에 다니고 있었으므로 그 많은 소량 주문을 제 때 처리할 시간이 없었다. 자신의 고객 지원이 형편없다는 것을 알고 있었으므로 모종의 조치를 취해야 한다는 생각이 들었다. 물류를 대행해주는 업체 몇 군데를 찾아냈지만 소량 주문을 처리하는데 지나치게 많은 비용이 들었다. 매출이 더 늘어나기 전에는 그런 곳을 이용한다는 것은 수지가 맞지 않았다.

진퇴양난이었다. 애너는 물품을 제 시간에 배송하지 못해 잠재 고객을 놓치는 일은 피하고 싶었다. 대책은? 애너는 도움을 청했다. 애너는 가장 마음에 들던 물류대행 업체에 전화를 걸어 자신의 상황을 설명했다. 그녀는 사장에게 소량 주문을 저렴한 가격으로 처리해줄 수 없겠느냐고 도움을 청했다.

사장은 그녀의 말을 경청하더니 나중에 매출이 늘어났을 때 높은 가격에 주문계약을 체결하겠다고 약속하면 도와주겠다고 했다. 첫 주문에서 돈을 벌지도 잃지도 않을 터였지만 그녀는 그의 제안을 받아들였다. 도움을 청함으로써 그녀는 고객을 만족시키는 동시에 재정적 위험을 제한할 수 있었다.

6 각 물류업체를 평가하고 순위를 매긴다.

여러분이 필요한 서비스(예 : 배송, 추적)를 제공하지 않는 업체는 명단에서 배제한다. 다른 업체와 다른 특별한 속성에 대해서는 동그라미로 표시한다. 예를 들어 다른 업체들과는 달리 어떤 업체에서 손상된 제품에 대해 무료배송 서비스를 해준다면 동그라미를 친다. 각각의 속성에 대해 업체

별로 순위를 매긴다. 예를 들어, 요금이 가장 낮은 업체 이름 옆에 1번을 적
는 식이다. 서비스의 질, 가격, 평판, 규모, 그리고 가장 중요한 여러분의 육
감에 의존하여 상위 두 개 업체를 선정한다.

7 아이디어 노트에 보관, 주문 처리, 결제, 배송 절차를 정리한다.

상위 두 개 업체를 고른 다음에는 물류절차를 개발한다. 설령 혼자
서 모든 것을 다 해결하기로 했더라도 문서로 남겨야 한다. 각 단계별로 다
음 사항을 포함한다.

배송이 지연될 경우 반드시
고객에게 알린다. 고객이 홀
대 당한다는 느낌이 들지 않
도록 팀의 일원처럼 대한다.

보관

- 재고를 어디 보관할 것인지 결정한다. 재고의 일부를 사무실이나 집
  근처에 보관할 수 있다면 그렇게 한다. 이 재고는 응급상황, 제품 시연,
  하자품 교환 등에 활용할 수 있다.
- 제품 보관에 필요한 요건을 명시하고 보관 장소에서 이 요건을 충족
  하는지 확인한다.

주문 및 결제

- 제22단계 고객 지원에서 개발한 주문 방법을 여기 넣는다.
- 매장에 내보낼 청구서를 만든다. 사무용품 판매점에서 청구서 용지를
  구입하거나 마이크로소프트 엑셀 또는 퀵프로그램 같은 소프트웨어
  를 사용해 직접 만들어도 된다. 청구서는 배송 및 결제일을 확인하는
  데 드는 시간을 줄여준다.
- 대량 주문 고객 차트(박스로 주문하는 고객)를 도 별로(필요하다면 도시별로
  도) 구분하여 나중에 쉽게 참조할 수 있게 한다. 개인들이 전화를 걸어
  제품을 구입하고 싶다고 할 경우 이 차트를 참고한다. 대량 주문 고객

차트에는 매장 이름, 담당자, 전화 및 팩스 번호, 이메일 주소를 수록한다. 남는 칸에는 주문, 결제, 재주문 내역을 기록한다.

대량 주문 고객 차트 견본

부산시			
소비자 이름	전화 / 팩스	이메일	주문 / 배송 / 지불
홍길동 A 상점 부산시 서구	(P) 061-322-9822 (F) 061-322-9826	gildong@ hotmail.net	12/4-4박스 선지불 12/5 -배송 12/14-8박스 선지불

배송 및 배송 추적

- 한진 택배(www.hanjin.co.kr) 같은 택배 서비스 업체와 거래관계를 맺는다. 전화를 하면 영업 담당자가 방문하여 여러분의 배송 여건을 상의하고 예상 비용을 계산하고 고객으로 등록해 줄 것이다.
- 이들 업체에게 여러분이 가입하면 할인 혜택을 받을 수 있는 협회가 있는지 문의한다. 만약 있다면 정보를 얻어 가입 여부를 검토한다.
- 포장요건에 대해 물어본다. 포장요건을 제조업체에게도 알려줘야 배

송 비용을 줄일 수 있다.

- 보험에 대해서도 물어본다. 최초 얼마까지의 배송에 보험이 무료인지 알아본다. 제품의 보험을 드는데 추가 비용이 소요된다면 이 비용도 배송가격에 포함한다.
- 한 업체를 선택해도 좋지만 비상시 대비책으로 두 군데 이상 고객으로 등록하면 더 좋다(한 업체가 파업에 들어간다든지 할 경우에 대비).
- 선택한 업체와는 COD(배달 전 대금결제 방법)로 결제조건을 정한다. COD를 이용하면 택배 업체에서 제품을 배송하기 전에 고객으로부터 대금을 수령한다.

8 주문을 추적할 수 있는 소프트웨어 프로그램을 구입한다.
경제적 여력이 된다면 이 방법을 적극 추천한다. 배송, 재고, 주문, 결제, 연체고객을 일일이 다 챙긴다는 것은 엄청난 시간이 소요되는 일이다. 여러분은 마케팅과 판매에 정작 시간을 들여야 한다.

기록을 정확하게 제 때 유지하는 것이 중요하다. 점주 또는 고객들의 질문(예 : 물건이 언제 배송에 들어갔죠? 어떤 매장에서 제품을 구입할 수 있나요?)에 대답할 준비가 되어 있어야 한다.

회계 소프트웨어는 매출 관리, 거래처 관리, 재고 관리까지 가능하다.

재원이 부족하다면 여러분의 제품과 중고 컴퓨터를 교환하고 오래된 버전의 소프트웨어를 구입한다(옛날 버전도 잘만 돌아간다). 아니면 매출 관리를 위해 일주일에 한 번 정도 컴퓨터를 빌려 써도 된다. 이도 저도 아니면 수작업으로 하는 방법도 있다.

유 통

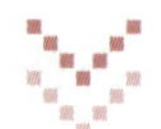 머리말

이제는 드디어 물건을 팔 때이다. 다음에 소개하는 세 가지 단계는 여러분이 제품을 고객에게 전달할 수 있도록 돕는 업체를 찾아 같이 일하는 것이 목적이다. 앞에서 배운 문어발 효과(많은 고객에게 영향력이 있는 장소에 마케팅을 집중하는 것)를 기억한다. 매장, 대리점, 유통업체 모두 여러분이 대규모 소비자 집단을 목표로 삼는 것을 돕는다. 이 전문가들이 여러분의 제품과 그 제품이 주는 이점에 매혹된 것을 본다면 정말 기분이 좋을 것이다.

내 고객들은 모두, 뛰어난 대리점과 유통업체는 비싸도 그 값을 한다는 것을 알았다. 이들의 가장 뛰어난 면은 제품을 유통하는데 시간과 비용을 아껴준다는 점이다. 예를 들어, 여러분의 제품을 대리점 한 군데에 이야기하면 이 대리점에서는 100군데가 넘는 매장에 이 제품을 보여줄 수 있다. 여러분은 이 매장들에 전화를 할 필요도, 약속을 잡을 필요도, 먼 데까지 굳이 찾아갈 필요도 없다.

사람들에게 여러분의 제품을 판매해달라고 설득하는 것은 쉬운 일이 아니다. 확신을 심어주는 핵심은 그들로부터 어떤 도움을 받을 것인지만 생각하지 말고 여러분 역시 그들의 사업에 도움을 주는 방도를 생각하는 것이다. 그리고 제품을 가지고 한 대리점에 접촉하기 전에는 사전 준비를 철저히 해야 한다는 점을 잊지 않는다. 이들이 어떤 제품 라인을 취급하는지, 그

경력의 말

주변 업체의 매출을 늘려줄 수 있는 방안을 연구함으로써 그들의 힘을 활용한다.

리고 여러분의 제품이 그 제품 라인을 어떻게 보완할 것인지, 그 대리점이 목표로 삼고 있는 시장에서 여러분의 제품이 이미 어떻게 팔리고 있는지 등을 알고 가야 한다. 한 번 거래하고 말 게 아니라 평생 사업 파트너를 찾는 것 아닌가?

대리점이나 유통업체를 활용하더라도 여러분이 직접 판매하는 일을 중단해서는 안 된다. 여러분의 제품에 관한 한 여러분보다 더 훌륭한 영업맨은 없다. 아무 매장이든 걸어 들어가서 여러분의 제품에 관해 이야기한 다음(사람들은 발명가와 이야기하기를 좋아한다.) 그 지역의 대리점 또는 유통업체(계약에 따라)에게 전화를 걸어 새로운 잠재 고객에 대한 사후관리를 취해달라고 말하면 점주와 대리점에서 아주 좋아할 것이다.

무언가를 팔 때 비싸지 않은 작은 제스처 하나만으로도 큰 효과를 불러올 수 있다. 점주 또는 대리점에 여러분이 어떻게 하면 그들의 일을 좀더 쉽게 만들 수 있겠는지 묻고 그들의 아이디어를 따른다. 예를 들어, 이들이 여러분 제품의 장점을 고객에게 쉽게 설명할 수 있도록 늘 훌륭한 판촉자료(제20단계 세일즈키트에서 개발한)를 제공하고, 새로운 기능에 대해 최신정보를 알려주고, 새로 언론기사가 나오면 팩스로 보내준다.

가장 중요한 것은 사람들에게 훌륭한 자료를(명함과 함께) 제공하면 이들은 그것을 다른 사람들에게도 전달한다는 점이다. 내 친구 한 명은 숙모의 선물용품점에 쓸 만한 괜찮은 물건을 항상 찾아다닌다. 괜찮은 것을 발견하면 그녀는 매장 주인 또는 판매사원에게 그 물건을 만든 곳의 연락처를 얻어서 숙모에게 갖다 준다. 그런데 연락처 등의 정보가 없을 경우에는 그냥 지나치고 만다. 사람들은 시간이 부족하다. 사람들을 여러분 사업의 마케팅에 이용하려면 연락하기 쉽게 만들어야 한다.

장식용 탁상 달력을 만드는 수(Sue)는 대리점이나 유통업체와 제휴하려 해도 반응이 없어서 좌절감에 빠져 있었다. 나는 그녀에게 간단히 물었다. "당신이 그들의 사업 확장을 어떻게 도울 수 있는지 이야기했습니까?" 그녀는 어리둥절한 표정으로 "아뇨."라고 대답했다.

나는 수에게 누군가의 반응을 이끌어내기 위한 최상의 방법은 이점을 제공하는 것이라고 일러주었다. 우리는 그녀의 잠재적 사업 파트너들에게 그녀가 어떤 도움이 될 수 있을지를 연구하기로 했다.

수는 과거 조사자료를 훑어보다가 그녀의 제품을 쉽게 팔 수 있는 매장 두 군데를 발견했다. 그녀는 이 매장에 접근해(30초 광고를 활용) 자신이 조사한 바를 이야기하고 그들의 고객이 그녀의 제품을 좋아할 수밖에 없는 이유를 설명했다. 그녀의 조사결과를 높이 산 매장에서는 달력을 구매했다.

이제 제품을 공급하는 매장이 몇 군데 생겼으므로 그녀는 대리점과 다시 접촉하기로 했다. 그녀는 전화를 걸어 이렇게 말했다. "당신네 대리점에서 취급하는 물품을 보완하는 역할을 하는 제품이 있습니다. 이미 다른 매장에는 깔려 있습니다. 저와 손을 잡으시면 돈 좀 버실 겁니다." 귀 기울여 듣던 대리점 측에서는 그녀의 제품을 받아들였고 결국 양자 모두 성장할 수 있었다.

멋진 일은 대리점 한 군데에서 그녀의 제품을 받아주자 다른 지역의 대리점에서도 전화가 오기 시작했다는 점이다. 그녀는 단지 다른 사업자의 필요에만 초점을 맞추었는 데도 자신의 제품을 알릴 수 있었다. 여러분도 취할 수 있는 방법이다.

– 대리점

✔ 할 일 목록

1 아이디어 노트 한 면에 "대리점"이라는 제목을 붙인다.

이 페이지는 여러분과 파트너가 될 수 있는 대리점에 관한 쉬운 참고 자료가 된다. 여러분이 접촉하는 모든 대리점의 이름과 담당자 정보를 기록한다. 제품 판매를 실습할 수 있도록 가까운 지역의 대리점에서부터 시작한다. 인근에서 대리점을 찾으면 조사범위를 전국(또는 해외)으로 넓힌다. 가능성 있는 대리점을 찾는 데 쓸 수 있는 아이디어는 다음과 같다.

- 제8단계 정보센터에서 찾아낸 대리점 명단을 적는다.
- 매장 주인과 다른 발명가들에게 가능성 있는 대리점을 추천해달라고 한다.
- 도서관에 가서 사서에게 제품 대리점 명단을 수록한 책이 있는지 물어본다.
- 인터넷을 검색한다.
- 상품박람회에 참가하여 전시자들에게 괜찮은 대리점 이름을 물어본다.

2 여러분의 사업 성장에 도움이 될 만한 대리점에 전화를 건다.

가까운 지역부터 시작해서 시장을 테스트해본다. 30초 광고와 팩스 마케팅 정보(제20단계 세일즈 키트에서 만든)를 활용해 제품을 설명한다. 언

목표

대리점이 어떻게 여러분의 사업 성장을 도울 수 있는지를 이해한다.

성과

가능성 있는 대리점 명단 및 이들과 파트너십을 구축하기 위한 계획

제쯤이면 제품이 준비되고, 추정 가격(제21단계 가격 추정)은 얼마라고 이야기한다.

제품 출시 전에 여러분과 함께 일할 의향이 있는지를 물어본다. 유능한 대리점이라면 여러분이 들고 간 샘플만 보고도 사전주문을 받아줄 수 있을 것이다. 이는 위험을 줄일 수 있는 방법이다. 지금 당장 여러분과의 제휴에 흥미를 보이지 않는다면 제품이 생산된 다음에 다시 연락해도 되겠느냐고 묻는다.

좋은 인상을 주는 대리점은 여러분의 비즈니스 패밀리의 일원이 될 가능성이 있다. 누구와 일을 하든 편안한 느낌이 중요하다.

3 이전 단계에서 개발한 가격 및 마케팅 전략을 다듬는 것을 도와 달라고 요청한다.

대리점들은 매일 최일선에서 일을 한다. 이들은 고객을 알고, 어떤 방법이 효과가 있고, 어떤 방법이 효과가 없는지를 잘 아는 사람들이다. 이들의 경험을 나눠달라고 요청한다. 이들의 말을 경청하고 배운다.

대리점은 장사를 하는 사람들이라는 사실을 잊어서는 안 된다. 이들은 협상의 주도권을 쥐려고 들지도 모른다. 당당한 모습을 보이고 분명한 답을 얻어내도록 한다. 지금 하는 방문은 시험가동이라고 보면 되며, 대리점들이 실제로 일을 하는 모습을 볼 수 있는 좋은 기회이지만 이들에게 여러분의 제품을 파는 것이 아니라 여러분 자신을 팔 수 있다. 물어봐야 할 질문에는 다음과 같은 것들이 있다.

대리점에 관한 질문

- 유사한 제품을 판매해본 적이 있는가? 만약 그렇다면 성공률은? 성공률이 낮다면 이를 높이기 위해 새로 시도해볼 만한 방안은 무엇인지 묻는다.
- 얼마나 많은 매장을 고객으로 두고 있는가? 지리적 분포는?

- 여러분 제품의 판매 전망은(수량, 매출액, 시기)?

- 선호하는 주문 및 결제 수단은? 소매점에서 대금을 받은 지 30일 후에 대리점이 결제하는 것이 일반적이다.

- 재입고가 필요한지 점검을 얼마 만에 한 번씩 하는가? 재고가 어느 수준까지 내려가면 자동으로 재주문에 들어가도록 되어 있는가?

- 다른 지역에서 이 제품 취급에 관심을 가질 만한 대리점을 알고 있는가?

제품에 관한 질문

- 가격이 합리적인가? 유사한 제품의 평균 가격보다 높거나 낮지 않은가?

- 대리점에서 이와 비슷한 제품을 알고 있는가? 그렇다면 여러분의 제품이 그에 비해 돋보이는가?

- 여러분의 제품 판촉에 도움이 될 만한 특별한 마케팅 전략을 알고 있는가? 그들의 고객 매장에서 선호하는 매장 내 판촉자료(포스터, 디스플레이 등)는 무엇인가?

- 생산비용을 낮출 수 있는 국내외 제조업체를 아는가?

4 여러분의 제품을 취급해달라고 요청하는 편지를 지역별로 가장 괜찮은 대리점에게 보낸다.

여러분의 열정을 보여야 한다. 두려움을 갖지 말고 창의성을 발휘해 편지를 작성한다. 예를 들어, 여성 투자 워크숍을 만들어낸 사람은 신문의 1면처럼 보이는 편지를 보냈다. 여러분의 편지에는 팩스 마케팅 정보(제20단계 세일즈키트) 사본을 첨부한다. 편지에는 다음과 같은 내용이 포함되어야 한다.

- 제품 취급을 요청하는 내용 및 연락처

- 여러분의 제품, 그 장점, 제품이 대리점 진열대를 채워야 하는 이유(30초 광고 활용)
- 제품 취급을 검토해 주셔서 감사하다는 인사
- 제품 취급 가능성을 타진하기 위해 다시 연락하겠다는 말로 마무리

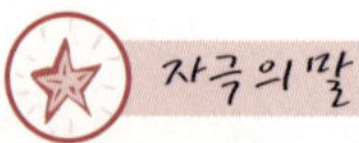

여러분의 제품을 구매하고자 하는 매장을 찾아 대리점에 소개해줌으로써 좋은 관계를 구축한다.

5 대리점과 일을 하기 전에는 항상 계약을 체결한다.

대리점에는 자신의 책임, 여러분의 책임, 결제 조건 등을 명시한 표준 계약서가 마련되어 있다. 대부분의 사람들은 합의한 조건이 모두 포함되었는지를 확인하고 계약을 체결한다. 조금이라도 모호한 조항은 변호사에게 맡겨 검토하는 것이 좋은 방법이다.

대다수 대리점들은 제품의 독점 취급권을 요구한다. 즉 특정 지역에서는 한 대리점만 여러분의 제품을 취급하는 것이다. 그러나 대리점이 성과를 내지 못할 경우에 대비한 "해지 조항"을 반드시 넣어야 한다. 대리점 계약서는 안전하고도 쉽게 찾을 수 있는 곳에 보관한다.

대리점은 판매, 배송된 제품 판매가의 15%를 수수료로 뗀다.

6 아이디어 노트에서 함께 일하기로 계약한 대리점을 눈에 띄게 표시한다.

형광펜을 사용해 함께 일하기로 한 대리점을 표시한다. 지역별로 다른 대리점과 계약을 체결했을 경우 소비자의 전화가 걸려올 때 쉽게 찾을 수 있게 하기 위함이다. 잊지 말아야 할 것은 대리점을 이용하더라도 여러분 자신이 지속적으로 마케팅을 해야 한다는 점이다. 여러분 제품을 가장 잘 팔 수 있는 영업사원은 여러분 자신이다.

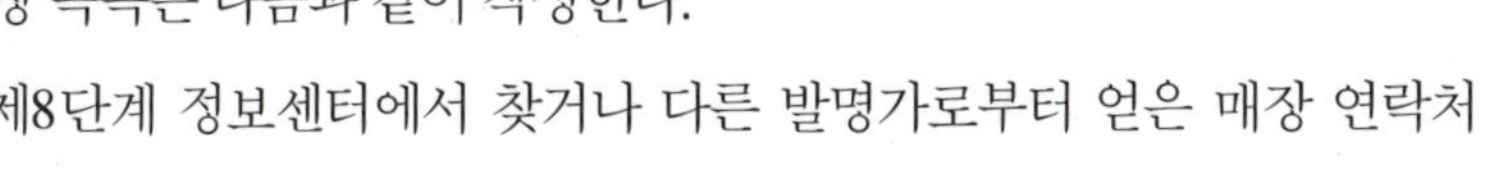

24-B단계 — 매 장

 할 일 목록

1 아이디어 노트 한 면의 꼭대기에 "매장"이라는 제목을 붙인다.

파트너 관계를 구축할 수 있는 매장을 쉽게 찾아볼 수 있도록 참고 자료를 만든다. 여러분이 관심을 두고 있는 매장의 이름과 연락처를 기록한다. 매장 목록은 다음과 같이 작성한다.

- 제8단계 정보센터에서 찾거나 다른 발명가로부터 얻은 매장 연락처를 적는다.
- 매장 주인들에게 여러분의 제품 판매에 관심을 가질 만한 다른 지역의 매장을 문의한다.
- 카탈로그 업체 또는 유통업체에 연락해서 그들이 보유하고 있는 매장 목록을 구매할 수 있겠느냐고 묻는다. 구매가 가능하다면 비용을 확인한다.
- 인터넷을 검색해 온라인 쇼핑몰을 포함한 적절한 매장을 찾는다.

2 인근의 매장을 방문해 여러분의 제품에 대한 관심이 있는지 확인하고 선주문을 확보한다.

인근 매장에 들어가 판매사원과 이야기를 나누거나 먼저 전화를 걸어 매장 관리인과 만날 약속을 한다. 전화를 걸 때는 여러분의 제품에 대한 결정

목표

소매 매장에서 어떻게, 왜 제품을 구매하는지 파악한다.

성과

여러분의 매출을 늘려줄 매장 목록.

권이 있는 매장 관리인 또는 사장을 바꿔달라고 해야 한다. 제품을 설명하고 그 제품을 생산하려는데 고객에게 어떤 이점을 주는지를 설명하고 만나서 얘기할 수 있겠느냐고 묻는다.

매장 사장은 여러분과 똑같은 소규모 사업자이다. 이들은 비용을 줄이는 데 주안점을 두고 있다. 여러분의 제품은 그들의 입장에서는 비용이다. 여러분이 할 일은 제품이 잘 팔릴 것이라고 이들을 설득하는 일이다.

샘플 및 팩스 마케팅 정보를 준비해 간다면 선주문을 따낼 수 있는 훌륭한 도구가 된다. 선주문이란 제품 생산 전에 어느 정도의 수량을 미리 구매하겠다고 서면으로 약속 받는 것을 말한다. 선주문을 받아 놓으면 제품 생산에 수반되는 위험을 줄일 수 있다.

대리점과 일할 때는 여러분이 따낸 주문도 그들에게 전달해야 한다. 여러분이 이렇게 솔선수범을 보이면 대리점 측에서도 여러분을 위해 더 열심히 일을 한다. 여러분 대신 대리점이 개입해서 매출이 어떻게 진행되는지도 점검하고 재주문을 챙기기도 한다.

대형 매장(또는 체인점)에 전화를 걸어 제품을 품평하고 주문을 내는 오픈하우스 행사가 있는지 물어본다. 있다면 반드시 참석한다.

선주문을 받지 못했다고 해서 낙담할 필요는 없다. 진척상황을 매장에 계속 알려주고 제품의 장점을 강조하면 주문을 따낼 수 있다.

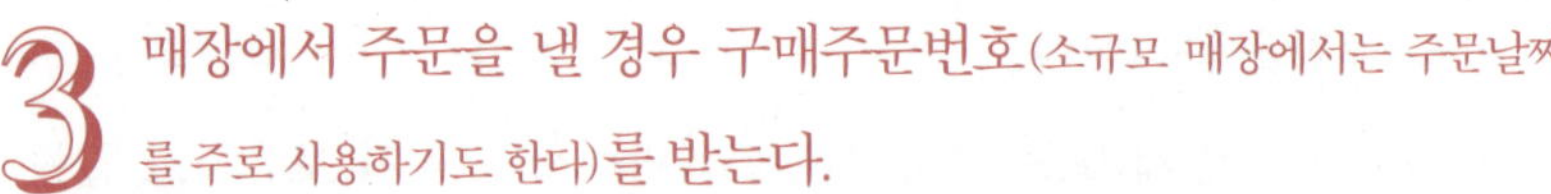

3 매장에서 주문을 낼 경우 구매주문번호(소규모 매장에서는 주문날짜를 주로 사용하기도 한다)를 받는다.

구매주문번호는 나중에 참고가 되며, 여러분의 제품을 주문했다는 증거가 되기도 한다. 대금 결제를 확실히 하기 위해 첫 주문은 COD로 하자고 이야기하고 향후 주문에 대비해 신용정보를 요청한다. 그 밖에도 다음과 같은 것을 담당자에게 물어본다.

- **매장 내 판촉활동** : 매장 내 제품 시연회를 열 수 있는가? 현금 등록기 근처에 제품에 관한 전단이나 엽서를 두어도 되는가? 제품을 유리 진열장에 배열해도 되는가?
- **다른 매장** : 이 제품 취급에 관심을 가질 만한 다른 매장이 있는가? 제

품을 광고할 수 있는 온라인 매체가 있는가?

- **재주문** : 재주문을 위한 연락을 하기에 가장 좋은 시기는? 여러분의 제품이 다 팔려도 매장 측에서 자동으로 재주문을 하지 않을 가능성이 있으므로 이는 중요한 질문이다. 적극적인 자세로 주기적으로 전화해야 한다.

4 제품 출시 후 늘 매장을 사후 관리한다.

여러분의 제품을 주문한 매장에 전화를 걸어 주문에 대한 감사의 뜻을 표시하고 제품이 곧 배송될 것이라고 알려준다. 배송된 다음에는 마케팅 상의 도움 또는 추가 제품이 필요하지 않은지 묻는다.

끈질긴 사람은 뭔가를 이루게 돼 있다. 일찍 주문을 내지 않는 매장에는 다시 전화한다. 사장에게 여러분의 제품이 출시되었으며 비슷한 다른 매장에서는 잘 팔리고 있다고 이야기한다. 제품에 대한 설명을 다시 하고 주문하지 않겠느냐고 묻는다. 제품을 생산하겠다고 말을 해놓고 실행에 옮기지 않는 사람도 많으므로 여러분이 실제로 제품을 생산했다는 사실에 그들의 마음이 바뀔 가능성이 있다.

5 제품을 구매한 매장에 제품에 관련된 기사를 보낸다.

언론에 한번 실린 제품에 대해서는 누구나 관심을 갖는다. 매장 측에서 여러분의 제품 바로 옆에 제품에 관한 내용이 실린 신문기사를 나란히 전시한다면 많은 고객들의 관심을 끌 것이다.

6 아이디어 노트에서 주문을 낸 매장을 눈에 띄게 표시해 둔다.

여러분에게 주문을 낸 매장을 형광펜으로 표시한다. 매장을 지역별로 분류해서 연락처 및 주문 정보를 언제라도 쉽게 열람할 수 있게 한다.

여러분 제품의 최고의 세일즈맨은 여러분이다. 직접 매장과 접촉하는 것을 두려워할 필요가 없다. 매장 주인들은 새로운 제품 및 그것을 발명한 사람의 이야기를 듣기를 좋아한다. 예의 바르게 행동하되 그 자리를 즐긴다.

누군가 호의를 베푼다면 감사장을 보내는 것을 잊지 않는다.

할 일 목록

목표

유통업체 및 유통에 대한 이해를 높인다.

성과

가능성 있는 유통업체 명단.

1 아이디어 노트 한 면 꼭대기에 "유통업체"라는 제목을 붙인다.

이 페이지는 유통업체에 관한 정보를 쉽게 찾기 위한 공간으로, 유통업체의 이름과 연락처를 여기에 기록한다. 내 고객들은 카탈로그 업체들도 유통업체와 함께 정리해 두는데, 그 이유는 여러분이 제품을 납품하면 그들이 광고하고 판매하는 점에서 하는 일이 비슷하기 때문이다. 유통업체 목록을 만드는 과정은 다음과 같다.

- 제8단계 정보센터에서 찾아내거나 매장 사장 및 대리점에서 알려준 유통업체의 연락처 정보가 있다면 적는다.
- 도서관에 가서 여러분의 것과 유사한 제품을 파는 유통업체와 카탈로그 업체의 명단을 수록한 책을 달라고 한다.
- 인터넷에서 온라인 및 오프라인 유통업체와 카탈로그업체를 검색한다.

2 업계 소식지(동종 업계 종사자와 업체 정보를 수록하고 있다.)에 실린 연락처를 입수해 유통업체 목록에 추가한다.

업계 소식지는 특정 업종만을 다룬다. 여러분의 제품이 속한 업계의 소식지(예 : 어린이용 장난감, 교육 기자재)를 구해서 생활정보 및 광고 섹션을 뒤져 가능성 있는 유통업체를 찾아본다. 소식지를 사는데 드는 비용을 아끼려

면 무료로 나눠주는 광고주 증정본을 요청해도 된다. 적합한 유통업체 이름
이 있으면 명단에 추가한다.

3 제24-A단계에서 대리점에 대해 했던 것과 똑같은 방법을 사용
해 명단에 실린 유통업체들에게 연락을 취한다.

제24-A 단계 대리점에서 취했던 방법과 질문을 활용해 목록 상의 유통
업체에게 연락해 여러분과 함께 일하는데 관심이 있느냐고 물어본다. 관심
이 없다는 대답이 돌아오면 관심을 가질 만한 유통업체를 추천해 달라고 요
청한다. 이렇게 묻는 것은 좋은 방법이다. 여러분 입장에서는 추가 정보를
얻을 수 있을 뿐더러 유통업체 입장에서도 여러분의 제품을 취급하는 일을
한 번 더 생각해볼 것이기 때문이다(이제 여러분은 수완 좋은 사업가가 다 됐다.).

대다수 유통업체와 카탈로
그 업체는 여러분의 제품이
생산된 다음에만 납품을 받
을 것이다.

4 여러분이 함께 일하고 싶은 유통업체가 여러분의 제품에 관심을
보일 경우 모든 계약 조건을 문서로 작성한다.

유통업체들이 서로의 지역을 침범하지 않는 이상 여러분은 자유롭게 이
들을 시험해볼 수 있다. 여러분의 제품을 파는 유통업체는 거래를 유지하고
그렇지 않으면 새 유통업체를 찾는다. 유통업체로부터 나쁜 인상을 받았거
나 신뢰가 가지 않을 경우에는 같이 일해서는 안 된다. 제25단계에서 직접
유통을 설명하려고 하는데 그 가능성도 항상 열려 있다.

유통업체들은 표준 유통약관을 구비해 놓고 있을 테니 합의한 조건들이
모두 포함되어 있는지를 확인하고 계약서에 서명한다. 모호한 조항에 대해
서는 변호사 자문을 받는 것이 좋다.

모든 것은 협상이 가능하다. 예를 들어, 여러분이 먼저 할인을 요구하지
않으면 절대 할인을 받을 일은 없다. 유통업체와 협상할 수 있는 항목에는
다음과 같은 것들이 있다.

- **수수료** : 유통업체들은 여러분의 제품을 판매하는 대가로 실제 판매가격의 55~60%를 받는다. 이들이 대리점보다 높은 수수료를 받는 이유는 재고를 안고 있고 카탈로그에서 여러분의 제품을 광고하며 제품을 고객들에게 배송까지 해주기 때문이다.

- **재고 점검 주기** : 2주에 한 번 정도 전화를 하거나 매장을 방문한다면 더할 나위 없이 좋겠지만 이는 여러분의 제품이 얼마나 잘 팔리느냐에 달려 있다.

- **광 고** : 그들의 제품 카탈로그 및 인터넷 사이트에 제품을 실어줄 수 있는지 물어본다.

- **고객 반품** : 반품이 허용되어 있는지 물어본다. 제품이 손상된 경우가 아니면 반품을 허용해서는 안 된다.

계약서에 다음 사항이 포함되었는지를 확인한다.

- 누가 마케팅 자료(예 : 제품 샘플, 포스터 디자인, 인쇄, 안내책자, 설명서)를 제공하고 비용을 대는지 명시되어 있는가?

- 유통업체가 여러분의 제품을 얼마나 팔았는지 월별 보고서를 제출하는가? 가능하다면 구매자 명단도 보고서에 포함시킨다.

- 독점계약이 아닌가? 유통업체들은 다양한 종류의 물건을 취급하다 보니 여러분의 제품을 판매하는데 많은 시간을 할애할 수 없는 경우가 있다. 따라서 대량 주문을 하는 경우에만 독점 판매권을 부여할 수 있을 것이다. 독점 판매권 부여는 여러분의 육감과 다른 소규모 사업자들의 조언에 근거해서 결정한다. 결국은 여러분의 제품, 여러분의 목표, 그리고 유통업체가 얼마나 뛰어난지에 달려 있다.

유통업체들은 여러분의 제품을 매장에 공급한다는 점에서 대리점과 유사하다. 그러나 유통업체들은 직접 매장을 방문하기 보다는 카탈로그를 보내는 경우가 더 많다.

5 함께 일하기로 한 유통업체 및 카탈로그 업체를 아이디어 노트에 눈에 띄게 표시한다.

함께 일하기로 한 업체를 형광펜으로 표시한다. 그리고 해당 유통업체와 카탈로그 업체로부터 받은 주문의 날짜, 주문 수량을 낱낱이 기록한다.

직접유통

머리말

직접 유통이란 여러분이 제품을 팔기 위해 하는 모든 행동을 말한다. 친구들에게 하는 이야기, 공적인 장소에 모습을 나타내기, 기사 쓰기, 매장 방문하기 등이 모두 이에 해당된다. 박람회에서 부스를 세우거나 주문정보를 담은 엽서를 나눠주는 것도 마찬가지이다. 여러분이 제품을 직접 유통하기로 했다면 주문 접수에서 수금에 이르기까지 모든 일을 혼자 해야 한다.

아무리 많은 유통업체 또는 대리점과 일을 한다 해도 여러분 자신이 마케팅 노력을 게을리 할 수는 없다. 여러분의 제품을 가장 잘 대변하는 사람은 여러분이기 때문이다. 여러분은 다른 사람들이 제품을 사고 싶게 만드는 에너지와 사랑과 지식을 갖추고 있다.

주문을 접수해서 이행하는 일은 전혀 할 생각이 없다 해도 이 부분을 읽어보기 바란다. 아는 게 많을수록 제품을 팔기 위해서 어떤 과정이 필요한지를 이해할 수 있게 된다. 혹시 이 부분을 읽다가 좋은 아이디어가 떠올라서 대리점, 매장, 유통업체와 함께 나눌 수 있을지도 모르는 일이다.

미국 우체국과 택배업체 페덱스는 소포용 박스를 무료로 제공한다. 박스는 크기가 작지만 무료라는 점이 중요하다. 박스를 한 번 보고 사용이 가능한지를 판단한다. 단일 주문의 배송에 사용하더라도 얼마나 많은 돈을 절약할 수 있는지 생각해보라.

격려의 말

누구와 파트너가 되든지 여러분 자신도 지속적으로 제품을 마케팅해야 한다는 점을 잊으면 안 된다. 여러분의 가장 훌륭한 대변자는 바로 여러분 자신이다.

모든 제품을 혼자 유통하기로 결심했다면 일을 열심히 해야 하지만 그만 큼 재미도 클 것이다. 누군가 실제로 여러분의 제품을 사겠다고 하는 것을 볼 때처럼 좋은 느낌은 없다. 이는 마치 마술과도 같아서 아무리 힘든 때도 헤쳐 나갈 수 있는 힘을 얻게 된다.

직접 유통의 핵심은 즐거운 마음으로, 모든 사람들에게 여러분의 사업을 이야기하는 것이다. 물론 마음에서 우러난 이야기를 해야 한다.

유통 프로세스에 여러분 자신을 포함한다.

할 일 목록

1 직접 유통을 주된 판매방법으로 사용할 것인지 여부를 정한다.

여러분은 발명가로서 항상 여러분의 제품을 마케팅해야 하지만 유통까지 담당한다는 것은 별개의 이야기이다. 직접 유통에는 많은 시간과 노력이 필요하다. 만약 직접 유통에만 전적으로 의존한다면 제품을 마케팅할 시간은 아마 없을 것이다.

내 고객 대부분은 사업을 키워나가는 것은 좋아하지만 매장에 전화를 걸고, 제품을 배송하고, 결제 사후관리를 하는 등 세부적인 일은 질색한다. 이들은 대개 유통 프로세스 가운데 대부분을 전문가들이 처리하도록 제휴관계를 맺고 있다. 수천 개의 매장에 전화를 걸고 방문하는 일은 누군가 다른 사람이 대신 해주고 있으므로 장기적으로는 이 방식을 통해 비용을 아끼는 것이다. 그러나 제품을 여러분이 직접 유통한다면 그보다 더 잘할 사람은 없다. 직접 유통이 여러분에게 맞는지를 알아보려면 다음과 같은 질문에 답해 보도록 한다.

- "내가 내 제품에 관해 사람들에게 이야기하는 것을 즐기는가?" 이 질문에 대해서는 "물론!"이라는 대답이 나오겠지만 유통은 단지 사람들

에게 제품에 대해 이야기하는 것 뿐 아니라 실제로 물건을 팔고 배송하는 과정까지 포함된다.

- "제품에 관해 매장, 유통업체, 도매업자에게 전화를 할 시간이 있는가?" 전혀 모르는 사람과 전화로 이야기하기를 좋아하는가? 그렇지 않다면 제품 판매는 대리점이나 유통업체에게 맡기는 편이 낫다.
- "주문을 이행하고 배송할 시간이 있는가?" 아니면 나는 내 고객에게 이렇게 묻는다. "주문 이행에 시간을 보내고 싶습니까?" 대부분은 아니라고 대답한다. 그들의 재주와 관심은 사업의 기술적인 측면보다는 창조적인 측면에 더 기울어져 있기 때문이다.

여러분 자신이 개인적으로 투입하는 노력을 정교한 유통계획에 포함한다.

2 위 질문에 대한 여러분의 대답을 점검해 본다.

이 세 가지 질문의 대답이 하나라도 '아니오.'라면 잠시 멈추고 여러분의 제품과 여러분이 지금 하려는 일에 대해 생각해본다. 물건을 팔고 유통하는 일은 어렵다. 신제품을 개발하고 마케팅하는데 시간을 들이는 편이 낫다는 생각이 들면 조만간 유통업체와 파트너십을 구축한다.

자금이 충분하지 않을 때는 여러분이 직접 유통을 담당함으로써 수수료를 아끼고 싶은 마음이 들 것이다. 그러나 내 경험으로는 오히려 그 반대이다. 전문가들이 여러분의 시간과 비용을 절약함으로써 여러분의 사업이 발전하는데 도움을 준다. 관건은 그 일에 맞는 전문가, 즉 좋은 거래처를 많이 보유하고 있고 여러분의 제품에 대한 믿음을 가지고 있는 사람들을 구하는 것이다.

제품의 판매와 유통을 도울 개인을 영입할 수도 있다. 물건 팔기를 좋아하는 친구일 수도 있고, 퇴직했지만 아직 일하고 싶어 하는 전직 판매사원일 수도 있으며 판매 경험을 쌓고자 하는 학생일 수도 있다. 이런 사람을 고용하고자 할 때는 같이 일하기 전에 반드시 계약서(급여 또는 수수료를 명시한)

를 작성한다. 이들이 자신의 역할을 못 해낼 때는 내보내고 다른 사람을 찾
아야 한다는 점을 기억해야 한다.

3 제24-A단계 대리점, 제24-B단계 매장, 제24-C단계 유통업체,
그리고 지금 단계의 <할 일 목록>에 나온 질문에 여러분 자신도
대답해보고 판매 과정에 참여한다.

여러분이 제품을 판매하지는 않기로 결정했다 해도 이 질문에 대답하다
보면 유통과정의 개념을 이해할 수 있을 것이다. 그러다 보면 유통업체, 대
리인, 매장과 나눌 유통에 관한 새로운 아이디어가 떠오를 수도 있다.

4 제23단계 물류를 검토해보고 필요한 경우 물류과정에 수정을 가
한다.

이번 단계를 마칠 때쯤이면 보관 및 물류에 관한 아이디어가 떠오를지도
모른다. 그때는 제23단계로 돌아가 필요한 업데이트를 한다. 축하한다. 여
러분은 이제 제품의 물류 및 유통 계획을 멋지게 세웠다.

창업의 기본절차

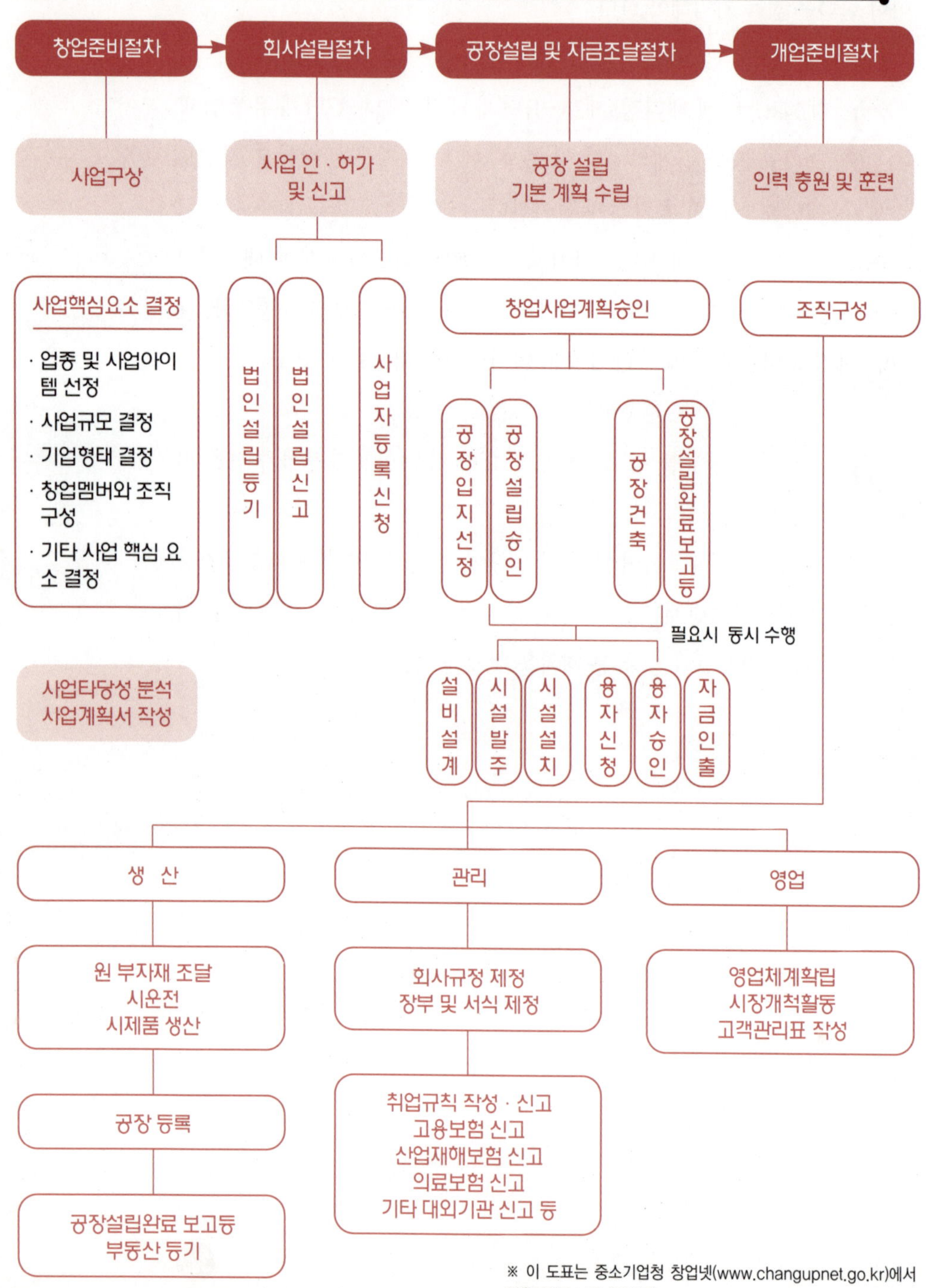

※ 이 도표는 중소기업청 창업넷(www.changupnet.go.kr)에서 인용하였습니다.(편집자)

법률적 사안

이 장에서는 여러분 사업에 적절한 법률적 구조를 선택하는데
필요한 정보를 제공한다.
계약 체결, 사용권 획득, 보험 가입 등을 통해 여러분 자신과 사업,
여러분의 투자자들을 보호하는 방법을 배운다.

법률적 구조

KICK START YOUR DREAM BUSINESS

 ## 머리말

이 장은 여러분과 여러분의 투자자, 여러분의 사업을 보호하기 위한 법률적 구조를 형성하기 위한 절차를 설명한다. 여러분은 이미 제품과, 그 제품을 어떻게 소비자에게 전달한 것인지, 얼마의 가격을 부과할 것인지를 알고 있다. 이제는 여러분의 회사를 합법적인 조직으로 만들어 여러분이 불안함을 느끼지 않고 제품 마케팅에만 전념하도록 할 때이다.

우선 여러분 자신이 "회사"라는 것을 이해해야 한다. 바로 그것이다. 여러분은 사람들에게 팔고자 하는 제품을 개발하는 일에 매달려 왔다. 여러분은 자신이 믿는 제품을 팔아 이익을 얻으려고 하는 개인자영사업자(sole proprietor)이다. 개인자영사업자가 되기 위해 여러분이 따로 해야 할 일(법적 요건)이 있는 것은 아니다. 그냥 사업에 뛰어들면 개인자영사업자가 된다.

이제 여러분이 할 일은 개인자영사업자로 남아 있을 것인지, 아니면 다른 법률적 구조를 선택할 것인지를 정하는 일이다. 이때 스스로에게 물어봐야 할 가장 큰 질문은 이것이다. "개인적 의무가 나와 내 사업에 큰 부담인가?"

다시 말해 소송을 당할 가능성이 있거나 갚을 수 없을 정도의 빚을 질 가능성이 있는가? 개인자영사업자의 개인 재산(예 : 집, 자동차, 예금)은 사업과 분리할 수 없다. 만약 여러분이 채무를 이행하지 못할 경우 사람들이 여러

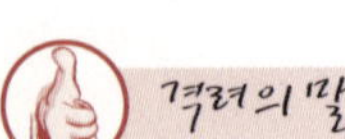

제품의 이용에 불리한 일이 있을 때 언제나 스스로 보호해야 한다. 그렇다고 언제나 의식하여 스트레스를 받을 이유는 없다.

330

분의 개인 재산을 가져갈 수 있는 것이다. 그런데 회사를 만들면 사업이 어려움에 처하더라도 개인 재산을 보호할 수가 있다.

법률적 구조를 형성하는 것은 매우 개인적인 결정이다. 특히 다른 사람들이 개입되어 있을 때는 아주 어렵고 힘든 결정이 될 수 있다. 여러분은 사업에 큰 영향을 미칠 만한 길로 들어선 것이다.

이 장에서는 여러분에게 법률적 조언을 제공하지는 않지만 법률적 구조를 선택할 때 고려해야 할 일반적인 가이드라인을 제시했다. 저마다 상황이 다르므로 구체적인 조언을 하기란 어렵다. 선택에는 옳고 그름이 있을 수 없다. 각각의 법률적 구조의 특성을 이해하고 여러분의 필요에 가장 맞는 하나를 선택하면 된다.

합법적인 사업 조직을 구성하는 절차를 이해한다.

이 과정에서는 여러분 자신이 미래를 설계하는 건축가가 되었다고 생각하자. 최고의 현대 건축가 중 한 사람인 프랭크 로이드 라이트(Frank Lloyd Wright)는 설계회의에 들어갈 때마다 "형식은 기능 다음이다."라는 좌우명을 앞세웠다.

여러분은 무엇을 창조하려면 하는지와 그것이 어떻게 사용될 것인지(기능)를 이해했으니 이제는 여러분의 목표에 맞는 법률적 구조(형식)를 세울 차례이다. 당초 의도를 마음에 품고 사업구조를 세우면(계약 체결, 사용권 획득, 보험 가입) 이 사업구조가 여러분의 목표를 떠받칠 것이다.

어떤 법률적 구조를 선택하느냐에 따라 여러분이 자금을 조달하고, 주식을 팔고, 대출을 얻고, 직원을 구하고, 제품을 판매하는 역량에 영향을 미친다. 최종 결정을 내리기 전에 변호사 및 회계사의 자문을 구해야 한다. 그러니 이제 <할 일목록>을 읽고, 배우고, 도움을 청하고, 결정을 내리는 일이다.

1 여러 가지 법률적 구조에 익숙해진다.

서로 다른 법률적 구조를 검토하고 각각의 형태에 익숙해지자. 이렇게 하면 법률적 결정을 내리는 데서 오는 불안감을 웬만큼 잠재울 수 있을 것이다. 아래에서는 여러 법률적 구조에 대한 설명을 제공하고 장단점을 짚어보았다.

각 법률적 구조에 적용되는 규정은 바뀔지 몰라도 그 바탕의 기본 원칙은 바뀌지 않는다. 중소기업청을 방문해 최신 정보를 얻거나, 변호사에게 문의하거나, 인터넷으로 특정 정보를 검색해 보는 것이 좋다.

성과

제품을 팔고 재산을 보호하는데 도움이 되는 법적 구조.

개인자영사업

개인자영사업은 가장 간단한 형태의 법률적 구조이다. 일단 사업을 시작하면 여러분은 개인자영사업자가 된다. 본질적으로 여러분이 곧 회사인 것이다. 재무적 위험과 부채가 많지 않고 여러분 혼자서 사업을 운영하는데 무리가 없다면 개인자영사업으로 남아 있을 것을 강력히 권한다. 재무적 위험이란 누군가 금전적 보상을 받기 위해 소송을 제기할 가능성이 크다는 뜻이다.

달리 말하자면 여러분이 빚이 많지 않고 누군가에 의해 소송에 휘말릴 가능성(예 : 제품으로 인해 손상을 입었을 때)이 적을 때 채택하기 좋은 사업 구조가 개인자영사업이다. "개인(sole)"이란 말은 소유주가 한 사람 밖에 없다는 뜻이다. 여러분은 회사 재산의 유일한 소유주이므로 모든 이익을 혼자 누릴 수 있지만 모든 채무와 손실도 혼자 감당해야 한다. 이는 만에 하나 여러분이 소송을 당할 경우 여러분의 개인재산(예 : 집, 자동차, 예금)이 위험해질 수 있다는 것을 의미한다.

개인자영사업자가 되기 위해 법적 서류를 제출할 필요는 없다. 단, 영업장 관할세무서에 신고하여 사업자등록은 해야 한다.

장 점

- **법률서류 작업 최소화** : 개인자영사업은 간단하게 시작할 수 있다.
- **간단한 세금 작업** : 개인자영사업자는 세무서에 사업자등록을 하면 된다. 업종에 따라 부가가치세를 납부하거나 면제를 받기도 한다. 1년에 한번씩 종합소득세를 낸다.
- **경영의 자유** : 경영자는 바로 여러분이다.
- **낮은 투자자 위험** : 여러분의 사업에 투자한 사람들은 개인적으로 여러분에게 돈을 빌려준 것이다. 말하자면 친구에게 돈을 빌려준 것과 다를 바가 없는 것이다. 투자 위험이 낮은 이유는 여러분의 개인 재산(예 : 집, 자동차, 예금)이 대출과 분리되어 있지 않기 때문이다. 이런 면은 여러분이 대출을 얻기 쉬운 요인으로 작용할 수도 있다.

다른 발명가에게 질문을 하고 조언에 귀 기울임으로써 그들의 경험을 최대한 활용한다.

단 점

- **높은 부채 위험** : 채권자와 투자자들이 여러분의 개인 재산, 은행예금, 자동차 및 기타 재산을 요구할 가능성이 크다.
- **개인과 회사의 재정이 구분이 안됨** : 개인 재정과 회사 재정이 뒤섞이기 쉬우므로 이 둘을 분리해야 한다. 회사용으로 은행계좌를 따로 개설하고 사업상의 이익 및 손실을 정확히 기록해 두는 것이 좋다.
- **세제혜택 적음** : 세금 신고 시 회사들은 공제 받을 수 있는데 개인자영사업자는 공제 받을 수 없는 비용이 많다. 개인자영사업자로서 벌어들인 돈은 소득으로 그에 대해 세금을 물어야 하지만, 회사는 소득세와 무관한 별도 조직이다. 여러분은 주주로서 회사가 번 돈에 대해 여러

분이 돈을 받기 전에는 세금을 내지 않는다. 새로운 장비를 구입할 때 개인자영사업자는 이미 세금을 납부한 자신의 소득에서 장비를 사야 하지만, 회사는 근로자에게 과세 대상 급여를 지급하기 전에도 장비를 살 수 있다.

- **사업을 양도하기가 어려움** : 개인자영사업이 존재하는 것은 대개 사장의 명성 또는 기술 때문이다. 사장이 사업을 접기로 결정할 경우 가장 가치 있는 자산(사장)은 양도할 수 없다. 그래서 개인자영사업은 사업을 양도하기가 어려운 것이다.
- **자금 조달 능력 제한** : 개인자영사업자는 주식을 팔아 자금 조달을 할 수 없다.

동 업

동업은 설립이 간단한 법률적 구조이다. 둘 이상의 개인이 공동 소유주이고 여러분의 책임이 제한되어 있다면 동업을 고려해볼 만하다. 세금신고는 동업자의 개인 소득세 신고로 갈음한다. 동업은 서면계약, 구두계약 또는 "암시행위"로 설립할 수 있다.

경영권을 공동으로 갖는다는 것은 엄청난 이점일 수도 있지만 심각한 단점일 수도 있다. 동업자들이 모두 사업에 전념해야 한다. 동업은 사업의 실체와 그 속에서 각 개인의 역할을 분명히 정의하는 것이 가장 중요하다. 각 동업자의 장점과 약점, 사업에 대한 열정, 사업에서 개인들의 역할을 분명하게 서면으로 명시해야 한다.

여러분과 동업자가 서로 맞는지를 시험해볼 여유는 없다. 일단 관계를 구축하고 서로가 함께 할 것이라는 신뢰를 가져야 한다. 결혼과 마찬가지로 각자의 목표가 달라지면 동업은 깨지고 만다. 가장 중요한 점은 항상 서로에게 진실만을 이야기한다는 약속이다. 다른 동업자의 말을 경청하고 모든

것을 문서로 기록해 둔다(여러분의 개인적 목표까지). 이렇게 해 두면 설령 분
쟁이 생기더라도 동업자들끼리 해결할 수 있을 것이다.

대부분의 내 고객들은 다른 누군가와 함께 사업 아이디어를 만들었거나
특정 부분의 사업 역량이 부족하다고 느낄 때만 동업을 구축한다. 동업자
각자의 역량을 최대한 이끌어낼 때 여러분은 큰 성공을 거둘 수 있다. 예를
들어, 무언가를 만들어내기는 좋아도 그걸 파는 일을 싫어하는 사람이라면
여러분의 제품에 신뢰를 가지고 물건 팔기(판매 후 대금 회수까지)를 좋아하는
다른 사람과 동업을 구축하는 것이 좋다.

장 점

- **투자자 위험 제한적** : 동업에서 각 파트너는 손실 또는 다른 회사에 진
  채무에 책임을 진다. 개인자영사업과는 반대로 "유한회사"라고 하는
  특별한 종류의 동업을 구성함으로써 투자자의 재무적 리스크를 제한
  할 수 있다. 유한회사는 투자자의 책임이 출자한 자본으로 한정된다.
  달리 말하자면 최악의 경우 망하더라도 각 투자자는 개인재산까지 모
  두 잃는 게 아니라 사업에 투자한 금액만큼만 손해를 보면 된다는 말
  이다. 따라서 사람들은 제한된 위험으로 여러분의 회사에 투자할 수
  있는 기회를 제공 받는다.
- **법적 서류 간단** : 개인자영사업보다는 절차가 어렵지만 그래도 꽤 간단
  한 편이다. 단 주식회사와는 달리 양도가 어렵고, 이사회를 개최하거
  나 또는 의사록을 작성할 의무는 없다.
- **간단한 세금** : 파트너십의 세금 업무는 쉽다. 각 동업자가 이익 또는 손
  실을 공평하게 나누어 개인 세금신고서에 기재하면 그만이다.

단 점

- **동업자의 행동에 구애 받음** : 동업은 법적 결혼으로 간주된다. 여러분은 다른 파트너의 행동과 사업상 의무를 재정적으로 책임져야 한다.
- **책임 위험이 높다** : 개인자영사업처럼 무한책임 파트너십은 책임이 무한하다. 여러분은 그 사업체를 운영하므로 자동적으로 무한책임사원이 되어(투자자들은 유한책임사원이 될 수 있다) 파트너가 진 부채를 포함한 모든 채무를 개인적으로 책임져야 한다. 파트너가 채무를 이행하지 못할 경우 여러분이 해야 한다.
- **부가급부에 대한 세금혜택 없음** : 동업은 주식회사와 달리 직원에 대한 부가급부를 비용으로 처리할 수 없다.

유한책임회사(Limited Liability Company, LLC)

유한책임회사의 가장 큰 장점은 사업상 채무 및 손해배상에 대해 개인적 책임을 지지 않아도 된다는 점이다. 회사의 부채가 있거나 법원의 판결이 내려진 이후에도 채권자들이 여러분의 개인 재산에는 손을 댈 수 없다. 유한책임회사의 주인은 한 사람일 수도 있고 무한히 많을 수도 있다. 내 고객들에게 나는 개인자영사업자 또는 동업이면서 개인 책임을 제한해야 할 경우 유한책임회사를 권한다.

현재 소규모 사업자가 채무로부터 스스로를 보호하고자 할 경우 대부분은 단순하다는 점 때문에 유한책임회사를 더 선호한다. 동업과 마찬가지로 유한책임회사의 소유주는 이익이나 손실을 개인 소득세로서 신고한다.

법적으로 유한책임회사 소유주는 "멤버"라고 칭한다. 멤버들은 경영진을 영입하지 않는 한 비공식적으로 조직을 운영한다. 멤버는 개인일 수도 있고 동업자이거나 법인체 같은 법률 구조일 수도 있다. 멤버들은 유한책임회사에 투자하고 일정 비율의 소유지분과 의결권을 부여 받는다.

법인체와 달리 유한책임회사는 파트너 각자가 유한책임회사의 이익과 손실을 얼만큼씩 나눌 것인지를 결정할 수 있다. 출자 자본 비율대로 이익을 분배하는 일반적인 경우와 달리 유한책임회사는 임의대로 이익과 손실을 나눌 수 있다.

장 점

- **제한적 책임** : 모든 멤버들은 회사 자산에 대한 소송에서 책임이 제한되어 있어서 아무도 멤버의 개인 재산을 손댈 수 없다. 단 투자자 입장에서는 회사 소유주의 개인 재산에 손을 댈 수 없으므로 투자자 위험이 커진다. 따라서 여러분에게는 장점이지만 투자자에게는 단점이다.
- **자금조달** : 유한책임회사는 다양한 등급의 주식(의결권 있는 주식과 의결권 없는 주식)의 발행을 허용하지만 복잡하다. 주식 발행은 여러분이 사업을 위한 자금을 조달하는 데 힘이 된다.
- **세 제** : 유한회사도 법인이므로 세무 관계가 복잡하다.
- **이익분배** : 유한책임회사의 멤버들은 반드시 소유 지분에 의해서가 아니더라도 이익 분배 방식을 정할 수 있다.

단 점

- **법률 서류작업 증가** : 소유주는 상법에 따라 해당서류를 법원에 제출하여 등기를 필해야 한다.
- **부가급부에 대한 세제혜택 빈약** : 법인체에 비하면 유한책임회사가 비용처리할 수 있는 부가급부가 적다.
- **주식 양도 제한** : 법인체와 비교할 때 유한책임회사는 주식 양도에 많은 제약이 있다.

회사 주식(또는 의결권)의 과반수를 제3자에게 양도함으로써 제품에 대한 권리를 포기해서는 안 된다.

주식회사(Corporation)

주식회사는 가장 복잡한 형태의 회사이다. 정관(사업에 대한 법률적 설명)을 만들어야 할 뿐 아니라 소유주들은 연차 보고서 및 별도의 세금신고서와 같은 서류를 세무서에 제출해야 한다. 인기 상품을 보유하고 있거나 10명 이상의 종업원을 채용할 계획이거나(세전 부가급부를 제공할 수 있음) 상당한 성장이 예상될 경우 주식회사 설립을 적극 검토한다.

회사의 주인이 아닌 종업원들에게 주식을 발행하거나 주식옵션을 발행하고자 할 때도 주식회사를 설립하는 것이 좋다. 아니면 수익이 아주 좋은데 그걸 나눠주기보다는 회사 내에 유보하고자 할 경우에도 주식회사 설립을 고려할 만하다.

주식회사는 소유, 통제, 관리, 운영하는 사람과는 분리된 별도의 법률 구조이다. 법에서는 주식회사를 법률적 "인격체"로 간주한다. 주식회사는 소유주와는 별개로 계약을 체결하고 채무를 지고 세금을 납부한다.

주식회사는 만들고 유지하기가 가장 어려운 형태의 회사이지만 자금 조달 및 세금 납부 면에서 이점이 많다. 예를 들어 주식회사는 충실한 종업원들에게 보상 차원에서 주식을 발행하거나 일반 대중으로부터 자금을 조달할 수가 있고 여타 법률 구조와는 달리 회사 이득으로 종업원 의료비 등의 지급을 사용할 수 있다.

장 점

- **개인 책임 위험이 없다** : 주식회사는 소유주와 구분된 별도의 존재이므로 재산을 취득하고, 보유하고, 양도할 수 있고, 소송을 제기하거나 소송의 대상이 될 수 있으며 자신의 이름 하에 활동할 수 있다. 채권자들은 주식회사가 진 빚을 회사 안에서만 해결해야 한다.
- **신뢰도** : 주식회사를 설립한 다음에는 회사명 다음에 "(주)"라는 말을

붙일 수 있다. 이는 고객과 공급업체에게 여러분의 회사가 규모가 크고 안정적인 구조라는 점을 알리는 것이다. 일부 기업은 책임 문제 때문에 주식회사하고만 거래를 한다.

- **재무적 유연성** : 주식회사는 자금을 조달하거나 근로자에 대한 보상으로 의결권이 있는 주식과 의결권이 없는 주식을 발행할 수 있으며, 이 주식을 활용해 다른 기업을 사들일 수도 있다.
- **근로자 만족도** : 주식회사는 근로자 의료비와 보험료를 보조하고 이를 비용으로 인정받음으로써(납부 시에도 할인율을 적용 받는다) 근로자의 부담을 경감할 수 있다.

단 점

- **경영권 집중으로 소유권 약화** : 주식회사 형태에서는 의사결정능력이 줄어든다. 회사의 권리는 정관(사업에 대한 설명)과 내규(임원 선임, 의사 결정 등 주식회사가 어떻게 사업을 영위할 것인지)에 명시되어 있다. 의결권 있는 주식의 과반수를 확보하지 못할 경우 회사의 지배권을 잃어버릴 수도 있다.
- **복잡한 법률적 사안** : 주식회사를 유지하려면 비용이 많이 든다. 법률 비용도 많이 늘어난다. 예를 들어, 주식회사는 연차 보고서 외에도 설립 서류 및 내규를 제출해야 한다.
- **세금 문제 복잡** : 가장 큰 단점은 이중과세 문제이다. 주식회사는 이익에 대해 세금을 낸다. 그런 다음 남은 이익을 배당 또는 급여의 형태로 개인들에게 분배한다. 그런데 각 개인들은 주식회사로부터 받은 돈에 대해 또 개인 소득세를 낸다. 다시 말하자면 여러분은 정부에 세금을 두 번 낸다는 얘기이다.

누군가 고의로 법을 어긴 경우에는 법률적 구조로도 보호 받을 수 없다.

2 아이디어 노트 한 면의 맨 위에 "법률 구조"라고 제목을 붙이고 그 밑에 각 법률 구조의 장단점을 적는다.

이렇게 장단점을 나열하다 보면 여러분 자신과 투자자, 회사에 가장 적합한 법률 구조를 선택하는데 도움이 될 것이다. 어떤 선택이 옳고 어떤 선택이 그르다는 정답은 없다. 정말로 여러분의 상황에 달린 것이다. 각 법률 구조를 살펴보면서 어떤 것이 사업 확장에 도움이 될 것인지를 상상해 본다.

많은 소규모 사업자들에게는 소유주가 한 명일 경우에는 개인자영사업체, 그 이상일 경우에는 동업이 적당하다. 개인의 채무가 별 문제가 되지 않을 때 이 두 법률 구조가 유리하다. 소송을 당할 가능성이 낮거나 많은 빚을 질 것으로 예상되지 않는 소규모 서비스 업체가 좋은 예이다. 채무 위험이 높은 경우에는 내 고객들의 경우 유한책임회사를 선택했다.

다음은 목록을 작성하는데 도움이 될 만한 질문들이다.

- 소유주가 두 명 이상인가? 그렇다면 개인자영사업체는 설립할 수 없다.
- 회사에 대한 소송 제기의 가능성이 큰가? 그렇다면 여러분의 개인 재산을 보호할 수 있는 유한책임회사가 가장 적당할 것이다.
- 충분한 시간을 들여 정부 규정을 모두 충족할 수 있는가? 예를 들어, 법인체는 의사록을 작성하고 연차총회를 소집해야 한다. 그러나 개인자영사업체는 이런 요건에 구애받지 않는다.
- 전적인 통제권을 상실해도 괜찮은가? 그렇지 않다면 개인자영사업체를 설립하거나 회사 주식의 50% 이상을 여러분의 이름으로 확보한다. 소유 지분은 클수록 좋다.

3 여러분 자신 또는 사업에 해를 끼칠 수 있는 채무의 목록을 작성한다.

시간을 내서 앞으로 여러분의 회사가 질 수 있는 채무에 무엇이 있는지

개인자영사업자는 적절한 보험에 가입함으로써 상해로부터 보호 받을 수 있다.

를 생각해본다. 이 목록은 여러분의 제품이 다른 사람에게 어떤 해(그 사람들이 손해배상 청구소송을 낼 수 있는)를 끼칠 수 있을지 우려사항을 정리한 것이다. 예를 들어 아기의 목에 걸릴 위험이 있는 작은 부품이 있는가? 한 회사의 운영 성과에 영향을 미칠 만한 조언을 제공하고 있는가?

재무적 위험이 크다면 유한책임회사와 같이 여러분의 개인재산을 보호할 수 있는 법률 구조를 선택하는 것이 이롭다.

4 여러분의 필요에 가장 부합하는 법률 구조를 아이디어 노트에 기록한다.

어째서 해당 법률 구조가 여러분의 사업에 적합하다고 생각하는지 구체적으로 기술한다. 내 고객들은 자신들이 내린 결정이 눈에 확 띄도록, 선택한 법률 구조에 큰 네모를 그려 넣는다.

일단 회사 형태를 선택했다고 해서 다시는 바꿀 수 없는 것이 아니다. 대다수 내 고객들도 사업 확장 단계에 따라 구조를 바꾼다. 여러분도 처음에는 개인자영사업체나 파트너십으로 시작했다가, 사업 규모가 커지고 개인채무의 위험이 늘어나면 유한책임회사 또는 주식회사로 전환할 수 있다.

5 여러분 자신과 사업을 보호하기 위해 필요한 보험 가입을 결정한다.

어떤 보험이 가장 적합한지를 판단하려면 소형 기업 보험 중개인이나 중소기업관리공단 등과 상담하는 것이 좋다. 여러분이 거주하는 지역의 업종별 전화번호부를 찾아보면 이들의 연락처가 나와 있다. 담당자에게 여러분의 책임이 어느 정도인데, 특정 법률 구조를 선택할 경우 따르는 다른 책임은 없는지 해당 책임에 대해 보험을 들 때 소요되는 비용은 어느 정도인지를 물어본다. 여러분의 회사와 개인적 책임에 대해 모두 보장하는 포괄 보험이 있을 텐데, 특히 개인자영사업체에는 이것이 유리하다.

가장 일반적인 보험에는 다음과 같은 것들이 있다.

- **일반책임보험** : 이 보험은 여러분과 여러분의 회사를 신체적 상해 또는 재산상의 손해에 대한 배상청구로 인해 발생하는 재무적 손실로부터 보호한다.
- **제조물책임보험** : 이 보험은 제품 사용과 관련한 책임으로부터 여러분을 보호한다. 제품으로 인해 누군가 부상을 입었을 때 발생할 수 있는 재무적 손실을 보상한다.
- **전문직업인책임보험** : 여러분이 전문적 서비스를 제공할 때 이 보험은 그 조언 또는 서비스의 결과로 당할 수 있는 소송으로부터 여러분을 보호한다.
- **재산 및 화재 보험** : 이 보험은 화재, 폭풍, 절도, 파괴, 폭발, 폭동 등으로부터 여러분의 재고가 손상 또는 멸실되었을 경우 보장을 제공한다. 여러분과 같이 일하는 물류업체와 제조업체는 이런 유형의 보험에 가입했겠지만 여러분이 제품을 직접 보관하는 경우에는 여러분도 가입할 필요가 있다.

6 보험 대리인을 선택한다.

보험 대리인은 여러분에게 적합한 보험을 선택하고 그에 수반하는 비용을 알려줄 수 있다. 그들이 제공하는 서비스, 인품, 비용, 고객 서비스로 이들을 평가하고 여러분이 신뢰할 만한 사람들이 추천하는 경우는 적극 참고한다.

7 변호사 또는 회계사와 함께 여러분이 선택한 법률 구조와 보험의 보장 내용을 검토한다.

개인자영사업체의 경우는 이 전문가들과 같이 일할 필요가 없으나 여러분의 선택을 이들과 상의함으로써 혹시나 빠뜨린 부분이 없는지를 살펴보는 것은 좋은 생각이다. 이들은 여러분의 사업을 어떻게 하면 더 효율화할 수 있는지, 숨겨진 책임은 없는지를 지적해낼 수 있다. 전혀 뜻밖의 책임요소가 불거질 경우 대비 없이 당하는 것보다 이 편이 낫다.

이들 전문가의 서비스는 중소기업개발센터와 다른 소규모 사업자들로부터 추천을 받을 수 있다. 소규모 기업에 특화되어 있으며 훌륭한 고객 서비스를 제공하고 수수료가 합리적이며 평판이 좋은 전문가를 선택한다.

이 전문가들에게 여러분이 결정을 내릴 때의 기준을 설명하고 빠진 것은 없는지 확인한다. 이제 다음 단계로 나아간다.

<할 일 목록> 8번은 여러분이 사업에 뛰어들어 제품 또는 서비스를 판매하기로 최종적인 결정을 내리고 난 다음에만 시행한다.

8 필요한 서류작업을 마침으로써 법률의 보호를 받는다.

법률 구조에 대한 결정을 내린 다음에는 필요한 법률 서류작업을 여러분 스스로 시도한다. 전문가들은 수수료를 시간당으로 부과하기 때문에 여러분이 직접 하는 부분이 많을수록 비용을 아낄 수 있다.

여러분이 할 수 있는 서류작업을 완료하면 변호사는 여러분의 목표를 검토하고, 복잡한 사안을 해결하고, 모든 필요한 법률 서류작업을 마무리한다. 서류작성을 여러분이 직접 할 경우 여러분의 사업에 영향을 줄 수 있는 상황을 더 잘 이해할 수 있다는 장점도 있다.

어떤 회사 형태를 취하든 간에 항상 다음 사항을 염두에 두어야 한다. 세무서에 신고해 사업자등록을 마쳐야 한다는 것이다.

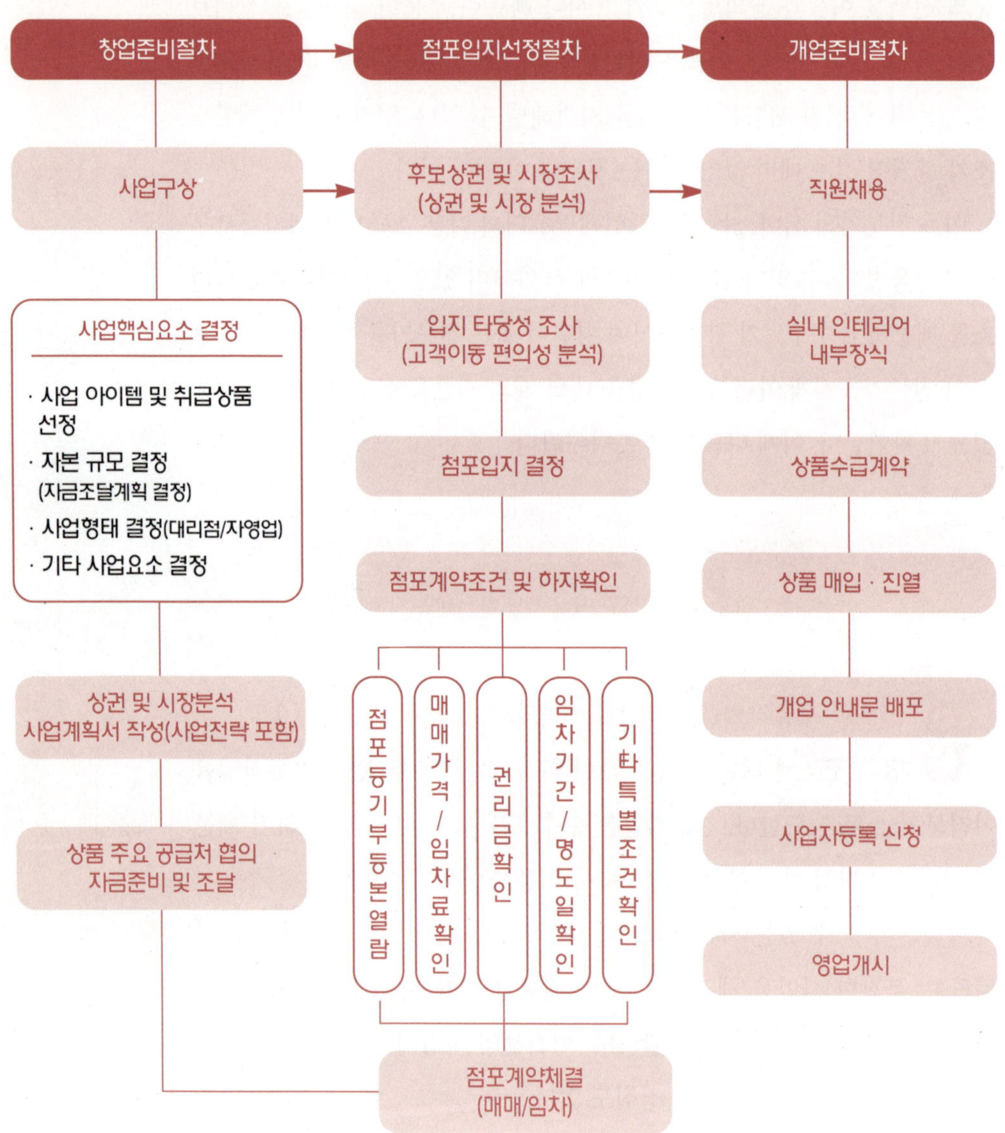

※ 이 도표는 중소기업청 창업넷(www.changupnet.go.kr)에서 인용하였습니다.(편집자)

제11장

자금원 확보하기

이 장은 여러분이 나중에 가질 투자자와의 만남의 기초를 닦는 장이다.

여러분은 사업을 위한 훌륭한 투자자들의 명단을 작성한 다음

많은 투자자들이 묻는 질문에 대한 대답을 알아본다.

성공적인 프레젠테이션을 위해서는 철저한 준비가 최선이다.

투자자 브레인스토밍

 머리말

여러분은 지금까지 먼 길을 왔다. 여러분은 제품을 개발했고, 제조업체를 찾아냈고, 제품을 팔 매장을 발굴했으며, 법률의 보호를 받을 수 있는 조직을 만들었다. 이제는 제품의 생산, 유통, 판촉에 필요한 자금을 어떻게 조달할 것인지를 생각할 때이다. 투자자를 찾아 나설 때인 것이다. 그들과 약속을 하고 만날 필요는 없다. 그냥 찾기만 하면 된다(아이디어를 투자자들에게 설명하는 법은 제33단계 투자자와의 만남에서 다룬다).

투자자는 여러분과 팀을 이루어 여러분의 아이디어를 현실화할 개인, 기관, 단체를 말한다. 투자자들은 여러분의 제품을 세상에 내놓는데 필요한 자본과 지식(인맥, 전문적 기술)을 제공한다. 이 단계에서는 여러분의 사업에 도움을 줄 만한 투자자들의 명단을 작성함으로써 여러분이 필요로 하는 자금을 조달하는 길을 터준다.

격려의 말

친구, 가족, 동료들이 제시하는 모든 아이디어를 적고 시도해본다. 그들 중 누구라도 투자자가 될 수 있다.

 할 일 목록

1 아이디어 노트 한 면에 "잠재 투자자" 라는 제목을 붙인다.

투자자 관련 아이디어가 떠오르는 대로 기록한다. 이메일, 전화, 팩스 번호 등 연락처 정보를 반드시 포함한다.

2 잠재 투자자에 대해 브레인스토밍을 한다.

아이디어 노트에 가능한 한 많은 투자자를 명단에 올린다. 잠재 투자자에 대한 과거 조사결과를 훑어본다. 친구 몇 명을 브레인스토밍에 초청해도 좋다. 그런 식으로 해서 다른 사람들을 조사에 동참시키는 것이다.

브레인스토밍을 할 때는 제품의 이점에 초점을 맞추고 자유자재로 의견을 분출한다. 매장 소유주들이 여러분의 제품에 투자할 것인가? 여러분이 읽은 기사 중에 잠재 투자자의 이름이 포함되어 있지는 않은가? 지방 정부에 있는 누군가가 제품이 개발되는 것을 보고 싶어 하지는 않을까(그리고 대출을 해주지는 않을까)?

여러분의 사업에 투자를 결정한 투자자는 다른 사람에게도 그 사실을 이야기하는 경우가 많다. 여러분이 필요한 자금을 구하는 데는 여러분과 여러분의 제품을 믿는 단 한 사람의 투자자만 있어도 된다는 뜻이다. 투자자를 만난다는 생각에 주눅부터 들 필요는 없다. 모든 사람을 명단에 넣는다. 다음은 투자자 명단을 만드는 데 도움이 될 만한 아이디어 몇 가지.

개인 자금

여러분 자신이 여러분의 사업에 투자할 수 있다. 여러분이 모든 권리를 유지하고 이익도 모두 여러분 것이 되므로 개인 자금은 훌륭한 사업 자금이다. 그러나 여러분이 가진 돈을 모두 잃고 엄청난 빚을 질 위험이 있다. 개인 자금원에는 다음과 같은 것이 있다.

- 저축, 현금 서비스, 여러분의 집에 대한 2순위 모기지 대출, 은행 대출.
- 가까운 사람들로부터 빌린 담보를 기초로 한 대출. 예를 들어, 부모님이나 친구에게 차가 두 대 있다면 그 중 한 대를 담보로 제공할 수 있

사업 자금 조달 방법을 찾는다.

다. 여러분의 부모님은 대출서류에 공동 서명하고 여러분이 필요한 자금을 얻는데 보증인이 될 수 있다.

투자자

여러분의 사업에 투자함으로써 이득을 얻을 수 있는 공급업체, 유통업체 및 여타 업체가 있는가? 여러분이 커피숍을 열고자 할 때 커피, 컵, 기계를 공급하는 업체에서 저금리 대출을 해줄 의향이 있는가? 아니면 커피 아닌 제품(주스 등)을 공급하는 업체에서 여러분의 상점 문에 그들의 이름을 표시(예 : "서니 주스 있습니다")해 주는 대가로 자금을 대줄 가능성은 없을까? 가능성 있는 사업 파트너로는 다음과 같은 경우가 있다.

- 특별 판촉을 원하는 지역 기업체
- 여러분의 매장에서 아니면 여러분의 제품과 함께 팔 수 있는 제품의 발명자
- 여러분의 제품으로 돈을 벌 수 있는 매장 소유주
- 여러분이 판매할 제품의 공급업체

개인 투자자

이 잠재적 투자자들은 투자할 돈이 있는 사람들로서, 신규 창업은 큰 위험이 따르기 때문에 대개는 고수익을 원하는 경우가 많다. 잠재적 개인 투자자로는 다음과 같은 사람들이 있다.

- 부유한 개인, 벤처 투자자(여러분 사업의 지분을 취득하기 위해 자금을 투자하는 사람), 동료, 심지어 여러분의 제품이 판매될 매장의 단골 고객
- 지역 투자 및 기업인 클럽
- 기사에서 여러분이 찾은 투자자
- 매장 소유주

유망한 자금원 명단.

진심에서 우러나오는 이야기를 하고, 다른 사람들에게 귀 기울이고, 이들의 아이디어를 기록함으로써 여러분의 제품에 대한 흥미를 유발한다.

벤(Ben)과 나는 벤이 키우는 개 버니(Bernie)를 주인공으로 한 카드 제품을 만드는 일을 함께 했다. 벤은 집에 있는 컴퓨터를 활용해 카드 시제품을 만들어서 선물용품점에 팔았다. 상품박람회에서 그는 더 많은 주문을 따냈다. 주문량이 상당히 많아서 전문적인 업체에 인쇄를 맡기려면 자금을 조달해야 했다.

벤이 어떻게 했을까? 그는 자신의 사업을 출범시키는데 도움을 줄 만한 모든 사람들의 명단을 작성했다. 이와 동시에 버니가 병에 걸렸다. 동물병원 대기실에서 벤의 머리에 번뜩하고 아이디어가 떠올랐다.

벤은 이익의 1%를 동물 보호소에 기부하기로 했다. 버니의 진찰이 끝난 다음 벤은 수의사에게 가장 특별한 카드 하나를 주면서 자신의 사업을 설명했다. 무턱대고 투자를 하라는 것이 아니라 벤은 이미 매출이 일어나고 있고 이익의 1%는 길 잃은 개와 고양이를 돕는 데 쓰일 것이라고 말했다.

벤의 열정(그리고 카드의 디자인)에 수의사는 감동했다. 그는 벤의 회사에 투자했을 뿐 아니라 다른 사람들에게도 벤의 사업에 관해 이야기하고 자신의 병원에서 카드를 판매하자고 합의했다. 벤은 사업의 이점에 초점을 맞추고 도움을 청한 결과 사업을 발전시키는 데 필요한 자금을 구할 수 있었다.

은 행

은행은 일반적으로 훌륭한 창업 자본 조달원은 아니다. 여신 취급 규정상 2년 미만의 기업에는 투자를 허용하고 있지 않기 때문이다. 그러나 은행으로부터 신용카드를 발급 받아 현금서비스를 통해 일부 자금을 충당할 수는 있다. 단 현금서비스는 금리가 매우 높다는 점에 주의해야 한다. 어찌 됐든 여러분이 투자 자금을 요청하지 않으면 은행에서는 절대 돈을 빌려주지 않는다. 다음은 염두에 두어야 할 몇 가지 사항이다.

- 사업을 운영하는 데는 관계 구축이 가장 중요하다. 은행과 신용조합은 기존에 사업체를 가지고 있을 때 훌륭한 자금 조달원이다. 그러니 아직은 자격이 안 되지만 지금 만나서 장래 도움을 청할 일이 있을지도 모르겠다고 말해두는 것이 좋다.

- 은행에서는 대출을 해주기 전에 최근 2~3년 동안의 재무기록과 5C를 본다. 여기서 5C란 (1) 인품(Character). 여러분의 신용 기록이 좋아야 한다. (2) 능력(Capability). 사업을 영위할 역량을 갖추고 있는가? 폭넓은 소비자에게 다가갈 수 있는 제품인가? 훌륭한 사업계획을 갖추고 있다면 여러분의 능력을 입증할 수 있다. (3) 담보(Collateral). 대출금 상환을 보장할 수 있는 물건(집 또는 유가증권)이 필요할 수 있다. (4) 자본(Capital). 사업의 일부는 여러분의 자금으로 충당해야 한다. 은행에서는 회사 규모의 30~35% 정도는 여러분의 돈이 들어갈 것을 요구한다. 경기가 안 좋아질 때 사용할 수 있는 예비 현금 또는 기타 자산이 있는가? (5) 조건(Condition). 사업 확장 가능성이 어느 정도인가? 동종 업계 다른 기업에 비해 매출총이익은 어떤가? 현금흐름으로 대출금을 갚을 수 있는가?

기타 자금원

지방 정부 또는 은행에는 창업 자금을 지원하는 프로그램이 꽤 많다. 특히 경제적 도움이 필요한 저소득 지역에서 사업을 시작하거나, 특별한 지원을 필요로 하는 사람들(예 : 복지 대상자, 장애인, 저소득층)을 채용 또는 훈련한다면 이런 프로그램을 더 많이 활용할 수 있다. 이런 대출의 기준은 지역사회마다 제각각이므로 물어보고 여러분이 활용할 수 있는 것을 찾아봐야 한다. 예를 들면 다음과 같은 방식이 있다.

지역 자치단체에 전화를 한다. 자치단체에서는 여러분에게 대출해주는 은행의 위험을 줄여주기 위해 대출보증 프로그램을 제공하는 경우가 있다. 이렇게 위험이 줄어들면 은행 입장에서는 여러분에게 빌려준 자금의 상당 부분을 돌려받을 수 있다는 보장을 받으므로 대출을 해줄 가능성이 높아진다.

정부의 특별 위원회 및 재단을 알아본다. 제품에 따라 여러분의 아이디어를 개발하는 데 사용할 수 있는 정부 자금이 있을 수 있다. 특히 환경을 개선하는 제품 또는 첨단기술 제품인 경우 가능성이 높아진다. 정부기관, 자치단체 등 모두 알아보기 바란다.

3 인터넷을 검색하여 투자자 명단을 늘린다.

인터넷을 검색해서 여러분의 제품을 현실로 만드는데 도움을 줄 잠재 투자자, 대출 프로그램 또는 지원금 제도를 알아본다. 검색어는 최대한 창의력을 발휘하여 구체적으로 정해야 한다(예 : "보드게임 자금지원").

투자자가 사업에 투자하는 자신의 기준을 명시한 웹사이트를 발견할 수도 있다. 인터넷상의 대부분의 투자자와 기업들은 첨단기술업체나 지역사회에 이로움을 주는 제품에 관심을 갖는다. 다시 말해 이들은 여러분의 30초 광고를 듣고 싶어 한다는 말이다. 열심히 찾아봐야 한다. 어떤 대단한 것이 여러분을 기다리고 있을지 모르는 일이다.

4 자신의 이름 또는 전문지식을 여러분의 제품에 연관시킴으로써 여러분의 사업을 마케팅하는데 도움을 줄 만한 사람을 찾아본다.

여러분의 마케팅을 돕기 위해 자기 이름이나 지식을 투자할 수 있는 사람들이 있다. 여러분이 제공할 이점에 대해 진정으로 확신을 갖고 있는 사람들에게 초점을 맞춘다. 그들이 높은 가치를 두고 있는 것에 여러분이 도움이 될 경우 이들도 여러분에게 도움을 베풀 가능성이 크다. 예를 들면, 여러분의 제품이 여성들의 유방암 검진을 간편하게 할 수 있는 것이라면 많은 유명인사들이 여러분을 돕겠다고 나설 것이다. 제8단계 정보센터에서 작성한 제품 추천인의 명단을 잊으면 안 된다.

특정인물이 연관됨으로 인해 높아지는 인지도는 매출로 돈을 번 것만큼의 가치가 있다. 예를 들어, 식당 플래닛 할리우드(Planet Hollywood)는 영화배우들의 이름을 자사 광고에 사용하는 대가로 지분을 나눠주었다. 스타들을 플래닛 할리우드에 연관시킨 결과 무료 홍보효과를 올리고 투자 자금도 끌어 모을 수 있었다.

여러분의 추천인이 반드시 스타일 필요는 없다. 여러분의 제품에 대해 좋은 애기를 해주고 특별한 글을 써줄 만한 지역 유명인사가 있는가? 어느 것도 좋다. 주변의 의사, 치과의사, 아니면 협회단체 등도 여러분의 제품을 추천할 수 있다. 이 사람들은 유명인사는 아니지만 많은 사람들의 신뢰를 얻고 있는 사람들이다. 단 불필요한 소송의 위험에 노출되지 않도록 누구의 이름이든 사용하기 전에는 서면 승인을 받아야 한다.

누군가의 이름을 여러분의 제품과 연계하고자 할 때는 어떤 방식으로든 보상을 해줘야 할 것이다. 이들에게 직접 또는 이들이 가장 좋아하는 자선단체에 이익의 몇 퍼센트를 주겠다고 약속하는 것도 한 방법이다. 아니면 여러분이 유명인사를 만들면 어떨까? 예를 들어, 우리 동네 커피숍에서는 고객의 사진을 찍어서 확대한 다음 아래에다 고객의 이름과 함께 재미있는 설명을 달았다. 이 사진들은 매장 홍보의 역할을 하는 동시에 바로 그 매장의 고객을 유명인사로 만드는 효과를 가져왔다.

투자자 질문

KICK START YOUR DREAM BUSINESS

머리말

이 단계에서는 투자자자와의 만남(제33단계)을 준비한다. 사람들이 어떤 사업에 투자할 때 가질 만한 기본적인 질문에 대한 대답에 익숙해지도록 한다. 투자자들과 만날 때는 강한 인상을 심어주는 대답으로 그들이 "아니오." 라는 말을 못하도록 하고 굳건한 투자자 관계를 구축해야 한다.

이 단계의 질문에 대한 대답을 만드는 과정에 얼마든지 다른 사람들을 참여시켜도 좋다. 하지만 기억할 것은, 이 사업은 여러분 것이므로 어떤 대답이든 여러분이 공감하는 것이라야 한다. 사업이 번창하려면 여러분 자신에게 진실해야 한다.

이 예비 질문에 대한 대답은 여러분이 재무분석(제30단계)과 사업 실행계획(제31단계)을 완료하면서 더욱 발전할 것이다. 그러니 시작이 가장 중요하다.

이러한 투자자들의 전형적인 질문에 지금 답변을 만들어 두면 사업이 진척되는 동안 항상 머리 속에 둘 수가 있다. 제품 포장을 마무리할 때도, 매장과 접촉할 때도, 사람들에게 여러분의 사업을 이야기할 때도 여러분은 투자자들을 생각할 수가 있다. 그리고 사람들이 어째서 내 사업에 투자할 것인지를 끊임없이 생각하는 것보다 그 사업을 발전시키는 더 나은 방법은 없다.

격려의 말

누군가 질문을 하기 전에 질문에 대한 대답을 준비한다. 그렇게 하면 여러분이 사업에 지배권을 발휘할 수 있다.

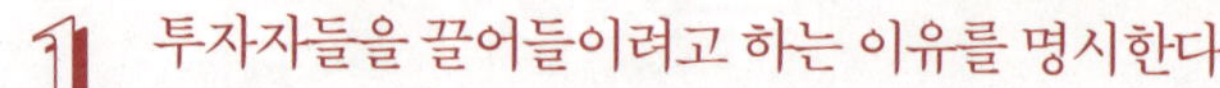

할 일 목록

1 투자자들을 끌어들이려고 하는 이유를 명시한다.

투자자 유치 여부는 개인이 결정할 일이다. 내 고객 대다수는 투자자가 필요 없는 데도 모든 사람들이 필요하다고 말하기 때문에 있어야 하지 않을까 하는 생각을 한다. 현명한 열정을 가지고 사업을 키우면 투자자가 필요 없을 수 있다.

재무 분석을 실시하고 사업 실행계획을 세우다 보면 투자자들과 이야기를 나누는 이유가 바뀔지도 모른다. 하지만 어디선가는 시작해야 하므로 지금 시간을 내서 스스로에게 물어본다. "왜 투자자를 끌어들어야 하는가?"

빠른 시일 내에 사업을 확장할 필요 때문에 지금 투자자가 필요한 것인가? 아니면 여러분의 제품을 생산하는데 도움이 필요한가? 마케팅 자료를 만들 돈이 부족한가? 그것도 아니면 퇴직금을 모두 걸기에는 위험이 큰 것인가?

이 과정을 거치다 보면 투자자가 필요 없다는 사실을 발견할 수도 있다. 다른 사람의 투자를 받지 않고도 사업을 개시할 만큼의 돈이 여러분 수중에 있을지도 모른다(개인 지출을 줄임으로써). 여러분의 회사 일부분을 투자자에게 떼어준다는 것은 쉬운 결정이 아니므로 왜 그 일을 해야 하는지 분명히 짚고 넘어가야 한다. 아이디어 노트에 답을 적기 바란다.

2 아이디어 노트에 상위 10대 잠재 투자자의 이름을 적는다.

제27단계 투자자 브레인스토밍에서 만든 명단을 살펴보고 가능성 높은 열 명을 고른다. 지금 당장은 투자자를 끌어들이지 않기로 결정했더라도 혹시 나중에 필요할 때 손쉽게 쓸 수 있도록 상위 10대 목록을 작성해 둔다.

목표

투자자들이 물어볼 만한 질문에 익숙해진다.

성과

회사 및 회사 소유주로부터 투자자들이 찾는 지식.

이 목록은 여러분의 육감, 투자자들의 관심도, 투자자들의 자금 동원력, 여러분과 각 투자자들 간의 관계에 기초해 작성한다. 상위 10대 투자자로부터 시작하는 이유는 여러분의 노력을 집중하고 개인적 관심을 기울여 각 잠재 투자자들을 대할 수 있게 하기 위해서이다. 굳이 돈이 아니더라도 자신의 이름 또는 전문지식으로써 기여할 수 있는 개인 투자자들도 빠뜨리면 안된다.

책임자는 여러분 자신이다. 주변의 도움을 청하되 결정은 여러분의 조사, 의도, 육감에 의존해서 내린다.

3 **사업의 잠재 고객 명단을 작성한다.**
투자자들이 가장 먼저 하는 질문은 이것이다. "이 제품 잘 팔릴까요?" 투자자를 만나기 전에 지금 당장 여러분 제품의 고객을 정의함으로써 이 질문에 대한 답변을 준비한다. 이 책에서 지금까지 소개한 단계를 완수했다면 여러분은 개인, 매장, 유통업체로부터 선주문을 받은 경우가 있을 것이다. 아니면 여러분의 제품이 시장에 나올 때까지 기다릴 수 없다는 고객의 편지를 받아보았을지도 모른다. 이 사람들과 매장 이름도 명단에 포함한다. 투자자들의 신뢰를 얻기 좋다.

투자자들은 효용이 입증된 제품으로써 확장에 자금이 필요한 사업을 좋아한다. 이런 열광적인 고객 중 누가 투자자가 될지도 모르는 일이다. 여러분이 먼저 투자해달라고 요청하지 않는 한 알아서 투자해줄 사람은 아무도 없다.

4 **아래 나열한 일반적인 투자자들의 질문에 답변을 준비한다.**
일반적인 질문에 대한 대답을 준비해 놓거나 마케팅 자료에 수록할 경우 준비가 철저하고 자신감이 넘치는 사람이라는 인상을 준다. 투자자들은 여러분이 사업을 성공으로 이끌 수 있는 사람이라는 믿음을 갖게 된다. 투자자들이 비록 소리 내어 이 질문을 물어보지는 않더라도 속으로는 누구나 궁금해 하고 있을 것이다. 혹시 있을지도 모르는 회의적인 생각을 여러분의 제품에 대한 열광으로 바꿀 수 있도록 각 질문에 대해 확실한 답변을 준비한다.

재무 분석(제30단계)과 사업 실행계획(제31단계)을 완료하기 전에는 투자자들과 만나서는 안 된다. 이 두 가지 단계는 다음에 나열하는 일부 질문에 추가적인 정보를 제공할 수 있다. 이 책을 읽어 나가면서 여러분의 답변을 추가 보완하도록 한다. 여러분은 자신과 여러분의 사업을 팔고 있는 것이므로, 능력껏 최선을 다해 여러분 자신과 사업에 대한 질문에 답변하기 바란다.

개인적 질문

- 이 사업을 시작하게 된 동기가 무엇인가?
- 당신을 신뢰해도 좋은가? 다른 대출금이 있다면 연체 없이 상환했으며, 약속을 잘 지키는 편인가?
- 본인 자금이 들어간다면 얼마나 들어가는가?
- 이런 유형의 제품을 마케팅해본 경험이 있는가?
- 가족의 지원을 받고 있는가? 부양가족은 있으며, 그들을 어떻게 부양할 계획인가?

제품에 관한 질문

- 제품의 사회적, 정서적, 정신적 가치가 무엇인가?
- 어떤 고객을 대상으로 삼고 있는가? 당신 또는 제3자(유통업체)가 대상 고객에게 쉽게 다가갈 수 있는가?
- 제품의 성장 가능성이 있는가?
- 경쟁제품보다 당신의 제품이 나은가?

- 업계, 경쟁업체 및 마케팅 방법에 대한 당신의 지식을 보여주는 사업 실행 계획이 있는가?

재무에 관한 질문

- 어느 정도의 자금이 필요한가?
- 자금을 어디에 사용할 계획인가?
- 투자수익(ROI)은 얼마인가? 어느 정도의 시간이 있어야 그것을 달성할 수 있는가?
- 이 사업으로 돈이 되겠는가? 증거가 있는가?
- 신용기록은 어떤가? 채무를 제때 갚고 있는가?

참여에 관한 질문

- 제품에 대한 믿음을 갖고 힘을 합쳐 이를 시장에 내놓을 수 있는 팀이 있는가, 아니면 혼자 하는 사업인가? 단독 사업이라면 사람들을 채용할 필요는 없는가?
- 제품 디자인 또는 마케팅에 내가 참여하여 도움을 줄 수 있는가?
- 내가 참여할 수 있는 사업 영역이 있는가?

지배권에 관한 질문

- 이 질문의 대답은 제28단계 법률 구조에서 어떤 회사 형태를 선택했느냐에 어느 정도 좌우된다.
- 지배권을 어느 정도까지 포기할 수 있는가?
- 생산 기간 중 및 제품 출시 후 내가 어느 정도의 지배권을 가질 수 있는가?

창업의 기본절차

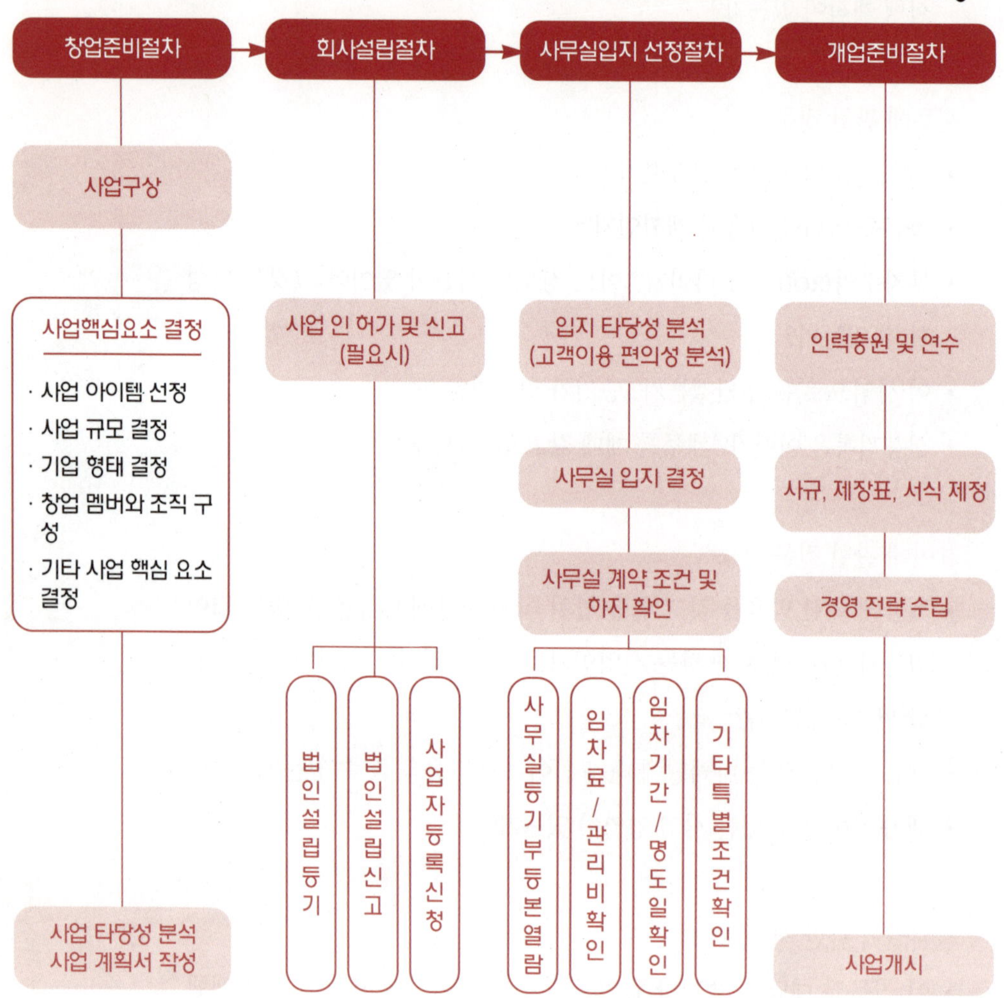

※ 이 도표는 중소기업청 창업넷(www.changupnet.go.kr)에서 인용하였습니다.(편집자)

제12장

재무관리

회사의 재무 건전성을 유지해야 여러분의 스트레스를 줄이고

정신건강을 훌륭히 유지할 수 있다. 이 장에서는 모든 결제, 지출,

소득을 추적하는 간단한 시스템을 구축하는 방법에 대해 알아본다.

이를 습득하면 세금을 내고 재무적 결정을 내리는데 드는 시간을

줄일 수 있다. 이 장에서는 튼튼한 사업을 유지할 수 있도록 하는

재무 분석에 대해서도 설명한다.

회 계

 머리말

회계라는 말에 겁부터 먹을 필요는 없다. 회계에 대해 여러분의 머리 속에 맴도는 모든 부정적인 생각은 떨쳐버려도 좋다. "난 숫자가 싫어." "어차피 쓸 돈도 없는데 무슨 기록?" "난 정리라면 질색이야." "그것 말고도 해야 할 더 중요한 일은 많아." 이 단계에서는 내 고객들이 톡톡히 효과를 본 쉬운 해결책을 여러분에게 제시한다.

회계란 회사의 "수입"과 "지출"을 기록하는 것에 불과하다. "수입"이란 주로 매출을 말하고 "지출"이란 발생하는 모든 비용을 말한다. 이 항목들을 기록함으로써 여러분은 매출액, 비용, 이익을 쉽게 계산할 수 있게 된다. 지금 이런 것을 구축해 둬야 회계에 대한 걱정을 접어두고 제품 판매에 전념할 수 있다.

재무 시스템은 간단할수록 좋다. 복잡하면 아예 사용을 안 하게 된다.

회계는 제품 판매에서 가장 중요한 측면에 속한다. 재무 기록은 문제를 파악하고, 사업 성장을 위한 의사 결정에 도움이 된다. 돈의 흐름을 기록해 두지 않는다면 돈이 어디론가 사라져버려도 모른다.

고객 만족도를 유지하고 배송단계를 추적하는 것도 중요하지만, 수금에 실패하거나 세금을 제때 납부하지 않으면 사업이 망해버릴 수도 있다. 회계 기록을 잘해두면 회사가 얼마나 건강한지도 분석할 수 있다.

회계 시스템이 제대로 작동하려면 여러분 일상의 일부분이 되어야 한다.

여러분은 회사에 대해서, 여러분의 개인적 성향("밤 늦게가 아니면 숫자가 눈에 안 들어온다"든가)을 잘 알고 있으므로, 회사 차원의 필요와 여러분의 개성이 반영된 시스템을 개발한다.

 할 일 목록

재무적 책임에 대한 기록을 유지하는 간단한 절차를 수립한다.

1 아이디어 노트 한 면에 "회계"라는 제목을 붙인다.

이 페이지는 재무 기록을 쉽게 참고하기 위한 곳이다. 업무상 개설한 계좌 또는 회계 프로세스에 영향을 줄 만한 의사결정 사항을 여기 기록한다.

2 회사용으로 별도의 은행계좌를 개설한다.

회사와 개인의 재정을 분리해야 한다. 가장 좋은 방법은 회사 이름으로 은행 계좌를 만들고 모든 업무상 금융거래는 이 계좌를 통하는 것이다. 개인자영사업자의 경우에는 회사 이름으로 은행계좌를 만드는 대신 본인 명의의 별도 계좌를 만들어 업무용으로 사용하면 된다. 쉽게 찾아볼 수 있도록 아이디어 노트에 은행이름과 계좌번호를 적어둔다.

기본적인 재무정보 기록절차의 중요성 인식.

개인 번호

내 고객 중 한 사람인 브라이언(Brian)은 회계를 아주 싫어했다. 그는 수표책의 잔고를 맞춰본 적도 없어서 은행계좌에서 빠져나갈 돈이 있는지를 늘 은행에 확인해야 했다. 이 책의 제29단계에 이르렀을 때 브라이언은 얼어붙은 것처럼 보였다.

그는 자신의 회사로 들어오고 나가는 자금의 흐름을 절대 추적할 수 없을 거라고 지레 겁부터 먹었다. 그렇다고 회계사를 고용할 경우 자신이 번 돈을 그에게 다 갖다 바치는 게 아닌가 걱정이 됐다. 나는 그가 할 일이라고는 간단한 시스템을 만들어서 운영만 하면 된다는 말로 그를 안심시켰다.

브라이언은 안도의 한숨을 쉬더니 이 책에 소개된 단계를 그대로 따랐다. 그는 자신의 마음에 드는 시스템을 개발하면 실제로 사용하게 될 거라는 데 생각이 미쳤다.

그는 훌륭한 회계 시스템을 개발했을 뿐 아니라 그것을 사용해보고 너무 마음에 든 나머지 개인 재무관리를 위한 유사한 시스템을 하나 더 만들었다. 브라이언은 더 이상 월말마다 은행 잔고 때문에 허둥댈 필요가 없어졌다. 버튼 하나만 누르면 브라이언은 회사와 자신 개인의 재무적 상황이 어떤지를 바로바로 알 수 있게 되었다. 그는 이제 재무를 무서워하는 것이 아니라 이렇게 말할 정도가 되었다. "적어도 내가 통제권을 행사하고 있을 때 숫자는 내 친구입니다."

3 아이디어 노트에 어떤 회계방식을 사용해 현금흐름을 기록할 것인지 적는다.

회계용어에 주눅들 필요는 없다. 중요한 것은 그것이 여러분의 사업에 어떤 영향을 미치느냐이다. 예를 들어, 현금흐름이란 일정 기간(하루, 일주일, 한 달) 중 회사에 들어오고 나간 돈의 움직임을 가리킬 뿐이다.

현금흐름을 측정하는 데는 두 가지 방법이 있다. 현금주의와 발생주의 회계가 그것인데, 다음 설명을 읽어보고 여러분의 수입과 지출을 기록하는 데 그 한 가지를 선택하여 사용한다.

다음은 현금흐름을 기록하는 두 가지 방법이다.

- **현금주의 회계** : 현금주의 회계에서는 실제로 들어오고 나간 현금의 액

수에 기반하여 기록을 하고 세금을 납부한다. 실제로 들어오고 나간 기간에 수입과 지출을 기록하고 회계에 반영하는 것이다. 매출이 일어 났더라도 대금이 들어온 날 기록하고 비용이 발생했어도 실제로 지급한 날 기록한다. 이 방식은 재고가 없는 회사에 적합하다.

- **발생주의 회계** : 발생주의 회계에서는 수입과 비용이 발생한 날(예 : 청구한 날짜)을 기준으로 회계에 반영한다. 실제로 돈을 받거나 지불했는지 여부는 관계없다. 예를 들어, 물건을 팔고 배송한 게 3월이라면 실제로 대금결제가 4월에 이루어졌더라도 매출을 3월의 수입으로 잡는 것이다. 재고가 있을 경우에는 반드시 발생주의 회계를 적용해야 한다.

이 가운데 한 가지 방식을 선택했다면 아이디어 노트의 회계 항목 아래 적고 동그라미를 그린다. 어느 방식을 선택하든 간에 그것을 일관성 있게 유지하는 것이 중요하다. 나중에 변경을 결정할 경우에는 정확한 기록이 있어야 다시 시작할 수 있다.

매주 일정 시간을 내서 재무 정보를 기록하는 일을 일상화한다.

4 안전하고 접근이 쉬운 장소에 영수증과 회계 문서를 보관한다.

대다수 내 고객들은 지갑, 배낭, 가방에 영수증을 보관하는 장소가 따로 있다. 매일 밤 그들은 모든 영수증(현금과 신용카드 모두), 매출(수입), 비용을 장부에 기록한다. 이 장부는 월별, 과목별로 분리되어 있어서 수입과 지출을 찾아보기 쉽게 되어 있다.

세금 공제가 가능한 비용은 정부에 내야할 세금을 줄여주는 비용이다. 여러분이나 회계사가 나중에라도 공제 가능 여부를 발견할 수 있으므로 모든 비용을 기록해 두어야 한다. 공제가 가능한 비용에는 다음과 같은 것들이 있다.

- **운영비** : 전화비, 인터넷 사용료, 임대료, 전기·가스비, 법률 및 회계 수수료, 업무 관련 간행물 구독료 등이 이에 포함된다. 재택근무인 경

우에는 회계사와 상담을 통해[아니면 국세청(www.nts.go.kr)상담]비용
의 어느 정도를 공제 받을 수 있는지 알아본다.

- **출장비** : 출장비는 회사를 운영하면서 발생하는 숙박, 연료, 식사, 대중
교통 비용을 말한다. 모든 영수증을 모아두고 영수증 뒷면에 설명을
적어둔다. 또한 자동차로 출장을 다녔다면 업무상 움직인 거리의 마일
리지를 기록해둔다. 이 과정의 복잡함을 피하기 위해 내 고객들은 대
부분 차량운행일지를 차 안에 두고 만나러 가는 고객 이름, 방문 목적,
시작할 때 마일 수, 끝났을 때 마일 수를 기록한다. 공제 받을 수 있는
금액은 국세청에 알아본다.
- **접대비** : 접대비 공제를 받으려면 행사 또는 저녁식사에 참석한 사람,
수행한 업무, 장소, 지출한 금액을 기록해 두어야 한다. 대다수의 내
고객들은 영수증 뒷면에 이 사항을 기록한다. 이 비용을 전액 공제 받
을 수는 없지만 모두 기록해 두어야 나중에 지출처를 쉽게 파악할 수
있다.
- **장비 구입** : 사무실에서 사용하는 장비를 구입하고 받은 모든 영수증을
보관한다. 세금을 납부할 때 이 비용도 소득에서 공제 받을 수 있다.
- **사무용품 구입** : 업무 수행을 위해 구입한 사무용품은 공제 대상이다.
- **우편 요금** : 제품 또는 판촉 자료를 발송하는 데 들어간 모든 비용은 공
제가 가능하다.
- **인쇄 비용** : 마케팅 자료, 서신, 명함 인쇄에 들어간 비용은 공제 가능
하다.

5 매주 단위로 현금흐름을 추적할 수 있는 간단한 방법을 만든다.
이 방법은 여러분의 업무상 필요와 맞아떨어져야 하며 여러분의
성격에도 맞아야 한다. 다음은 내 고객들이 사용한 간단한 시스템이다. 제

22단계 고객 지원에서 논의한 바대로 또는 마이크로소프트 엑셀 같은 소프트웨어 프로그램을 사용해 수입, 지출, 매출, 배송 등을 기록할 수 있다. 간단한 기록 시스템에는 다음과 같은 두 가지 항목이 포함되어야 한다.

- 모든 수입, 지출, 예금, 비용을 기록하는 체계. 내 고객 다수는 모든 활동을 금요일 오전에 기록한다. 이는 마치 의식과도 같아서 이걸 건너뛰면 뭔가 중요한 일을 안 한 듯 찜찜해진다. 367쪽에는 수입과 지출을 기록하는 간단한 차트 견본이 있다.

- 월 단위로 여러분의 기록을 정리할 수 있는 기능. 이를 현금흐름(현금입금액과 지출액)을 기록한다고 한다. 이 활동의 기록은 수표책을 기록하는 것만큼이나 간단하다. 현금 흐름표 견본은 368쪽에 마련되어 있으며 다음과 같은 사항을 포함해야 한다.

  a. 기초현금 : 월초 현금

  b. 현금입금액 : 그달에 들어온 현금

  c. 현금지출액 : 그달에 나간 현금

  d. 기말현금 : 월말 현금

여러분이나 회사 직원이 업무상 지출을 했을 때는 항상 영수증을 받아둔다. 그리고 영수증 뒷면에는 지출 용도와 지출한 사람의 이름을 적는다. 이렇게 해두면 재무 정보 시스템에 입력하고 정리하기가 쉽다.

6 현금 흐름표 견본을 활용하기로 한 경우 현금입금 및 현급지출 항목이 여러분의 회사에 맞도록 적절히 변형해서 쓴다.

여러분 회사의 특수성에 맞도록 현금 흐름표를 적절히 변형해야 쓸모가 있을 것이다. 여러분이 지금 가지고 있는 비용 항목을 추가하고, 사업 성장에 따라 업데이트를 잊지 않는다.

7 세금에 영향을 주는 모든 업무 서류는 최소한 7년간 보관한다.

국세청은 여러분이 세금 신고를 한 날로부터 길게는 7년 전까지의 납세 실적 및 업무 현황에 대해 감사를 실시할 수 있다. 따라서 그 정도 기간은 안전한 장소에 정보를 보관해야 한다. 보관해야 할 정보로는 보험 기록, 급여 기록, 소득세 공제 기록, 사회보장세, 연방 실업세, 청구서, 매출전표, 지불이 끝난 수표, 현금 구매 영수증, 신용카드 구매 영수증, 금전출납기 테이프 등이 있다.

8 도움을 청한다.

회사 문을 열기 전에 재무 프로세스를 검토해줄 세무사, 회계사, 재무 분석 전문가를 찾아 그들의 말에 귀를 기울이고 배운다.

친구 또는 다른 소규모 사업자에게 전문가를 추천해달라고 한다. 회계를 가르치는 교사라면 무료로 봐줄 수 있을 것이다. 이들과 함께 여러분의 회계 기록 시스템을 검토해보고 개선의 여지가 있는지 물어본다. 정식으로 경리담당자를 채용할 것인지, 외부 회계서비스를 맡길 것인지, 1년에 한 번 회계 및 세금 납부 서비스를 활용할 것인지 결정한다. 그리고 부지런히 이들의 권고사항을 따른다. 그게 여러분의 돈과 시간을 절약하는 길이다.

여러분의 회사가 출범하는데 도움을 준 모든 이에게 감사를 잊지 않는다. 이들은 여러분 사업에 있어 중요한 사람들이다. 사업을 개시한 다음 이들 전문가에게 감사장이나 여러분이 만든 제품을 선물로 보낸다.

일일 회계 차트 견본

날 짜	지출총액	수입총액	내 용	지불처	수표#, 신용카드#	대 조

월간 회계 차트 견본

현금 흐름표

현금 흐름 영역	1달	2달	3달	4달
출발현금				
현금수입				
1) 현금 세일				
2) 송장 집합				
총 수입				
현금지출				
1) 현금 구매				
2) 마케팅				
3) 제품가격				
4) 차입금				
총 현금지출				
잔 액 (출발현금+현금수입−현금지출)				
성 장 전달잔액으로 이달의 현금 잔액 나누기				

– 재무분석

머리말

앞에서 여러분은 회계 절차를 마련했다. 이번 단계에서는 여러분의 회사에 관한 재무정보를 쉽게 타인에게 전달할 수 있는 간단한 도구를 소개한다. 여러분의 회사에 과거 어떤 일이 있었고, 지금 어떤 일이 일어나고 있으며, 앞으로 어떻게 될 것인지를 보여주는 자료를 재무제표라고 한다.

이번 단계에서는 일이 많다. 보고서를 여러 개 작성해야 하기 때문이다. 대다수 내 고객들은 한 달에 이틀을 재무분석에 할애한다. 첫날은 필요한 보고서를 작성하고 둘째 날은 그 결과를 검토한다.

이 과정은 될 수 있으면 처음부터 끝까지 친구 한 사람과 같이 한다. 그 친구가 재무 전문가일 필요는 없다. 아이디어를 내놓고 여러분을 격려할 수 있는 친구면 족하지만, 물론 재무에 관한 전문지식까지 갖추고 있다면 더할 나위 없다.

이번 단계를 마치고 얻을 수 있는 것은 많아서 고생한 보람이 있을 것이다. 현재 회사의 재무적 상황이 어떤지 앞으로 어떻게 될 것인지를 분명히 알 수 있기 때문이다. 장래에는 여러분의 회사가 얼마나 탄탄한지를 보기 위해 매월 단위로 재무제표를 작성하게 될 것이다. 회사 예산을 수립하고 재무적 위험을 최소화한다는 측면에서 이 보고서들은 중요한 역할을 한다.

이 단계를 진행하다 어려움을 겪으면 지체 없이 도움을 청한다. 저렴한

특정한 시간을 내서 재무 분석을 실시하고 이를 일상화한다.

비용으로 여러분에게 안내하고 지식을 전해줄 워크숍(인근 대학 또는 중소기업개발센터에서)은 많다.

할 일 목록

현명한 계획을 세울 수 있는 도구를 개발한다.

1 아이디어 노트 한 면에 "재무상태"라는 제목을 붙인다.

이 면에는 회사의 재무상태를 기록한다. 이 정보는 나중에 사업 실행계획에 포함하여 투자자를 포함한 다른 사람들과 함께 나눌 것이다. 이는 "회사가 지금 어떤 상황이며 앞으로 어떻게 될 것인가?"라는 질문에 대한 대답을 제시함으로써 재무적 측면에서 회사를 파악할 수 있게 해주는 과정이다.

2 재무적 계산에 영향을 미칠 만한 핵심 사안을 정리한다.

혼동이 없도록 몇 가지 재무 용어를 정리하고 넘어가자. 재무 분석에 영향을 줄 만한 사안들, 즉 여러분의 회사가 어떤 상태인지를 사람들에게 알리는 것이 좋다. 아이디어 노트의 재무상태라는 제목 아래 다음 사항을 정리해 둔다.

- **물가 동향** : 물가동향을 추산하는 것은 그 일 자체가 직업일 정도로 엄청난 작업이다. 처음으로 재무적 계산을 실시하는 데는 물가를 감안하지 말 것을 권한다. 물가를 감안하지 않기로 했으면 그 결정사항을 기록하고 감안하기로 결정했다면 회계사더러 재무분석을 도와달라고 요청한다.

- **소매가격** : 제품의 예상 소매가격을 명시한다. 제21단계 가격 추정에서 계산한 소매판매가격을 말한다.

- **매출 전망** : 여러분의 제품이 얼마나 팔릴 것인지 예상을 적는다. 1차 년도에 대해서는 월별로 매출을 전망한다. 예상 매출액을 정하는데 쓸 수 있는 정보는 많다. 제23단계 물류에서 계산한 최초 매출전망에서부터 시작한다. 여러분의 조사, 전문가로부터 얻은 정보, 마케팅 계획, 여러분의 육감, 이 모든 것이 매출을 전망하는데 활용된다.

3 제품개발비용을 계산한다.

매월 회사를 운영하는 데 들어가는 비용을 검토한다. 아직은 공식적으로 회사를 세운 것이 아니므로 지금은 개발비용을 추산한다. 이 과정을 통해 여러분의 제품을 시장에 내놓는 데 비용이 얼마나 드는지를 그려볼 수 있다. 지금까지 발생한 비용과 앞으로 회사를 열 때까지 발생할 비용을 더한다. 제품개발비용에는 다음 사항이 포함된다.

- 제12단계의 샘플 개발비용(재료비와 인건비)
- 제14단계 포커스 그룹
- 제26단계 법률 비용
- 제12단계 회계 비용
- 제33단계 투자자와의 만남에 드는 비용
- 그 밖의 창업비용(예 : 컨설팅 수수료, 장비, 소프트웨어)

4 월별 마케팅 비용을 추산한다.

마케팅 비용은 1차년도 예상 총매출(세전)의 10~15%가 일반적이다. 제품이 시장에서 자리를 잡으면 평균 마케팅 비용은 연간 총매출의 5% 정도면 된다.

월별 마케팅 비용을 계산하려면 예상 판매개수에 예상 판매단가(제21단계 가격 추정)를 곱해 총 매출액을 구하고 여기에 예상 마케팅비 비율(총매출

성과

여러분이 만든 최초의 재무 분석표.

자극의 말

주저하지 말고 도움을 청한다. 가족 또는 친구들 가운데 재무 전문가가 있을지도 모른다.

의 15%로 정했으면 0.15를 곱한다)을 곱하면 이게 연간 마케팅 비용이다. 월별 마케팅 비용은 연간 마케팅 비용을 12로 나누어 구한다(1년은 12개월).

5 월별 일반 경비를 계산한다.

일반 경비란 회사를 매일 운영하는데 들어가는 비용이다. 이 비용은 대개 회사에 반드시 필요한 비용이다. 그러나 이 비용을 확실하게 관리해야 한다. 장래 언젠가는 여러분도 이 비용항목을 들여다보며 어떻게 절감할 것인지를 고민할 것이기 때문이다. 예를 들어, 다른 전화회사와 협상을 통해 전화비 절감을 추구할 수 있다.

매월 들어가는 일반 경비에는 다음과 같은 것들이 있다.

- **급 여** : 여러분 자신과 채용 직원들에게 얼마를 줄 것인가?
- **사회보장 및 실업급여** : 누군가에게 월급을 주고 있다면 법에 의해 사회보장 및 실업급여 역시 세금으로 납부해야 한다. 사람들을 독립 계약자로 채용할 경우에는 그들 스스로 세금 및 사회보장비용을 납부한다.
- **사무실 임대, 사무용품, 장비** : 매월 임대료는 얼마인가? 회사를 운영하는 데 어떤 장비가 필요한가?
- **보관 및 배송**(제23단계 물류) : 매월 제품 보관 및 배송에 어느 정도의 비용이 소요되는가?
- **회계, 법률, 기타 전문가 수수료** : 이들 전문가에게 들어가는 비용이 얼마인가?
- **보험료**(제26단계, 법률 구조) : 배상책임보험, 손해보험에 들어가는 월별 보험료가 얼마인가?

6 얼마의 자금을 조달해야 하는지 정하려면 총 창업비용을 계산해야 한다.

일반적으로는 첫 3개월 동안 버틸 수 있을 정도의 자금을 조달한다. 3개월이면 여러분이 직접 번 돈으로 매월 발생하는 비용을 감당할 수 있을 정도의 시간이다. 창업비용은 총 개발비용(<할 일 목록> 3번)에 기타 회사 운영비용을 더한 것이다.

이 계산을 해보면 투자자로부터 조달한 자금을 어떻게 사용할 것인지 설명하는 데도 도움이 된다. 이 숫자는 근로자와 잠재 투자자 모두에게 보여준다. 나중에 추가 사업자금을 조달할 필요가 있을 때 이 과정을 활용할 수 있다.

다음 항목들을 모두 더해 총 창업비용을 구한다.

- 개발비용
- 1차 생산비용
- 월별 마케팅 비용×3
- 월별 일반 경비×3
- 수수료 또는 비지니스 라이센스 비용
- 사무용품 비용
- 생산비의 10% 정도 되는 예비비. 이는 긴급 상황에 대비한 자금이다.

지금 지출하는 비용은 사업의 탄탄한 토대를 구축하기 위해 들어가는 돈이다. 현명하게 사용한 돈이 좋은 결과를 가져온다.

7 한 달에 한 번 현금 흐름표(제29단계 회계)를 검토하여 회사가 어떻게 성장하고 있는지 점검한다.

대다수 내 고객들은 매월 마지막 금요일에 현금 흐름표를 검토한다. 이렇게 큰 그림(동향)을 보면서 이들은 한 달에 한 번씩 회사가 얼마나 성장 또는 위축되었는지를 알 수 있다. 성장이란 매월 기말 현금이 몇 퍼센트나 늘었는지를 말한다.

이렇게 한 달에 한 번 현금 흐름표를 검토하는 것은 사업에 대한 경보 시스템 노릇을 할 수 있다. 회사에 악영향을 미치기 전에 문제가 있는 분야를 집어낼 수 있기 때문이다. 당초 예상했던 속도로 회사가 성장하고 있는가? 우편요금으로 지나치게 많은 비용이 지출되고 있지는 않은가? 우려되는 부분을 살펴보고 기록하고 이를 개선하기 위한 대책을 마련한다.

8 손익분기점을 계산한다.

손익분기점이란 매출로부터 발생한 수익이 비용과 똑같아지는 지점을 말한다. 손익분기점을 알면 비용이나 매출이 변동할 때 소득에 어떤 영향을 미치는지 알 수 있다. 이는 여러분의 사업에 대한 훌륭한 현실 점검의 역할을 하며, 마케팅 노력을 위한 정보 역시 제공한다.

손익분기점은 다음과 같이 계산한다.

총 고정 비용 / 단위 당 판매가격 = 손익분기점(제품 개수)

9 손익계산서를 작성하여 월별 순이익을 구한다.

320쪽에 손익계산서 견본을 실었다. 손익계산서는 주어진 시간 동안 여러분이 돈을 어떻게 썼는지를 보여준다. 손익계산서(income statement)는 특정기간(대개 한 달) 중 이익과 손실을 기록한 것으로서 P&L이라고도 한다.

손익계산서를 보면 지출을 낮추거나 제품 판매비용을 줄이거나 가격을 올릴 경우 소득에 어떤 영향이 있는지를 알 수 있다. 어려운 일은 아니니 걱정할 필요는 없다. 익숙해지기만 하면 이해하기 쉽도록 만들어진 양식에 정보를 입력하기만 하면 된다.

여러분의 회사 여건에 맞도록 손익계산서를 적절히 변형한다. 손익계산서는 회사 운영에 효과적인 도구가 될 수 있다. 여러분이 만들고 있는 회사가 재고가 있는 경우 법률에서는 매출과 비용을 현금주의(현금이 실제로 들어오고 나갔을 때 인식)가 아니라 발생주의(거래 발생 시 인식)로 기록하도록 하고 있다. 특히 손익계산서는 다음과 같은 경우에 도움이 된다.

매출원가(COGS)를 계산한다. 매출원가는 판매하는 모든 제품에 관련된 직접 비용이다. 매출원가를 계산하면 재고에 지나치게 많은 돈을 들였는지 여부를 알 수 있다. 다음 공식을 통해 간편하게 추정 매출원가를 구한다.

매출원가 =

기초 재고비용(수량 x 가격) + 재고 구입비용(수량 x 가격) − 기말 재고비용

서로 다른 가격으로 재고를 들여온 경우 재고와 판매된 물품의 가격을 정하는 방법에는 여러 가지가 있다. 예를 들어, 잔여 재고의 평균 비용을 적용하든지, 먼저 들어온 재고가 먼저 나간 것으로 보든지(선입선출법 : FIFO), 나중에 들어온 재고가 먼저 나간 것으로 보든지(후입선출법 : LIFO) 이 중에 선택하는 것이다. 대다수 내 고객들은 현재 회사 상태가 어떤지 단면을 보고자 하는 목적이므로 평균 재고비용을 사용한다.

- **이익을 요약한다** : 모든 비용을 지불하고 남은 것이 이익이다. 손익계산 서를 보면 여러분이 돈이 될 만한 회사를 만들었는지를 알 수 있다. 이익을 계산하는 방법에 따라 다음과 같이 분류한다.

  a. 매출총이익 = 순매출액(총매출액 − 반품) − 매출원가. 재고를 제외한 여타 비용을 차감하기 전의 이익.

  b. 영업이익 = 매출총이익 − 영업비용(이자비용 및 법인세를 제외한 모든 비용). 제품 생산에 직접적으로 관련된 비용을 차감한 이익.

  c. 순이익 = 영업이익 − 기타 비용. 생산, 마케팅, 유통, 세금 등 고정비와 변동비를 차감한 이익.

참고

재고가 있는 회사라면 법률상 매출과 비용을 현금주의 방식(실제로 현금이 들어오거나 나갈 때 인식)이 아니라 발생주의 회계방식(거래 발생시 인식)으로 기록해야 한다.

- **세금을 계산한다** : 손익계산서에 요약된 여러분의 소득을 보고 세금을 얼마나 내야 할지 추정할 수 있다.

 | **손익계산서**

판 매	빼 기	더하기	1달
판매총액			
반송과 수당			
악성부채			
네트 판매			
			공란
제품판매가격			
단위당 판매에 대한 제조가			
=(시작재고+구매−마지막 재고)			
배송 가격			
총수익			
			공란
경영경비			
마케팅			
경영이득 또는 손실			
			공란
차입경비			
이자지출			
			같음
수입(손실) 또는 네트 이득(세금과 급여 전)			

10 대차대조표를 작성한다.

대차대조표 견본은 379쪽에 있다. 대차대조표는 특정 시점의 회사의 재무적 안정성을 보여준다. 대차대조표는 말 그대로 자산(여러분이 소유한 물건)과 부채(여러분이 갚아야 할 돈)를 나열한 표이다. 소규모 기업의 경우 보통 1년에 한 번 연말에 작성한다.

대차대조표(balance sheet)는 대변과 차변이 일치해야(balance out) 한다. 예를 들어 여러분이 10,000달러를 빌렸다면 은행에는 10,000달러를 빚졌지만(부채 항목) 여러분 손에는 10,000달러의 현금(자산 항목)이 생긴 것이다.

대차대조표에서 가장 중요한 공식은 다음과 같다.

자산 = 부채 + 자본

자산은 여러분이 소유하고 있는 것으로서 현금을 어떻게 사용했는지를 보여준다(예 : 재고 매입). 자산에는 현금, 유가증권, 매출채권, 장비, 재고 등이 있다. 재고자산은 판매가격이 아니라 제품을 생산하는데 지불한 가격을 사용하여 계산한다.

부채는 배송회사, 은행, 공급업체 등 외부 기관에 진 채무를 말한다. 부채 항목은 사업을 운영하기 위한 현금을 어디서 조달했는지를 보여준다(예 : 은행 또는 매장).

자본은 모든 부채를 갚았을 때 회사에 남아 있는 돈(회사의 가치)을 의미한다. 대개는 여러분이 얼마나 많은 돈을 회사에 투자했는지를 반영한다.

대차대조표를 작성하는 방법은 다음과 같다.

1. 대차대조표 왼쪽에 유동자산을 기록한다. 유동자산이란 1년 안에 현금화할 수 있는 자산을 말한다.

2. 유동자산 밑에는 고정자산을 기록한다. 고정자산은 1년 안에 현금으

대다수 회사는 대차대조표를 1년에 한 번 작성한다.

로 바꿀 수 없는 장기적 자산이다(예 : 중장비).

3. 대차대조표 오른쪽에는 유동부채와 고정부채를 기록한다. 유동부채는 1년 안에 갚아야 할 채무이며 고정부채는 만기가 1년이 넘는 채무를 말한다.

4. 부채 밑에는 자본을 표시한다. 사람들이 여러분의 회사에 투자를 하면 이 부분이 변동한다.

11 감가상각의 개념을 이해하고 사업계획 단계에서 활용한다.

감가상각이란 자산의 내용년수에 걸쳐 고정비용을 배분함으로써 자산의 가치가 감소하는 것을 말한다.

감가상각은 주로 세금 계산에 필요하다. 사무실 장비 및 기타 유형자산이 감가상각의 대상이 된다. 여러분이 고정자산을 구입하는 데 돈을 지출할 경우 국세청에서는 구입가격의 일부를 해마다 납부해야 할 세금에서 공제하도록 허용한다. 감가상각을 허용하는 이유는 고정자산이 마모되고 결국은 그것을 대체하기 위해 더 많은 비용을 지출해야 하기 때문이다.

고정자산은 감가상각을 반영한 가치(실제 비용에서 감가상각 차감)로 재무기록에 남겨야 한다. 자산마다 시간이 지나면서 감가상각 비율이 다르기 때문에 이는 어려운 일이다. 고정자산들을 구매 가격과 함께 나열하고 회계사, 친구, 교사, 국세청의 도움을 구한다.

예를 들자면 100,000달러짜리 장비를 구입했는데 국세청의 감가상각 내용년수표를 보니 내용년수가 5년으로 되어 있었다고 치자. 장비의 구매가격을 다 상각한 다음에는 해당 장비에 대해 더 이상 세금공제를 받을 수가 없다. 장비에 아무런 가치가 남아 있지 않기 때문이다(적어도 정부가 보기에는 그렇다는 것).

대차대조표 견본

자 산		부 채	
유동 자산	**총 액**	**유동 부채**	**총 액**
현 금		지불할 세금	
물품재고		금년에 지불할 차입금	
받을 금액		지불할 회계	
기타 전도금 : 보험		지불할 급여	
현자산 총액		지불할 공공비	
더하기		**총현부채**	
고정자산		더하기	
장 비		**고정 부채**	
부동산		지불할 모기지	
비 품		미래 지불할 차입금	
자동차		**총 고정부채**	
총고정자산		더하기	
이퀄		**자본/재산**	
총자산		일반저금(소유주의 재산)	
		소유주가 지불한 것	
		이퀄	
		총 부채와 소유주의 재산	

※ 국내 사용서식과는 다를 수가 있습니다. (편집자)

제13장

KICK START YOUR DREAM BUSINESS

정보의 집중

이 장에서는 사업을 요약하고, 조사결과를 문서화하고,
실천사항을 선언하는 사업 실행 계획을 작성한다.
사업 실행 계획은 여러분이 지금까지 해온 모든 일을 여
러분의 열정과 함께 묶는 과정이다. 진심에서 우러나는
계획서를 작성한다면 여러분의 성공을 돕고 싶다는 생각이
사람들의 마음속에 저절로 들 것이다.

•••31단계
— 사업 실행계획

 ## 머리말

《철저한 준비로 꿈의 창업을 시작하라》의 첫 번째 단계는 여러분의 열정을 명백히 정의하는 것이었다. 사업 실행계획은 여러분의 열정을 온 세상 사람들에게 정식으로 전달하는 수단이다. 이 계획은 여러분이 지금까지 이룩한 모든 것과 앞으로 어디를 지향하는지를 이야기한다. 아이디어 노트에서 개발한 모든 아이디어와 전략을 읽고 이해하기 쉽게 모아둔 것이다. 모든 것을 한 자리에서 볼 수 있다는 것은 신나는 일이다.

어떤 사람들은 이 문서를 사업계획이라고 부른다. 그러나 나는 사업 실행계획이라고 부르는데 그 이유는 사업계획을 완성한 다음에도 지속적으로 실행에 옮기는 것이 더 중요하기 때문이다. 지금까지 이룩한 것을 적은 사업계획을 작성해 놓고 그 다음 단계를 취하지 않는 경우를 너무도 많이 봤다.

여러분의 꿈을 이루려면 지금까지 이룩한 것만 이야기해서는 안 되고 행동을 취해야 한다. 사업 실행계획은 최종 제품이 아니다. 사업이 성장하고 확대되면서 끊임없이 발전해야 한다.

사업 실행계획은 마치 지도처럼 사업의 현 위치를 파악하고 지금까지 어떤 길을 걸어왔는지를 점검함으로써 앞으로도 지속적인 성공을 계획할 수 있게 한다. 이 계획은 여러분의 모든 조사, 아이디어, 결론을 한 군데 모아놓

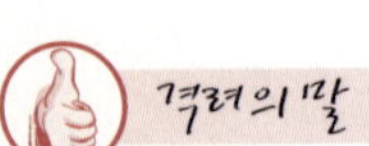

여러분의 실천사항을 여러분의 제품이 제공하는 이점과 연관시킴으로써 훌륭한 사업 실행계획을 작성한다.

은 것이다. 사업 실행계획은 모든 성공요소를 합쳐 놓은 것으로서 다음과
같은 역할을 한다.

- 여러분의 마음으로부터 우러난 것으로써 다른 사람들에게 동기와 자극을 부여한다.
- 다른 사람들의 반응을 유도함으로써 그들의 아이디어에 여러분이 귀를 기울이게 한다.
- 여러분이 따라갈 수 있는 분명한 길을 제시한다.

사업 실행계획은 여러분의 제품을 개발하는 일이 여러분과 고객, 투자자에게 어떤 이점을 주는지에 초점을 맞추지만 가장 중요한 사람은 여러분 자신이다. 사업 실행계획의 초점은 투자자를 유치하는 데 있는 것이 아니라 여러분의 목표를 더욱 공고히 만드는데 있다. 여러분의 목표와 계획이 탄탄한 기반 위에 서 있으면 그때는 자연스럽게 투자자들이 몰리기 마련이다.

소규모 사업자로서 여러분은 정신없이 일에 파묻히게 되기가 십상이다. 전화로 판매 상담을 하고 있는데 언론에서 전화가 오거나 대금 결제를 하는 중에 고객이 전화를 걸어 불만을 제기할지도 모른다. 사업 실행계획은 여러분이 제정신을 유지하면서 다음에 무엇을 해야 할지를 파악할 수 있게 해준다. 이 계획서는 여러분이 좌절을 겪을 때 비빌 수 있는 언덕이며, 여러분의 목표를 끊임없이 상기시킴으로써 일상 업무에 매몰되어버리는 일을 방지한다.

모든 사업 실행계획은 특별하다. 여러분 각자의 개성과 여러분의 제품의 이점을 반영한다는 말이다. 책이나 인터넷에서 찾은 양식의 빈칸을 채워 넣는 데서 그칠 게 아니라 여러분의 열정을 반영할 수 있도록 맞춤형으로 바꿔야 한다.

사업 실행 계획의 정해진 분량이란 없다. 이번 단계의 <할 일 목록>은 여러분이 계획을 수립하는데 방향을 제시하고 안내할 뿐이다. 각 섹션 말미에

여러분의 사업과 여러분이 성공할 수 있는 이유를 분명하고 포괄적인 문서로 기술한다.

실천사항을 다는 것을 잊지 않는다. 이들은 성공으로 가는 다음 단계를 여러분에게 일깨워주고 다른 사람들에게도 보여주는 역할을 한다.

사업 실행계획은 지금껏 여러분이 열심히 해온 모든 일과 여러분의 제품이 제공할 이점에 대한 증언이다. 새로운 프로세스가 개발될 때마다 이를 기록함으로써 사업 실행계획을 최신 정보로 업데이트한다. 모쪼록 즐기면서 멋진 계획서를 만들기 바란다.

여러분이 초점을 벗어나지 않고 제 궤도를 타고 앞으로 나아갈 수 있도록 하는 사업 실행 계획.

할 일 목록

1 아이디어 노트 한 면에 "나의 사업 실행계획"이라는 제목을 붙인다.

여기에는 사업을 개발하면서 여러분이 발굴해낸 아이디어와 전략을 기록한다. 사업 실행계획은 아이디어 노트에 보관된 모든 정보를 활용해 수립한다. 내 고객 대부분은 컴퓨터와 워드프로세서 소프트웨어(예 : 마이크로소프트 워드 또는 워드퍼펙트)를 사용하여 사업 실행계획을 작성한다. 아니면 다음번 실천사항을 아이디어 노트에 기록해 두었다가 이를 실행에 옮기면 지워나가도 좋다.

2 사업 실행계획을 작성하는 이유를 설명한다.

단지 누군가 시켰다는 이유로 사업 실행계획을 작성해서는 안 된다. 사업 실행계획을 만듦으로써 어떻게 사업을 성공으로 이끌 수 있는지를 기술한다. 사업 실행계획은 여러분의 이야기이다. 즉 여러분의 노력에 초점을 맞추고 새로운 기회를 발굴하고 사업 자금을 유치하는 데도 도움이 된다. 실천사항과 전략을 최종적으로 수립하면서 이 목표를 염두에 두어야 한다.

3 기억을 새롭게 하기 위해 지금껏 이룩한 것을 되돌아본다.

여러분이 지금까지 아이디어 노트 등에 축적한 정보를 살펴보고 그 동안 어떤 것을 성취했는지 기억을 새롭게 한다. 기분이 좋아질 것이다. 축하한다. 여러분이 한 일에서 자부심을 느끼게 된 점을 자축하기 바란다.

4 사업 실행계획을 만든다.

이제는 이 정보들을 논리적인 틀 속에 넣어 여러분의 이야기로 바꿔야 한다. 다음 〈할 일 목록〉은 사업 실행계획의 주제로 활용하면 좋다. 여기에 덧붙여 필요한 경우에는 여러분 나름의 계획을 추가한다. 창의력을 발휘하되, 여러분이 고객에게 제공하는 이점에 항상 초점을 맞춘다.

시간이 무한한 것은 아니므로 가능한 한 간결하게 작성한다. 또한 쓸모 없는 정보를 넣었다간 사람들이 흥미를 잃을 수도 있다는 점에 유의한다.

항상 각 섹션 말미에는 사업 진척을 위해 취해야 할 실천사항들을 기입한다. 이는 사업 실행계획에 충실하게 사업을 밀고 나가겠다는 여러분의 강한 의지를 보여주기 위해서이다.

놀라움

재키(Jackie)는 훌륭한 사업 실행계획을 작성했을 뿐 아니라 그보다 한 걸음 더 나아갔다. 계획 작성을 완료한 다음 그녀는 자신의 사업을 성공으로 이끌기 위해 필요한 실천사항을 모두 망라한 〈할 일 목록〉을 책으로 만들었다.

재키는 자신의 〈할 일 목록〉 책을 커피 탁자 위에 두고 항상 그것을 볼 때마다 목표를 떠올렸다. 어느 날 한 친구가 방문했다가 그 책을 집어 들고 한 번 훑어보았다. 예기치 않게 그 친구는 실천사항을 이행하는 데 도움이 필요하냐고 물었다. 재키는 즉각적으로 대답했다. "그걸 말이라고 하니?"

그 친구(나중에는 다른 친구들도)는 재키가 실천사항 몇 가지를 실행에 옮기는 데 도움을 주었다. 친구들은 재키가 꿈을 실현하는 것을 도울 수 있다는 것을 기뻐했다. 실천사항은 구체적으로 작성해서 다른 사람들과 나눌수록 좋다. 어떤 일이 일어날지는 아무도 모르는 일이다.

참고

즐겁게 일하기 바란다. 이미 여러분은 사업 계획 각 항목에 들어갈 정보를 대부분 모아두었다. 일부 제안이 여러분의 사업에 맞지 않을 경우에는 그냥 건너뛴다.

5 여러분의 사업과 그 목적을 기술한다.

제11단계 제품 설명서에서 축적한 정보를 활용한다. 여러분의 열정에 초점을 맞추어 여러분의 사업과 그 사업이 가져오는 이점에 대해 설명한다. 이 부분은 독자의 관심을 사로잡아 그 나머지 부분을 읽고 싶다는 생각이 들게끔 해야 한다.

a. 먼저 30초 광고로부터 시작한다. 30초 광고를 만든 이후 새로 알게 된 정보 또는 제품의 추가적 장점이 있다면 이를 반영하여 30초 광고를 업데이트하고 고친다.

b. 여러분의 열정과 관련하여, 이 사업을 왜 시작하게 되었는지를 설명한다.

c. 회사 주소를 적고 사무실이 임대인지 소유인지 여부를 밝힌다. 필요한 경우 인근의 다른 회사에 대한 정보도 포함한다.

6 사업 목표를 서술한다.

사업 목표란 회사를 통해 여러분이 달성하고자 하는 목적을 말한다. 제11단계 제품 설명서에서 작성한 목표를 검토하고 추가할 것이 있으면 추가한다.

a. 개인적 목표를 명시한다.

b. 특정 사업 목표를 명시한다(예 : 1차년도에 10,000개 이상의 제품을 팔아

22%의 투자수익을 올리겠다). 사업 목표는 구체적이고 측정이 가능해야 한다.

7 경쟁업체 및 여러분의 제품이 성공할 수 있는 이유를 설명한다. 제11단계 제품 설명서, 제12단계 샘플, 제21단계 가격 추정에서 얻은 정보를 활용한다.

경쟁제품과 차별화된 여러분 제품의 특징, 그리고 사람들이 그 제품을 구입해야 할 이유에 초점을 맞춘다. 이 섹션의 목적은 여러분의 제품을 구입하고 싶은 마음이 들도록 독자들을 자극하는 데 있다.

다시 힘을 얻을 필요가 있다면 제2단계 의도 부분에서 찾았던 여러분의 마음으로 돌아간다.

   a. 경쟁업체에 관한 정보를 기입한다. 여러분의 제품과 경쟁제품의 가격, 장점, 기능, 대상 고객을 나열한다. 여러분의 제품과 경쟁제품을 한 눈에 비교할 수 있는 표를 작성하는 것이 좋다.

   b. 여러분의 제품이 법률에 의해 어떻게 보호를 받고 있는지, 아니면 앞으로 받을 예정인지를 설명한다(예 : 저작권, 상표권, 특허권)

   c. 제품 가격을 제시하고 그 산정방식을 설명한다. 예를 들어 "제품 가격 15,000원은 경쟁제품의 가격을 조사하고 생산, 유통, 마케팅 비용을 감안하여 책정했음." 이런 식으로 쓴다. 가격 결정 공식을 사용했다면 이를 포함한다.

   d. 시장에서 제품을 어떻게 테스트했는지를 설명한다. 포커스 그룹 모임, 인터뷰, 소매 매장, 유통업체의 반응 등의 정보를 기입한다.

   e. 샘플 사진이나 그림을 넣는다.

8 회사의 법률 구조를 설명한다.

여기서는 제10장의 정보를 활용한다. 회사의 법률 구조가 여러분의 전반적인 계획에 적합한 사유를 설명한다. 계획서를 읽는 사람에게 여러분 자신과 회사, 투자자가 책임 위험으로부터 어떻게 보호를 받을 수 있는지를 설명한다.

> a. 한 두 문장으로 여러분이 선택한 회사의 법적 형태 및 그것을 선택한 이유를 설명하고 알려진 책임으로부터 보장 받기 위해 가입한 보험을 명시한다.
>
> b. 회사 소유주 및 핵심 팀 구성원의 이름 및 그들의 임무를 명시한다. 이사회 또는 자문단이 있는 경우 이들의 전문분야를 명시하고 어떻게 회사의 성장에 기여할지 설명한다.
>
> c. 필요한 경우 팀 구성원에 대한 지분 배분 현황을 명시한다.
>
> d. 의사소통 수단을 명시한다. 회사의 핵심 구성원들에게 회사의 발전상황을 어떻게 전달할 것인지 설명한다. 사업 진척에 따라 업데이트된 정보가 여러분의 계획서를 읽는 사람들에게 제공될 것임을 알린다.

- 제품 개발 상황을 회사의 핵심 구성원에게 어떻게 전달하는가?
- 투자자에게 정보를 어떻게 전달하는가?
- 사업 실행 계획 변경절차는 어떻게 되는가?

9 제품포장을 설명한다.

제11단계 제품 설명서, 제16단계 제품생산, 제20단계 세일즈 키트의 정보를 활용한다. 제품의 포장을 설명한다. 가능하다면 실제 샘플이나 사진을 포함한다.

> a. 제품 포장을 말이나 그림으로 설명하고 유통업체, 소매매장, 소비자의 필요를 어떻게 충족할 것인지 설명한다. 제품에 코드를 부착하여 제품 주문 및 판매를 쉽게 한다.
>
> b. 일관된 회사 이미지를 창조하기 위해 마케팅 자료와 제품 포장의 이미지를 일관되게 했다는 점을 강조한다.
>
> c. 가능한 경우 포스터, 전단지, 비디오 등 매장 내에서 제품을 홍보할 수

있는 방법을 설명한다.

10 목표시장을 설정한다.

제11단계 제품 설명서, 제15단계 창조자 명단의 정보를 활용한다. 이 목표시장을 왜 선택했는지, 이 시장에 여러분이 어떤 이점을 가져다줄 수 있는지 설명한다. 제품이 실제로 어떤 이점을 주는지 보여줄 수 있도록 실제 사례를 포함한다.

   a. 소비자에 대해 설명하고 그들이 무엇을 필요로 하는지 이야기한다. 가능한 한 구체적으로 기술함으로써 사람들이 왜 여러분의 제품을 살 거라고 생각하는지 독자들을 이해시킨다. 발명가, 매장 소유주, 대리점이 여러분에게 제공하는 아이디어로 고객 정보를 업데이트한다.

   b. 대상 고객을 설정하기 위해 여러분이 실시한 조사내용에 대해 기술한다.

   c. 여러분이 대화를 나눠본 잠재 구매자, 고객, 유통업체, 판매사원들의 반응에 대해 설명한다.

11 마케팅 및 판촉 활동을 설명한다.

여기서는 제11단계 제품 설명서, 제16단계 제품생산, 제17단계 마케팅 전략, 제18단계 후원자 구축, 제19-E단계 마케팅 이벤트, 제20단계 세일즈키트의 정보를 활용한다. 여러분의 특별한 마케팅 전략으로써 독자들에게 영감을 불어넣는다.

   a. 여러분이 시행한 포커스 그룹 모임을 포함한 조사 기법을 설명한다. 발명가, 매장, 대리점과 직접 나눈 대화로 빠뜨리지 않는다.

   b. 회사 로고를 그리거나 슬로건을 제시한다. 이들이 여러분의 제품을 경쟁제품과 어떻게 차별화할 것인지 설명한다.

   c. 소매 매장 및 다른 발명가로부터 입수한 정보를 활용하여 특정 계절 또

는 특정 시기(예 : 부활절)를 겨냥한 이벤트가 제품 판매에 어떤 영향을 미칠지 설명한다. 마케팅 캠페인을 이런 날짜와 맞출 것인지 아니면 피할 것인지 독자들에게 알린다.

d. 회사 창업과 동시에 여러분이 실시할 세 가지 마케팅 활동을 나열한다. 그리고 제7장 세상에 알리기에서 각각의 마케팅 활동을 위해 여러분이 창조한 두 가지 이벤트와 언론을 대상으로 하는 이벤트 역시 기재한다.

e. 제휴관계 구축을 위해 겨냥하고 있는 단체 또는 기업 세 군데를 나열하고 여러분의 제품을 목표시장에 내놓는 데 이들이 어떤 도움을 줄 수 있을지 설명한다.

f. 참석을 계획하고 있는 컨퍼런스 또는 상품박람회를 구체적으로 명시하고 이들이 여러분의 목적 달성에 어떤 도움을 될지를 설명한다.

g. 제20단계에서 개발한 세일즈 키트를 설명한다. 독자들이 검토해 볼 수 있도록 판촉 및 광고 자료를 계획서에 부록으로 첨부하고 본문에 그 사실을 표시한다.

h. 제30단계 재무 분석에서 계산한 연간 및 월간 마케팅 비용을 제시한다.

12 제조업체와 제조단계를 설명한다.

제16단계 제조의 정보를 활용하여 이 부분을 작성한다. 제조업체를 팀의 일원으로 만든다. 제조업체의 품질에 대한 의지, 최고의 제품을 만들겠다는 의지를 설명한다. 제품을 생산하지 않을 경우에는 이 부분을 그냥 건너뛴다.

a. 여러분이 선택한 제조업체 및 그들을 선택한 이유(예 : 가격 또는 평판)를 설명한다. 이들의 연락처를 기재하고 전문분야를 명시한다. 다수의 제조업체에게 견적을 의뢰한 경우에는 비교가 가능하도록 견적서를 부록으로 첨부한다.

b. 제품 생산의 주요 단계를 글이나 그림으로 설명한다. 10단계 이상은 넘지 않도록 한다. 공급업체 명단, 생산비용, 각 공급업체의 품질관리 프로그램에 대한 정보를 시간 순으로 기재한다. 이 정보는 계획서를 읽는 이에게 여러분이 고품질 제품을 개발하고 있다는 확신을 심어준다.

c. 어느 정도의 수량을 생산할 것인지, 왜 그만한 수량을 정했는지 설명한다(예 : 가장 경제적인 수량이라서, 그 정도가 적당할 것으로 조사돼서, 1차 생산분으로는 업계 평균이라서, 선주문 물량으로 판단한 수치라서 등)

d. 제품 추가 주문 시 절차 및 일정을 설명한다. 제품이 히트를 칠 경우 수요를 충족할 준비까지 돼 있음을 투자자들에게 보여주는 것이다.

13 고객 지원 시스템을 설명한다.

제22단계 고객 지원, 제25단계 직접 유통의 정보를 활용한다. 여러분을 성공으로 이끄는 데 가장 중요한 것은 고객이라는 점을 명시한다. 여러분이 고객의 말에 어떻게 귀 기울이고 배울 것인지를 독자에게 설명한다.

a. 한 두 문장 정도로 고객 지원이 여러분에게 얼마나 중요한지, 여러분의 고객 지원 계획 덕분에 고객 입장에서 여러분과의 거래가 얼마나 쉬워질 것인지를 설명한다.

b. 고객 충실도를 구축하기 위해 여러분이 사용할 독창적 전략을 설명한다.

c. 고객의 의견을 경청하고, 이들이 제기할 수 있는 불만을 해소하고, 이들이 내놓는 좋은 아이디어를 활용할 수 있는 체계를 설명한다.

d. 여러분이 개발한 전화, 팩스, 인터넷, 신용카드 주문 절차를 설명한다. 이런 주문 절차로 인해 고객, 유통업체, 매장들의 주문 및 재주문 절차가 얼마나 편리해질 것인지 이야기한다.

e. 결함이 있거나 손상된 제품의 교환 또는 수선에 관한 회사 정책을 기록
한다.

여러분의 계획 일부가 불안
전할 경우 그 부분을 완벽하
게 만들기 위해 필요한 실천
사항을 적어본다.

14 물류과정을 설명한다.

제23단계 물류의 정보를 활용한다. 계획서의 이 부분은 여러
분의 고객 서비스 프로그램의 연장선상에 놓여 있다. 최신 배송 정보를 어
떻게 소비자에게 알려줄 것인지, 재주문 절차를 얼마나 쉽게 할 것인지를
명시한다.

a. 물류과정(보관, 배송, 배송추적, 결제)을 설명한다. 여러분이 사용하게 될
설비 및 업체의 이름과 평판 및 관련 비용에 관한 정보를 첨부한다. 보관
시설이 물류 대행업체와 같을 경우 발생할지도 모르는 문제를 어떻게
처리할 것인지 설명한다.

b. 재고 관리 계획을 명시한다. 예를 들어, 재고 추적을 위해 소프트웨어를
사용할 것인지, 수작업으로 할 것인지, 매장과 대리점에서 올라오는 보
고를 활용할 것인지 명시한다.

15 여러분이 겨냥하는 소매매장의 이름을 적고 어떻게 접근할 것인지 설명한다.

제8단계 정보센터, 제24단계 유통의 정보를 활용한다. 소매매장을 팀의
일원으로 포함시킨다. 여러분의 제품을 취급하는데 큰 관심을 보이는 업체
가 있다면 그 점을 언급한다.

a. 여러분의 제품을 취급하기로 한 소매매장을 설명하고 이들의 규모를 대,
중, 소로 나눈다. 이미 받은 구매주문이 있다면 주문서 사본을 부록으로
첨부한다.

b. 접근을 계획하고 있는 매장이 또 있다면 나열한다.

c. 제품에 대한 정보를 소매매장에 어떻게 전달할 것인지 설명한다(예 :
DM업체 또는 유통업체 활용, 매장 직접 방문).

d. 할인율을 포함하여 소매매장용 가격 산출방식을 설명한다.

16 잠재 유통 채널의 명단을 적는다.

여기서는 제8단계 정보센터, 제24단계 유통, 제25단계 직접
유통의 정보를 활용한다. 대리점과 유통업체를 어떻게 인터뷰했고 선택했
는지 설명하고 이들이 왜 최고의 선택인지 이야기한다. 이들은 여러분의 팀
의 일원이자 성공하기 위해 빠뜨릴 수 없는 요소이다.

a. 함께 일하기로 결정했거나 앞으로 목표로 삼을 대리점(제24-A단계) 및
유통업체(제24-C단계)를 나열한다. 대리점 또는 유통업체의 이력서가
있다면 독자들이 참고할 수 있도록 계획서 뒤에 첨부한다.

b. 제25단계의 직접 유통 계획을 설명한다.

c. 대리점과 유통업체를 판촉활동에 어떻게 참여시킬지 설명한다.

17 실행계획을 설명한다.

이 부분은 성공하기 위해 여러분이 취할 조치를 설명한다.
사업에서 확실히 성공하기 위해 여러분이 취해야 할 실천사항을 명시한
것이다.

a. 일과 사생활 간에 어떻게 균형을 잡을 것인지 간략히 설명한다. 여러분
이 스트레스에 시달리다 실패하는 것을 사람들은 원치 않는다.

b. 생산 일정을 어떻게 맞출 것이지 설명한다(예 : 계약 체결, 공장 방문, 주별
업무보고). 제품 시험, 생산, 배송 일정을 넣는다.

c. 마케팅 계획을 어떻게 실행에 옮길 것인지 설명한다. 마케팅 일정은 제
17단계 마케팅 전략에서 만든 원 페이저를 활용해 작성한다.

회사의 모든 절차는 여러분
의 의도와 여러분의 제품이
제공하는 이점에 기초하여
만든다.

d. 유통계획을 어떻게 실행에 옮길 것인지 설명한다. 회사 출범 일정 및 제품을 매장, 대리점, 유통업체에게 배송할 일정을 제공한다.

18 인력 확충 계획을 설명한다.

누가 여러분의 사업에 참여할 것이며 이들이 하는 구체적인 역할, 그들에 대한 보상 계획을 사람들에게 알리는 부분이다. 어떤 사람들이 여러분의 사업을 성공으로 이끄는 데 도움을 줄 것인가?

a. 회사 구성원 모두의 명단과 급여를 나열한다. 급여를 받지는 않으나 회사 이익의 일부를 분배 받는 사람이 있다면 역시 포함한다.

b. 조직표를 만들고 전화응대, 주문접수, 재고점검, 소매매장·공급업체·유통업체 관리 등 일상 업무를 담당하는 사람들의 이름을 적는다. 대부분의 업무에 여러분 이름만 들어가 있어도 괜찮다.

c. 사람들이 양심적으로 업무를 완수할 수 있는 인센티브를 명시한다(예 : 이익 분배, 지분 확보, 책임소재 확인).

d. 회사 구성원들이 사용할 업무용 집기(예 : 책상, 컴퓨터, 팩스, 복사기)를 나열한다.

19 회사의 재무상황과 재무전략을 설명한다.

제29단계 회계, 제30단계 재무 분석의 정보를 활용하여, 개발비용을 설명하고 여러분을 포함해 사업에 투자한 사람들을 거론한다. 어떻게 회사의 건전성을 지속적으로 감시할 것인지에 대한 논의로 마무리 짓는다.

a. 지금 필요한 자금이 얼마이며, 그 자금을 어떻게 사용할 것인지 설명한다(창업비용으로서). 제품의 생산, 마케팅, 유통에 필요한 각 단계별로 비용을 요약한 표로 만들면 좋다.

b. 지금까지 조달한 자금의 금액을 적는다(여러분 본인 자금 포함).

c. 여러분의 제품에 투자를 함으로써 얻을 수 있는 이점을 설명한다(예 : 상
환기간이 짧다든지, 투자수익률이 높다든지). 소비자에게 도움을 줄 훌륭한
제품에 투자한다는 등 비 금전적인 이득도 써넣는다.

d. 추가 투자 요건(예 : 2차 및 3차 생산물량에 필요한 자금)을 설명하고 추가
자금이 필요할 때 최초 투자자들에게 신규 투자자보다 우선권이 주어지
는지 명시한다.

e. 회계 및 재무분석 절차를 설명함으로써 운영계획을 알린다. 회사의 재무
적 발전을 기록하고 정확한 재무보고를 하고 세금을 계산하는 데 이 절
차가 어떤 도움을 줄 것인지 설명한다. 회계 관리 절차도 이야기한다.

20 재무정보 견본을 제공한다.

제30단계 재무 분석의 정보를 활용한다. 이 정보는 여러분이
재무 분야에서도 준비를 철저히 했고 사업 운영의 현실을 이해하고 있음을
보여준다.

a. 언제 손익분기점(수익과 비용이 일치하는 지점)에 도달할 것인지, 연간 예
상 이익은 얼마인지를 기재한다.

b. 최초 6개월간의 현금 흐름표를 작성한다.

c. 예상 매출에 근거한 1년 동안의 손익계산서를 작성한다.

d. 견본 대차대조표를 작성한다.

21 성공에 도움이 되거나 방해가 될 만한 사안을 보고한다.

제9단계 기회와 위험, 제11단계 제품 설명서, 제30단계 재무
분석의 정보를 활용한다. 이 부분에서는 여러분이 창업에 관련된 위험을 알
고 있지만 그것을 극복할 의지와 능력이 있다는 것을 보여준다.

a. 핵심 성공 요인(즉 제9단계 기회와 위험에서 만든 생활의 법칙)을 나열한다.

b. 사업에 대한 위험요소를 나열하고 이에 어떻게 대응할 것인지 이야기한다(제9단계 기회와 위험).

c. 사업 실행 계획에서 사용한 주요 가정들을 명시한다(예 : 특정한 날짜까지 특정 금액을 조달할 수 있다든지, 전국적 규모의 유통업체가 참여할 것이라든지).

22 부록을 만든다.

부록에는 추가 정보를 담는데, 여기에는 사업 실행계획에 참고가 되는 표 등이 있다. 부록에 실을 만한 정보로는 다음과 같은 것이 있다.

a. 모든 팀 구성원, 컨설턴트, 기타 주요 인사의 이력서

b. 마케팅 자료(예 : 팩스 마케팅 정보, 보도자료, DM자료, 여러분의 사업에 관한 기사)

c. 여러분 개인의 신용기록(투자자 자금 유치 시 필요)

d. 임대차, 유통, 생산에 관한 계약서 사본

e. 제품에 대한 지지를 표시하는 고객 편지

23 사업 실행계획 요약본을 만든다.

요약본은 말 그대로 사업 실행계획의 내용을 요약한 것이다. 요약본은 계획서 본문을 다 작성한 다음 작성한다. 요약본은 사업 실행계획서의 맨 앞에 배치된다.

요약본은 매우 중요하다. 투자자들은 사업 실행계획을 받더라도 요약본만 읽는 경우가 많기 때문이다. 요약본은 한 두 페이지 정도의 분량에 계획서 본문의 각 섹션을 두 세 문장으로 설명하면서 읽는 이의 흥미를 끌어야 한다. 어조는 간결하면서 강렬해야 한다. 다음은 훌륭한 요약본을 작성하기

위해 필요한 단계이다.

a. 제품 설명:

· 30초 광고를 활용해 제품의 기능, 제품이 해결할 수 있는 문제, 제공하는 이점을 설명한다. 모든 문서자료와 마찬가지로 항상 여러분의 사업이 제공하는 이점으로 귀결되어야 한다.

· 목표 시장을 명시한다.

· 필요한 경우 제조업체의 이름과 평판 등 제품관련 주요사항을 설명한다.

· 제품의 아이디어를 누가 소유하고 있는지, 저작권, 상표권, 특허권 등으로 보호 받고 있는지 명시한다.

b. 회사 설명 : 경영진에 대한 간략한 설명과 더불어 지금까지 달성한 주요 업무를 기재한다. 회사의 법적 형태를 명시하고 왜 그 형태를 선택했는지 설명을 제공한다.

c. 투자 기회 : 조달해야 할 자금 규모가 얼마인지, 자금을 어떻게 사용할 것인지, 소유주들이 개인적으로 얼마나 제품 개발에 출자할 것인지, 투자수익률은 얼마인지(예 : 회사 이익의 일정 부분, 투자금액의 15%)를 설명한다. 대출금을 어떻게 상환할 것인지 구체적으로 명시한다.

d. 마케팅 계획 : 사람들에게 여러분의 제품을 어떻게 알릴 것인지, 예상 매출액은 얼마인지를 제시한다.

e. 유통 계획 : 유통 계획을 간략히 설명하고 유통 단계의 주요 참가자를 언급한다.

f. 현 상황 : 현 제품 개발단계를 이야기한다(예 : 생산 준비 완료).

24 사업 실행계획 표지와 목차를 만든다.

여기서는 제품의 이름, 담당자 연락처, 주요 정보가 수록된 장소를 알려준다. 요약본보다 이 부분이 앞에 와야 한다.

a. 회사 이름, 제품의 이해당사자(제품에 기득권 또는 소유권을 가지고 있는 사람), 회사 주소, 회사 전화번호, 날짜를 적는다. 여러분의 정보를 보호하기 위해서는 표지 맨 밑에 "사업 실행계획 번호 [　]번"이라는 말과 함께 "이 문서는 [여러분의 회사 이름] 소유의 기밀 정보를 수록하고 있으므로 [여러분의 회사 이름]의 사전 서면승인 없이는 복제 및 배포할 수 없습니다."라는 문구를 삽입한다. 배포 후 관리를 위해 사업 실행계획 사본의 번호를 매긴다.

b. 목차를 작성한다. 사업 실행 계획의 각 섹션과 그에 상응하는 페이지 수를 적는다. 요약본과 부록을 첨부한다.

25 다른 사람과 사업 실행계획을 검토한다.

사업 실행계획을 작성한 다음에는 친구, 매장 소유주, 다른 소규모 사업자, 중소기업개발기관의 상담사 등과 함께 계획서를 검토한다. 이들의 의견에 귀 기울여 배운다. 이 사람들은 여러분이 혹시 빠뜨리고 넘어간 것이 없는지 조언을 제공할 수 있으므로 타당하다 싶으면 계획서를 변경한다.

26 사업 실행계획을 최종 마무리한다.

사업 실행계획을 좋은 품질의 용지에 복사해서 잠재 파트너, 투자자 또는 유통업체에게 배포할 준비를 한다. 복사점에 가서 용수철로 묶고 투명한 표지를 달면 좋다. 이렇게 하면 계획서의 파손을 막을 수도 있고 전문적으로 보이는 이점이 있다. 여러분이 꿈꾸던 창업을 위해 해온 모든 작업의 결정체이므로 계획서는 멋지게 만든다.

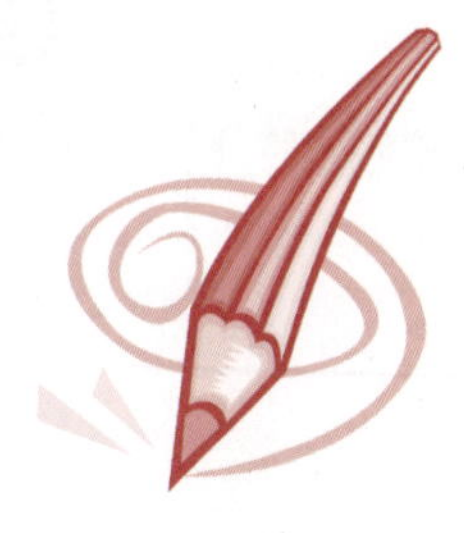

제14장

확신 심어주기

이 장에서는 여러분 사업의 핵심 정보만을 강조한 안내서를 만든다.
이를 통해 사람들은 여러분의 사업과 그것이 왜 성공을 거둘지를
빨리 이해할 수 있다. 여러분은 또한 사람들을 같이 일하도록
현명하고 열정적으로 설득할 수 있는 정보를 제시하는 방법을 배운다.

사업안내서

머리말

이번 단계에서는 투자자들이 들어야 하고 듣고 싶어 하는 것에 초점을 맞춘다. 사업안내서(prospectus)란 사업 실행계획을 축약한 것으로 특히 투자자들을 위해 마련된다. 사업안내서는 투자자들로 하여금 여러분의 사업 실행계획을 검토하거나 여러분을 직접 만나봐야겠다는 확신이 들게끔 하는 판매 도구이다. 분량은 6페이지를 넘지 않도록 하며 여러분 자신, 회사, 예상 이익 등의 정보를 담는다.

직접 투자자에게 연락을 취해 여러분의 사업 및 그 사업이 소비자에게 가져올 이점에 관해 이야기한다. 대화가 끝날 때쯤이면 잠재 투자자에게 사업안내서를 보내도 되겠느냐고 묻는다. 긍정적인 대답이 나오면 사업안내서를 송부한다. 사업안내서를 검토하는 것만으로도 적잖이 만족해서 사업 실행 계획을 읽을 필요조차 없는 투자자도 있을 것이다.

투자자들은 자신들이 투자할 사업이 성공할지를 알고 싶어 한다. 이들은 또한 사업의 성공은 사업을 하는 "사람"에 달려 있다는 것을 안다. 즉 여러분의 의지와 열정이 가장 중요하다는 말이다. 여러분이 강력한 의지를 가지고 있다는 것을 어떻게 알릴 것인가? 여러분의 의도에 초점을 맞추고 항상 여러분의 사업이 제공하는 이점을 강조한다.

여러분의 목표는 사업에 대해 가장 긍정적인 인상을 심어주는 것이다.

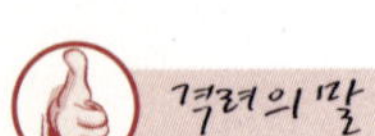

성심성의껏 작성한다. 여러분의 긍정적인 에너지가 여러분의 성공을 도울 사람을 끌어 모은다.

그러기 위해서 사업안내서는 솔직하고 자신감에 넘쳐야 한다. 열정을 가지고 열심히 일하는 전문가적 이미지를 보여주라는 말이다. 한 문장을 읽을 때마다 투자자에게 이런 생각이 들게 해야 한다. "이 사람에게 투자할까?" "사업 실행계획을 빨리 읽어봐야겠군." 여러분이 말을 해야 사람들은 알 수 있다. 위력적인 말로 여러분의 멋진 일을 사람들에게 알려야 한다.

힘을 내자. 여러분이 꿈꾸던 사업을 발전시키는데 필요한 자금을 끌어모아야 할 때이다. 사람들은 열정을 사랑한다. 여러분의 열정이 날뛰도록 만들자. 투자자들의 질문에 대한 대답을 제공할 뿐 아니라 마음을 사로잡을 수 있는 사업안내서를 만들고 여러분이 거둔 가장 큰 성공, 즉 여러분의 사업 이야기를 그들과 나눈다.

 목표

작지만 가볍지 않은 자료에 여러분의 열정과 지식을 쏟아 붓는다.

✔ 할 일 목록

1 아이디어 노트 한 면에 "나의 사업안내서"라는 제목을 단다.
이 페이지에는 사업안내서에 넣을 수 있는 정보를 기록한다. 내 고객 대부분은 컴퓨터와 워드프로세서 소프트웨어(예 : 마이크로소프트 워드 또는 워드퍼펙트)를 사용하여 사업안내서를 작성한다. 이제 투자자들을 깜짝 놀라게 할 준비를 갖춘다.

2 작업하면서 사업 실행계획 한 부를 옆에 비치한다.
아래 〈할 일 목록〉을 실행에 옮길 때는 제31단계 사업 실행계획(특히 요약본)의 정보를 활용한다. 투자자들이 사업안내서를 빠른 시간에 훑어볼 수 있도록 소제목으로 내용을 구분한다. 아래 〈할 일 목록〉의 제목들을 소제목으로 활용할 수 있다.

고도로 축약한 사업 실행계획.

최대한의 창의력을 발휘하여 사업안내서를 작성한다. 독창적인 방식으로 정보를 제시함으로써 여러분의 제품으로 읽는 이를 사로잡는다(예: 표, 그림, 만화).

3 회사와 제품을 설명한다.

30초 광고로부터 시작한다. 그런 다음에는 회사의 법률 구조를 명시하고 경영진을 소개해 회사가 탄탄한 토대를 가지고 있다는 점을 보여준다. 제품에 대한 설명과 함께 샘플의 사진을 넣는다. 그래픽은 훌륭한 판매 도구이다. 복사점에 가서 샘플 사진을 스캔하여 사업안내서에 삽입하면 투자자들은 부록을 들춰보지 않아도 된다(할 일 목록 11번).

4 사업목적을 기재한다.

제품을 생산하고 마케팅하려는 여러분의 의도를 말하는 것이다. 사업의 성공을 위해서라면 어떤 난관도 극복할 사람이라는 생각이 들도록 여러분의 열정을 표현한다. 자금조달 등 사업목적 서너 가지를 고딕체로 나열한다.

5 사업에 대한 투자기회를 설명한다.

필요 투자금액, 투자 수익률, 여러분이 제공할 수 있는 소유지분 등 투자기회에 대한 설명을 제공한다. 개인 투자자의 최저 투자액을 명시한다. 각 투자자의 최저 투자액은 회계사, 다른 기업가, 중소기업센터 상담사의 도움을 얻어 정할 수 있다. 투자자가 너무 많아지면 관리가 어려워지므로 바람직하지 않다. 투자자금이 여러분의 사업을 어떻게 발전시킬지 구체적으로 설명한다.

6 모든 조사결과의 요점을 기록한다.

대상 고객의 규모와 인구 통계적 특성을 이야기하고, 여러분이 행한 조사방법에 대한 설명을 통해 이런 수치의 신빙성을 입증한다. 차트를 이용해 관련 동향 및 여러분의 사업에 미칠 영향을 요약한다. 제품의 특성,

장점 또는 여러분의 특별한 기술을 이야기하는 전문가의 말을 인용해도 좋다. 다음과 같은 고객의 말을 인용할 수 있다면 좋을 것이다. "'철저한 준비로 꿈의 창업을 시작하라'는 제 마음에 불을 당기는 것이 무엇인지를 깨닫게 했습니다. 저는 아예 그 일을 직업으로 삼았습니다."

7 지금까지의 진전사항을 설명한다.

투자자를 위해 성과보고서를 제공한다. 여러분의 제품을 출시할 때까지의 단계(예 : 유통업체 발굴, 제품 생산, 사무실 공간 임대 등)를 관련 비용과 함께 도표로 표시한다. 회사 출범을 위해 지금까지 완수한 일과 앞으로 완수해야 할 일을 명시한다.

8 계획한 마케팅 활동을 명시한다.

사람들에게 제품을 알리기 위해 여러분이 실행할 마케팅 및 판촉 이벤트 여섯 가지를 명시한다. 이미 개발한 마케팅 자료를 부록으로 첨부한다. 서비스 업종의 경우에는 안내책자를 첨부하면 될 것이다. 이런 실제 활동을 통해 투자자들은 여러분의 계획이 현실화할 것을 알 수 있게 된다.

9 유통 계획을 설명한다.

여러분의 사업을 경쟁업체들보다 돋보이게 할 수 있는 항목을 집중함으로써 주문 및 물류 정책을 부각시킨다. 여러분의 제품을 판매하기로 합의한 매장, 대리점 또는 유통업체의 수를 명시한다. 잘 알려진 이름이 있다면 더욱 좋다.

10 창업비용을 요약한다.

사업 실행계획의 재무 분석 부분에서 얻은 정보를 활용해 창업비용과 월별 일반 경비를 표시한다. 필요한 경우 현금 흐름표, 손익계산서, 대차대조표를 참고하라는 안내를 싣는다. 투자자를 만날 때도 재무제표 한 부를 지참하고 다닌다.

투자자들을 최초의 고객이라고 간주한다. 이들은 여러분의 제품 및 그것을 어떻게 마케팅할 것인가를 알고 싶어 한다.

11 중요한 부록을 첨부한다.

여러분이 유능한 팀을 구성했음을 투자자들에게 보여줄 수 있도록 핵심 구성원의 이력서 등 관련 문서를 첨부한다. 고객의 감사 편지 또는 이미 접수한 구매 주문서 사본을 첨부해도 좋다. 투자 의향을 파악할 수 있도록 투자자 응답양식을 항상 첨부한다. 이런 항목이 있으면 투자자들의 행동을 이끌어내는 데 도움이 된다. 투자자 응답양식 견본은 406쪽에 있다.

12 친구 몇 명(다섯 명 정도가 적당)에게 사업안내서를 읽고 평가해달라고 한다.

친구 몇 명을 한 데 모아놓고 사업안내서를 읽게 한다. 읽으면서 느낀 점을 적으라고 한다. 다 읽고 나면 이들이 내놓는 아이디어에 귀를 기울이고, 개선점이 있을 경우 사업안내서를 고친다.

13 호소력 있는 표지를 만든다.

표지에 창의력을 발휘한다. 사람들이 사업안내서를 열어 읽어보고 싶은 마음이 들도록 한다. 예를 들자면, 인근 복사점에서 샘플 제품의 사진을 스캐너로 스캔해서 표지에 넣는 것도 좋은 방법이다. 누가 사업안내서를 받아갔는지 파악이 가능하도록 항상 사업안내서에는 "사업안내서 사본 [ ]번"이라는 표시를 해둔다. "경고 : 이 자료는 기밀이며 [여러분의 회사 이름]의 고유 재산이므로 사전 서면승인 없이는 복제 또는 배포할 수 없습니다."라는 문구를 표지 맨 아래 삽입하여 여러분 자신을 보호한다.

14 사업안내서를 10부 이내로 묶는다.

사업안내서를 인근 복사점으로 가지고 가서(다른 소규모 사업자 지원!) 여섯 부에서 열 부 정도 복사를 요청한다. 페이지를 넘기기 쉽도록 용수철로 묶고 첫 장은 투명한 표지, 마지막 장은 색깔 있는 표지를 단다. 검토를 계속 하다 보면 수정을 가할 필요가 자꾸 생기므로 복사를 너무 많이 하지는 않는다. 항상 손에 한 부는 들고 다닐 수 있도록 준비한다.

15 사업안내서를 잠재 투자자와 팀의 핵심 구성원들에게 나눠준다.

소심하게 사업안내서를 우체통에 넣어버리지 말고 반드시 직접 만나서 건네준다. 여러분은 제품을 만든 힘을 가지고 있는 사람이다. 여러분의 존재를 여러분이 작성한 문서에 여러분과 똑같은 열정적인 개성을 부여한다. 투자자들도 여러분과 직접 대면하는 것을 좋아한다.

여러분과 함께 일하거나 여러분을 지지하는 핵심 인물들에게 사업안내서를 배포한다. 사업에 대한 이들의 이해도가 더욱 높아져 여러분을 더 잘 도울 수 있을 것이다. 그리고 그들 중 누군가가 잠재 투자자를 유치할 가능성도 있다.

긍정적인 반응을 이끌어내기 위해서는 시각자료와 말을 적절히 병행 사용해야 한다. 시각자료를 봐야만 이해를 하는 사람도 있고 말과 숫자를 더 선호하는 사람도 있다.

투자자 응답양식 견본

[회사 이름]

투자자 응답서

[이름]

[주소]

귀사의 사업안내서를 잘 읽었으며, [30초 광고]할 [회사 이름]에 다음 금액을 투자하고자 합니다.

금액 : ___________

귀사의 노력을 지지하지만 지금은 투자하지 않겠습니다.

이름 : ___________

[회사 이름]에 관한 더 자세한 정보를 알려주시기 바랍니다. 귀사에 도움을 줄 만한 사람을 알고 있습니다. [전화번호]로 전화하셔서 약속을 잡으시기 바랍니다.

[날짜]

[투자자 이름]

투자자와의 만남

머리말

여러분은 사업 실행계획을 완성했고, 사업안내서도 만들었으며, 에너지는 넘친다. 이제는 사업을 출범하는데 필요한 자금을 확보할 때이다. 진심을 다해 이야기하고 다른 사람들이 여러분을 도울 수 있도록 힘을 북돋운다.

투자자와의 만남에서 여러분은 제품을 파는 것만큼이나 여러분 자신을 팔아야 한다. 투자자들이 여러분의 제품에 투자하려면 여러분에 대한 믿음을 심어줘야 한다. 대부분의 연구에 의하면, 잠재 투자자들에게 제품에 관한 이야기를 할 때 이들이 듣는 것은 85%가 열정이고 내용은 15%에 불과하다고 한다. 그러니 여러분의 성품이 더 중요한 것이다.

처음부터 투자자에게 강한 인상을 심어준다. 여러분이 제품에 대한 믿음이 크고 열정적일수록 투자자들의 믿음도 그에 비례해서 커진다. 미래를 예측할 수 있는 사람은 아무도 없지만 똑똑하고 열정적인 창업인(바로 여러분 같은)은 확실히 앞에 놓인 장애물을 극복할 방법을 만들어낸다.

투자자들을 두려워할 필요가 없다. 여러분의 제품이 성공하리라는 것을 확신하고 있으니 항상 자신감을 가지고 이야기한다. 여러분의 손에는 훌륭한 제품이 있고 "안 돼요"라고 말하는 사람이 한 명 있으면 "네"라고 말하는 사람은 열두 명이 있다는 점을 잊지 말기 바란다. 만약 무례하게도 여러분이 성공할 수 없다고 말하는 투자자가 있다면 그냥 흘려버린다. 훌륭한 제

잠재 투자자는 파트너로 대해야 한다. 여러분이 무엇을 성취하고 달성했는지 최신 정보를 이들에게 제공한다.

품은 올바른 투자자를 만나기 마련이다.

전형적인 투자자란 없다. 어떤 사람은 돈만 벌면 그만인가 하면 어떤 사람은 여러분의 사업에 제공하는 이로움에 더 큰 관심을 갖는다. 사람들이 여러분의 사업에 투자하는 방법은 많이 있다. 투자는 그냥 돈을 빌려주는 것처럼 단순한 형태에서부터 회사의 지분을 획득하는 복잡한 형태에 이르기까지 종류가 다양하다. 어떤 사람들은 회사의 지분보다는 투자금액에 대한 합리적인 수익률(예를 들면 15%)만 올리면 만족한다. 핵심은 진심을 다해 제품에 관해 이야기하고 투자자들이 무엇을 원하고 필요로 하는지 귀를 기울인 다음, 여러분과 투자자의 관계를 어떻게 발전시킬 것인지를 기록하는 것이다.

여러분의 프레젠테이션에 에너지를 불어넣으려면 제품을 팔려고 하지 말고 이야기를 전달하려 해야 한다. 일단 여러분의 사업과 그것이 가져다주는 이점에 대한 설명으로 이야기를 시작해 성공 전략을 소개한 다음 여러분이 기대하는 성과를 이야기하는 것으로 마무리 짓는다. 투자자들도 사람이라 딱딱한 사업 설명보다는 극적인 요소가 들어간 이야기에 더 흥미로운 반응을 보인다.

할 일 목록

1 사업안내서 한 부를 들고 투자자에게 전달한 핵심 요점 몇 가지를 고른다.

제본하지 않은 사업안내서에 핵심요점을 강조 표시한다. 대개는 투자자를 일 대 일로 만나게 되므로 만남 중에는 투자자가 사업안내서를 읽기보다는 여러분의 설명을 듣는 편을 원한다.

투자자와의 만남에는 두 가지 목적이 있다. 첫째는 투자자에게 충분한 정보를 제공하여 사업안내서(나아가 사업 실행계획)를 읽고 싶은 마음이 들 정도로 자극하는 것이고, 둘째는 여러분의 열정을 그들이 이해하고 여러분이 사업을 성공으로 이끌 것을 납득시키는 것이다.

2 사업안내서에서 강조 표시한 부분을 활용해 10분 정도 되는 원고를 투자자와의 만남용으로 준비한다.

투자자와의 만남에서 여러분은 제품에 관한 설명과 그것이 성공을 거둘 수 있는 이유를 이야기한다. 여러분이 아이디어를 어떻게 떠올렸고 그 아이디어가 사람들에게 어떤 이로움을 줄지를 이야기를 하듯이 풀어나간다. 다른 사람들이 꿈을 실현하는 것을 돕기를 좋아하는 사람들에게, 여러분의 제품은 여러분의 열정과 꿈을 현실로 모습을 드러낸 것이다.

투자자와의 만남은 비공식적으로서 10분을 넘지 않는 것이 좋다. 여러분의 목표는 투자자가 사업안내서를 읽고 싶은 마음이 들게 하는 것(나아가 회사에 투자하고 싶은 마음이 들게 하는 것)이다. 사업안내서와 사업 실행계획은 사실을 제공하고 있으니 여러분은 자극과 동기를 부여한다.

제품의 이점에 초점을 맞추는 데서부터 프레젠테이션을 시작한다. 그런 다음 여러분의 제품에 대한 투자자의 이해를 넓히되, 모든 발언은 결국 제품이 제공하는 이점에 귀착되어야 한다.

소비자들의 증언과 전문가의 의견을 프레젠테이션에 포함한다. 이들은 투자자에게 신뢰를 주는 역할을 한다. 그리고 프레젠테이션 마지막에는 요점을 다시 짚어보고 어째서 이 사업에 투자해야 하는지를 상기시킨다. 10분 프레젠테이션에 반드시 포함해야 할 내용으로는 다음과 같은 것이 있다.

- 제품의 이름으로부터 시작해서 맨 처음 어떻게 해서 아이디어를 떠올리게 되었는지 이야기한다. 이는 여러분의 사업과 투자자 사이에 정서

멋진 투자자와의 만남.

투자자들은 사업에만 투자하는 것이 아니라 사람에게 투자한다. 진심으로 이야기할 때 여러분은 사업자금을 조달할 수 있는 방법을 찾을 수 있을 것이다.

적 유대를 더하는 효과가 있다.

- 제품이 제공하는 이점을 설명한다. 여러분의 제품은 뛰어나므로 여러분은 성공할 수 있다.

- 지금까지 이룩해온 것을 요약한다. 예를 들면 "지난 10개월 동안 이 일에 매진한 결과 다음과 같은 성과가 있었습니다(예 : 샘플을 개발하고 제조업체를 발굴했다든지, 제품이 3월 8일까지는 출시될 것이라든지, 완구점 40군데에서 판매 예정이라든지)." 하는 것이다.

- 어느 정도의 자금을 조달해야 하는지, 그것을 어떻게 사용할 것인지, 어느 정도의 투자 수익을 되돌려 줄 수 있는지를 설명한다.

- 질문이 있으면 대답한다.

- 사업 실행 계획을 읽어보고 제품에 투자해달라고 요청하는 것으로 말을 맺는다. 여러분이 요청하지도 않는데 알아서 투자해줄 사람은 없다.

3 연습, 연습, 또 연습

10분 프레젠테이션의 초안을 잡았으면 이제 연습에 들어간다. 친구들 앞에서 프레젠테이션을 시연해보고, 다른 벤처기업에 투자한 사람을 구할 수 있다면 그 사람 앞에서도 해본다.

연습할 때는 가능하면 중간에 실수를 하더라도 멈추지 말고 끝까지 간다. 몇 번 해보고 나면 한결 자연스러워 보일 것이다. 상대와 눈을 맞추는 것을 잊지 않는다. 여러분의 눈(그리고 투자자의 눈)은 많은 것을 이야기하기 때문이다. 눈 맞추기는 프레젠테이션을 훨씬 인간적인 분위기로 만들어 준다. 그리고 미소를 잊지 않는다. 입가의 미소는 선의를 갖고 있음을 보여주며 여러분 자신과 청중을 편안하게 한다.

잠재 투자자들이 물어볼 만한 어려운 질문을 청중더러 하도록 시킨다. 이 과정을 통해 프레젠테이션의 진행을 매끄럽게 하고, 실제 상황에서 나올지도 모르는 어려운 질문에 대비할 수 있다. 사람들이 내놓는 제안에 귀 기울이는 것을 잊으면 안 된다.

4 **상위 10대 잠재 투자자의 명단을 만든다.**
제27단계 투자자 브레인스토밍에서 아이디어 노트에 적은 개인과 단체의 이름을 검토하고 육감을 활용해 이 투자자들에 순위를 매긴다. 자금을 댈 가능성이 큰 투자자가 누구이며 그렇게 생각하는 까닭은? 자금이 아니라 이름 또는 전문지식으로써 기여할 수 있는 투자자를 빠뜨리지 않는다.

5 **투자자와의 만남을 가질 독창적이고 편안한 장소를 물색한다.**
투자자가 달리 요청하지 않는 한 여러분은 이들을 일 대 일로 만날 것이다. 따라서 여러분이 사업과 여러분 자신에 대해 편안하게 이야기할 수 있는 장소를 고른다. 제품의 특성을 반영한 장소를 찾는 것이 이상적이다. 생산설비, 사무실, 소비자가 있는 매장에서 자리를 주선할 수 있는지 알아보고, 필요하다면 장소를 예약한다.

여러분의 제품을 생산하거나 판매하는 장소에 직접 가본다는 것은 투자자 입장에서 좋은 일이다. 단 만남의 장소는 깨끗하고 안락하고 안전해야 한다. 주차공간을 확보하는 일도 잊으면 안 된다. 투자자들이 여러분을 만나러 가는 것부터 어려워서는 될 일도 안될 것이다.

아주 바쁜 투자자라면 그들의 집이나 사무실에서 만나는 것도 괜찮다. 단 이런 장소는 주의가 분산될 우려가 있다(예 : 전화벨 소리, 뛰어노는 자녀들). 웬만하면 투자자들에게 익숙한 장소보다 여러분의 환경을 보여주는 편이 더 낫다.

참고

여러분의 제품에 대한 믿음이 있고 그것이 사람들에게 상업적이든, 정서적이든, 정치적이든, 영적이든 이로움을 가져올 것을 안다면 투자자를 반드시 찾을 수 있다.

6 잠재 투자자를 투자자와의 만남에 초청하여 만난다.

투자자에게 직접 만나자고 초청한다. 이렇게 하면 제품에 더 인간적인 분위기를 부여할 수 있고 투자자 입장에서는 여러분에게 싫다는 말을 하기 어렵게 만드는 효과가 있다. 여러분과 잠재 투자자 모두에게 편한 시간으로 약속을 잡는다.

이왕이면 투자자 명단 제일 밑 10번부터 시작한다. 만남을 몇 번 되풀이하다 보면 연습도 되고 배우는 것도 있을 테니 가장 가능성이 높은 투자자와 만날 때쯤이면 여러분은 도사가 되어 있을 것이다. 단 주의할 점, 투자자들을 초청할 때는 처음부터 질문공세를 펼지도 모른다. 그러니 10분 프레젠테이션을 쏟아낼 만반의 준비를 갖추고 있어야 한다.

투자자들을 초청할 때는 다음 사항을 이야기한다.

- 만남의 목적은 여러분의 제품, 그 제품의 이점, 시장에서 어떻게 히트를 칠 것인지를 이야기하기 위해서라는 점.
- 회의 진행. "저와의 만남에서 어떤 제품인지, 어떻게 마케팅할 것인지, 어째서 성공할 것이라고 믿는지를 말씀 드리겠습니다."
- 1시간 이내에 끝나리라는 점. 이 약속은 반드시 지킨다.
- 만남의 날짜, 시간, 장소.

7 투자자들의 질문에 대비한다.

투자자들의 질문에 대해 만반의 준비를 갖춘다. 질문은 좋은 것이다. 잠재 투자자들이 여러분과 제품에 대해 많은 것을 알수록 이들은 여러분이 필요로 하는 자금을 안심하고 투자할 수 있다.

투자자가 질문을 할 때면 신중하게 듣고 최선을 다해 대답한다. 추가 정보를 제공해야 한다는 강박관념에 사로잡힐 필요는 없다. 질문에 대답하고 조용히 있으면 된다. 만약 투자자가 더 알고 싶어 하는 것이 있다면 추가 질

내부적 의도와 외부적 의도를 강조하고 진심으로 이야기함으로써 에너지를 창조한다.

제품의 특성을 반영한 투자자와의 만남을 갖는다. 예를 들어 국제적인 성격을 띤 제품이라면 이국적인 카페에서 투자자를 만난다거나 제품 마케팅을 실시할 장소에 세계 각지의 사진을 걸어놓는 것이다.

문을 할 것이다. 투자자들은 자신들의 아이디어, 우려사항, 경험 등을 여러분과 함께 나눌 것이다.

8 투자자와의 만남을 마무리한다.

시간을 내서 여러분을 만나준 데 대해 감사를 표시한다. 사업안내서를 건네주고 질문이 있으면 전화를 해달라고 한다. 필요한 경우 다음 질문을 해도 좋다.

- "시장에서 이런 제품이 나오면 괜찮겠는가?"
- "사업에 투자를 결정하는데 보통 어느 정도의 시간이 필요한가?"
- "투자 규모가 보통 얼마나 되는가?"
- "투자 결정을 쉽게 내릴 수 있도록 내가 할 수 있는 일이 없는가?"

정직해야 한다. 질문에 대한 대답을 당장 제공할 수 없을 때는 나중에 알려드리겠다고 말하고 답을 구하는 즉시 제공한다.

9 사후관리를 잊지 않는다.

모든 사람을 존중한다. 지금은 아니더라도 나중에 누가 여러분의 사업에 투자하는 일에 관심을 가질지는 아무도 모르는 일이다. 모든 잠재 투자자에게 획일적이지 않은 감사장을 일일이 손으로 써서 보낸다. 투자에 관심이 없다고 말한 투자자에게도 감사장은 보낸다.

투자자의 질문에 미처 제공하지 못한 답변이 있다면 팩스나 이메일을 통해 보낸다. 사업 진척상황에 대해 최신 정보를 모든 투자자에게 제공하는 것도 잊지 않는다. 약간의 새로운 소식(예 : 제품이 생산에 들어갔다는 등)만 있어도 이전에 긴가민가하던 투자자가 투자를 결정하는 계기가 될 수 있다.

10 투자를 결정한 투자자와 투자 계약서를 체결한다.

주도권은 여러분이 쥐어야 한다. 투자자가 여러분의 사업에 투자하고 싶다고 말했다는 이유만으로 그들의 제안을 다 받아들여야 하는 것은 아니다. 그들이 여러분에게 편안함을 느끼는 만큼 여러분도 그들에게 편안함을 느껴야 한다. 특정 투자자가 불편하다면 이들의 투자 제안을 거절할 줄도 알아야 한다.

투자자와 함께 일하기로 결정했다면 회사 경영에 대한 제안이 쏟아져 나올 것에 대비한다. 발언권이 없는 투자자(투자 수익률에 대한 보장을 받았으나 회사 운영에는 간섭할 수 없는)들조차 발언권을 박탈하고 입을 다물게 하기란 참 어려운 일이다.

함께 일하기로 한 투자자에 대해서는 변호사를 통해 투자 계약서를 작성한다. 법률 서적에 실린 견본 계약서를 이용해 투자 계약서 초안을 작성해도 좋지만 계약을 유효하게 하려면 중소기업 전문 변호사의 검토를 받아야 한다. 다른 소규모 사업자에게 물어보거나 인근 중소기업개발기관을 방문하면 훌륭한 변호사를 만날 수 있을 것이다.

제15장

KICK START YOUR DREAM BUSINESS

사업 개시

여러분의 삶을 심장 박동으로 나눠보면 박동 하나가 새로운 기회이다.

이 장에서는 회사를 출범시키는 방법을 알아본다.

여러분이 초점을 잃지 않고 힘 있게 앞으로 나아갈 수 있는

아이디어들을 제시한다.

34단계 — 실 행

머리말

여러분은 아직 실감을 못하겠지만 이미 사업에 뛰어들었다. 그도 그럴 것이, 제품도 있고, 마케팅하는 법도 알고, 투자할 사람들까지 확보했기 때문이다. 주변 사람들은 여러분이 그렇게 짧은 시간 내에 많은 일을 했다고 놀랄 것이다. 어쩌면 여러분이 하루아침에 성공을 거두었다고 생각하는 사람도 있을지 모른다.

꿈을 현실로 만드는 과정에서 골머리를 앓은 일과 흘린 땀에 대해 이야기할 필요는 없을 것이다. 지금 당장을 즐기고 고개를 끄덕이면서 "여기까지 온 것도 자랑스럽다"고 말한다.

이 과정에서 여러분과 주변 사람들은 많이 바뀌었을 것이다. 친구들과 가족들은 여러분의 사업에 지지자가 되었고 여러분에게 조언을 제공할 수 있는 다른 창업인들을 만났을 것이다. 이전에는 깨닫지 못했던 자신감을 발견했을 것이다. 여러분은 제 궤도를 유지하면서 장애물을 극복하고 성공에 다다를 수 있는 에너지를 창조한 것이다.

여러분의 사업이 지속적으로 확장되는 그 과정을 즐기기 바란다. 여러분의 일은 여러분 자신을 표출하는 것이다. 여러분의 아이디어를 실행에 옮기다 보면 여러분의 삶이 나아지는 것을 느낄 것이다. 재미있고 자극적이며 무엇보다도 보람 있는 삶이 될 것이다.

격려의 말

매일 무언가 한 가지씩만 성취하더라도 사업은 성장한다.

✔ 할 일 목록

1 행동을 취한다.

"철저한 준비로 꿈의 창업을 시작하라"를 통해 여러분은 창업에 무엇이 필요한지를 전반적으로 파악하게 되었다. 이제는 계획을 실행에 옮겨야 할 때가 왔다.

계획을 실행에 옮기기 위한 실천사항을 정한 부분(예 : 제7장 세상에 알리기, 제9장 납품, 제10장 법률적 사안)으로 되돌아가서, 하기로 한 일로부터 시작한다. 매일 한 가지 목표를 달성하다 보면 놀라운 결과를 얻을 수 있다. 복잡하게 할 필요는 없다. 계획대로 따라가며 초심을 잃지 않고 필요한 경우에는 도움을 청한다.

목표

제품을 시장에 내놓는다.

2 제품 출시 파티를 연다.

준비가 되면 특별한 제품 출시 파티를 열어 제품을 공개한다. 이날은 제품을 실제로 만들 수 있도록 도와준 사람들에게 감사하는 축하의 날이다.

여러분은 마치 무대 위에 선 듯 두렵고 초조할지도 모른다. 하지만 당당하게 서 있기 바란다. 여러분을 믿었던 사람과 믿지 않았던 사람 모두에게 실제로 만들어진 여러분의 제품을 보여주는 시간이다. 또한 지금은 여러분이 꿈꾸던 제품에 대한 사람들의 찬사를 얻고 여러분의 그 모든 노력으로부터 보람을 찾는 시간이다. 여러분은 마침내 내부적 의도를 달성한 것이다. 축하할 일이다.

성과

제품 판매.

그러나 다른 사람들에게 제품이 가져다줄 이점, 즉 외부적 의도에 대해서도 잊지 말기 바란다. 여러분에게 귀 기울이는 사람들에게 힘을 주는 메시지를 보내야 한다. 다음은 성공적인 제품 출시 파티를 위한 조언들이다.

기발한 제품 출시 방법에 대해 브레인스토밍을 한다. 문어발 효과가 있는 단체에서 파티(예 : 모금행사를 겸하는 건 어떨까?)를 여는 것은 어떨까? 여러분의 제품을 경품으로 내건 라디오 콘테스트는 어떨까? 제품 출시를 아기가 태어난 것처럼 베이비샤워 파티를 여는 것은 어떨까?

여러분의 노력을 지지한 사람들을 초청한다. 이 자리는 여러분을 도와준 사람들에게 감사를 표할 수 있는 기회이다. 친구, 가족, 유통업체, 매장 소유주, 기타 제품 개발 단계에서 만난 사람들을 초청한다. 파티 규모는 여러분이 정하기 나름이다. 참, 언론도 빠뜨릴 수 없다.

제품과 판촉 자료를 준비한다. 테이블 위에 제품을 팩스 마케팅 정보와 함께 전시한다.

제품을 출시 파티의 일부분으로 손님들에게 보여주거나(예 : 새로운 디저트를 개발했다면 무료로 샘플을 나눠준다) 친구 한 사람을 앞에 세워 제품으로 인해 어떤 이점을 누렸는지 이야기하도록 한다.

3 제품을 시장에 내놓기 위해 여러분이 이용하는 외부 업체와 연락을 유지한다.

제품 유통과 마케팅 계획에 영향을 미치는 외부 업체들을 잊어서는 안 된다. 이들과도 지속적인 연락을 유지해야 한다. 외부 업체들이 여러분을 위해 취할 행동을 일정과 함께 명시한 계약을 체결해야 한다. 그리고 적어도 일주일에 한 번은 전화를 걸어 주문 상황을 점검한다. 이를 통해 그들이 하고 있는 일에 여러분이 신경을 쓰고 있다는 점을 보여주고 문제가 더 크게 비화하기 전에 지적해낼 수 있어야 한다.

4 장점에 기초하여 제품을 판다.

내 고객들이 가장 어려워하는 일 중의 하나가 판매이다. 이들이 위낙 사업에 매달려 있다 보니 제품을 판매할 시간이 없다. 제품은 이들의 열정이 표출된 것이므로 다른 사람들이 즉각 제품을 구입해주지 않으면 마음을 상하는 경우가 많다.

제품에 대한 부정적인 피드백이 있더라도 감정적으로 받아들일 필요는 없다. 그냥 흘려보내야 한다. 그리고 제품 구입을 결정하려면 시간이 필요한 사람들도 있다. 사람들이 한 제품에 대해 다섯 번 정도는 들어야 그 제품을 구입한다는 사실을 기억하기 바란다. 아래는 판매에 관한 몇 가지 조언을 실었다.

- 열정적으로 말한다. 여러분의 꿈을 함께 나눈다. 사고 싶은 마음이 들도록 사람들에게 여러분의 제품이 어떤 이점을 가져다줄지를 이야기한다.

- 여러분의 성공을 마음속에 그려본다. 제품이 팔리기 시작하면 여러분은 고객과의 만남 하나하나에 긍정적인 태도로 임함으로써 다른 사람들이 여러분의 취지에 공감하도록 할 수 있다.

- 소비자 입장에서 생각한다. 과거 조사결과를 기억한다. 고객들이 무엇을 원하는지를 알고 여러분의 제품이 그 필요를 충족할 수 있다는 것을 안다면 사람들은 여러분의 제품을 구입한다.

- 고객의 행동을 유도하는 말로 끝을 맺는다. 사람들을 만날 때마다 제품 구매를 유도하는 질문이나 설명으로 마무리를 한다. 예를 들면, 이렇게 마무리하는 것이다. "저와 거래하는 이 정도 규모의 매장에서는 보통 12개를 주문합니다. 사장님도 그 정도 주문을 해드릴까요?" 아니면 여러분이 식당을 경영할 경우 "감자튀김을 같이 드시면 괜찮은데, 어떠십니까?"

진심을 다해 이야기할 때 여러분의 에너지로 모든 이를 여러분의 꿈에 들어오게 할 수 있다.

5 소비자, 공급업체, 유통업체, 대리점, 매장 소유주의 의견에 귀를 기울인다.

항상 현장에 있는 사람들의 말에 귀를 기울여야 한다. 이들은 매일 고객과 접촉하는 사람들로서 시장을 누구보다 잘 안다. 이들과 허심탄회하게 연락을 지속할 경우 여러분은 시장 동향, 마케팅 전략, 경쟁업체 동향 등을 알 수 있다. 이들이 제공하는 정보를 분석하고 그 정보가 여러분의 사업에 영향을 미치는지 판단하고 조치를 취한다(그 조치라는 것이 지금 당장은 아무 조치도 취하지 않는 것일지라도).

6 정리를 통해 스트레스를 줄인다.

매일 아침 일어나면 심호흡을 하고 오늘도 멋진 하루가 될 거라고 스스로에게 확신을 심어준다. 여러분은 제품에 대한 강한 의지를 입증했으니 이제 그대로 밀고 나가면 된다.

다음날 여러분이 해내고자 하는 모든 일을 <할 일 목록>으로 만들고 하나씩 해낼 때마다 목록에서 지워 나간다. 끝낸 업무를 목록에서 지우는 일을 일종의 의식으로 만들고 상황이 항상 변할 수 있다는 것을 인식함으로써 긍정적인 면에만 집중한다.

대다수 내 고객들은 그날 끝낸 업무를 목록에서 지우고 나면 잠자리에 들기 전 새로운 목록을 만든다. 이렇게 함으로써 한 숨 돌릴 틈도 얻게 되고 머리 속에서 모든 것을 몰아낸 다음 홀가분하게 잠자리에 드는 것이다. 내 친구 한 명은 이런 말을 한 적이 있다. "삶을 심장 박동으로 나눠서 살아야 한다." 박동 하나가 새로운 기회이자 새로운 순간이며 새로운 날이다. 매일을 여러분의 목표를 달성할 수 있는 기회로 보고 기대를 품고 맞이한다.

7 신체와 정신과 영혼을 건강하게 유지한다.

매일 밤 만드는 할 일 목록에 여러분의 개인적인 목표도 집어넣는다. 꿈을 이뤄간다는 것은 스트레스이며 스트레스라는 존재는 아주 까다로운 생물과 같다. 단기적으로 스트레스는 여러분의 목표를 달성하는 데 도움을 줄 수 있다. 그러나 지나치게 오래 스트레스에 시달리면 어느새 여러분에게 큰 해를 끼치는 존재로 변할 수 있다.

매일 아침 산책하기를 좋아한다면 그 일을 계속 하는 것이 좋다. 종교 행사에 참석함으로써 마음의 평안을 얻는다면 참석한다. 여러분이 이런 일을 좋아하는 데는 다 이유가 있기 마련이다. 가족들이 영화를 보고 싶다고 하면 차 있는 곳까지 누가 빨리 달리나 시합을 한다. 여러분의 신체와 정신과 영혼은 이런 활동을 필요로 하고 있으므로 그것을 소홀히 해서는 안 된다. 이런 활동들은 여러분의 근심을 줄여주는 동시에, 사업 바깥의 "진짜 세상"과의 접촉을 유지할 수 있게 해준다.

8 자신의 목표를 달성하고 있는 사람들과 함께 시간을 보낸다.

기업인이 된다는 것은 때로 외로운 일일 수가 있다. 업종별 중소기업 단체에 가입하거나 다른 소규모 사업자들과 이따금씩 만나 커피라도 한 잔 하는 것은 좋은 생각이다. 이런 만남을 통해 여러분은 혼자가 아니라는 것을 일깨워줄 뿐 아니라 더 많은 것을 배우고 많은 사람들을 사귈 수 있는 훌륭한 기회이기도 하다. 다른 사람들의 실수나 성공으로부터 많은 것을 배울 수 있을 것이다. 그보다 더 좋은 것은 "요새 사업은 어떠십니까?"라고 늘 물어보는 새로운 친구들을 사귈 수 있다는 점이다.

9 가장 중요한 것은 이 과정에서 여러분을 소외시키지 않는다는 것이다.

사랑하는 사람들에게 최근 일의 진행과정을 알려준다. 그리고 그들을 그 과정에 동참시킨다. 그러면 이들은 어떤 방식으로든 여러분에게 도움을 줄 수가 있고 여러분이 필요로 할 경우 정신적 지원을 제공할 수 있다. 사람들이 여러분을 사랑하고 여러분을 지지한다는 사실을 알면 아무리 힘든 하루라도 견딜 수 있는 힘이 생긴다.

제16장

사업유지

이 장에서는 사업을 확장하는 데 필요한 기법을 알아본다.

창의력을 유지하고 에너지를 발산할 때

여러분은 사업을 운영하는 일이 즐거움이 될 것이다.

머리말

여러분은 모든 능력, 기술, 지식, 열정을 쏟아 부어 사업을 운영하고 있다. 어쩌면 모든 것을 성취하는 데 필요한 시간이나 에너지가 부족할 수도 있다. 그러나 그것은 자연스러운 일이다. 내가 아는 모든 소규모 사업자들은 달성해야 하지만 아직 못하고 있는 일들이 무수히 많다. 여러분이 할 일은 사업을 지속하는 것이지, 여러분 자신을 지쳐 뻗어버리게 하는 것이 아니다.

장기적으로 생각하기 바란다. 사실 매일매일의 일상적인 필요에 매몰되어 버리기가 쉽다. 오늘은 끔찍한 하루일지 모르지만 내일은 마술 같은 성과가 나올지도 모르는 일이다. 시장에서 살아남고 마음속에 지속적으로 큰 그림을 그리면서(내가 이 일을 왜 하는지) 사업을 지속한다. 새로운 어려움에 부딪치면 제2단계 의도로 돌아가 에너지를 재충전한다.

사업이 커지더라도 어차피 이 책에 나온 단계를 밟으면 된다. 진심을 다해 이야기하고 남의 말을 경청하고 아이디어를 기록하는 것, 이 세 가지가 가장 중요하다. 항상 어린 아이처럼 꿈꾸고 어른으로서 결정을 내린다. 포커스 그룹, 설문조사, 경쟁제품 조사 등 여러분이 거친 모든 단계는 아직 끝난 것이 아니다. 여러분은 사업을 개편하고 새로운 파트너를 찾을 때마다 이 일을 계속 해야 한다.

격려의 말

다른 사람들과 여러분의 마음에 귀를 기울인다. 사업에 추진력을 유지하려면 여러분이 어떤 행동을 취해야 할지를 알 수 있을 것이다.

여러분은 사람이므로 실수를 하는 게 당연하다. 간혹은 힘든 날도 있을 것이다. 그러나 스스로를 다그칠 필요가 없다. 여러분은 최선을 다하고 있는 것이다. 여러분의 성공에 있어 가장 중요한 요소는 여러분의 열정이다.

여러분을 도와줄 사람은 얼마든지 있으니 그들에게 여러분을 도울 수 있는 기회를 주도록. 모든 일을 여러분 혼자 할 필요는 없다. 다른 사람들도 여러분의 꿈에 동참하도록 한다. 이렇게 할 때 여러분의 사업에 활력과 창의력이 더해질 것이다.

"철저한 준비로 꿈의 창업을 시작하라"를 읽기 시작하던 날과 똑같은 에너지와 의지로써 모든 새로운 어려움을 극복한다.

기업인

로이스(Lois)라는 이름의 내 친구는 7년 넘게 의료 컨설팅 사업을 하고 있었는데 어느 날 나한테 전화를 하더니 얘기 좀 할 수 있겠느냐고 물었다. 내가 무슨 말을 하기도 전에 그녀는 울기 시작했다.

그녀의 설명을 들어보니 사업 시작 후 처음으로 일감이 안 들어온다는 것이다. "남의 밑에서 일해야 할 것 같아. 기가 막혀."

나는 그 말에 동의하는 대신 이렇게 대답했다. "로이스, 잠깐만. 상황은 변하기 마련이야. 넌 진심을 다해 일해 왔잖아. 그럼 그대로 밀고 가. 인생에서 중요한 건 일자리를 구하는 게 아니라 열정적으로 일하는데 있어. 이런 일 처음도 아니잖아. 또 알아? 내일이 되면 대단한 일이 생길지."

로이스는 이렇게 말했다. "너무 힘이 들어. 몇 년 동안 그렇게 일을 했는데도 다음에는 어디서 돈이 나올까를 걱정해야 하다니."

나는 그 말에 동의하고 나서 "그게 사업하는 사람 팔자지!"라고 말했다.

수화기 저쪽에서 공감한다는 뜻으로 키득거리는 소리가 들렸다. 나는 말을 이었다. "그게 자기 사업하는 재미 아니겠니. 모든 게 너한테 달려 있잖아. 다음번에 어떤 일을 할지도 네가 정하고. 넌 혼자가 아니라는 점을 기억해. 지금까지 널

도와준 모든 사람과 지금도 너를 도울 방법을 찾고 있는 사람들을 생각해봐. 도움을 청하고 열정을 가지고 일을 하면 성공의 길이 보일 거야."

로이스는 안도의 한숨을 쉬더니 말했다. "나한텐 분명히 열정이 있어. 진심을 다해 말하면 좋은 일이 일어난다. 좋았어. 텍사스의 한 병원에 존이라는 친구가 있는데 한 번 전화해봐야겠다. 그 친구한테 뭔가 있을지도 몰라." 로이스는 내게 고맙다고 말하고 전화를 끊었다.

3일 뒤 로이스가 다시 전화를 하더니 신이 난 목소리였다. "연말까지 일감이 꽉 찼어. 믿어지니? 존이 막 나한테 전화를 하려던 참이었다는 거야. 믿을 수가 없어. 제 길을 가고 있는 것 같아. 아무 것도 안 바꿀래. 난 사업하는 게 좋아!"

내 입장에서는 그 말 "난 사업하는 게 좋아"라는 말을 들으려는 것이 내 일과 이 책의 목적이다.

축하! 여러분의 열정이 투영된 사업.

✔ 할 일 목록

1 잠시 짬을 내서 여러분의 사업으로 인해 여러분의 삶이 어떻게 바뀌었는지 돌아본다.

이 일을 하는 이유는 여러분의 사업을 시작했기 때문이다. 여러분은 자신의 삶과 다른 사람들의 삶을 바꿔야 했다. 매일 이것을 기억하기 바란다. 지금 여러분의 삶은 얼마나 바뀌었는가? 여러분은 더 열정적으로 변했고 여러분의 행동은 여러분 자신에게만 영향을 미치는 데서 그치지 않는다. 여러분이 이룩한 모든 것을 인정하고 존중하기 바란다.

2 업계 상황을 끊임없이 감시하고 발견한 점을 아이디어 노트에 기록한다.

여러분의 일은 이제 막 시작했을 뿐이다. 여러분의 회사는 그 회사가 속한 산업과 함께 발전할 수밖에 없으니 시장에서 눈을 떼면 안 된다. 여러분과 여러분의 제품이 참신성을 유지할 수 있는 방법이다.

인터넷을 검색하고, 새로운 기사를 읽고, 적어도 한 달에 한 번은 시장 현장조사를 통해 업계 상황을 점검한다. 핵심 시장정보는 새로운 동향 및 새로운 사업 확장 방법(예 : 새로운 매장, 새로운 포장 아이디어, 제품의 새로운 용도 또는 생산 일정 변경 등을 통해)에 뒤떨어지지 않게 함으로써 여러분의 사업과 이익에 영향을 준다. 시장에서 눈여겨봐야 할 것에는 다음과 같은 것이 있다.

제품에 큰 발전이 있을 경우 사람들에게 알린다. 그들이 필요로 했던 바로 기능으로서 구매 또는 기사 취급을 유도할 수 있을지도 모른다.

- **제품 설명** : 사람들이 여러분의 제품과 그 기능을 이해하고 있는가? 고객 인지도와 이해를 높이기 위해 제품 근처에 어떤 정보(제원 등)를 전시할 수 있는가?

- **가 격** : 여러분의 가격 책정이 효율적인가? 비슷한 새로운 제품이 더 높거나 더 낮은 가격으로 출시되지는 않는가?

- **용 도** : 제품의 새로운 용도가 발견되었는가? 그렇다면 이를 설명하는 새로운 마케팅 자료를 만든다.

- **언 론** : 새로운 언론사 창구를 발굴할 수 있는가? 어떤 새로운 기사거리(제품의 새로운 용도 등)를 만들 수 있는가? 여러분의 사업에 관한 흥미로운 이야기를 만들어 보냄으로써 무료 홍보 효과를 극대화한다.

- **판 촉** : 여러분의 마케팅 전략이 효과적인가? 여러분이 파고 들어갈 수 있는 특별판매시즌 또는 명절이 있는가?

- **유 통** : 시장에 새로운 유통업체가 진입했는가? 여러분이 거래하는 유통업체가 잘 하고 있는가? 그렇다면 매출을 높인 비결을 알아내서 다른 유통업체에도 알려준다. 효율적이지 못한 유통업체는 다른 업체를

알아본다.

- **후 원** : 어떤 단체에서 여러분의 제품을 사용한다면 이를 세상에 알린다. 유사한 다른 단체에 그 사실을 알리면 그들도 여러분의 제품을 쓰고자 할지도 모른다.
- **고객 지원** : 불만을 제기하는 고객이 있는가? 이 경우 어떻게 문제를 해결하는가? 고객이 예상치 못한 고객 지원 활동으로 어떤 것을 시행하고 있는가? 여러분의 제품을 좀더 효율적으로 팔 수 있도록 매장 소유주, 대리점, 유통업체를 훈련할 필요가 있는가?

3 조사를 통해 경쟁업체 동향을 주시한다.
여러분을 대신해 기자들이 조사하도록 한다(어차피 기자는 취재가 일이다). 특정 업종별 잡지, 단체의 소식지, 신제품과 업계 동향을 소개하는 인터넷 사이트가 많다. 이 중 한 두 개 정도에 가입하면 핵심 동향을 따라잡을 수 있을 것이다.

상품박람회는 출시되기 전 제품에 관한 정보를 구할 수 있는 좋은 방법이다. 여러분의 것과 비슷한 제품을 찾으면 신제품의 특성(예 : 판매 전략, 판매 시 강조점, 제품 속성, 가격) 목록을 작성하여 나중에 여러분의 사업에 미칠 수 있는 영향을 분석한다.

4 아이디어 노트에 여러분의 제품을 개선하거나 <할 일 목록> 2번 또는 3번에서 찾은 위험 대응 전략을 기술한다.
시간을 내서 경쟁판도와 업계의 변화가 여러분의 제품에 어떤 영향을 미칠 것인지 생각해 본다. 필요한 경우 이 사안을 반영한 새로운 전략을 수립한다. 그렇다고 해서 제품까지 바꿔야 한다는 뜻은 아니다. 변경을 가하기를 원하고 시기적으로 적절하다면 바꾼다.

사업을 운영하는 것만으로도 바쁜데 새로운 전략들에 파묻혀 버릴 필요는 없다. 한 달에 한 두 개 정도의 새로운 전략을 골라 실행하면 충분할 것이다. 가능하다면 이 전략들을 여러분의 일상 업무에 접목한다. 예를 들어, 새로운 경쟁제품이 출시되었다고 해서 여러분도 당장 제품을 수정해야 하는 것은 아니다. 경쟁업체를 어떻게 물리칠 것인지를 걱정하기 전에 여러분 제품의 독특한 속성이 더욱 돋보이도록 하는 게 옳다. 제품이 아니라 단지 마케팅 자료를 바꾸어 제품에 대한 인식을 바꾸는 것으로도 충분한 경우가 있다.

5 기존 제품을 개선하고 신제품을 개발할 수 있도록 시간을 확보한다.

여러분의 제품이 아무리 훌륭하다 해도 소비자의 관심은 그리 오래 가지 않는다. 매일 누군가 새로운 사업을 시작하기 때문이다. 따라서 제품으로 돈을 벌고 소비자를 끌어 모을 수 있는 새로운 방법을 끊임없이 찾아야 한다. 소비자들의 마음속에 여러분의 제품을 참신한 이미지로 각인해야 한다.

여기서 현명한 시간 관리가 중요하다. 여러분이 경영에 관여하는 시간을 줄이는 방법을 찾는다. 이는 다른 사람에게 지배권을 일부 넘겨줘야 한다는 뜻이므로 쉽지는 않다.

예를 들어, 여러분이 식당을 소유하고 있을 경우 매장 관리인을 포함한 직원들을 훌륭히 교육시켰다면 여러분은 아침에 예약상황을 확인하고 대부분의 시간은 식당을 마케팅하거나 신상품을 개발하는 데 활용할 수 있다.

테이크아웃 또는 배달 서비스를 개발할 수도 있고 독특한 칵테일을 개발하거나 티셔츠를 판매하거나 식당의 기존 고객들에게 기쁨을 선사할 특별 이벤트(예 : 추리소설의 밤, 테마 파티, 회사 행사 특별할인)를 준비할 수도 있다.

6 적극적으로 대금을 회수한다.

받아야 할 돈은 받아낸다. 줘야 할 것을 주지 않는 사람들에게 인심을 베풀 필요는 없다. 여러분은 그들에게 제품이나 서비스를 제공했으므로 그들도 그것을 존중해야 한다. 받아야 할 돈을 못 받아서 회사가 위험에 처하거나 파산할 수는 없는 일이다. 깜빡 잊고 있는 경우도 있으므로 전화 한 통화로 해결되는 경우도 있으나 다음과 같은 좀더 적극적인 방법이 필요할 때도 있다.

- 운영자 또는 소유주에게 대금결제가 늦어져서 여러분의 사업에 지장이 초래되고 있으니, 합의한 조건에 따라 대금을 결제해달라고 요구한다.
- "납부 지연 안내"를 알리는 2차 청구서를 보낸다.
- 규모가 큰 경우에는 채권추심 전문업체를 활용한다. 해당 매장에는 이렇게 통보한다. "합의한 날짜까지 대금결제가 이뤄지지 않을 경우 채권추심 전문업체에 통보하는 수밖에 없으니 협조해 주시기 바랍니다."
- 모든 방법이 실패할 경우 직접 찾아가서 수표를 써줄 때까지 버틴다.

7 시간에 맞춰 대금결제를 한다.

불안에 떨며 시간을 낭비할 필요가 없다. 여러분에게 제품과 서비스를 제공한 사람들에게는 정당한 대가를 지불한다. 좋은 평판을 쌓으면 경쟁이 치열한 시장에서 여러분의 사업이 돋보일 수 있다. 남에게 대접을 받으려거든 여러분도 남을 대접해야 한다.

8 친구 및 가족과 함께 지낼 시간을 낸다.

일과 사생활 사이에 균형을 유지하는 것은 매우 중요하다. 여러분은 사업을 창조하고 있을 뿐 아니라 여러분과 여러분에게 중요한 사람들의 새 삶을 창조하고 있다. 주변 사람들이 없는 인생은 완벽할 수가 없다. 사업을 계속 하기 위해서는 이들의 에너지와 지원이 필요하다. 여러분이 좋아하는 사람들과 즐거운 시간을 가져야 한다. 이들을 저녁식사에 초대하고 감사장을 보내기도 하고 성공담을 이야기해줌으로써 이들을 사업에 동참하게 하고 도움을 청하고 그들의 말을 경청한다. 인생은 대인관계로 이루어져 있으니 이 관계를 탄탄하게 유지하기 바란다.

축하!

9 모든 사람들에게 여러분이 이룬 것을 이야기하고 그들도 여러분의 기쁨에 동참하도록 한다. 한 주에 한 번 또는 매일 저녁 <할 일 목록>을 만들 때 잠깐 시간을 내서 여러분 자신에게 미소를 짓고 스스로를 격려한다.

2004년 8월 현재, 우리나라의 실업률은 3%대 초반이지만 청년 실업률은 7%를 넘고 있다. 이런 현상이 일어나는 이유는 70~80년대 관치 경제로부터 보호 받던 재벌의 붕괴, 기업 경영의 방향 전환, 노동구조의 변화 등으로 인해 노동시장의 수요가 감소한 것과 대학 진학률이 높은 우리나라의 구조적 공급과잉에 있다고 말 할 수 있다.

한편 우리나라 노동구조는 실력자를 선호하는 구조로 바뀌고 있다. 신자유주의에 맞추어 노동시장이 점차 유연해지고 있다는 뜻이다. 이런 이유로 회사에서는 3, 40대 명퇴자들이 속속 등장하고 있다.

졸업을 앞둔 대학생들은 지금 외환위기 직후보다 취업이 더 힘들다고 한다. 자격증이며 토익공부를 열심히 준비해온 학생들도 탈출구가 보이지 않는다. 올해 취업을 원하는 대졸예정자와 취업재수생은 총 43만 명에 이르지만 일자리는 6만여 개에 불과한 실정이다. 그야말로 취업대란이다. 이에 대한 해결방안으로는 적극적 교육 개혁, 직업 훈련 확대 등이 있겠지만 창업도 한 가지 대안이 될 수 있을 것이다.

이 책은 누구나 생각하면서도 실천으로 옮기는 데는 소홀한 기본을 중심으로 해서 창업에 대한 마음가짐, 각오를 다지는 추상적인 부분뿐 아니라, 구체적으로 실행에 옮길 수 있는 세세한 부분까지 마련되어 있다. 회사의 법률적 형태라든지, 회계 기초, 제품 생산, 홍보 같은 부분은 창업에 대한 전방위적인 시각을 제공하는 데 도움이 된다고 생각한다. 모쪼록 이 책을 읽고 꿈에 그리던 사업을 창업하는 데 큰 도움이 되기를 바란다.

이 책을 읽고 사업에 성공한 사람들의 말, 말, 말······!

"이 책은 정말로 효과가 있다. 페이지마다 로마누스의 열정이 느껴진다. 독자들은 영감과 동기 부여를 얻을 수 있을 뿐 아니라 욕망을 빠른 시간 안에 성과로 바꿀 수 있다. 나는 이 책을 늘 곁에 둔다. 마치 내게 사업을 가르치는 개인교사처럼."

— *MAD MOON CREATIONS THE CELEBRATION LADY* 셰리 리커트 벨루이

"열정을 바탕으로 사업을 시작하는 실용적인 방법이 단계별로 차근차근 소개된 책.《철저한 준비로 꿈의 창업을 시작하라》는 기업인이 평생 유용하게 활용할 수 있는 책이다."

— *ARTAXCESS* 공동창업자 비비안 데이

"창업을 꿈꾸는 모든 이에게 힘을 주는 이 책은 무한한 가능성의 문을 연다."

— *ALLIANCE BUSINESS COACHING & CONSULTING* 회장 앨런 오릭

"《철저한 준비로 꿈의 창업을 시작하라》는 내가 꿈꾸던 사업을 현실로 바꾸는 새로운 기쁨과 동기부여로 나를 채운다."

— *JULIANA GALLIN DESIGN* 발명가 · 그래픽 아티스트 줄리아나 갤린

"재미있게 읽고 손쉽게 실천할 수 있는 책이다. 로마누스의 열정은 전염성이 강해서 독자들이 당장 펜과 노트를 꺼내 아이디어를 실행에 옮기도록 한다."

— *WATERGYM* 수영 지도자 · 발명가 수전 페이노비치

"이 책을 읽고 눈이 번쩍 떠지는 기분이었다.《철저한 준비로 꿈의 창업을 시작하라》는 많은 비용이 들었을 실수를 피할 수 있게 해주었다."

— *DAWN TALK CHILDREN'S CD SERIES* 육아전문가 돈 프라이

"《철저한 준비로 꿈의 창업을 시작하라》라는 지도를 가지고 있으면 사업의 세계라는 밀림도 두렵지 않다. 나는 내가 가고 있는 방향에 대해서는 의심한 적이 없다. 다만 내가 밟는 과정에 의구심이 들었으나 이 책에 소개된 과정을 따르다 보니 확신을 가지고 나아갈 수 있었다."

— *MENTL MUSIC AND MEDIA PRODUCTION* 제작자 · 가수 드보라 파디스

"열정적이고 실용적인 책이다. 이 책은 내 열정(요가)을 조직화(내 사업)하여 온 세상과 나눌 수 있도록 해주었다."

— *INNER FLOW YOGA* 등록 요가지도자 · 창업자 마이클 뉴먼

KICK STARTYOUR DREAM BUSINESS

"《철저한 준비로 꿈의 창업을 시작하라》는 내가 온 마음을 다해 무언가를 창조하면 사람들이 그걸 받아들인다는 확신을 갖게 했다."

— 미술가 칼라 칼레티

"이 책을 읽기 전까지 나는 내 직업에 대한 비전을 가지고 있었지만 그것을 어떻게 실행할 것이냐는 알지 못했는데,《철저한 준비로 꿈의 창업을 시작하라》를 읽고 나니 내 꿈이 허황된 것이 아니라는 점과 그 꿈을 현실로 만들기 위해서는 어떤 노력이 필요한지를 알 수 있게 되었다."

— *GRAHAMCOMM* 커뮤니케이션 전문가 로버트 그레이엄

"로마누스의 책은 독자의 마음을 움직이는 힘이 있다. 당장 이 책을 집어 들고 여러분의 꿈을 현실로 바꾸기 바란다."

— 사업 컨설턴트 대비너 체시드

"《철저한 준비로 꿈의 창업을 시작하라》의 창의적인 프로세스에 대한 교훈이 없었더라면 우리 회사는 이 자리에 오지 못했을 것이다. 로마누스는 사람들의 현재 모습 뿐 아니라 앞으로 어떤 모습이어야 하는지도 보여준다. 그리고 그것을 이루는 방법까지도 알려준다."

— *BUSINESS INSIGHTS, INC.* 창업자 레슬리 찰즈워스, 드니즈 달러드

"《철저한 준비로 꿈의 창업을 시작하라》는 내 삶을 바꿔놓았다. 이 책은 내 사업의 근간인 진실된 영혼을 찾을 수 있게 해주었다."

— *THE EMILIE NOBLE AGENCY* 미술교육자 에밀리 노블

"나는 좋아하는 일을 하면서 돈을 벌고 있다. 이 책이 없었다면 절대 불가능했을 것이다."

— *BRADSTINGER.COM* 애니메이터 트렌트 래드롭

"쉽고 실용적이고 현실적이다.《철저한 준비로 꿈의 창업을 시작하라》는 돈 한 푼도 들이기 전에 우리 제품이 시장에서 성공하리라는 확신을 갖게 했다."

— *THE ADVENTURE SPORTS GUIDE: 50 THINGS TO TRY BEFORE YOU DIE* 저자 마크 버클, 드루 에릭슨

"많은 생각을 하게 하는 자극적인 책이다. 내 사업을 키우면서 이 책에 소개된 과정을 끊임없이 참고하고 있다."

— *TERRYTOURS.COM ART ADVENTURE TOURS* 투어 디렉터 테리 셀리그먼